7/86

ROM UND DIE GERMANEN

Alfred Franke

ROM UND DIE GERMANEN

Das neue Bild der deutschen Frühgeschichte

Lizenzausgabe 1986 für
Manfred Pawlak Verlagsgesellschaft mbH, Herrsching

Karten: Hans Russ, Tübingen
Schutzumschlag: Bine Cordes, Weyarn
Gedruckt in Jugoslawien
ISBN: 3-88199-292-8

Inhaltsverzeichnis

Einleitung

Beim Studium der Geschichtswerke über das Römische Reich – eine Ausnahme ist dasjenige von Ernst Kornemann – fällt auf, daß man nirgendwo in dem Zeitabschnitt vom Ende des Ersten Punischen Krieges (241 v. Chr.) bis zum Beginn der Eroberungszüge Cäsars in Gallien (58 v. Chr.) in Betracht zieht, daß viele Maßnahmen Roms und manche Kriege im Mittelmeerraum durch Ereignisse in Europa nördlich der Alpen, im keltisch-germanischen Gebiet, beeinflußt worden sein könnten. So erwecken viele Darstellungen der alten Geschichte den Eindruck, als ob diese weiten Gebiete damals für die Römer kaum existiert hätten. Sie hätten sich zu ihnen so wie die mittelalterlichen west- und mitteleuropäischen Staaten zu Ostasien verhalten, zu Gebieten also, von denen Sagen und Märchen erzählt wurden, in die auch einigemale unternehmende und abenteuerliche Kaufleute gereist wären, wie etwa Marko Polo nach China. Sie wären jedoch zu weit abgelegen gewesen, als daß ihre Probleme auf den Mittelmeerraum einen Einfluß hätten haben können. Man ist darum nach dem Studium solcher Werke versucht, etwa Pytheas von Massilia mit Marko Polo zu vergleichen und den Keltensturm und die römische Niederlage an der Allia 387 v. Chr. mit dem Mongolensturm und der Niederlage auf der Walstatt bei Liegnitz 1241 n. Chr.

Diese Einschätzung des keltisch-germanischen Großraumes nördlich der Alpen übersieht aber, daß diese Gebiete viel näher bei Rom lagen und noch liegen als Ostasien bei Europa. Es wird auch übersehen, daß sich im Mittelalter die Verkehrsbedingungen und Bevölkerungszahlen keineswegs grundlegend gegenüber dem Altertum geändert hatten. Auch zu dieser Zeit war der keltisch-germanische Raum durchaus nicht wesentlich dichter besiedelt als zur römischen Zeit, und die Verkehrsverhältnisse waren wenigstens in Italien und den Alpen wesentlich schlechter geworden als zur Zeit der ersten römischen Kaiser. Dennoch kam es im Mittelalter zur engsten Verbindung zwischen Deutschland und Italien in der Form des »Heiligen Römischen Reiches Deutscher Nation«.

Kornemann hat darum recht, wenn er mehrfach auf eine Wechselwirkung zwischen dem keltisch-germanischen und dem Mittelmeergebiet hinweist. So schreibt er[1]:

»Die Ausbreitung in den mitteleuropäischen Raum ist in diesem Jahrzehnt zwischen 125 und 115 das wichtigste Kapitel der Außenpolitik. In der vorhergehenden Epoche hatte man Spanien teilweise in Besitz genommen und auf der Balkanhalbinsel das Makedonische Reich zertrümmert. Es fehlte noch die Landverbindung zu den beiden Schwesterhalbinseln im Westen und im Osten und die Sicherung des Mittelmeerreiches gegen Mitteleuropa sowie alle von dort drohenden Vorstöße. In ihrem Dienst standen die ersten Kriege der Revolutionszeit. Auch dieser von den Popularen im Jahre 125 eröffneten Reichspolitik haftet von vornherein jener defensive Zug an, der gewissermaßen in Vorahnung des steten Druckes von Norden her den dort immer schadhafter werdenden Keltenschutzring durch eigene Sicherungen zu ersetzen suchte, also nur Kriege führte, um Ruhe im eigenen Hause zu haben.«

Spricht hier Kornemann dieses Problem für die Zeit der großen römischen Revolutionskämpfe an, so sieht er diese Zusammenhänge ganz klar, wenn er vom Jugurthinischen Kriege schreibt[2]: »Aber die Nobilität zögerte immer noch, energisch durchzugreifen, da an der Nordfront durch das Erscheinen der Kimbern größere Gefahren heraufzuziehen begannen.«

Die Zurückhaltung der meisten Historiker gegenüber der hier aufgeworfenen Frage beruht auf dem Fehlen aller Quellen und höchst wahrscheinlich auf drei eingewurzelten Vorurteilen:

1. Vorurteil: »Die Völker des Mittelmeergebietes wußten von diesem Raum kaum etwas.«

2. Vorurteil: »Diese Gebiete waren für sie so rauh und ungünstig, obendrein wirtschaftlich so uninteressant, daß sie sich scheuten, dorthin ihren Handel auszudehnen.«

3. Vorurteil: »Die ›Stämme‹ dort waren politisch so unorganisiert und hatten so wenig Beziehungen über den engen Rahmen ihrer kleinen Wohngebiete hinaus, daß sie sich nur um die Ereignisse in ihrer nächsten Nachbarschaft gekümmert haben.«

Zur Verdeutlichung dieser Auffassung könnte man als analoges, aber etwas übertriebenes Beispiel etwa die »politischen« Probleme der Dorfschaften im Inneren Neuguineas oder des Amazonasgebietes am Anfang des 20. Jahrhunderts heranziehen – wo die höchstens von Großsippen besiedelten Dörfer untereinander in ständigen Kämpfen lebten, bei denen es auch ab und zu Tote gab.

Diese Ansicht schimmert sogar in seriösen Übersetzungen von Cäsars »Gallischem Krieg« oder Tacitus' »Annalen« durch, wenn dort das Wort »civitas« stets mit »Stamm« übersetzt wird, sobald es in Zusammenhang mit den Germanen gebraucht wird. Dabei wäre die richtige Übersetzung »Staat«, während »Stamm« im Lateinischen »gens« heißt. Das Wort »Stamm« hat heute bei uns für diese Zeit den Beiklang von Dorfschaft, Großsippe, höchstens Sippenverbänden bekommen. Man hat, wenn man von einem germanischen Stamm liest, sofort das Gefühl, daß es sich da um eine kleinste politische Einheit handelte, die unabhängig von ihren Nachbarn ihre eigenen winzigen politischen Probleme unter der Dorflinde abgehandelt hat. So steckt schon in der Übersetzung von »civitas« mit »Stamm« das oben gekennzeichnete Vorurteil.

Ich will dagegen versuchen, aus Funden der Spatenforschung und durch analoge Beispiele aus der weltweiten Entdeckungsgeschichte zu zeigen, daß die Verbindung des keltisch-germanischen Raumes mit dem Mittelmeerraum viel enger gewesen sein muß, als wir es uns im allgemeinen vorstellen.

Die Geographie wird uns weiterhin lehren, daß klimatisch z. B. Nordfrankreich und Norddeutschland damals und heute nicht verschieden waren. Was man übrigens auch aus Cäsars »Gallischem Krieg«, den »Annalen« des Tacitus oder anderen römischen Historikern leicht hätte feststellen können.

Diese Berichtigung des allgemeinen Bildes vom keltisch-germanischen Raum wird mir dann das Material an die Hand geben, mit dem ich versuchen kann, eine Reihe von ungeklärten außenpolitischen Maßnahmen Roms als Vorsorge vor befürchteten Bedrohungen aus dem Nordraum verständlich zu machen. Denn wenn Rom viel genauer über das dortige Geschehen im Bilde war, als wir denken, dann muß seine Mittelmeerpolitik unter anderem auch diesem Geschehen Rechnung getragen haben.

Die geographisch-klimatischen Verhältnisse des keltisch-germanischen Raumes nördlich der Alpen von 200 v. Chr. bis 20 n. Chr.

Dieser Untersuchung seien einige leicht auf jedem Schulatlas nachprüfbare Tatsachen vorausgeschickt:

Die Entfernung Rom–Kap Skagen in Nordjütland beträgt rund 1800 km in der Luftlinie;

Rom–Frankfurt am Main 1000 km;

Rom–Paris 1100 km;

Mailand–Rheinmündung in den Bodensee 220 km.

Udine–Wien 230 km;

Ivrea in Oberitalien–Genfer See 130 km.

Vom Rhein und der Donau, die die Römer um Christi Geburt erreichten, sind die Entfernungen auch verhältnismäßig kurz:

Duisburg–Magdeburg 350 km;

Emsmündung bei Leer–Osnabrück 120 km;

Mainz–Bielefeld 220 km;

Donauknie bei Waitzen–Prag 430 km;

Dagegen beträgt die Entfernung

Rom–Ebromündung 1100 km;

Rom–Istanbul 1250 km;

Rom Fes in Marokko 1750 km;

Rom–Damaskus 2200 km.

Diese Beispiele zeigen schon sehr deutlich, daß der keltisch-germanische Raum viel näher an Italien und auch an Rom lag als Syrien, Kleinasien oder Marokko. Von Ktesiphon, das Rom mehrfach erobert hat, ist es sogar 3000 km entfernt. Denkt man aber an die Entfernungen, die die Hunnen zurückgelegt haben, sieht es noch ganz anders aus. Mailand liegt von der Einmündung der Schilka in den Amur 8500 km entfernt. Aus dieser Gegend sollen die Hunnen nach Europa und bis Oberitalien gekommen sein. Auch die Mongolen haben im Mittelalter ganz andere Weiten durchmessen. Wien und Ulan-Bator, die Haupt-

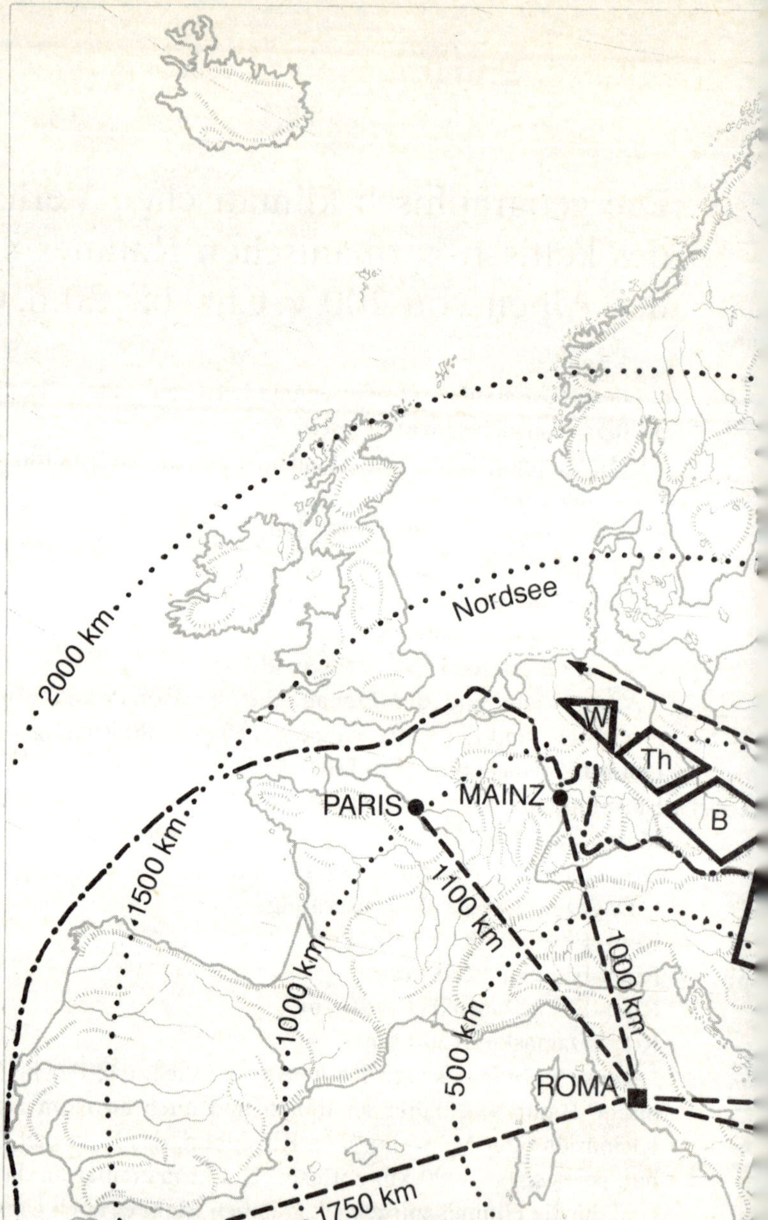

2000 km
Nordsee
1500 km
PARIS
MAINZ
W
Th
B
1100 km
1000 km
1000 km
500 km
ROMA
1750 km
FES

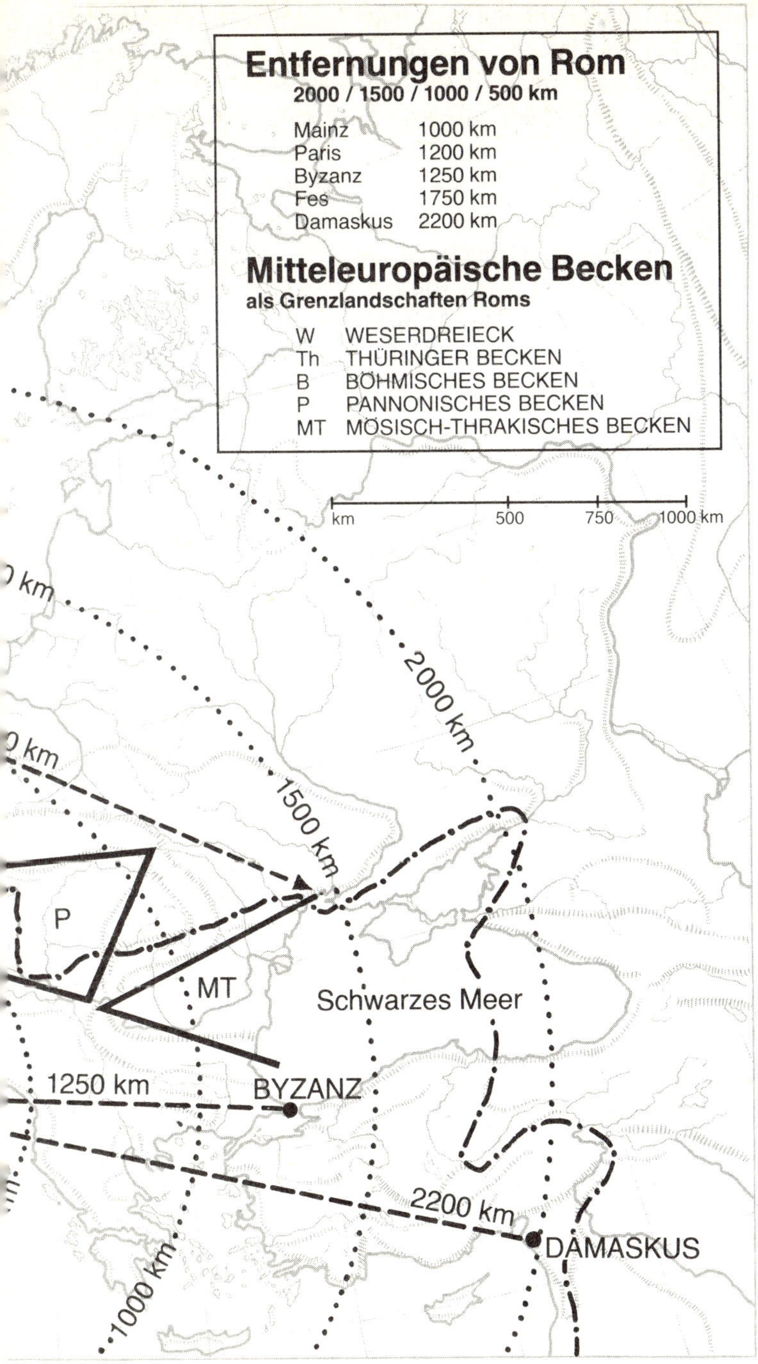
Entfernungen von Rom
2000 / 1500 / 1000 / 500 km
Mainz 1000 km
Paris 1200 km
Byzanz 1250 km
Fes 1750 km
Damaskus 2200 km
Mitteleuropäische Becken
als Grenzlandschaften Roms
W WESERDREIECK
Th THÜRINGER BECKEN
B BÖHMISCHES BECKEN
P PANNONISCHES BECKEN
MT MÖSISCH-THRAKISCHES BECKEN
km
500
750
1000 km
2000 km
1500 km
P
MT
Schwarzes Meer
1250 km
BYZANZ
2200 km
DAMASKUS
1000 km

stadt der Mongolei, sind 7600 km voneinander entfernt. Von dort ungefähr sind sie 1241 n. Chr. bis Schlesien und Ungarn gekommen.

Vergleicht man die Entfernung des Römischen Reiches zur Zeit des Kaisers Augustus vom Rhein zur Elbe mit dessen Ausdehnung nach Osten und Westen, so zeigt sich schon, daß diese Gebiete vergleichsweise dicht bei Rom lagen im Gegensatz zur Entfernung Roms vom Partherreiche oder Mauretanien. Die keltischen Gebiete aber lagen sozusagen direkt vor der Haustüre Roms.

Wirft man dann noch einmal einen Blick auf die Entfernungen der ostasiatischen Gebiete, aus denen die Hunnen und die Mongolen bis ins Herz Europas vorgestoßen sind, so schrumpfen die Entfernungen vom Rhein zur Elbe auf ein Vierundzwanzigstel von dem zusammen, was die Hunnen bewältigt haben.

Da das alles aber Entfernungen in der Luftlinie sind, sagen sie nichts über die Schwierigkeiten der Wegeverhältnisse aus. Als erstes werden immer die Alpen angeführt. Sie sollen die große Schutzmauer Italiens gewesen sein. Das stimmt aber nicht, denn sie sind seit den ältesten Zeiten immer wieder in beiden Richtungen und an den verschiedensten Stellen von großen Völkerschaften und großen Heeren überschritten worden. Ich erinnere nur daran, daß die Italiker selbst etwa um 1200 v. Chr. die Alpen mit einer solchen Volksmenge überschritten haben, daß sie das Volkstum Mittelitaliens prägen konnten. Wenige Tausend hätten das nicht vermocht, sondern wären im ansässigen Volkstum nach und nach aufgegangen. Auch die Kelten rückten in die Poebene mit solchen Massen ein, daß diese Gebiete Jahrhunderte lang keltisch wurden. Hannibal überschritt die Alpen mit einem Heer, das gleich nach dem Übergang einem römischen konsularischen Heer die Stirn zu bieten vermochte. (Ein konsularisches Heer war um 218 v. Chr. etwa 30 000 Mann stark.) Hannibal brachte sogar Elefanten mit, obwohl er einen gar nicht günstigen Paß benutzte. Cäsar, Tiberius und Drusus überschritten die Alpen anscheinend mühelos mit großen Heeren. Das sind nur wenige Beispiele, die sich ohne Schwierigkeiten bis in die Neuzeit hinein, bis hin zu Napoleon vermehren ließen. (Napoleon war ja auch auf dieselben Transportmittel angewiesen, wie einst Cäsar.) Der Geograph muß feststellen, daß die Alpen immer schon eines der durchgängigsten Gebirge gewesen sind im Gegensatz etwa zu den Pyrenäen, die darum auch immer westlich oder östlich umgangen wurden.

Denken wir an die germanischen Gebiete, so werden sofort die dichten Urwälder und gewaltigen Sümpfe angeführt. Die dichten

Urwälder aber dürften zum guten Teil nur »dichterisch« gewesen sein. Auf den Mittelgebirgen, die überall leicht umgangen werden konnten, standen Fichten-, im Süden auch Tannenwälder. Diese sind keine tropischen Urwälder; sie können im Sommer leicht durch Brände gelichtet werden (man denke an die Katastrophe in Niedersachsen 1975) und wachsen nur langsam nach. Es hat auch der Schwarzwald z. B. die Römer niemals an großräumigen Operationen gehindert. Sogar die Alb soll dichten Urwald getragen haben, was aber unmöglich ist, denn bei ihr handelt es sich um bedeckten Karst, der niemals dichten Wald hat aufkommen lassen. Die Wälder in den Niederungen waren Buchenwälder und auf den Sandergebieten auch Kiefernwälder, die sowieso leicht durchgängig sind. Das merkte sogar Tacitus[3] besonders an. Schwierigkeiten, aber keine unüberwindlichen, boten nur die Eichenmischwälder in den Flußauen. Darum führten schon im Altertum die Handelsstraßen oben an den Talhängen entlang und nicht unten am Fluß. Höhenunterschiede konnten viel leichter als heute überwunden werden. War die Steigung groß, spannte man die Pferde von dem einen Wagen ab und zog den anderen mit 4 oder 6 oder 8 auf die Höhe, um nach und nach die anderen Wagen nachzuholen. Das konnte man darum sehr leicht, weil man fast immer in Kolonnen fuhr. Das geht aber bei unseren Eisenbahnen und Autos nicht. Sie würden bei Steigungen hoffnungslos steckenbleiben, die früher gar nicht besonders beachtet wurden. Darum müssen in den Alpen zum Beispiel fast alle Paßstraßen neu gebaut werden, viel flacher und weitkurviger als die alten. Oft kann man neben der neuen Autostraße die alte, viel steilere, Paßstraße noch sehen. An die Flüsse hielt man sich vor allem wegen der Wasserversorgung. Man hatte so immer ausreichend Wasser in greifbarer Nähe. Seit der Nacheiszeit konnte man ohne unüberwindliche Schwierigkeiten durch ganz Süd- und Mitteldeutschland auch mit großen Heeren oder Völkerzügen kommen. Es gab in Deutschland nie einen Amazonas- oder Kongourwald, die für größere Heere auch heute noch fast unüberwindlich sind. Die Rede von den »dichten, undurchdringlichen Urwäldern« ist also wirklich nur »dichterisch«.

Es bleiben die »unüberschreitbaren Sümpfe«. Damit können nur die aus der Nacheiszeit stammenden Moore gemeint sein. In Süddeutschland sind das die an der Donau und ihren Nebenflüssen liegenden Moose und Riede, die jedoch niemals ernstliche Verkehrshindernisse gewesen sind. In Norddeutschland hat es allerdings ausgedehnte Moore gegeben. Durch sie führten aber immer wieder Geestrücken, die alten Sander und Endmoränen der Eiszeit. Dazu kommen noch die

Flüsse von der Ems bis zur Weichsel, auf denen Boote und Schiffe die Moore leicht umgehen konnten. Und wo es das Verkehrsbedürfnis erforderte, bauten die Germanen kilometerlange Moorbrücken, die sogar befahrbar waren. Eine solche führte bei Lohne (in der Nähe von Osnabrück) durch das Aschener und Brägeler Moor und stammte aus dem 2. Jahrhundert v. Chr. Sie ist 1976 ausgegraben und genau untersucht worden. Auch die niederdeutschen Moore waren somit keine unüberwindlichen Hindernisse. Wer freilich leichtsinnig drauflosmarschierte, lief Gefahr, für immer in ihnen zu verschwinden. Wie leicht andererseits Märchen von im Moor versunkenen Heeren entstehen können, hat sich im Ersten Weltkrieg gezeigt. Da sollen während der Schlacht von Tannenberg ganze russische Armeeabteilungen in den dortigen Mooren versunken sein. Doch gab es auf dem ganzen großen Schlachtfeld kein einziges Moor! Mit den Mooren haben sich die versunkenen Russen in Nichts aufgelöst. Die Entstehung dieser Legende noch im Jahre 1914 sollte eigentlich die Historiker in bezug auf derartige Klischeevorstellungen vorsichtig machen. Sie hätten schon dadurch stutzig werden können, daß seit der Zeit Karls des Großen bis auf unsere Tage von diesen unüberwindlichen Mooren keine Rede mehr ist.

Haben so die »undurchdringlichen Urwälder und Sümpfe« ihre geschichtliche Bedeutung verloren, ist es hinsichtlich des Klimas noch leichter, die Legende zu widerlegen.

Der ganze europäische Raum hat mindestens seit 300–200 v. Chr. keine grundlegende Klimaänderung mehr erfahren. Manchmal war es wohl etwas kälter, manchmal etwas wärmer als jetzt, aber um Christi Geburt stimmte das Klima mit dem heutigen völlig überein. Der grundlegende Klimasturz lag viel früher, etwa um 1200 bis 1000 v. Chr. Damals wurde es bedeutend kälter und feuchter als heute. Vorher war es dagegen viel wärmer gewesen. Das alles lag für die Zeit, die uns angeht (200 v. Chr. bis 20 n. Chr.), lange zurück. Es war längst eine Erwärmung eingetreten, die allerdings nicht mehr das Klimaoptimum von 1250 v. Chr. erreichte.

Wie sehr die Römer die Klimaschwierigkeiten übertrieben haben, kann man daraus ersehen, daß sich z. B. Cäsar im IV. Buch seines »Gallischen Krieges« rühmt: »Obgleich der Sommer schon zu Ende ging und bei der nördlichen Lage der Winter rasch einsetzt«, habe er es doch gewagt, nach Britannien überzusetzen. Dabei läßt sich berechnen, daß seine Abfahrt aus Gallien in der Nacht vom 25. zum 26. August erfolgte und die Rückkehr noch im September. Die Urlauber, die in

England, Frankreich, den Niederlanden, Deutschland und Dänemark in diesen Wochen des Jahres noch in der Sonne bräunen, scheinen von den frühen Wintern dieser Länder noch nichts mitbekommen zu haben. Überdies dementiert sich Cäsar an dieser Stelle selbst; denn er berichtet, daß er im selben Jahr nach seiner Rückkehr aus Britannien einen Kriegszug gegen die in der Nähe von Calais wohnenden Moriner unternommen habe, und schreibt[4]: »Da ihre Sümpfe ausgetrocknet waren, wußten sie nicht, wohin sie sich zurückziehen sollten.« Der Winter war demnach noch nicht eingetreten, es war noch Spätsommer und sehr trocken; denn wenn die Herbstregen schon eingesetzt hätten, wären die Sümpfe nicht ausgetrocknet gewesen.

Solche Widersprüche kann man beim aufmerksamen Lesen des »Gallischen Krieges« noch manche finden. Wenn es not tat, hat sich Cäsar weder durch Kälte noch durch Schnee an militärischen Operationen hindern lassen. So sagt er[5] von den Operationen zu Beginn des Jahres 52 v. Chr.: »Doch ließ Cäsar den 6 Fuß (ungefähr 1,80 m) hohen Schnee unter höchster Anstrengung seiner Leute wegräumen und die Wege gangbar machen, so daß er glücklich an die Grenzen des Arvernerlandes gelangte.«

Er hat demzufolge im tiefsten Winter die Cevennen mit dem ganzen Heer überschritten, was wirklich eine besondere Leistung ist, aber auch zeigt, daß Klimaunbilden kein römisches Heer im keltisch-germanischen Raume – vielleicht bis auf einen Fall – jemals ernstlich behindert haben. Den Ausnahmefall behauptet auch nur Cassius Dio vom Heer des Varus im Jahre 9 n. Chr. Vielleicht ist das aber nur eine unbegründete Behauptung, um den Verlust dieser Schlacht zu entschuldigen. (Siehe die Moore, die in der Schlacht von Tannenberg 1914 so vielen Russen zum Verhängnis geworden sein sollen.)

Es könnten allerdings auch besondere, durch eine einmalige Wetterlage bedingte Verhältnisse vorgelegen haben, die noch übertrieben dargestellt worden sind, für das damalige deutsche Klima aber nicht typisch gewesen sind. Die Ausweitung einer außergewöhnlichen Wetterlage zu einer Klischeevorstellung ist nicht gerechtfertigt. Das kann man schon daraus erkennen, daß Tacitus vom Jahre 15 n. Chr. berichtet[6], daß damals eine so große Trockenheit geherrscht habe, daß Germanicus mit seinem Heer die Eder und andere Flüsse leicht durchfurten konnte. Diese entgegengesetzte Wetterabnormität ist bei den Historikern weithin unbeachtet geblieben.

Wir können somit zusammenfassend feststellen: Frankreich, Süddeutschland, Böhmen, Mittel- und Norddeutschland waren in der Zeit von 200 v. Chr. bis 20 n. Chr. für die damaligen Verhältnisse verkehrsmäßig durchaus erschlossen und überall zugänglich. Wo wirkliche Verkehrsbehinderungen vorlagen, haben sie die Kelten und Germanen beseitigt. Das beweisen die im Münsterland und anderswo ausgegrabenen Moorbrücken. Es gab sogar schon hier und da gepflasterte Straßen, wenigstens in den Ortschaften. Hat man solche doch in Manching bei Ingolstadt und in Jütland ausgegraben[7]. Letztere stammen aus dem 1. Jahrhundert v. Chr. Was das Klima betraf, so war es nicht von dem heutigen verschieden, konnte somit den Sabinern aus dem Apennin oder Bewohnern der Poebene von dem ihrigen nicht gar zu verschieden erscheinen.

Die Ansicht von den dichten Urwäldern, unpassierbaren Sümpfen, kalten Sommern und besonders harten Wintern beruht auf unbegründeten Klischeevorstellungen und sollte aufgegeben werden.

Bohlenweg des 3. Jhs. v. Chr. (mit schematischen Holzfiguren rechts und links bei Überquerungsstelle eines offenen Wasserlaufs im Moor).
Fundort: Wittemoor bei Hude, Niedersachsen. Aus Oldenburger Jahrbuch 64 Teil 2, 1965.

Der Nachrichten- und Güteraustausch zwischen Germanen, Kelten und dem Mittelmeerraum

Berührt man dieses Gebiet im Gespräch oder sieht man darüber einschlägige Werke durch, so stellt man fest, daß häufig eine Meinung besteht, die man so umschreiben kann:

Diese Völker (Germanen, Kelten) hatten untereinander wenig Kontakt. Sie kümmerten sich kaum umeinander, hatten kaum Handel von Gebiet zu Gebiet und wußten vom Mittelmeerraum sehr wenig. Die Völker des Mittelmeerraumes hatten ihrerseits kaum Interesse an diesen Gebieten. Eine Ausnahme machten die Phönizier, die bis Cornwall in Britannien gekommen sind. Auch die Massilioten machten Handelsreisen in den Raum nördlich des Rhone-Saône-Tals. Einer von ihnen, der Grieche Pytheas, unternahm sogar von 322–285 v. Chr. eine echte Forschungsreise, auf der er große Teile der Küsten Britanniens erforschte und bis in die Deutsche Bucht, ja sogar bis Jütland und Skandinavien kam. Praktische Folgen hatte diese Forschungsreise nicht. Die großen Entdecker der Antike in Mittel- und Westeuropa sind Cäsar, Drusus und Tiberius. Cäsar hat ganz Gallien und den Rhein erforscht, Britannien betreten und sogar schon zweimal den Rhein überschritten. Seine Nachfolger wurden Drusus und Tiberius, die das deutsche Gebiet mit ihren Heeren bis zur Elbe erforschten. Ihre Berichte sind aber, besonders was die Germanen betrifft, mit Vorsicht aufzunehmen.

Heute gibt es eine ganze Forschungsrichtung – vor allem durch Hachmann vertreten – die das Germanentum, soweit es nur irgend gehen mag, verdrängen möchte. Für diese Historiker ist es z. B. eine ausgemachte Sache, daß die Ambronen und Teutonen Kelten waren. Hachmann hält auch die Kimbern für Kelten. Er fragt, ob nicht vielleicht die Kimbern wie die Teutonen ein keltischer Stamm waren, von dem Reste bis nach Nordjütland verschlagen wurden. Grundlegend für diese Richtung ist die Meinung, daß die Römer völlig im unklaren über die ethnographischen Verhältnisse im keltisch-germanischen Raum waren. So hätten sie die verschiedensten Sprachgruppen, die nichts miteinander zu tun hatten, zu den Germanen gerechnet. Vor allem hätten zwischen Weser und Rhein und in Belgien wahrscheinlich Illyrer oder Veneter gesiedelt, die die Römer einfach den Germanen zugerechnet hätten. Die Germanen seien möglicherweise überhaupt nur eine Erfindung Cäsars, der damit innenpolitische Zwecke verfolgt hätte. (Rolf Hachmann, Georg Kossack, Hans Kuhn: Völker zwischen Germanen und Kelten; Neumünster 1962). Die drei Verfasser stützen sich dabei auf die Ausdeutung von Bodenfunden, Ortsnamendeutung und eine scharfe Kritik der römischen Schriftsteller. Voraussetzung dieser Deutungen und Kritiken ist die oben skizzierte Meinung. Nur so hätte es zu den hier vermuteten Irrtümern kommen können.

Ich will mich mit dieser Schule in keinen Streit einlassen. Es mag immerhin sein, daß manches von den Römern mißdeutet worden ist. Auch sind die Quellen zu spärlich, um darüber etwas Genaueres zu sagen; entscheidende Werke, z. B. die »Germanenkriege« des Plinius, sind verloren. Aber ich bestreite, daß bei den führenden Männern Roms eine solche weitgehende Unkenntnis bestand. Über die Völkerverschiebungen, die hier zweifellos stattgefunden haben, sind sie sicherlich stets auf dem laufenden gewesen. Dies kann allerdings nur indirekt für den größten Teil des Zeitraumes von 250 v. Chr. an bewiesen werden, bis uns dann in Cäsars »Gallischem Krieg« auch direkte Mitteilungen über Nachrichtenvermittlungen gemacht werden. Dafür kommen vor allem Kaufleute und Händler in Frage; denn es ist eine wohl von niemand bestrittene Tatsache, daß mit dem Handel auch Nachrichten über weite Strecken verbreitet werden.

Man vergleiche dazu, was Cäsar[8] darüber schreibt: »Ist es doch Gewohnheit der Gallier, Reisende sogar wider ihren Willen anzuhalten und nach allem möglichen, was sie gehört oder beobachtet haben, auszufragen. Und in den Städten stellt sich die Volksmenge um die Kaufleute herum und zwingt sie, laut zu erzählen, woher sie kommen und was sie dort in Erfahrung gebracht haben.« Diese Stelle kann man nicht anzweifeln, da im vorigen und diesem Jahrhundert europäische Forschungsreisende in den verschiedensten Teilen der Welt dieselbe Beobachtung gemacht haben. Man vergleiche dazu die Werke von Sven Hedin, Filchner, Tafel und anderen über China und Tibet oder etwa Schweinfurths »Im Herzen Afrikas«. Es steht fest: Dort, wo Handel nachgewiesen werden kann, ist mit Sicherheit auch mit einem Nachrichtenaustausch zu rechnen.

Das Erstaunliche ist nun, daß sich Handel über größere Entfernungen schon im Jungpaläolithikum Europas nachweisen läßt. Müller-Karpe schreibt dazu in seinem Werk »Geschichte der Steinzeit« (München 1974): »Innerhalb des gesamten zirkummediterran-eurasiatischen Bereichs, der von der Atlantikküste über den Südrand Skandinaviens bis nach Sibirien zu verfolgen ist, bestanden enge Kulturbeziehungen, und zwar sowohl in der Herstellung von Steingeräten (Schmalklingengeräte) als auch in anderen Kulturäußerungen.« Weiter teilt er mit: »Die Vergesellschaftung dieser so verschiedenartigen Kulturphänomene innerhalb dieses weiten Raumes muß als Beweis dafür gewertet werden, daß ein umfassender, langdauernder kultureller Kontakt stattgefunden hat.« Er weist nach, daß an verschiedenen Stellen Steingeräte gefunden worden sind, deren Material aus vom Fundort 150 bis 200 km entfernten Steinvorkommen geholt worden ist. Noch weiter verbreitet wurden Muscheln, die als Schmuck dienten. »Etwa 300 bis 400 km von ihrem Fundort entfernt, nämlich aus den Tälern des Cher und des Loir, stammen einige durchlochte Muscheln in der mittelfranzösischen Höhle bei Issoire (Puy-de-Dôme).«

Das ist nur ein Einzelbeispiel von vielen, die Müller-Karpe anführt. Er schließt dieses Kapitel mit der Feststellung ab: »Was die Verbreitung der einzelnen jungpaläolithischen Kulturerscheinungen insgesamt im Hinblick auf die sie bedingenden historischen Verhältnisse erkennen läßt, ist dies: Trotz der nomadisierenden Lebensweise muß durchaus mit enger begrenzten Arealen gerechnet werden, innerhalb deren die Gruppen lebten, wanderten, jagten und gewisse kulturelle Besonderheiten ausbildeten. Diese durch Übereinkunft und Herkommen entstandenen Areale waren weder scharf begrenzt, noch blieben sie durch das ganze Jungpaläolithikum hindurch unverändert. Ein mehr oder minder enger Kontakt mit den Gruppen eines Nachbarareals muß als Normalzustand angenommen werden. Dadurch fanden technische Erfahrungen, ökonomische Praktiken, soziale Verhaltensweisen und geistige Vorstellungen schnell eine weite Verbreitung. Außer einem Kontakt von Einzelgruppe zu Einzelgruppe verließen zweifellos manchmal einzelne Gruppen die angestammten Areale und suchten sich anderswo einen neuen Lebensraum. Was die Ursachen solcher Weitwanderungen waren, können wir nicht ergründen; für uns wichtiger ist der Umstand, daß ihre Folge ein Ausweiten und Verdichten bevölkerungsmäßiger und kultureller Kommunikation war.« Den Beginn des Jungpaläolithikums, von dem Müller-Karpe das nachweist, schätzt man auf 35 000 Jahre v. Chr.

Viel ausgeprägter wird dieser Güter-, Kultur- und Nachrichtenaustausch zwischen dem Mittelmeerraum und dem Europa nördlich der Alpen bis hin nach Skandinavien im Neolithikum. Müller-Karpe stellt dazu fest: »Die verfügbaren Ausgrabungsbefunde und Fundvergleiche lassen erkennen, daß die geschichtlichen Kräfte, die bei der regionalen Gruppengliederung und der erweislichen Kulturbeziehung zusammenwirkten, sehr verschiedener Art waren: Materialexpeditionen und Güteraustausch, Ausbreitung kultischer Bräuche und geistiger Vorstellungen, Wirkungen technischer Neuerungen und modischer Eigenarten, Wanderbewegungen, Landsuche von Jungmannschaften und – vor allem im Jungneolithikum – kriegerische Auseinandersetzungen.« Über die Entfernungen, über die im Neolithikum solcher Austausch stattfand, schreibt er: »Wenn zwischen der bemalten Keramik (und anderen Kulturäußerungen) der südturkmenischen Anan-Namazga-Gruppe oder der pakistanischen Zhobgruppe und den mehr als 4000 km entfernten bemaltkeramischen Gruppen Griechenlands zwar nicht unmittelbare, aber doch mittelbare Beziehungen unbestreitbar (und nie bestritten) sind, so sollte auch die ebensoweite Entfernung zwischen pakistanisch-turkmenischen Siedlungsplätzen und denen der Jang-schao-Kultur für eine neolithische Kolonisation nicht zu weit sein.«

Diese von den Erforschern des Paläolithikums und Neolithikums festgestellten kulturellen und materiellen Beziehungen weit und weitest voneinander entfernter Gruppen waren natürlich kein Handel im heutigen Sinne. Es handelte sich wahrscheinlich um Weitergabe von Gruppe zu Gruppe über weite Entfernungen hinweg. Aber mit dieser Weitergabe gelangten mit Sicherheit auch Nachrichten und Berichte über Land und Leute in weit entfernte Gebiete.

Als Beweis dafür möchte ich die allerdings aus einer späteren Zeit stammende Erzählung von der Sargassosee anführen. Sie soll zuerst von den Phöniziern aufgebracht worden sein und besagt, daß es ein Meeresgebiet im Atlantik gibt, in dem Tange und Algen so dicht wachsen, daß die Schiffe darin steckenbleiben und die Mannschaften verhungern müssen. Man nimmt allgemein an, daß das eine Erfindung der Phönizier war, um griechische Konkurrenzhändler von der Fahrt in den Atlantik abzuhalten. Dabei stimmt diese Geschichte genauestens – nur handelt es sich nicht um einen Meeresteil des Atlantik, sondern um das Binnendelta des Weißen Nils und des Bahr-el-Ghasal im südlichen Sudan (2500 km von der Spitze des Nildeltas bei Kairo–Memphis entfernt). Schweinfurth schreibt darüber: »Dichte Massen einer auf den freien Stellen der Wasserfläche schwimmenden Vegetation von kleinen Kräutern bilden einen grützeartigen Brei, der die Vereinigung der Grasmassen zu vollständigen Decken sehr erleichtert. Wie ein festverbindender Kitt verstopft dieser Brei von Kräutern alle Spalten und Löcher zwischen den Gras- und Ambatschinseln, die sich an den Stellen der Hinterwasser anhäufen, wo sie den Winden oder der Strömung minder zugänglich sind.« Weiter teilt er mit: »Ich habe im ›Ssudd‹ noch erträgliche Bedingungen gefunden. Welche Schrecken aber hier lauerten, hat etwa ein Jahrzehnt später ein grausiges Ereignis gezeigt. Als 1880 der Gouverneur der Provinz Bahr-el-Ghasal, der Italiener Romeo Gessi, nach Chartum zurückkehrte, blieb seine Flottille in der Sumpfvegetation fast vier volle Monate lang hilflos stecken. Hunderte von Menschen, abgeschnitten von aller Verbindung mit dem festen Land, versuchten sich von den Wurzelstöcken der Seerosen zu ernähren und mußten elendiglich verhungern. Nur mit einem Bruchteil seiner Leute ist Gessi diesem Schicksal entgangen, aber wenige Monate darauf starb auch er infolge der ausgestandenen Entbehrungen.« Es ist einleuchtend, daß die Berichte vom Sargassomeer sich nur auf den »Ssudd« beziehen können. Sie müssen aus sehr früher Zeit stammen, noch vor dem Abreißen der Verbindung Ägyptens mit seinen Äthiopischen Kolonien um 650 v. Chr. Danach sind sie dann in den ebenfalls sehr weit entfernten Atlantik verlagert worden, wo sie immer weiter nach Westen wanderten, weil bei den vielen Fahrten der Phönizier und Karthager im östlichen Atlantik kein Sargassomeer zu finden war.

Über den weit entfernten Sudan wußte man demnach recht gut Bescheid; und auch Herodot[9] bringt z. B. sehr genaue Nachrichten über den Niger etwa bei Timbuktu, der von Karthago ebenfalls ungefähr 2500 km entfernt ist. Dabei ist zu berücksichtigen, daß die Sahara eine viel wirkungsvollere Sperre ist als viele Meere oder Gebirge, von den Alpen ganz zu schweigen.

Diese spärlichen Beispiele solcher Nachrichten sind uns vielleicht wegen ihrer Besonderheit, wir würden heute sagen: wegen ihres sensationellen Inhalts, erhalten geblieben. Über die uns beschäftigenden Räume müssen viel mehr und viel genauere Nachrichten verbreitet gewesen sein, als wir aus der Literatur nachweisen können. Sie waren aber wohl nicht sensationell genug, um dort ihren Niederschlag zu finden. Wir können das jedoch aus den engen Handels- und Kulturbeziehungen durch ganz Europa während der ans Neolithikum anschließenden Kupfer- und Bronzezeit schließen. So ist in den mykenischen Gräbern und in Picenum in Italien Bernstein in großer Menge gefunden worden, von dem die chemische Untersuchung den Nachweis erbrachte, daß er nicht aus Samland, sondern aus Jütland und Südschweden stammt[10].

Wie eng damals die Beziehung Jütlands zu dem mykenischen Kulturkreis war, geht daraus hervor, daß einige Frauen aus den mykenischen Fürstengräbern mitteleuropäischer Herkunft waren und aus dem Kreis der nordischen Bronzekultur stammten, wie der Schmuck aus den Schachtgräbern I, III und IV beweist[11]. Es müssen demnach um 1300 v. Chr. sogar familiäre Beziehungen zwischen den mykenischen und jütländischen Fürstenhäusern bestanden haben.

Dem allen setzte die große Klimakatastrophe um 1200 bis 1000 v. Chr. ein Ende. Sie zwang große Teile der südskandinavischen und jütländischen Bevölkerung zur Abwanderung nach Süden. Wir kennen diese Bewegung als die »Große Wanderung der frühen Urnenfelderleute«. Sie hat sowohl das Gesicht des keltisch-germanischen Raumes wie des Mittelmeerraumes völlig umgestaltet. In Italien wanderten die Italiker, in Griechenland die Dorer ein. Selbst bis nach Palästina sind damals die Volksscharen gekommen, die Philister. Sie haben, wie bekannt, diesem Land den Namen gegeben. Der nordische Raum – Skandinavien, Jütland und Norddeutschland – erlitt einen außerordentlichen Bevölkerungsschwund und Kulturverlust. Ist doch die Kunst und das Kunstgewerbe der frühen germanischen Eisenzeit in keiner Weise mit der Kunst und dem Kunstgewerbe der nordischen Bronzezeit zu vergleichen. Ich erinnere nur an das Erlöschen der Kunst des Lurengießens. Diese herrlichen Musikinstrumente verschwanden damals ganz. Wie kunstvoll sie waren, können wir heute noch mit Sicherheit feststellen, da in Mooren 13 spielbare Luren erhalten geblieben sind, mit denen alljährlich zu Neujahr vor dem königlichen Schloß in Kopenhagen ein Konzert gegeben wird.

Trotzdem rissen die Verbindungen zwischen Mittel- und Nordeuropa und dem Mittelmeerraum nicht ab. So ist die Heuneburg bei Riedlingen an der oberen Donau in ihrer IV. Periode um 550 v. Chr. von einem griechischen oder etruskischen Baumeister als Fürstensitz in der mediterranen Bauweise aus lufttrockenen Lehmziegeln erbaut worden. Scherben von Tongefäßen aus Unteritalien, die dort bei Ausgrabungen gefunden worden sind, beweisen einen Handel bis »Groß-Griechenland« in Unter-Italien. Die Steinsburg auf dem Kleinen Gleichenberg bei Römhild in Thüringen wurde im 3. Jahrhundert v. Chr. zu einer großen Stadt mit einem etwa 11 km langen Mauerring ausgebaut. Dort gedieh ein umfangreicher Fernhandel, der sich, wie

Funde beweisen, bis Jütland, zur Donau, dem Siegerland und bis Picenum in Mittelitalien erstreckte[12]. Aus späterer Zeit kennen wir die reiche Keltenstadt Manching bei Ingolstadt. Dort bestanden schon große Stapelhäuser für Waren. Sie muß noch um 50 v. Chr. in engsten Handelsbeziehungen sowohl nach dem Norden wie nach Italien gestanden haben[13].

Das germanische Gebiet hat sich allerdings nicht so schnell von der Katastrophe um die Jahrtausendwende erholt wie das mitteldeutsche Kelten- und Illyrergebiet. Darum können wir noch lange ein Zivilisationsgefälle von Süddeutschland nach dem Norden hin feststellen. Vom 3. Jahrhundert v. Chr. an scheint das aber zumindest der Bevölkerungszahl nach ausgeglichen worden zu sein, denn von da an läßt sich ein immer stärkerer Druck auf die keltischen Staaten in Mittel-, Süd- und Westdeutschland feststellen. Dadurch kommt es zur Entstehung eines Walles von befestigten Stadtanlagen und Fluchtburgen, der sich vom Fichtelgebirge über Rhön, Vogelsberg bis zum Taunus nachweisen läßt. Herm schreibt darüber in seinem Keltenbuch[14]:

»Vom Fichtelgebirge bis herüber zum Hunsrück aber entstand eine dichte Reihe von Befestigungswerken, die den meisten ihrer Erforscher als eine Art keltischer ›Nordwall‹ gegen die vordringenden Germanen gilt. Das größte seiner Werke ist die Steinsburg bei Römhild im südlichen Vorland des Thüringer Waldes. Sie weist einen dreifachen Schutzring auf, dessen Mauern, rund fast elf km lang, bis zu vier Meter hoch und nahezu sechs Meter stark waren. Auch der Hunnenring von Otzenhausen und eine fast ebenso mächtige Anlage auf dem Donnersberg in der Pfalz gehören zu diesem Befestigungssystem. Insgesamt ist es fast geeignet, die These zu widerlegen, die Kelten hätten sich nie zu weitgespannten, gemeinsamen Unternehmungen aufraffen können. Auf alle Fälle aber macht seine Existenz deutlich, wie gefährlich germanische Stämme für sie geworden waren.«

Östlich der Kelten zeigen sich ähnliche Erscheinungen bei der Lausitzer Kultur, die heute den Illyrern zugeschrieben wird. Die Römerschanze bei Potsdam z. B. ist so eine Sperrbefestigung am Übergang über das versumpfte Urstromtal der Havel und Spree.

Es ist ganz ausgeschlossen, daß die Römer nichts von diesen Vorgängen in Mittel-, West- und Ostdeutschland gewußt haben sollten. Bei den nachweisbaren Handelsbeziehungen dieser Länder zum Mittelmeerraum müssen sie sich immer ein ungefähres Bild von den Ereignissen dort gemacht haben können. Wie umgekehrt auch die Kelten und Germanen über die Ereignisse im Mittelmeerraum unterrichtet waren.

Darum können wir mit großer Sicherheit vermuten, daß in Umrissen »alle alles von allen gewußt« haben. Was diese Vermutung zur Gewißheit erhebt, sind Erfahrungen, die Entdeckungsreisende in Amerika, Afrika oder Asien gemacht haben. Dort erwiesen sich die Einwohner, auch wenn sie auf einer niedrigen Zivilisationsstufe standen, oft erstaunlich gut über Gegenden, Völker oder Ereignisse unterrichtet, die sich weit von ihren Wohnsitzen, manchmal Hunderte oder Tausende von Kilometern entfernt, befanden oder zugetragen hatten. Ich will davon nur wenige Beispiele anführen:

Als die Spanier an der La-Plata-Mündung landeten und dort die Station Buenos Aires errichteten, sagten ihnen die ansässigen Indianer, daß paranáaufwärts ein reiches Silberland liege. Die Spanier nannten deswegen das neue Land Argentinien. Dann machten sie sich auf, das Silberland zu suchen, und fuhren, geleitet von den Erzählungen der Indianer, den Paraná und dann den Paraguay aufwärts. Als sie endlich das Silberland erreichten, standen sie in Peru und hatten bis Cuzco 2700 km zurückgelegt. Dort aber trafen sie auf ihre Landsleute unter Pizarro. Über 2700 km hatte sich somit dieser genaue Bericht in einem Land verbreitet, das damals gegenüber den europäischen Gebieten zur Römerzeit in bezug auf Handel und Kulturaustausch als rückständig bezeichnet werden muß.

Als die Franzosen in Quebec landeten, erhielten sie sehr genaue Nachrichten von einem großen Meer im Westen. Sie gingen diesen Nachrichten nach und kamen zu den großen amerikanischen Seen. Wären sie nicht so auf die nordwestliche Durchfahrt versessen gewesen, hätten sie schon aus diesen Erzählungen erkennen können, daß es sich um Süßwassermeere handelte. Die Entfernung Quebec–Ontariosee ist rund 600 km (gleich der Entfernung Bremen–Bromberg a.d. Weichsel). Gerade Nordamerika, vor allem das nördliche Kanada, hat glänzende Beispiele von diesen Kenntnissen der »Primitiven« geliefert. So berichtet Kurt Lütgen in seinem Buch »Das Rätsel der Nordwestpassage«[15] von der zweiten Expedition Parrys zur Auffindung der Nordwestpassage von 1821 bis 1823 das folgende über die Befragung einer Eskimofrau, die noch nie mit Europäern zusammengetroffen war: »Die Engländer trauten der zänkischen und abstoßend schmutzigen Alten nicht, bis sie mit Lampenruß eine anschauliche Skizze des Lyon-Inlets auf eine Tierhaut zeichnete. Parry ließ sie auch eine Karte ihrer Nomadenwanderungen zeichnen; sie gab eine überraschend deutliche Übersicht über das Gebiet, an dessen Rand man überwinterte. Aus dieser Karte ging hervor, daß eine nicht sehr breite Landenge die

Repulse-Bay vom Meer Akuli (Boothia-Golf) im Westen trennte und diese Landenge sich nach Norden zu einer umfangreichen Halbinsel fortsetzte, der Parry den Namen Melvilles, des damaligen Chefs der Admiralität, gab. Sie wiederum wurde auf der Karte im Norden von einer Meeresstraße begrenzt, die das Meer Akuli mit dem Fox-Becken verband (Fury- und Heckla-Straße). Die Eskimofrau gab zu verstehen, dieses Meer erstrecke sich weit, sehr weit nach Norden, viel weiter, als man auf der Karte zeigen könne. Parry vermutete sofort, daß es in das von ihm 1819 entdeckte Prince-Regent-Inlet überging.«

Daß das kein Ausnahmefall war, beweist die Erfahrung der Simpson-Expedition, die 1837 in Kanada auf dem Mackenzie zur kanadischen Nordküste aufbrach. Von ihr berichtet Lütgen in demselben Werk[16]: »Als Simpson ihnen (den Eskimos, mit denen er zusammengetroffen war) erklärte, er wolle weit nach Westen reisen, zeichnete eine der Frauen eine Skizze der Küste.« Diese muß sehr genau gewesen sein, denn es heißt dann weiter: »Die Eskimokarte war ein guter Wegführer für sie und ersparte es ihnen, jeder Biegung der Küstenlinie zu folgen. Im Vertrauen auf ihre Verläßlichkeit wagten sie sogar, im Nebel die Elson-Bucht zu überqueren. Als sich die dichte Nebelbank nach Stunden endlich hob, lag plötzlich Point Barrow (wo sie hinwollten) vor ihren Augen.«

Zum Schluß noch eine Episode, die Alfonso Vinci in seinem Buch »Jenseits der zweiunddreißig Berge«[17] mitteilt. Vinci hatte nach dem Zweiten Weltkrieg eine Expedition ins innerste Venezuela zur Sierra Pacaraima unternommen und war dort mit Indianern zusammengetroffen, die noch nie einen Weißen gesehen hatten. Diese fürchteten sich ungeheuer vor der »Bomba catholica«, womit sie die Atombombe meinten!

Diese Beispiele zeigen wohl zur Genüge, daß das Wissen um Land und Leute und um geschichtliche Ereignisse bei »Naturvölkern« viel größer ist und gewesen ist, als wir gemeinhin annehmen. Zumindest die drei letzten Beispiele handelten von Völkern, die sich noch im Jäger- und Sammlerstadium befanden. Das ist ein Kulturzustand, den die europäischen Völker längst, nämlich seit dem Paläolithikum, also mindestens 3000 Jahre vor der Zeit, von der wir handeln, hinter sich gelassen hatten. Das ist derselbe Zeitraum, der uns Heutige von der Bronzezeit des Nordens trennt.

Es fragt sich, warum die Alten so verschwommene Ansichten etwa über den Donaulauf hatten, wie wir beispielsweise den »Historien« des Herodot entnehmen können. Herodot hat hier gewiß nur nach Hörensagen berichtet. Man frage aber einmal einen Gebildeten, etwa einen Juristen, in welche Himmelsrichtung in Kanada der Mackenzie fließt. Man wird über die Antworten erstaunt sein. Ja, ich vermute, daß sehr viele unsicher werden, wenn man sie fragt, ob der Altai nord-südlich oder ost-westlich verläuft. Dabei handelt es sich bei diesem doch um eines der wichtigsten Gebirge Innerasiens.

Ganz anders wird es in den römischen Staatsarchiven und den Archiven der großen römischen, griechischen, syrischen und ägyptischen Handelshäuser ausgesehen haben. Dort lagerten die streng geheimen Itinerare (Reiseprotokolle), die nicht bekannt werden durften, damit die Konkurrenz nicht aus ihnen Nutzen ziehen konnte.

Das schimmert aus Cäsars Mitteilung über seine Befragung gallischer Kaufleute vor seiner Landung in Britannien durch[18]. Hier heißt es: »Denn abgesehen von Handelsleuten geht nicht leicht jemand nach Britannien, und selbst diese kennen eben nur die Küste und die Gegenden Gallien gegenüber. Obgleich sie daher Cäsar von allüberallher zu sich entbot, konnte er doch nicht erfahren, wie groß die Insel war, welche Stämme sie bewohnten, wie stark diese waren, welches ihre Kampfesweise war, was für eine Verfassung sie hatten und welche Häfen zur Aufnahme einer größeren Anzahl Schiffe geeignet waren.« Gerade die Bemerkung über die Ungewißheit hinsichtlich der Häfen muß zu denken geben. Natürlich wußten die Kaufleute mehr als sie Cäsar verraten haben, waren sie doch nicht sicher, ob sie sich nicht durch solche Mitteilungen eine unerwünschte römisch-griechische Konkurrenz auf den Hals laden würden!

Uns ist meines Wissens nur ein solches Itinerar, der »Periplus maris Erythraei« aus der zweiten Hälfte des ersten Jahrhunderts n. Chr., in Teilen erhalten geblieben[19]. So können wir uns vorstellen, wie solche Aufzeichnungen für ein Handelshaus ausgesehen haben mögen. Es ist kennzeichnend, daß sein unbekannter Verfasser über die Verhältnisse Arabiens, Indiens, Ostafrikas und des Indischen Ozeans besser unterrichtet war als z. B. der berühmte Geograph Ptolemäus. Dieser schrieb ja für die Öffentlichkeit, und da werden sich die interessierten Kreise sehr gehütet haben, ihm mehr als das Nötigste mitzuteilen und dieses auch noch ungeau. Wir müssen somit ein viel größeres Wissen über die geographischen und ethnographischen Verhältnisse im keltisch-germanischen Raum bei der römischen Nobilität von 250 v. Chr. bis 20 n. Chr. (dem Zeitraum, der uns hier beschäftigen wird) voraussetzen, als es die erhaltene Literatur erkennen läßt. Andererseits aber werden auch die Kelten und Germanen recht deutliche Vorstellungen von Rom und seiner Macht gehabt haben.

Es fragt sich, ob der Ablauf der Beziehungen der Mittelmeervölker untereinander und zum keltisch-germanischen Raum besser erklärt werden kann, wenn man solche Kenntnisse hypothetisch voraussetzt[20].

Das Keltengebiet als Verkehrs- und Handelsraum

Ehe wir mit unserer Untersuchung beginnen, müssen wir einen Blick auf den keltisch-germanischen Raum werfen, von dem immer wieder auf das Geschehen im Mittelmeergebiet eingewirkt wurde, und in den hinein von dort auch immer wieder Einflüsse und Einbrüche erfolgten. Als erstes großes Kultur- und Sprachgebiet treffen wir auf den keltischen Raum.

Es kann hier nicht die Aufgabe sein, das Werden der keltischen Völker, ihre Wanderungen und ihren schließlichen Untergang im einzelnen zu beschreiben und Stellung zu den vielen noch offenen Fragen zu nehmen. Was uns hier interessiert, sind vor allem der Verkehr und der Handel in diesem Gebiet.

Doch möchte ich vorher noch klären, was ich unter einem Staat verstehe, denn ich werde häufig dort von Staat sprechen, wo gemeinhin in der Literatur von Stamm gesprochen wird, ohne diesen Begriff genau zu erläutern. Staat ist eine über die Dorfschaft hinausreichende menschliche Gemeinschaft, die von dem einzelnen Leistungen verlangt, die nicht allein in seinem Interesse liegen oder im Interesse seiner Sippe. Zur Durchsetzung dieser Forderungen ist eine übergreifende Führung nötig, die, wie sie auch beschaffen sein mag, in der Lage ist, solche Gemeinschaftsleistungen auch gegen Widerstände durchzusetzen. Als Beispiel sei etwa auf die verschiedenen Bewässerungsanlagen in größeren Oasen hingewiesen. Da haben sich ein Wasserrecht und Wassergerichte entwickelt, die Gemeinschaftsleistungen für das Bewässerungssystem durchsetzen und die Wasserverteilung nach bestimmten Gesetzen regeln können, auch wenn sie den persönlichen Interessen einzelner zuwiderlaufen. Als wichtigstes Kennzeichen des Staates kommt noch das gemeinsame Territorium einer solchen über die Dorfschaft hinausreichenden Gemeinschaft hinzu.

Legen wir diese Bestimmung des Staates unserer Betrachtung zugrunde, dann können wir mit vollem Recht sowohl bei Kelten wie Germanen von Staaten sprechen. Diese keltischen und germanischen

Staaten schließen z. B. mit den Römern Verträge ab, betreiben also Außenpolitik, führen mit ihnen und untereinander Krieg und schließen Frieden, errichten gemeinsame Bauwerke, beispielsweise Städte oder Fluchtburgen. Man denke auch an die Moorbrücken im germanischen Raum. Sie kennen innerpolitische Verwicklungen – Cäsar berichtet öfter davon – erheben Zölle und Steuern und haben eine Rechtsprechung.

Das alles sind Kennzeichen von Staaten, die schon eine reiche Entwicklung hinter sich haben. Sie sind nicht einmal sehr klein. Die Keltenstadt Manching bei Ingolstadt zum Beispiel hatte eine 7 km lange Stadtmauer (doppelt so lang wie die von Nürnberg im Mittelalter), die 4 m breit und mindestens 4 m hoch war. Sie umschloß ein Gebiet von 280 Hektar. Die Steine für diese Mauer wurden von Neuburg an der Donau hergeholt, die Nägel für die Verklammerung des Balkenwerks in ihr von Kehlheim an der Donau. Beide Orte liegen 54 km auseinander. Nehmen wir diese Entfernung als den Durchmesser des von ihr beherrschten Gebietes, so kommen wir auf 2289 Quadratkilometer. Wahrscheinlich ist es viel größer gewesen. Aber auch so schon ist es mehr als doppelt so groß wie Attika, das Athen beherrschte, und wäre etwa ein Viertel von Cypern. Als zweites Beispiel möchte ich das Einflußgebiet des Arminius im römisch-germanischen Krieg von 9 bis 16 n. Chr. anführen. Es reichte nach den »Annalen« des Tacitus in der West-Ost-Erstreckung vom Rhein bis etwa zur Aller bei Gifhorn, in der Nord-Süd-Erstreckung ungefähr von der Lahn bei ihrem Eintritt ins Schiefergebirge bis zur Allermündung. Das sind rund 300 km zu 250 km. Solche politischen Gebilde kann man zur damaligen Zeit schon nicht mehr Kleinstaaten nennen. Im Vergleich dazu waren Latium und Campanien zusammen 200 km mal 100 km groß. Die Kultur- und Sprachgebiete waren allerdings bei beiden Völkern viel größer.

So steht heute fest, daß der größte Teil Frankreichs, Deutschland vom Rhein bis fast zur Weser und von da südlich der Mittelgebirge mit Böhmen und Schlesien sowie Österreich und das pannonische Gebiet mit Ausstrahlungen bis Siebenbürgen und zum Schwarzen Meer in Rumänien und Bulgarien keltisch überschichtet war. Sicherlich gab es von der Garonnemündung bis zum Schwarzen Meer einen einheitlichen keltischen Sprachraum. Dazu kamen als losgelöste Vorposten die Kelten in der Poebene (die Alpen waren das Wohngebiet der nichtkeltischen Räter), die Kelten im mittleren und westlichen Teil der Pyrenäenhalbinsel – die durch eine nicht-indogermanisch sprechende

Bevölkerung vom keltischen Kernraum getrennt waren –, die Kelten Britanniens und Irlands und die weit nach Kleinasien vorgepreschten Galater. – Fest steht weiterhin, daß das Ursprungsgebiet der Kelten Süddeutschland um Oberrhein und Donau bis zum Main und das deutsche und Schweizer Alpenvorland gewesen ist. Die genannten weiten Wohngebiete der Kelten zeigten eine sehr einheitliche Kultur, die wir als die La-Tène-Eisenzeit bezeichnen. Eine politische Einheit fehlte dagegen.

Man begegnet darum immer wieder dem Urteil, daß die Kelten infolge ihres Individualismus nicht zur Einheit kommen konnten, sondern ihr Gebiet von Anfang an in kleine und kleinste politische Einheiten zerfiel, die sich nie zu gemeinsamen Aktionen aufraffen konnten. Daran ist wohl soviel richtig, daß im keltischen Gebiet nie der Gedanke an ein keltisches Reich aufgetaucht ist, jedenfalls unseres Wissens nicht. Was aber bei einem solchen Urteil übersehen wird, ist die Tatsache, daß es bei ihnen flächenmäßig recht große Staaten gegeben hat. Ich nannte schon den Staat, dessen Zentrum Manching bei Ingolstadt gewesen ist. Ich könnte die Staaten der Treverer, der Arverner oder der Helvetier anführen. Gerade diese beherrschten in ihrer besten Zeit den gesamten Schweizer Voralpenraum und einen großen Teil des heutigen Baden-Württemberg. Das sind Staatsgebilde, die weit größer waren als alle griechischen Stadtstaaten. Es gab auch zur Zeit der Eroberung Galliens durch Cäsar große keltische Koalitionen, die zu planmäßigen politischen und militärischen Operationen fähig waren. Man denke an den Bund der Belger oder an die Koalition fast aller gallischen Staaten unter Vercingetorix. Die Kelten waren aber zu noch weiträumigeren Bündnissen fähig. So kämpften bei den letzten schweren Kämpfen der oberitalienischen Keltenstaaten gegen Rom 225 bis 222 v. Chr. nach Moreau sogar belgische Kelten mit gegen die Römer.

Daß es ein gemeinkeltisches Bewußtsein gegeben hat, wird auch durch den Druidenorden bewiesen. Er war ein sehr starkes religiöses und kulturelles Band zwischen allen Kelten, war bei allen keltischen Völkern zu finden, hatte eine einheitliche Lehre und nach Cäsar sogar ein gemeinsames Oberhaupt. Wie wirksam er war, geht daraus hervor, daß ihn die Kaiser Tiberius und Claudius bis zur Ausrottung bekämpft haben. Dafür sind sicherlich politische Gründe maßgebend gewesen. Die Menschenopfer, die er betrieben haben soll und die manchmal als Grund für die Verfolgung durch die Römer angegeben werden, werden diese wenig gestört haben. Sie haben ja selbst – allerdings verhüllte –

Menschenopfer den Göttern dargebracht. Ganz offen geschah das im Zweiten Punischen Krieg nach der Schlacht von Cannae, aber auch die Hinrichtung der karthagischen Adeligen nach dem Triumphzug 146 v. Chr., die Hinrichtung des Jugurtha oder des Vercingetorix nach den Triumphzügen waren getarnte Dankopfer an Jupiter. Auch sonst waren die Römer im Menschenabschlachten nicht zimperlich. Ich erinnere an die Gladiatorenspiele, wo Menschen zur Lustbarkeit und nicht als höchstes Opfer für die Gottheiten getötet wurden. Die Römer haben auch die abscheulichste Form der Todesstrafe, das Kreuzigen, recht gern angewendet. Wenn heute manchmal die römische »Humanität« den keltischen oder den sehr zweifelhaften germanischen Menschenopfern als Beweis für die Barbarei und Kulturlosigkeit dieser Völker gegenübergestellt wird, so wird das alles verdrängt.

Als weiteren Beweis für das gesamtkeltische Bewußtsein führe ich die Tatsache an, daß nach der Niederlage der Eburonen unter Ambiorix und Catuvolcus 53 v. Chr. viele keltische Adelige mit ihren Gefolgsleuten nach Süddeutschland und sogar Böhmen geflüchtet sind, dort freundlich aufgenommen wurden und eine Reihe Städte gründen konnten, wie A. E. Milz nachgewiesen hat[21]. Trotzdem konnte infolge der damaligen Verkehrsverhältnisse der weite keltische Volksraum nicht zu einer Einheit, einem Reich zusammenwachsen. Auch geistig geeinte Gebiete, die unter einer Herrschaft gestanden hatten, die also ein »Reich« waren, sind immer wieder recht schnell in Einzelstaaten zerfallen. Schon das »Heilige Römische Reich Deutscher Nation« ist dafür ein Beispiel. Es zerfiel schließlich in eine sehr große Anzahl von Einzelstaaten, die oft winzig waren. Die größeren führten ihr Eigenleben ohne Rücksicht auf das Ganze, und schließlich blieb das Reich nicht einmal mehr als Symbol erhalten, wenn wir an den »Deutschen Bund« von 1815 bis 1866 denken. Ähnliche Entwicklungen beobachten wir im persischen Reich der Achämeniden, im Reich des Negus von Abessinien, dem Reich der Kalifen von Bagdad oder im Chinesischen Reich. Immer sind es die übergroßen Entfernungen von der Zentrale, die es den örtlichen Machthabern ermöglichen, eigene Wege zu gehen, ja sie manchmal zwangen, die drängenden wirtschaftlichen und politischen Probleme ohne Rücksicht auf die ferne Zentralgewalt zu lösen.

Das Römische Reich war in einer glücklicheren Lage, da es im Mittelmeer eine Verkehrsstraße besaß, die viel schneller das Eingreifen der Zentralmacht in den Außenbezirken erlaubte, als es bei reinen Landverbindungen möglich gewesen wäre. Aber selbst dieses Reich hat nur eine begrenzte Zeit bestanden.

Und auch China, das in der günstigen Lage war, als »Kulturoase« rings von Nomadenvölkern, die kulturell und zivilisatorisch sehr rückständig waren, umgeben zu sein, hat immer wieder Phasen der völligen Auflösung durchgemacht. Die letzte dauerte etwa von 1912 bis zur Machtergreifung Mao Tse-tungs 1949. In diesen 37 Jahren schien es manchmal, als ob sich diese riesige Landmacht in eine Fülle von Kleinstaaten auflösen wollte. Erst die modernen Verkehrs- und Nachrichtenmittel ermöglichen jetzt eine dauernde und wirksame Präsenz der Zentralregierung selbst in den entlegensten Gebieten.

Natürlich kann man eine Reihe weiterer Gründe für den Zerfall solcher großen Reiche anführen. Aber daß sie so wirksam werden konnten, lag an diesen Verkehrsschwierigkeiten. Schon die Nachrichtenübermittlung über die weiten Entfernungen war schwierig und langwierig. Durch optische Mittel, etwa Feuerzeichen, lassen sich nur ganz dürftige Meldungen überbringen. Die wichtigen Einzelheiten mußten immer durch Reiter- oder Läuferstafetten überbracht werden, was auf jeden Fall Tage, vielleicht Wochen dauerte. Die Reaktion der Zentralregierung – etwa die Absendung eines Heeres gegen eingedrungene Feinde – mußte darum oft sehr spät, vielleicht zu spät wirksam werden. Ging das Staatsoberhaupt selbst mit zum Gefahrenpunkt an der Peripherie des Reiches, traten Schwierigkeiten bei seiner Vertretung im Reichsmittelpunkt auf. Selbst engste Verwandtschaft zwischen ihm und seinem Vertreter half nicht immer. Man denke an die Spannungen, ja die Feindschaft zwischen Otto d. Gr. und seinem Bruder Heinrich oder zwischen Heinrich IV. und seinen Söhnen Konrad und Heinrich V. Auch Friedrich II. von Hohenstaufen und sein Sohn Heinrich VII. oder Artaxerxes II. und dessen Bruder Cyrus d. J. sind Beispiele dafür.

Wir können uns heute kaum noch ein zutreffendes Bild dieser Schwierigkeiten machen. Vielleicht hilft es ein bißchen, wenn wir uns den Gegensatz zwischen den Reisen eines mittelalterlichen Fürsten und denen eines heutigen Staatsoberhauptes vergegenwärtigen. Damals kam der Fürst nach einem langen Ritt, verschwitzt und verdreckt, vielleicht wundgeritten oder stark erkältet, übermüdet und hungrig an das Tagesziel, um am nächsten Tag bei Sonnenaufgang schon wieder im Sattel zu sitzen. So ging es vielleicht eine Woche lang, bis das Ziel erreicht war. Heute dagegen steigt das Staatsoberhaupt nach bequemem Flug von wenigen Stunden gut gefrühstückt, geduscht und sauber aus dem Flugzeug, wird begrüßt, gefeiert und nimmt die Parade ab. Wenn man sich diesen Gegensatz recht deutlich vor Augen hält, versteht man vielleicht besser, warum die Großreiche der Antike oder des Mittelalters immer wieder zerfallen sind.

Die Kelten jedenfalls haben gar nicht versucht, ein Reich vom Atlantik bis zum Schwarzen Meer aufzubauen. Es kann gefragt werden, ob das an ihrem mangelnden Willen oder an ihrer Einsicht in die Unmöglichkeit einer solchen »Reichsbildung« lag. Wenn sie es versucht hätten, kann man mit Sicherheit sagen, daß auch dieses Reich nicht lange bestanden hätte. Sie haben aber das damals Mögliche erreicht: das Gefühl der Gemeinsamkeit und gemeinsamen Beistand auch weitentfernter Staaten, wie ich oben zeigen konnte. Verstärkt wurde diese Gemeinsamkeit durch den Druidenorden.

Dem aber steht nun allerdings die Tatsache gegenüber, daß mit Cäsar bei der Eroberung Galliens einzelne keltische Staaten, z. B. die Häduer oder die Remer, gegen die anderen gekämpft haben. Auch die Rekrutierung von Cäsars Heer aus den Keltengebieten Oberitaliens und aus der Provinz Gallia Narbonensis scheint dem zu widersprechen, doch dürfen wir nicht vergessen, daß damals das Keltentum unter dem doppelten Druck der Germanen von Norden und Osten und der Römer von Süden stand. Außerdem befanden sich die keltischen Staaten in einem sozialen und politischen Umbildungsprozeß, als Cäsar seinen Eroberungskrieg begann. Ich erinnere nur an Orgetorix und sein Bestreben, bei den Helvetiern einen politischen Umsturz herbeizuführen[22]. Auch der scharfe Gegensatz zwischen den Brüdern Dumnorix und Diviciacus bei den Häduern beleuchtet diesen Umbildungsprozeß. In solchen Krisenzeiten ist es verständlich, daß die einen in den Germanen, die anderen im Römer den gefährlicheren Feind sahen, und demnach die Frage, auf welche Seite sich die keltischen Staaten schlagen sollten, verschieden beantworteten.

Ich bezweifle, daß man aus Erscheinungen dieser Krisenzeit allgemeingültige Regeln für die Jahrhunderte vorher ableiten kann. Für diese fehlen uns aber ausreichende literarische Zeugnisse. Die Bodenfunde an Fluchtburgen und befestigten Städten lassen jedenfalls den Schluß auf einen dauernden Kriegszustand der Kleinstaaten untereinander nicht zu. In Süddeutschland dienten die Befestigungen einwandfrei der Abwehr der Germanengefahr, denn sie verdichten sich immer mehr nach dem Main und den Mittelgebirgen hin, während sie nach den Alpen zu fast fehlen. Vor allem sind die Ausgänge der Paßstraßen ins Alpenvorland völlig frei von jeder Befestigung. Der Blick der süddeutschen Kelten war höchstwahrscheinlich auf die Bedrohung durch die Germanen gerichtet, während man an eine Bedrohung von

Süden über die Alpen nicht dachte. Die befestigten Städte in Gallien brauchen ebenfalls kein Beweis für dauernde Kriege der gallischen Keltenstaaten untereinander zu sein. Wäre das die einzige Erklärungsmöglichkeit, dann müßte in Deutschland, Frankreich, England usw. im Mittelalter eine Daueranarchie geherrscht haben, da damals jede Stadt, jeder Rittersitz und viele Dörfer in diesen Ländern befestigt waren. Wir wissen jedoch, daß davon keine Rede sein kann.

Bei den Kelten spricht vor allem gegen einen dauernden Kriegszustand ihr recht dichtes Verkehrsnetz, ihr hochentwickeltes, auf Fernhandel eingestelltes Handwerk und ihre hochentwickelte Landwirtschaft, die ebenfalls für die Ausfuhr arbeitete und dafür sogar schon Mähmaschinen gebrauchte. Da Fernhandel nur in friedlichen Räumen möglich ist, wird es im keltischen Raum weithin friedlich zugegangen sein.

Über Handel und Verkehr schreibt Moreau[23]: »Der hohe Stand der Technik, den die Kelten erreicht hatten, sowie ihre auf Absatz abgestellte Landwirtschaft setzten voraus, daß die einzelnen Stämme nicht für sich allein lebten, sondern daß rege Handelsbeziehungen zwischen ihnen bestanden. Schon zu Anfang des ersten vorchristlichen Jahrtausends war ein weiträumiges Wegenetz zu Wasser und zu Lande vorhanden, das Westeuropa mit den Karpathen sowie Kampanien mit Mitteldeutschland verband und auf diese Weise den damals von den Kelten schon besetzten und später zu besetzenden Gebieten eine gewisse wirtschaftliche Einheit verlieh. Die beiden Handelsstraßen, die der Ausfuhr des baltischen und jütischen Bernsteins nach der adriatischen Küste und nach dem Löwengolf dienten, bestimmten in den nördlichen Randgebieten des Donauraumes eine südnördliche Expansions- und Handelsrichtung, während die wandernden Handwerker und Kaufleute mit mannigfacher Handelsware die Westostachse des Verkehrsnetzes in Gallien benutzten.

In der späten Bronzezeit bestanden schon in vielen Gegenden Depots fahrender Händler und Werkstätten von Fabrikanten, die auf einen regen Handelsverkehr hinweisen (z. B. Wallerfangen im Saarland). Wichtig waren die Zinnstraßen, auf denen das in Cornwall gewonnene Zinn durch Gallien zu den Häfen des Mittelmeeres befördert wurde. Eine Südstraße führte von der Mündung der Gironde nach Narbonne, eine Nordstraße von den Häfen der Loire- und Seinemündungen und der Nordwestküste Frankreichs nach dem Pariser Becken, von wo aus sie bis zum Saône-Knie bei Châlon und dann über die Schweiz nach Norditalien verlief. Später wurde der Flußlauf der Saône und Rhone bis Marseille benutzt, aber die ständigen Streitigkeiten zwischen der griechischen Kolonie und den benachbarten keltoligurischen Stämmen verhinderten einen normalen Verkehr zwischen dem Löwengolf und dem Inneren Galliens. Viel wichtiger waren die schweizerischen Straßen, von denen schon die Rede war.«

Weiter heißt es: »Es ist von der modernen Forschung immer wieder festgestellt worden, daß die Römer eine Reihe von alten Verkehrslinien als Kunststraßen ausbauten, aber nur in wenigen Fällen völlig neue Straßen anlegten. Die Kelten verfügten also schon über ein ausgedehntes Straßennetz. Da sie viele Fahrzeuge zur Beförderung der Waren benutzten, ist anzunehmen, daß die ursprünglichen Saumpfade durch Brückenbau, Furtanlagen und Steinschüttungen fahrbar gemacht worden waren. Die offizielle Übernahme des gallischen Wegmaßes ›leuga‹ durch die Römer beweist, daß diese das vorhandene Straßennetz benutzt haben; seine Dichte geht aus der Schnelligkeit der Truppenverlegungen Cäsars hervor.

Es scheint, daß die Gallier über ein ganzes System von Umspannplätzen, Raststätten und Verladeanlagen verfügten; so erklärt sich die Wichtigkeit der Rolle, die besonders günstig gelegene Ortschaften spielten, wie Orléans und Paris an Flußübergängen und die Gegend von Vix in der späthallstättischen Zeit. Viele Ortschaften, deren Namen aus ›ritu‹ = Furt abzuleiten sind, zeigen, daß die Flußübergänge als Siedlungsplätze bevorzugt waren. Dabei muß der Tatsache Rechnung getragen werden, daß der Flußverkehr sicherlich einen beträchtlichen Umfang hatte und daß viele Flüsse, die heute als nicht schiffbar gelten, in keltischer und römischer Zeit und bis ins 19. Jahrhundert oft als Wasserstraße benutzt wurden. Mâcon und Châlon an der Saône, Roanne und Orléans an der Loire, Paris und Melun an der Seine waren Stapel- und Umschlagplätze zwischen Land- und Wasserstraßen und standen vor dem Eintreffen der Römer in hoher Blüte. Die natürliche Lage und die bequeme Stellung solcher Plätze gestattete es, von den Kaufleuten hohe Zollgebühren zu verlangen, die, wie schon gesagt, eine der Haupteinnahmequellen der keltischen Stämme und vor allem der Adligen bildeten. Der Mont Lassois war vermutlich eine dieser Zollstationen. Auch an den Grenzübergängen waren Zoll- und Wachtposten errichtet.«

Über die Waren dieses umfangreichen Handels schreibt Moreau das folgende: »Berichten nur wenige literarische Quellen über die Art und den Umfang dieses Verkehrs, so ist man dagegen über die Handelsbeziehungen zwischen der Keltenwelt und dem Mittelmeerraum durch zahlreiche Funde am besten unterrichtet. Griechen, Etrusker und Italer und später Römer drangen in die nordalpinen Gebiete vor, um Absatzmärkte zu schaffen und Rohstoffe zu erwerben.

Von den griechischen und römischen Exportbemühungen legen attische Vasen und Bronzekrater, die im ganzen Bereich der späthallstättischen und Früh-La-Tène-zeitlichen Fürstengräber von Trebenischte bis Vix gefunden wurden, beredtes Zeugnis ab. Sogar bis nach Schweden waren etruskische Bronzekessel des 6. Jahrhunderts gelangt, und im 4. Jahrhundert vermehrte sich der Import von italischer Keramik nördlich der Alpen. Diese Gegenstände wurden zum Teil für den besonderen Geschmack der ›barbarischen‹ Käufer gearbeitet, was auf rege Beziehungen hinweist. Das Anwachsen des Imports im mitteleuropäischen Raum läßt sich zum Teil dadurch erklären, daß von 500 an die Straße von Gibraltar für den griechischen Verkehr durch die Karthager gesperrt wurde und daß diese Blockierung eine Umstellung des Handels erzwang. Aber früher schon bestanden Beziehungen zwischen den klassischen Ländern und Gallien, teilweise über Marseille, vor allem aber über Norditalien und die Schweiz, wie die jonischen Weinamphoren des 6. Jahrhunderts beweisen, die mit Wein gefüllt in der Späthallstattzeit nach Mercey-sur-Saône und Mantoche kamen. Auch nach der Besiegung Karthagos ging der Strom des Wein- und Ölexports aus Italien nach dem Norden, über Aquileia nach der Donau und über Massilia und die Provence nach Gallien.«

Solche Verkehrs- und Handelsbeziehungen können sich nur in einem weiten befriedeten Gebiet entwickeln. Auch später gegen Ende der Keltenzeit muß in ihrem Gebiet meist Friede geherrscht haben, sonst hätte sich z. B. in Manching an der Donau keine solche auf Handel und Verkehr angewiesene Großsiedlung entwickeln können. Auch die Steinsburg auf dem Kleinen Gleichen bei Römhild zwischen Rhön und Thüringer Wald war eine solche Handelsstadt. Wahrscheinlich gab es in Süddeutschland noch mehr solcher keltischen Industrie- und Handelsstädte, denn wir kennen noch eine ganze Reihe von keltischen »Fluchtburgen«. Da aber weder Geld noch Interesse vorhanden ist, in ihnen zu graben, läßt sich nicht entscheiden, ob es nur Fliehburgen oder wirkliche Städte gewesen sind. Anders liegen die Verhältnisse in Frankreich, wo schon durch Napoleon III. eine ganze Reihe solcher Keltenstädte ausgegraben worden ist.

Diese Ausgrabungen in Frankreich und in Manching haben ergeben, daß die Kelten schon vom Handwerk zur Manufaktur übergegangen waren (wie England im 18. Jahrhundert): Man findet in diesen Städten große Langhäuser – meist 6 m mal 35 bis 41 m, in seltenen Fällen bis 80 m –, in denen angestellte Handwerker saßen, die je nur einen Arbeitsgang ausführten. So könnte man sich eine »Sattelfabrik« etwa denken, in der die ersten Handwerker nur das Leder zuschnitten und es dann zur Weiterverarbeitung an die nächsten weitergaben. Eine solche »Großindustrie« setzt einen großen Absatzmarkt voraus. Natürlich kommt sie auch nicht ohne eine feste Währung und Buchführung aus.

Die Kelten waren darum schon recht frühzeitig zur Goldwährung übergegangen. Das Vorbild für ihre Münzen war der Goldstater Philipps II. von Makedonien. Sie müssen somit schon um 350 v. Chr. die Goldwährung angenommen haben. Diese Neuerung muß die Donau aufwärts gewandert sein, sonst wäre eine andere Münzprägung von den Kelten zum Vorbild genommen worden. Wenn sich eine solche Währung in einem größeren Gebiet bewähren soll, muß in ihm wenigstens in gewissem Rahmen Übereinkommen über Goldgewicht und Feingoldgehalt bestehen. Es müssen zwangsläufig zwischen den keltischen Staaten darüber Abmachungen bestanden haben. Sonst wären Währungsschwierigkeiten aufgetreten, die sich als schweres Handelshindernis erwiesen hätten.

Zu dieser Währung mußte aber noch die Buchführung durch eine Schrift kommen, denn ohne sie wäre ein ausgebreiteter Handel undenkbar gewesen. Davon berichtet uns Cäsar an mehreren Stellen[24] seines »De Bello Gallico«. Wahrscheinlich ist die griechische Schrift mit der Goldwährung über den Donauweg zu den Kelten gekommen. Nach Cäsar[25] muß der Schriftgebrauch recht intensiv gewesen sein. Daß uns kaum etwas davon erhalten geblieben ist, wird daran liegen, daß die Kelten auf vergängliches Material geschrieben haben. Dafür standen ihnen Tierhäute, Baumrinde oder auch Holzbretter zur Verfügung. (In den russischen Kriegsgefangenenlagern der Ukraine nach dem Zweiten Weltkrieg wurde die ganze Buchführung auf Brettern abgewickelt. Es gab ein »Hosenbrett«, »Schuhbrett«, »Mützenbrett« usw. auf der Kleiderkammer, der Lagerführer hatte ein »Bestandsbrett«, der Arzt ein »Krankenbrett«. Das Radieren oder Auslöschen von überholten Listen besorgte der Tischler mit dem Hobel.) Natürlich ist uns von dieser Art Aufzeichnungen nichts erhalten geblieben.

Es bleibt noch die gern angeführte Kopfjägerei der Kelten zu erwähnen. Zweifellos haben die Kelten die Köpfe der im Krieg und in der Schlacht erschlagenen Feinde abgeschnitten und als Trophäen nach Hause gebracht. Das erinnert an die Indianer, die die Kopfhäute der im Krieg erschlagenen Feinde sammelten. Auch aus Abessinien sind ähnliche Bräuche bekanntgeworden, die dort sogar noch im 19. Jahrhundert geübt wurden. Auch Napoleon I. hat sich übrigens den abgeschnittenen Kopf Schills, in Spiritus konserviert, schicken lassen, ohne daß er als Kopfjäger galt. Daß die Köpfe von hingerichteten Verbrechern ausgestellt wurden, ist von überallher bekannt. In Hamburg hat man z. B. noch um 1500 Seeräuberschädel auf Pfähle genagelt und ausgestellt. Der deutsche Tibetforscher Tafel berichtet, daß dasselbe mit den Köpfen von Verbrechern um 1904 in China geschehen ist, und bringt sogar ein Bild von einem solchen ausgestellten Kopf in seinem großen Werk[26]. Darum waren aber doch weder die Hamburger um 1500 noch die Chinesen um 1914 Kopfjäger. – Echte Kopfjägerei dagegen gab es noch um 1914 und später in Neuguinea. Da mußte ein junger Mann, um in die Reihe der Erwachsenen seiner Sippe aufgenommen zu werden, den Kopf eines oder einer Erschlagenen des »feindlichen« Dorfes vorweisen. Unter diesen Umständen war von Sicherheit im Lande keine Rede, wie man den einschlägigen Forschungsberichten entnehmen kann. Natürlich gab es darum auf dieser großen Insel weder Verkehr noch einen irgendwie gearteten Handel.

Es ist selbstverständlich, daß solche Zustände bei den Kelten nie geherrscht haben können. Wenn bei ihnen von »Kopfjägerei« gesprochen wird, dann muß dieses Wort eine ganz andere Bedeutung als bei den Bewohnern von Neuguinea haben. Aber welche? Das ist den einschlägigen Werken nicht zu entnehmen.

Wir können zusammenfassend folgendes feststellen: Der weite keltische Raum war sprachlich und kulturell geeint. Es bestanden eine für die damalige Zeit hochentwickelte Industrie und Landwirtschaft sowie ein Städtewesen. Handel und Verkehr waren intensiv, das Landstraßen- und das Wasserstraßennetz vergleichsweise dicht. Die keltischen Staaten kannten die Geldwirtschaft, hatten eine ziemlich einheitliche Goldwährung und schon eine entwickelte Verwaltung. Untereinander herrschte zwischen den Staaten meist Frieden. Gegenüber den Germanen standen sie wenigstens von 200 v. Chr. an im Abwehrkampf und hatten darum ihnen gegenüber ein dichtes Befestigungssystem errichtet. Gegenüber Rom bestand keine Abwehrbereitschaft – sie fühlten sich wahrscheinlich von dorther nicht bedroht, da sie mit dem Mittelmeerraum in intensiven Handelsbeziehungen standen. Aber auch mit den germanischen Nachbarn müssen rege Handelsbeziehungen bestanden haben. So waren sie die gegebenen Vermittler zwischen Rom und Germanien.

Viele keltische Gebiete müssen recht dicht besiedelt gewesen sein.

Nach Moreau schätzt man die Bevölkerungszahl Galliens zur Zeit Cäsars auf etwa 20 Millionen (zwischen 15 und 25 Millionen), was einer Bevölkerungsdichte von etwa 20 Menschen auf den Quadratkilometer entsprechen würde. Diese Bevölkerung war jedoch nicht einheitlich, denn ein meist hochgewachsener und blonder Adel herrschte über eine meist kleinere und dunkelhaarige Bevölkerung.

Es ist nach alledem nicht mehr möglich, die Kelten als »Naturvolk« oder gar als primitiv zu bezeichnen.

Staatsorganisation und Heeresaufbau der Germanen

Nördlich des keltischen Raumes saßen seit dem Neolithikum kulturell einheitliche Völker in den Gebieten von Südskandinavien, Jütland, den dänischen Inseln, Mecklenburg und von Teilen Pommerns. Das Elbtal war von ihnen bis etwa in den Raum von Brandenburg – Potsdam besiedelt, im Westen reichte ihr Siedlungsgebiet ungefähr bis zur Weser. Im Süden wurde es vom Mittelgebirgsrand und östlich der Elbe von den versumpften Urstromtälern der Havel, Spree und Oder begrenzt.

Dieses einheitliche Kulturgebiet heißt nach einem von Schwantes freigelegten Gräberfeld im Kreis Uelzen die »Jastorfer Kultur«. Es ist das Kerngebiet der ethnographischen Völkergruppe, die wir heute als Germanen bezeichnen. Für uns ist es belanglos, wo der Name Germanen hergekommen ist, ob sie sich selbst so nannten oder ob er eine Erfindung der Kelten oder Cäsars ist. Auch ist es bei unserer Fragestellung gleichgültig, ob einige von Cäsar, Tacitus, Poseidonius oder Cassius Dio erwähnte Völkerschaften wirklich dieser Gruppe angehörten oder Kelten, Illyrer oder Veneter gewesen sind.

Wenn allerdings Siegmund Feist[27] aufgrund römisch-griechischer Überlieferungen sowie von Personen- und Ortsnamen »Keltogermanen« zwischen Elbe und Rhein von den »Swebo-Germanen« östlich der Elbe unterscheidet, so macht das keinen sehr überzeugenden Eindruck. Selbst Hachmann, dem man gewiß nicht Germanenschwärmerei vorwerfen kann, folgt hier nicht. Es sind eben zu gewichtige Gründe, die zur Ablehnung der Feistschen Ansicht zwingen. Vor allem scheint es mir ganz falsch zu sein, anzunehmen, daß die germanische (bei Feist swebo-germanische) Überschichtung der westlichen Gebiete erst nach 200 n. Chr. einsetzte. Die keltischen Befestigungen vom Frankenwald und Fichtelgebirge bis zum Taunus sprechen doch eine zu deutliche Sprache. Da sie etwa von 120 v. Chr. an geräumt werden, muß die »swebo-germanische« Überschichtung doch wohl 300 Jahre früher eingesetzt haben.

Aus überkommenen Fluß- und Bergnamen läßt sich kein Zeitpunkt post quem festlegen. Rhein, Mosel, Main haben jetzt noch keltische Namen genau wie Taunus und Rhön. Aus ihnen kann man ebensowenig den Zeitpunkt des Abzuges der Kelten erschließen wie das Jahrhundert des Unterganges der Indianer aus Flußnamen wie Missouri oder Mississippi, Ländernamen wie Delaware und Dakota oder dem Stadtnamen Chikago. Es ist auch mißlich, aus Eigennamen die Nationalität und Muttersprache des Namensträgers erschließen zu wollen. So trug z. B. der polnische Außenminister beim Ausbruch des Zweiten Weltkrieges den deutschen Namen Beck.

Fremdartige Namen werden oft der eigenen Sprache so angeglichen, daß man sie nicht wiedererkennt. So wird aus dem altpersischen Darajavausch im Griechischen Dareios und im Latein Darius, aus Vischtaspahja wird Histaspes und aus Hachamanischija Achaimenes, im Latein Achaemenes[28].

Ein weiteres Beispiel, das zur Vorsicht mahnt, ist der Hunnenkönig Attila oder Etzel, der einen gotischen Namen trägt, während wir seinen hunnischen, den er gewiß gehabt hat, nicht kennen. Niemand wird ihn deswegen für einen Goten halten. Wenn man darum aus Namen wie Bojorix und ähnlichen sofort auf ihr Keltentum und das der von ihnen geführten Völkerschaften schließt, kann man sich leicht irren. Mir erscheinen jedenfalls die Berichte der Römer und Griechen, die diese Fürsten und ihre Völker als Germanen bezeichnen, sicherer zu sein als die manchmal recht gekünstelten Konstruktionen, wie sie z. B. Hachmann in seinem Aufsatz gegen Merlin »Die Heimat der Kimbern« vorbringt. Ich glaube vielmehr, daß die Römer, die vielleicht seit 222 v. Chr., sicher aber seit 113 v. Chr. in kriegerischer Berührung mit den Germanen standen und einen bedeutenden Handel ins keltische Gebiet unterhielten, sehr wohl recht bald die ethnographische Verschiedenheit dieser beiden Völkergruppen bemerkt haben. Es fällt jedenfalls dem Unbefangenen schwer zu glauben, daß sie, die nach Aquä Sextiä und Vercellä viele kimbrische, teutonische und auch keltische Sklaven besaßen, sich so geirrt haben, daß sie die »kimbrischen Kelten« für ganz verschieden von den »gallischen«, »rätischen« oder »skordiskischen« Kelten, die sie sehr gut kannten, gehalten haben; und daß dieser Irrtum erst jetzt nach dem Zweiten Weltkrieg herauskommt. Für ganz ausgeschlossen halte ich es, daß die Römer später, als sie 20 Jahre lang im Land der Cherusker standen, nicht gemerkt haben sollten, daß sie es bei ihnen mit Kelten oder Belger, die sie seit Cäsars Zeiten sehr gut kannten und die in den dortigen

Legionen dienten, zu tun hatten, sondern diese Völker für Germanen hielten. Im großen wird darum die räumliche Abgrenzung der Germanen gegen die Kelten und Illyrer, wie sie uns seit Anfang des 20. Jahrhunderts geläufig ist, zutreffen. Wie schon betont, ist es für unser Problem belanglos, ob es sich z. B. bei den Naristen um Germanen oder, was wahrscheinlicher ist, um Illyrer handelte, oder ob einige der Ariovist folgenden Völkerschaften zu den Kelten gehörten.

Viel wichtiger ist die unbestreitbare Tatsache, daß mindestens seit dem vierten Jahrhundert v. Chr. die Germanen aus dem Raum des Norddeutschen Tieflandes immer stärker auf die keltischen und illyrischen Völker im Süden und Westen ihres Wohnraumes drückten.

Doch stellen uns die von Feist, Hachmann und anderen geäußerten Ansichten vor die Frage, ob die Germanen überhaupt ein Volk waren, das sich in irgendeiner Weise seiner Einheitlichkeit bewußt war und sich in seiner Gesamtheit als verschieden von Kelten oder Illyrern empfand. Dieser Frage darf man nicht ausweichen; denn sie bestimmt wesentlich die Auslegung vieler Ereignisse dieser Frühzeit der germanischen Geschichte.

Gegen ein solches Gemeinschaftsempfinden scheinen die vielen Kämpfe der Germanen gegeneinander zu sprechen. Sehen wir aber genau zu, so sind diese in der ersten Zeit der engen Berührung der Germanen mit den Römern durchaus nicht sehr zahlreich gewesen. Auf jeden Fall waren sie viel seltener als die der griechischen Stadtstaaten untereinander. Trotzdem wird niemand dem griechischen Volk das Gemeinschaftsgefühl absprechen können. Auch in der Frühzeit Italiens waren die kriegerischen Gegensätze Roms zu den Latinern nicht selten. Die Einigung aller Italiker ging ebenfalls nicht friedlich vor sich; ich erinnere nur an die Samniterkriege. Trotzdem wird niemand bestreiten, daß die Italiker sich gegenüber den anderen Völkern der Halbinsel als eine Gemeinschaft empfanden.

Was man den Griechen und Italikern einräumt, müßte man doch auch den Germanen zubilligen. Hier kann uns die Spatenforschung sogar beherzigenswerte Winke geben. So kennt der innergermanische Raum kaum Burgen, obwohl seine Bewohner durchaus in der Lage waren, solche zu errichten. Das beweist das Wort »Burg«, das schon Tacitus verwendet. Er spricht ja von »Asciburgium« und »Saltus Teutoburgiensis«. Fast unbekannt ist es, daß man die älteste befestigte Großsiedlung im nordischen Raum 1969 in einer alten Flußschlinge der Eider fand. Der Fluß umgab dort ein etwa 18 m hohes Plateau von drei Seiten und schützte eine 10 Hektar große Siedlung. An der vierten

Seite wurde sie durch einen 300 m langen, 2,50 m tiefen dreifachen Graben, der zusätzlich mit einer Pfostenwand aus starken Baumstämmen geschützt war, befestigt. Das war keine Fluchtburg, sondern eine richtige »Polis«, wie die Spuren ehemaliger Häuser, von denen eins 22 m lang war, beweisen. Eine Fülle von Funden an Keramikschalen, Feuersteingeräten, Pfeilspitzen und Öfen erhärtet diese Feststellung. Diese Stadt der Jungsteinzeit des Nordens bei Büdelsdorf, die zu den größten bekannten Anlagen dieser Art gehört, wird nach der C-14-Methode[29] um 2400 v. Chr. angesetzt, müßte aber nach der revidierten C-14-Methode in das Jahrhundert um 2900 v. Chr. gehören.

Dem Norden waren also, wie dieser Fund zeigt, befestigte Großsiedlungen, die man mit Recht Städte nennen kann, schon in der Jungsteinzeit bekannt. Wenn aber Jankuhn 1953 feststellt[30]: »Im Norden gibt es bis weit in die Eisenzeit hinein überhaupt keine Burg«, so ist das auch richtig; denn diese Feststellung bestätigt Eric Graf Oxenstierna[31]. Es kann allerdings nur bedeuten, daß nach den unruhigen Zeiten des Neolithikums während der Bronze- und Eisenzeit keine Kämpfe im nordisch-germanischen Raum stattgefunden haben. Daß die Germanen aber jederzeit Befestigungen anlegen konnten, beweist nicht nur die Stadt bei Büdelsdorf, sondern auch die Anlage einer ganzen Reihe von Fluchtburgen im Raum der mittleren Weser um Chr. Geburt, als die Römer hierhin vorstießen.

Diese Friedenszeit ging jedoch um Christi Geburt zu Ende. Damals stauten die Germanen sich nämlich an der römischen Reichsgrenze, was zu Spannungen und Gegensätzen unter ihnen führte. Sie befanden sich von da an bis zum Zusammenbruch des Römischen Reiches in einer langen inneren Krisen- und Umbruchszeit. Daß dieser Umschichtungsprozeß nicht nur friedlich verlief, ist einleuchtend. Es wäre aber falsch, wenn man daraus folgern würde, daß sie sich ihrer ethnographischen Einheit nicht bewußt gewesen wären. Solche Umbruchszeiten sind immer und überall mit inneren Kämpfen verbunden, in die sich häufig fremde Mächte einmischen. Ich erinnere an die inneren Kämpfe in Frankreich während des Hundertjährigen Krieges, an die Kämpfe in England zur Zeit Charles I. oder an die erbitterten Kämpfe in Deutschland von 1618 bis zur napoleonischen Zeit. Diese Beispiele ließen sich leicht vervielfachen. Trotz der Erbitterung, mit der alle diese Kämpfe ausgetragen wurden, ging doch das Gefühl, einer ethnographischen Einheit anzugehören, bei keinem der betroffenen Völker verloren. Die Behauptung, daß die Germanen in ständigem Streit gelebt und kein Gefühl der Zusammengehörigkeit gehabt hätten, wird durch die

Bodenfunde schlagend widerlegt. Sie stützt sich wohl nur auf zwei Stellen bei Tacitus[32]: »Möchte doch – das ist mein Gebet – diesen Barbaren, wenn sie schon keine Liebe zu uns haben, doch wenigstens der Haß gegeneinander bleiben und andauern«, und: »Und die Cherusker und die übrigen aufrührerischen Stämme kann man jetzt, nachdem Rom seine Rache genommen hat, ihrer inneren Zwistigkeit überlassen.« Das ist aber für eine so weitgehende Behauptung kaum ein tragfähiger Boden.

Allerdings gehört die Behauptung von der dauernden, sozusagen genetisch bedingten germanisch-deutschen Uneinigkeit zu den Lieblingskindern der deutschen Geschichtsschreibung, die nicht müde wird, die deutsche Uneinigkeit zu beschwören. Manche, wie z. B. Hans Riehl, scheinen sie sogar für eine Art deutscher »Tugend« zu halten. Dieser schreibt[33]: »In der deutschen Geschichte ist nun einmal Konkurrenzdenken zwischen den Stämmen die Regel und das Ziehen an einem Strang die Ausnahme. Im übrigen mußten die Menschen in Deutschland und außerhalb meistens dafür büßen, wenn man sich allzu einig war.«

Die lange Friedenszeit nach 1200 v. Chr. ist verständlich, denn die Archäologen beobachten, daß von 1200 an der Raum des nordischen Kulturkreises weitgehend fundleer wird, daß Siedlungen aufgegeben und Felder wieder vom Wald zurückerobert wurden[34]. Sie schließen daraus auf eine sehr starke Abwanderung der Bevölkerung infolge einer Klimaverschlechterung. Die danach sehr dünne Bevölkerung hatte Mühe zu überleben und dachte gar nicht an Kämpfe untereinander. Allmählich wurden die Schwierigkeiten überwunden, und die Bevölkerungszahl begann wieder zu wachsen. Daß es auch dann mehrere Jahrhunderte lang zu keinen inneren Kämpfen kam, spricht für ein starkes Zusammengehörigkeitsgefühl, obwohl die Germanen wie die Kelten seit alters in eine große Zahl von Staaten aufgeteilt waren.

Diese Staaten waren nicht so klein, wie man sich das oft vorstellt. Natürlich waren sie unterschiedlich groß. Wenn aber die Semnonen den größten Teil der heutigen Mark Brandenburg und die Hermunduren das heutige Thüringen und zum Teil Sachsen innehatten, kann man ihre Territorien im Vergleich zu anderen Staaten des Altertums, beispielsweise griechischen Stadtstaaten, nicht als klein bezeichnen. Die Gebiete waren nicht gleichmäßig stark bewohnt. Vor allem waren die Lößgebiete am Mittelgebirgsrand, und in Schleswig-Holstein und Jütland die sandige Geest bewohnt. Das war dort in der Bronzezeit anders gewesen. Da waren vor allem die Marsch im Westen und die Grundmoränengebiete im Osten dichter besiedelt. Infolge der darauf folgenden Vernässung durch die Klimaverschlechterung waren diese Gebiete weitgehend geräumt und die bisher vernachlässigten sandigen Geestgebiete bevölkert worden. Brachte dort auch der Ackerbau keineswegs denselben Ertrag, so war der sandige Boden doch trockener und wärmer, so daß er nun für den Ackerbau geeigneter war. Erst mit einer gewissen Klimaverbesserung und der Erfindung des Räderpfluges mit Streichbrett änderte sich das. (Die ältesten Reste eines Radpfluges sind bei Tömmerby in Jütland gefunden worden; sie werden in das vierte Jahrhundert v. Chr. datiert.) Die Wirtschaftsgrundlage der Bevölkerung waren der Ackerbau und die Viehzucht auf Rinder, Schweine und Schafe. Das Pferd war hauptsächlich Arbeitstier. Das Zimmerhandwerk und die Schmiedekunst standen auf einer bemerkenswert hohen Stufe. Der germanische Stahl war dem keltischen sicher überlegen, obwohl die Kelten als Meister der Stahlerzeugung angesehen werden[35].

Von der Organisation der Staaten können wir uns nur ein ungenaues Bild machen. Sie muß gut geordnet, effektiv und billig gewesen sein, denn sie kam mit einem Minimum an Beamten aus. Die Kapitel 7, 11, 12, 13, 14 und 15 der »Germania« enthalten fast die einzigen Nachrichten über ihren Aufbau in der Zeit um Christi Geburt. Daraus geht soviel hervor, daß ähnlich wie in der Frühzeit Roms die oberste Instanz die Versammlung der freien Männer war, Thing genannt. So wird jedes Dorf ein Thing gehabt haben. Aus ihnen ging das Thing des Gaues hervor und daraus wieder das Thing des Stammes. Ich möchte nicht annehmen, daß zu jedem Thing alle freien Männer zusammenkamen. Das Dorfthing wird wohl Abordnungen zum Gauthing und dieses zum Stammesthing geschickt haben. Sicherlich waren auch die Beratungsgegenstände vor dem Gau- oder Stammesthing bekannt und wurden vorher vor dem Dorf- oder Gauthing durchberaten, so daß die Abordnungen mit bestimmten Vorstellungen oder Aufträgen zum Stammes- oder Gauthing kamen. Jedenfalls scheint mir das so sehr in der Natur der Sache zu liegen, daß sich eine solche Deutung geradezu anbietet. Dem Thing werden die Maßnahmen von den Fürsten (Principes) vorgetragen, begründet und zur Beratung gestellt worden sein. Ich kann mir denken, daß dann Abänderungsanträge vorgebracht und neue Anträge gestellt wurden.

An der Spitze des Staates standen gewählte Fürsten. Dieses Wort ist bezeichnend. Fürst bedeutet ja »der Erste« (im Englischen: the first = der Erste). Auch im lateinischen »princeps« steckt »primus« = der Erste. Diese ersten Männer des Staates, die Fürsten, müssen gewohnheitsmäßig aus alten Geschlechtern gewählt worden sein. Aus ihnen wird auch ein Ältestenrat gebildet worden sein, der die Fürsten bei den laufenden Geschäften beriet und unterstützte und die Volksversammlung, das Thing, vorbereitete. Ich halte es für wahrscheinlich, daß er sich aus den Gaufürsten zusammensetzte. Leider ist nicht bekannt, wieviel leitende Fürsten an der Spitze eines Staates standen. Vielleicht waren es zwei, ähnlich wie die Konsuln in Rom. Auch über die Länge ihrer Amtszeit ist nichts bekannt. Vielleicht war sie gar nicht richtig festgelegt, sondern regelte sich von Fall zu Fall.

Den Fürsten stand für die Durchführung der Geschäfte die Gefolgschaft zur Verfügung. Diese Gefolgsleute werden sicher nicht, wie es nach Tacitus' »Germania« (Kap. 15) erscheinen könnte, in stumpfem Nichtstun dahingedämmert haben, sofern es nicht Krieg gab. Sie werden die wenigen Verwaltungsaufgaben zu erledigen gehabt haben, wie z. B. Botengänge zu den Gaufürsten oder Dorfältesten. Eine ihrer wichtigsten Aufgaben wird die Ausbildung der wehrfähigen Männer im Heeresdienst gewesen sein. Eine solche muß es gegeben haben, denn es ist ausgeschlossen, daß die Germanen in ungeordneten Haufen mit wildem Geschrei auf die römischen Legionen losstürmten und auf Anhieb die Sieger von Pydna und Magnesia, die Eroberer von Numantia und Karthago über den Haufen rannten und vernichteten, wie es die Kimbern und Teutonen taten, so daß die Heeresreform des Marius notwendig wurde.

Daß es in den Gefolgschaften Ränge gab, was ebenfalls für ihre militärischen Aufgaben spricht, berichtet Tacitus[36]: »Gradus quin etiam ipse comitatus habet« – »Die Gefolgschaft selbst hat ja sogar verschiedene Grade.« Aus Germania 15 geht hervor, daß sie vom Staat unterhalten wurde: »Bei den einzelnen Staaten besteht die Sitte, freiwillig und Mann für Mann von ihren Herden oder Erntevorräten einen Beitrag an die Fürsten zu liefern, ein Brauch, der, als ehrenvoll empfunden, zugleich ihrer Notlage abhilft.« Für den Unterhalt dieser »Beamtenschaft« wurden somit Steuern in Naturalien erhoben.

Eine wichtige Aufgabe der Fürsten war die Rechtsprechung, wie aus Germania 12 hervorgeht. Gegen deren Spruch gab es anscheinend in gewissen Fällen ein Berufungsrecht an die Volksversammlung. Wenigstens kann man das Folgende so auslegen: »Licet apud consilium accusare quoque et discrimen capitis intendere« – »Es ist auch erlaubt, beim Thing anzuklagen und die Entscheidung über das Haupt anzustreben« (»Es ist auch erlaubt, vor dem Thing zu klagen und eine Entscheidung über Leben oder Tod zu fordern«).

Ganz ohne Schrift oder etwas Ähnliches wird die Verwaltung der teilweise doch recht umfänglichen Gebiete nicht ausgekommen sein. Wir wissen davon nichts, denn die einzige Stelle der »Germania«, die vom Schreiben spricht, läßt keine Entscheidung zu. Sie findet sich in Kap. 19: »Litterarum secreta viri pariter ac feminae ignorant« – »Briefgeheimnisse kennen weder Männer noch Frauen.«

Sie beweist nichts für das Schreibenkönnen, aber, wie betont werden muß, auch nichts dagegen. Bei einem vorhandenen Bedürfnis stellt sich sehr schnell eine Art Bilderschrift ein. Das können wir noch heute bei allen Kulturnationen beobachten. Sind doch die Verkehrszeichen nichts anderes als eine solche Bilderschrift, die der Fahrschüler sogar erlernen muß und in der er auch geprüft wird. In der Deutschen Bundesbahn gibt es sie auch: Die durchstrichene Flasche am Fenster, die durchstrichene Zigarette in den Nichtraucherabteilen sind solche Bilderzeichen. Wenn so schon in unserer durch die Buchstabenschrift bestimmten Kultur die Anfänge einer Bilderschrift zu beobachten sind, kann man ähnliches für jede menschliche Gemeinschaft – also auch die germanische – vermuten, sofern die Notwendigkeit dazu vorhanden ist.

Über das Material, auf dem geschrieben worden sein könnte, habe ich schon berichtet. Dazu wäre aber noch nachzutragen, daß auch auf Schieferplatten hätte geschrieben werden können. Wie nahe das liegt, habe ich ebenfalls in der russischen Kriegsgefangenschaft erlebt. Einige Mitgefangene äußerten einmal den Wunsch, die Anfänge der Mathematik zu wiederholen. Wir haben uns damals dafür aus dem Kohlenschacht Schieferplatten – sogar ziemlich große – mitgebracht, mit Sandstein geglättet und ziemlich gut darauf mit Steinsplittern geschrieben. Sollte man darum in keltischen oder germanischen Siedlungen handliche, geglättete Steinplatten finden, läge die Vermutung auf Schreibtafeln nahe[37].

Zwar haben wir keine irgendwie gearteten Beweise, daß die Germanen so etwas wie eine Schrift gehabt haben, ich kann mir aber nicht denken, daß die Notwendigkeit zu Merkzeichen oder etwas Ähnlichem nicht bestanden haben sollte. Wenn man das aber bejaht, dann kann man nach diesen Erfahrungen ihre Existenz mit guten Gründen kaum bestreiten. Es gibt als Gegenbeweis nur den Beweis ex silentio, und dieser ist ja nicht zwingend.

Zum Schluß sei noch ein Blick auf das germanische Heerwesen geworfen. Immer wieder findet man die Behauptung, daß die germanischen Heerführer keine Ahnung von Strategie oder Taktik gehabt hätten. So findet sich im Kommentar zur Germania von Much[38]

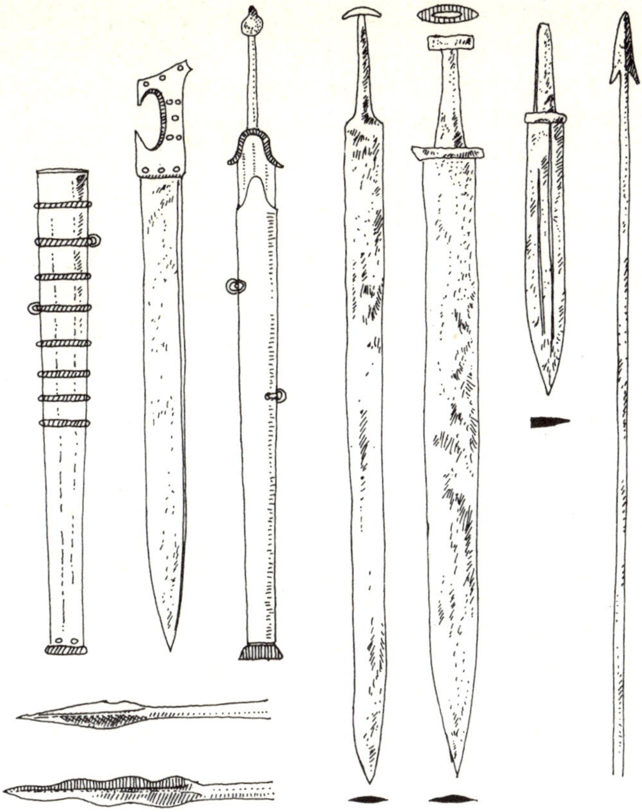

Germanische Wehr und Waffen (vorrömisch bis fränkisch)

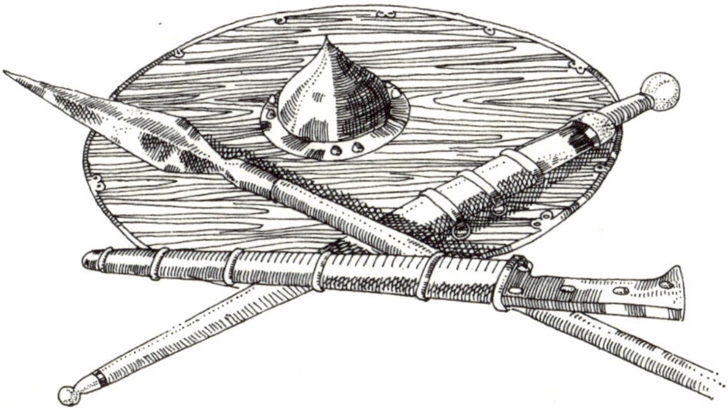

folgender Vergleich: »Was für die alten Germanen gilt, das gilt aber ebenso für das griechische und römische Altertum. Die Helden bei Homer und im irischen Epos werden nur als waffengeübte, tapfere Krieger geschildert und gefeiert, nicht als Heerführer. Ihre Betätigung als Feldherr in Zusammenstößen ihrer Heere oder ihres Gefolges mit feindlichen Streitkräften tritt ganz zurück hinter der in Einzelkämpfen mit ausgezeichneten Gegnern.«

Heuss schreibt in seiner Römischen Geschichte[39] über die Kimbern und Teutonen: »Ihrer – verständlichen – Ahnungslosigkeit hatten sie den unvermeidlichen Untergang zu verdanken.« Bei Bengtson[40] findet man: »Wiederum erwies sich die römische Taktik als überlegen . . . Sie (die Kimbern) waren der Strategie eines Marius nicht gewachsen.«

Und Much[41] schreibt über die germanische Taktik: »Der speerbewaffnete Germane war überdies genötigt, darauf zu achten, daß ihm der für den Kampf auf nächsten Abstand durch seine Schutz- und Trutzwaffen besser ausgerüstete Legionssoldat nicht zu nahe auf den Leib rückte, und mußte gelegentlich zurückspringen. Andererseits kamen auch Vorstöße einzelner Abteilungen und einzelner Krieger vor, auch Herausforderungen an den Feind zu Zweikämpfen ähnlich wie bei den homerischen Griechen und den Galliern. An strenger Einheitlichkeit des Vorgehens gebrach es, und das fiel den Römern auf.«

Aus solchen Bemerkungen, die im Grund nur zeigen, daß sich die germanischen Truppen als Leichtbewaffnete geschickt den jeweiligen Gegebenheiten anzupassen wußten, macht die populäre Geschichtsschreibung Disziplinlosigkeit und Unordnung. So kann es aber auf keinen Fall gewesen sein. Beim Angriff der tiefgegliederten Schlachtkeile müssen die Krieger im Gleichschritt vorgestürmt sein, sonst wäre es zu einem heillosen Durcheinander gekommen. Der Krieger hatte am linken Arm den Schild, in der rechten Hand den Speer, wahrscheinlich geschultert, der erst im letzten Augenblick vorm Zusammenstoß mit dem Feind gefällt wurde. Versuchsweise stelle man einmal etwa 50 Sportler, einen Pappschild am Arm, eine Latte geschultert, in 5 Zehnerreihen bei einem Abstand von 50 cm von Reihe zu Reihe und Mann zu Mann auf und lasse sie vorstürmen. Wenn sie keinen Gleichschritt halten, wird man eine böse Überraschung erleben. In solchen geschlossenen Abteilungen mußten aber die Germanen die in Manipeln aufgestellten Legionäre über den Haufen rennen. Sie stürmten in geschlossenen Abteilungen auf die dicht aufgestellten Legionäre ein, die den Ansturm hinter ihren Langschilden, den Gladius (Kurzschwert) in der

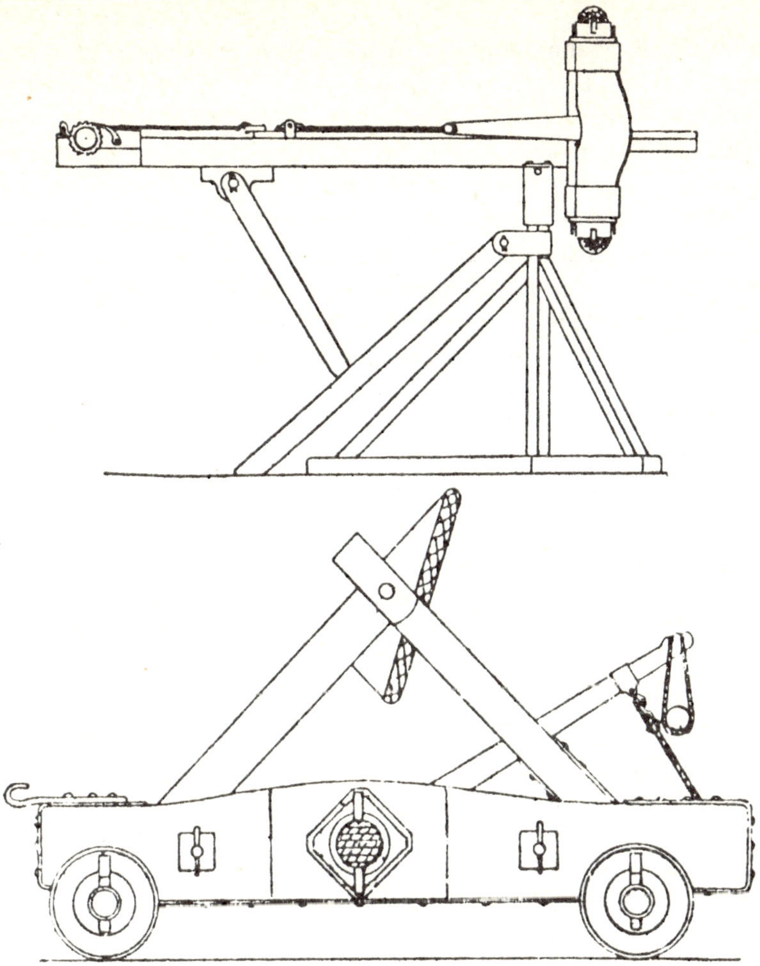

Römisches Flachbahngeschütz (catapulta) – oben –
und Steinfeuergeschütz (onager). (Nach J. Kromayer/G. Veith)

Hand, erwarteten. Hauptsache war es dann, durch den Lanzenstoß wenigstens einige der Römer umzuwerfen. Man stelle sich das Durcheinander vor, das dann entstand. Einige waren auf ihre Hintermänner geflogen, andere lagen auf dem Boden und behinderten die Stehenden, und dazwischen die flinken leichtbewaffneten Germanen, die mit den Lanzen hineinstießen und stachen. Bei solchem Durcheinander mußten die schweren Schutzwaffen sogar zum Nachteil gereichen, wenn sie sich verschoben und dem einen etwa der Helm ins Gesicht, dem anderen ins Genick rutschte. Vorbedingung war allerdings, daß der Angriff geordnet und mit durchschlagender Wucht auf die Legionärsreihe prallte. Wenn allerdings weiter zurück ein zweites oder sogar noch ein drittes Treffen stand, dann konnte die Lage für die Germanen gefährlich werden.

Auf jeden Fall aber konnte so ein Angriff nur im Gleichschritt vorgetragen werden. Für ihn spricht auch der Kampfgesang, der Barditus. Sein Zweck war jedenfalls neben der psychologischen Wirkung auf den Feind die Schrittführung, wie es der Marschgesang noch heute bewirkt. So ist es zu erklären, daß sich der Schlachtenerfolg schon im Barditus ankündigt. Plutarch berichtet beispielsweise[42]: »Crassus bemerkte, daß nicht viele ihm bereitwillig Gehör schenkten, und als er den Befehl gab, das Feldgeschrei anzustimmen, lernte er vollends die Niedergeschlagenheit seines Heeres kennen, da der Schlachtruf schwach und *ungleich* ausfiel, bei den Feinden aber volltönend und mit dem Ausdruck kühnen Mutes anhielt.« Man sieht hier geradezu, daß die Legionen des Crassus aus dem Tritt gekommen waren, was natürlich dem Angriff allen Schwung nahm. Man erfährt aber auch, daß die Legionen der Römer wie die Phalangen der Griechen und Parther im Gleichschritt angriffen[43].

Man könnte einwenden, der Gleichschritt sei eine Erfindung des 18. Jahrhunderts. Ich erinnere mich jedenfalls, wie uns auf der Schule gelehrt wurde, daß ihn der Alte Dessauer erfunden und im preußischen Heer eingeführt haben soll. Daß das aber nicht stimmt, zeigt die beigefügte Abbildung aus der Gasulla-Schlucht in Ostspanien, die ins Mesolithikum etwa zwischen 15 000 und 10 000 v. Chr. gehört. Natürlich erfordert die einwandfreie Durchführung eines Angriffes größerer Verbände im rennenden Gleichschritt ein langes Einüben, ja richtigen Drill. Dies ist überall so. Wahrscheinlich hatten die Gefolgsleute der Fürsten entsprechende Übungen mit den Mannschaften der Dörfer oder Gaue durchzuführen. Nur so läßt sich die außerordentliche Kampfkraft germanischer Heere schon bei den ersten Zusammenstößen mit den Römern erklären.

Ein schwacher Punkt der germanischen Landesverteidigung war das Zusammenziehen des Heeres. Wenn ein Feind ins Land einfiel, mußte durch Boten, Feuerzeichen oder akustische Signale das Heer aufgeboten werden. Dann dauerte es noch einige Zeit, bis die wehrfähigen Männer der Dorfschaften gesammelt waren und das Heer aufgestellt werden konnte. Cäsar berichtet das von den Sueben bei seinem zweiten Rheinübergang[44]: »Inzwischen erfuhr er (Cäsar) nach wenigen Tagen, daß die Sueben alle Truppen an einem Ort zusammenzögen und alle unter ihrer Herrschaft stehenden Völker benachrichtigten, daß sie

Mesolithische Krieger, im Gleichschritt angreifend
(15000 bis 10000 v. Chr., Ostspanien)

Hilfstruppen an Fußvolk und Reiterei schickten.« Dann folgt: »Die Sueben hätten sich, nachdem sichere Nachrichten über das Heer der Römer gekommen seien, mit allen ihren Truppen und denen der Bundesgenossen, die sie zusammengezogen hätten, tief hinein in die fernsten Gegenden zurückgezogen.«

Die Lage ist hier ganz klar. Zuerst werden die Truppen der bedrohten Gaue aufgeboten. Als sich aber herausstellt, wie stark die feindliche Heeresmacht ist, muß das Gesamtheer unter die Waffen gerufen werden. Darum wird ein möglichst weit von der Einbruchsstelle entfernter Sammelplatz bestimmt, auf den sich das erste Aufgebot zurückziehen und an dem sich das gesamte Volksheer sammeln soll. Dieser Platz mußte so weit zurückliegen, weil längere Zeit verging, ehe alle Kontingente beisammen waren. Auf keinen Fall durfte der Feind schneller dort sein als alle Aufgebote. Auch wird es nach dem Sammeln noch einige Zeit gedauert haben, bis das Heer so geordnet war, daß es mit Aussicht auf Erfolg dem Feind entgegentreten konnte. Einem stehenden Heer wie dem römischen mußte diese altüberkommene

Landesverteidigung, die sich gegenüber den Kelten und Illyrern gewiß bewährt hatte, stets unterlegen sein, weil das Feindheer in Eilmärschen eher am Sammelort, wenn er ihm bekannt war, sein konnte als das Volksaufgebot.

Von der Landesverteidigung müssen die Landnehmerheere scharf unterschieden werden. Diese Heere folgten dem Ruf eines ausgezeichneten Mannes, waren oft aus den verschiedensten Stämmen zusammengekommen und fielen in das Land anderer, nichtgermanischer Stämme ein, um dort neues Ackerland zu erkämpfen. Zu ihnen kamen abenteuerlustige junge Leute oft von weither, wie uns Tacitus berichtet[45]: »Wenn der Staat, in dem sie geboren worden sind, durch langen Frieden und Ruhe stumpf wird, suchen die meisten der adligen Jünglinge aus freien Stücken Nationen auf, die zur Zeit irgendeinen Krieg führen.« Das war eine Art »Reisläufertum«. Diese Freiwilligen traten in den Dienst eines Heerführers und erlernten bei ihm das Kriegshandwerk. Später werden sie wohl der Gefolgschaft ihrer eigenen Fürsten beigetreten und bei der Ausbildung der Landesverteidiger tätig gewesen sein, wenn sie sich nicht selbst auch im neueroberten Gebiet ansiedelten.

Die germanischen Staaten waren zu heiligen Staatenbündnissen zusammengefaßt, von denen bei den Westgermanen drei bestanden, die Ingväonen, Hermionen und Istväonen[46]. Wir müssen uns diese Stammesbünde als Amphiktyonien vorstellen, vergleichbar etwa dem Zwölfstämmebund Israels. Sicherlich handelten vor dem Eingreifen der Römer diese drei Bünde gemeinsam, wenn es um großangelegte Unternehmungen, wie etwa die des Ariovist, ging. Sicherlich gab es kein gemeinsames Oberhaupt, und einen Zwang konnten die Führer der Bünde auch nicht ausüben, aber sie werden solchen Großunternehmen keine Hindernisse in den Weg gelegt und beispielsweise die Werbung dafür auf ihren Gebieten geduldet haben.

Diese altüberkommene Ordnung kommt spätestens um 200 v. Chr. in Bewegung, wenn wir auch nur wenig davon erkennen können. So müssen die Bastarnen und Skiren damals aus ihren Sitzen an der unteren und mittleren Oder und in Niederschlesien abgewandert sein. Auch scheinen um diese Zeit die Langobarden aus Skonen an die untere Elbe gezogen zu sein[47].

Die Gründe für diese Umschichtungen sind unbekannt. Landnot allein kann es nicht gewesen sein, denn die Bastarnen und Skiren räumen ihr Gebiet völlig, und es dauert 100 Jahre, ehe die Vandalen in das verlassene Land einrücken.

Sicherlich ist dieser Umschichtungsprozeß nicht ohne Einfluß auf die altüberkommene Ordnung der drei westgermanischen Stammesbünde geblieben. Wüßten wir mehr davon, würde wohl manches Ereignis auch im Mittelmeerraum verständlicher werden.

Rom und der keltisch-germanische Raum von 225–201 v. Chr.

Wie schon angedeutet, beginnen im keltisch-germanischen Raume um 300 v. Chr. Wanderungen und Umschichtungen, die schließlich auch den Mittelmeerraum berühren. Von diesen Umschichtungen erfahren wir allerdings durch die römischen und griechischen Schriftsteller wenig, ja fast nichts. Dafür kann uns die Spatenforschung einen gewissen Ersatz bieten. Allerdings sind ihre direkten Aussagen notwendigerweise örtlich beschränkt, so daß großräumige Umschichtungen nur durch Zusammenfassung vieler Einzeluntersuchungen erkannt werden können. Dramatische Ereignisse, wie Schlachten oder Eroberungen von Fluchtburgen, werden sich mit Sicherheit nur dort feststellen lassen, wo Befestigungsanlagen, die offensichtlich zerstört worden sind, Kämpfe um diesen Ort beweisen. Ob es sich aber um weiträumige Völkerstürme, soziale Auseinandersetzungen oder örtlich begrenzte Kämpfe handelte, kann aus solchen Spuren allein natürlich nicht erschlossen werden.

Als Beispiel für Befestigungen, die umkämpft worden sind, wie sicher nachgewiesen werden konnte, möchte ich aus Deutschland die Keltenstadt Manching bei Ingolstadt anführen. Hermann Noelle[48] berichtet davon: »Der Befund des letzten Tores zeigt eine starke Brandschicht mit Holzkohle. Der brennende Überbau des Tores muß dem Wallinneren zu gestürzt sein. Darunter liegen erstaunlich viele Knochen von Menschen. Außerdem wurden eine Lanzenspitze gefunden, eine Reihe von Lanzenschuhen und das Ortband einer Spät-La-Tène-Schwertscheide. In der vorgebauten Sperre lagen zwei menschliche Schädel ohne Unterkiefer. Einer davon war zerhauen. Außerdem wurden menschliche Knochen, u. a. ein Oberarmknochen gefunden, ein Wetzstein, das Bruchstück eines Bronzeanhängers mit menschlicher Maske.« Aus allen Fundumständen konnte erschlossen werden, daß Manching um 15 v. Chr. von den Römern, die damals das Alpenvorland bis zur Donau besetzten, erobert worden ist, obwohl es keinen Bericht darüber gibt.

Ein zweites Beispiel ist die Keltenstadt »Cadbury-Camelot« in Somerset (Südwestengland). Hier fand man bei der Ausgrabung des Südwesttores die Überreste von 30 Männern, Frauen und Kindern, die auf jede denkbare Weise zerstückelt worden waren. Die Leichenteile waren über den ganzen Torweg verstreut. Der Anblick war dermaßen grauenvoll, daß einige der freiwilligen Helfer der Ausgräber sich weigerten, hier weiterzuarbeiten[49]. Auch hier waren die Römer die Eroberer, ohne daß die römische Literatur davon etwas vermerkt.

Anders liegen die Dinge bei den zahlreichen Keltenburgen im Bereich von Thüringer- und Frankenwald, der Rhön, dem Vogelsberg und dem Taunus. Alfred Götz, der Ausgräber der Steinsburg bei Römhild, berichtet darüber[50]: »Die Steinsburg ist nicht die einzige Befestigung in jener Gegend, allerdings die bei weitem größte und stärkste. Die Rhön und ihre Vorberge sind gespickt mit keltischen Gipfelburgen, deren Zuweisung in die späte Hallstatt- und La-Tène-Zeit zum Teil durch Funde gesichert, zum Teil wahrscheinlich ist. Den nördlichen Vorposten bildet der *Ochsen* bei Vacha. Es folgen im Süden auf dem westlichen Feldaufer der *Geiskopf* auf dem Dietrichsberge bei Wölferbütt, weiter der *Beyer* bei Stadtlengsfeld und die *Hessenkuppe* bei Dermbach. Abseits vom Feldatale westlich der *Arzberg* bei Otzbach, der *Stallberg* bei Rasdorf, der *Habesberg* bei Taun und die *Milseburg* bei Kleinsassen. Im südlichen Teil der Rhön der *Gangolfsberg* bei Roth, der *Kreuzberg* bei Bischofsheim und im größeren Abstande die *Mettermich* bei Bad Brückenau. Auf dem östlichen Feldaufer die *Stoffelskoppe* bei Roßdorf (wahrscheinlich aus späterer Zeit), der *Umpfen* bei Fischbach und die *Altenmark* bei Erbenhausen, östlich von dieser die *Disburg* bei Wolmuthausen und weiter im Werratale die *Rentmauer* bei Melkers (Zeitbestimmung unsicher) und der *Dolmar*. Weiter südlich der *Queimberg* bei Queimfeld (Zeitbestimmung unsicher) und der *Große Gleichenberg*. Von der Rhön nach Westen schließen sich die Gipfelburgen des Vogelsberges, des Westerwaldes und des Taunus an. Wenn im keltischen Innenlande Befestigungen auch nicht fehlen, muß doch ihre auffallende Häufung im nördlichen Grenzgebiet einen besonderen Grund haben, und das ist eben die Bedrohung durch den nördlichen Nachbarn.« Das sind mit der Steinsburg 17 sichere Keltenburgen auf engem Raum; nimmt man die drei unsicheren noch dazu, sind es sogar 20.

Diese Gipfelburgen sind nach Ausweis durch die Funde bis in das 1. Jahrhundert v. Chr. bewohnt gewesen. Dann bricht ihre Besiedlung plötzlich ab, aber sie sind nicht wie Manching oder Cadbury-Camelot erobert, sondern kampflos geräumt worden. Dies spricht für eine weiträumige Völkerverschiebung im 2. und 1. Jahrhundert v. Chr. An die Stelle keltischer Hinterlassenschaften treten ab etwa 100 v. Chr. germanische – zum Beispiel im Bamberger Raum und um die Steinsburg. Südlich der Donau aber verbleibt das Keltentum bis zum Einrücken der Römer. Es ist sehr bemerkenswert, daß die Kelten die Ausgänge der Paßstraßen über die Alpen ebensowenig sicherten, wie sie auch ihre vor den Alpen gelegenen Oppida wenig und schlecht befestigten. Das spricht dafür, daß sie gar nicht an eine Gefährdung von Süden über die Alpen dachten, und als sie dann 15 v. Chr. doch eintrat, nicht darauf vorbereitet waren. Darum konnten auch die Römer diese Gebiete innerhalb eines Jahres besetzen und ohne weitere Kämpfe ihrem Reich eingliedern.

Aus allen diesen Funden kann man mit Sicherheit schließen, daß die Kelten mindestens seit 300 v. Chr. immer stärker von den nördlich der Mittelgebirge wohnenden Germanen bedrängt wurden, was sie zur Errichtung dieser großartigen Befestigungsreihe veranlaßte. Ähnlich müssen die Verhältnisse östlich Thüringens vor allem im Odergebiet gelegen haben. Martin Jahn[51] führt dazu aus: »Nachdem die Illyrer etwa anderthalb Jahrtausende lang ununterbrochen als alleinige Herren die schlesischen Fluren bewohnt hatten, werden ihre Kulturreste am Schluß der Hallstattzeit spärlicher. In der älteren La-Tène-Stufe (5. Jahrhundert v. Chr.) sind sie noch nachweisbar, dann aber verliert sich jede Spur dieses früher so dicht gedrängten Volkes. Die Hauptursache des Verschwindens der alten Einwohner ist in dem steten Südwärtsdrängen der Ostgermanen zu suchen, die sich in jahrhundertelangem Kampfe des gesamten ostdeutschen Gebietes der Illyrer bemächtigen. Diese ersten germanischen Siedler Schlesiens kamen vom Weichselmündungsgebiet in unser Land. Ihnen ist die Bergung der Graburnen mit den verbrannten Leichenresten in festen Steinkisten und die eigenartige Grabgefäßform der Gesichtsurnen eigentümlich. Nach den Untersuchungen Tackenbergs wanderten diese Frühgermanen in der zweiten Hälfte des 6. Jahrhunderts v. Chr. in Schlesien ein. Sie besetzten nur den Nordteil der Provinz. Im übrigen Schlesien hielten sich die Illyrer und lebten nach Beendigung der Kämpfe zwischen den Eroberern und den Alteingesessenen friedlich neben den neuen Nachbarn. Im 5. Jahrhundert v. Chr. freilich werden sie von den einfallenden Skythenscharen schwer bedrängt und ihre Widerstandskraft noch mehr gemindert. Soweit die Illyrer von den Germanen unterworfen waren, gingen sie bald in der Kultur der Eroberer auf. Nur etwa 250 Jahre verblieben die Frühgermanen in Schlesien; um 300 v. Chr. riß sie die alte Wander- und Abenteuerlust wieder weiter, offenbar nach Südosteuropa. Die Illyrer aber konnten sich des dadurch freiwerdenden Nordostschlesiens nicht mehr bemächtigen, da sie inzwischen von einem zweiten Erobererevolke auch aus den übrigen Teilen Schlesiens verdrängt worden waren und etwa seit 400 v. Chr. in unserer Provinz nicht mehr nachweisbar sind. Das um dieselbe Zeit einbrechende Erobererevolk sind die Kelten.«

Heute wird mehrfach bestritten, daß die Träger der Gesichtsurnenkultur Germanen gewesen seien. Ob das stimmt, sei dahingestellt. Wichtig ist, daß sie die Illyrer verdrängten und später dann an der Donaumündung als Barstarnen und Skiren auftauchen, die Tacitus als Germanen bezeichnet. Dort erscheinen sie um 200 v. Chr.[52]. Auf die Langobarden, die nach ihrer Wandersage von Schonen an die untere Elbe (vielleicht zur selben Zeit, als die Bastarnen von der Oder abwanderten) übergesiedelt sein sollen, ist schon hingewiesen worden. Zu erwähnen ist noch, daß nach Cäsar[53] ein großer Teil der Belger (vor allem wohl die Nervier) aus keltisierten Germanen bestanden haben soll.

Dies alles sind Spuren einer Bevölkerungsumschichtung im keltisch-illyrisch-germanischen Raume etwa in der Zeit von 300 bis 100 v. Chr., die wir wohl in Umrissen erfassen können, von der wir jedoch kein klares Bild ihres Verlaufes und ihrer Größe erhalten.

Ist es aber denkbar, daß die Völker um das Mittelmeer – vor allem die Römer – von diesen tiefgreifenden Veränderungen in diesen ihnen räumlich gewiß nicht weit entfernt liegenden Gebieten, mit denen sie nachweislich seit langer Zeit Handel trieben, nichts gemerkt haben sollten?

Diese Behauptung wird immer wieder erhoben. Dafür nur zwei Beispiele. Jan de Vries[54] schreibt: »Es ist leicht verständlich, daß die klassische Geschichtsschreibung mit dem Problem hat ringen müssen, wie sie diese plötzlich auftauchenden Völker in ihr Weltbild einfügen sollte. So weit hatte der Blick der Römer noch nicht gereicht; der Norden Europas war ein unbeschriebenes Blatt, auf das man nach Belieben die Namen der Kelten oder Skythen einschreiben konnte.«

Herbert Nesselauf[55] bringt dieselbe Anschauung vor, wenn er ausführt: »Noch im zweiten Jahrhundert vor Chr., als sich die römische Herrschaft schon auf die Iberische Halbinsel, den Balkan und die Nordküste Afrikas erstreckte, wußte man in Rom über die Verhältnisse in Mitteleuropa so gut wie nicht Bescheid. Was dort vor sich ging, berührte nicht die Interessen Roms, man fühlte sich deshalb auch nicht veranlaßt, sich damit zu beschäftigen.«

Kann man das von Rom, das 387 v. Chr. von den Kelten in der Schlacht an der Allia und der darauf folgenden Eroberung der Stadt (bis auf das Kapitol) fast vernichtet worden war, wirklich annehmen? Oder sollte nicht die römische Nobilität genau beobachtet haben, ob sich nicht etwa nördlich der Alpen ein neues Unwetter zusammenbraute? Daß die Historiker nichts über solche Beobachter und ihre Berichte mitteilen und nichts von diesen Völkern und ihren Umschichtungen wissen, ist doch kein Argument, das dagegen spricht! Was erfahren denn wir heute von geheimen Beobachtungen und Berichten, trotz der Geschwätzigkeit unserer Verwaltung und unserer Massenmedien? Verstehen diese es denn nicht vollendet, über die wirklich wichtigen Geschehnisse mit sehr vielen Worten, Kommentaren und Tatsachenberichten nichts zu sagen? Sollte solches geschwätzige Schweigen erst eine Errungenschaft unserer Zeit sein? Ich denke, dazu ist es doch wohl eine zu allgemein-menschliche Eigenschaft!

Nesselaufs Meinung, daß sich die Römer mit Mitteleuropa nicht beschäftigten, weil die Geschehnisse dort ihre Interessen nicht berührten, erregt doch wohl Verwunderung. Moreau hat in seinem großen Werk über die Kelten gezeigt, daß ein reger Handelsverkehr von Italien über die Alpen in das keltische Gebiet und umgekehrt stattfand. Weiter erfahren wir, daß der Konsul Papirius Carbo 113 v. Chr. den Kimbern, die in Noricum (Steiermark) eingefallen waren, hat mitteilen lassen, daß sie es dort mit Verbündeten (socii) der Römer zu tun hätten und darum das Gebiet schleunigst räumen sollten. Das schon sollte vor solcher Beurteilung der Beziehungen Roms zum mitteleuropäischen Raum warnen. Es muß auch berücksichtigt werden, daß der Alpenübergang Hannibals 218 v. Chr. den Römern noch einmal deutlich gezeigt hatte, daß die Alpen keine unüberwindliche Sperre für große Heere waren, wenn sie es nicht schon aus den Keltenkriegen gewußt haben sollten.

Da wir über Kontakte Roms mit den Kelten nördlich der Alpen vor Cäsars Eroberungskrieg wenig, über solche mit den Germanen vor dem Kimbernkrieg kaum etwas erfahren, aber aufgrund der angeführten Tatsachen das Interesse Roms an solchen Kontakten wahrscheinlich ist, sollten wir ihre Existenz als Arbeitshypothese benutzen und die römische Geschichte auf Ereignisse hin untersuchen, die seltsam unverständlich erscheinen, aber mit Hilfe dieser Arbeitshypothese in einen Sinnzusammenhang gebracht werden können.

Schaut man sich den Ablauf der römischen Expansion von 387 (Schlacht an der Allia) bis 266/65 (Unterwerfung der Sallentiner und Picenums) an, so stellt man fest, daß Rom konsequent seinen Machtbereich in fast konzentrischen Kreisen um Rom herum erweitert, bis es schließlich die Apenninenhalbinsel bis zum Po beherrscht. Der Anschluß der italischen, etruskischen und griechischen Staaten wird durch ein kunstvolles System von Verträgen erreicht. Dieses enthält von freien Bundesgenossen bis zu unterworfenen Kleinstaaten, die kaum noch innere Autonomie besitzen, alle denkbaren Stufen der Abhängigkeit von der herrschenden Stadt. Es war die Gepflogenheit Roms, den besiegten Gegner nicht auszulöschen (wie es nur in einigen Ausnahmefällen geschehen ist, z. B. Karthago), sondern ihn in das eigene Machtsystem so einzugliedern, daß seine politischen, wirtschaftlichen und militärischen Kräfte für Rom zur Verfügung standen. An diesem Grundsatz hat Rom bis zum Untergang Westroms festgehalten. Ist doch die Aufnahme germanischer Völkerschaften in das Reich als Konföderierte nichts anderes als der Versuch, diese seit alters geübte Politik auch noch bei einer ganz veränderten Machtkonstellation beizubehalten. Das Jahr 264 v. Chr., das Jahr des Ausbruches des Ersten Punischen Krieges, kann noch unter diesem Gesichtspunkte betrachtet werden. Neu an diesem Krieg ist allerdings, daß er gegen den Willen der römischen Staatsführung ausgebrochen ist, wie Alfred Heuss in einer Studie[56] nachgewiesen hat. Damals hatte die römische Nobilität das Keltenproblem und die Absicherung der Alpenpässe im Auge, als sie durch die Volksversammlung überrumpelt und in diesen ungewollten Krieg hineingezogen wurde. Aber man kann die Eroberung Siziliens 241 v. Chr. und die Einverleibung Sardiniens und Korsikas noch als Abrundung der Macht über die Apenninenhalbinsel betrachten. Insofern fällt dieser Krieg und seine Ergebnisse noch nicht völlig aus dem schrittweisen Vorgehen zur Beherrschung der Halbinsel heraus. Allerdings tritt mit der Erwerbung dieser drei Inseln etwas Neues im Verhältnis Roms zu den neuerworbenen Gebieten in Erscheinung. Sie erhielten bis auf Syrakus nicht mehr den Status von Konföderierten, sondern wurden zu Provinzen und verloren so den letzten Rest von Autonomie, ja waren oft Ausbeutungsobjekte der Nobilität.

Fünf Jahre nach dem Erwerb von Sardinien und Korsika (236 v. Chr.) wendete sich Rom endlich dem ungelösten Problem der Poebene zu. Eine durchgreifende Lösung wird allerdings nicht erreicht. 229 v. Chr. greift Rom nach Illyrien über die Adria hinüber und verläßt damit zum ersten Male den engeren Bereich der Halbinsel. Aber das ist ein schwacher Versuch, der nur den Handel Roms in diesem Nebenmeer sichern soll.

Erst 225 bis 222 nimmt Rom das Keltenproblem nördlich der Apenninen ernstlich in Angriff. Es kam zu den sehr schweren Schlachten von Telamon (225) und Clastidium in der Nähe von Pisa (222). An ihnen nahmen Heere von Völkern nördlich der Alpen teil. Sie werden von Polybios »Gaesaten«, in den kapitolinischen Fasten aber »Germani« genannt. Das hat einen noch heute andauernden Meinungsstreit hervorgerufen. Mommsen hält sie in seiner »Römischen Geschichte« für Keltenschwärme, Moreau für Belger. Kornemann[57] will sie aus dem Rhonetal der Alpen kommen lassen. Alfred Heuss[58] sieht in ihnen Kelten von jenseits der Alpen. Gustav Neckel[59] ist überzeugt, daß es Germanen waren. Diese Frage dürfte unlösbar sein, da die Überlieferung zu dürftig ist. Kein Historiker aber, den ich kenne, hebt hervor, daß damals den Kelten der Poebene Völker von jenseits der Alpen zu Hilfe gekommen sind, daß das aber das letzte Mal war. Dies ist nach meiner Ansicht eine so wichtige Tatsache, daß sie auf keinen Fall übergangen werden darf. Wir wollen sie darum für später im Auge behalten.

Die Kämpfe mit den oberitalienischen Kelten fanden 222 v. Chr. mit einem Friedensschluß ihr vorläufiges Ende. Dieser hat sich aber nicht ausgewirkt, da schon 218 v. Chr. Hannibal die Alpen überschritten hat. Damit begann der Zweite Punische Krieg, der viel schlimmer für Rom war als der Erste. Natürlich stellt man hier die Frage nach dem Kriegsschuldigen. Sie ist kaum zu lösen, für unsere Fragestellung aber auch belanglos. Wichtig ist für sie die Tatsache, daß es Hannibal im Herbst 218 v. Chr. gelang, die Alpen zu überschreiten, wahrscheinlich über den Col de Clapier südlich vom Mt. Cenis[60]. Dieser Paß ist recht schwierig. Hannibal hatte wohl große Verluste beim Übergang, war aber immer noch in der Lage, mit seinem Heer, von dem er angeblich die Hälfte verloren hatte, die Tiguriner zu unterwerfen und die Römer zweimal (am Ticinus und an der Trebia) zu schlagen. Dieser erfolgreiche Alpenübergang war wohl nur möglich, weil ihm eine Reihe Keltenstaaten, wahrscheinlich u.a. die Allobroger, dabei geholfen haben. Auch dies wollen wir uns für später merken. In der Poebene schlugen sich die eben erst (222) besiegten Kelten auf Hannibals Seite und wurden ihm unentbehrlich. Sie blieben ihm während des ganzen Krieges treu und stellten ihm immer wieder Nachschub für seine Truppen. Es müßte den Historikern nun eigentlich auffallen, daß in diesen 16 Kriegsjahren die Kelten Galliens und Süddeutschlands ihren Landsleuten in Oberitalien (und Hannibal) nicht zu Hilfe gekommen sind, wie sie es noch 225 getan hatten. Warum taten sie es nicht?

Ich glaube, die Hypothese, daß der Druck der Germanen auf die keltische Burgenlinie vom Thüringer- und Frankenwald bis zum Taunus diese Zurückhaltung verursacht hat, ist nicht zu weit hergeholt. Wenn man das aber einräumt, kann man kaum noch behaupten, daß davon die römischen Staatsmänner und Generäle nichts gemerkt haben sollten. Auf jeden Fall ist es auffallend, daß die Völker nördlich der Alpen, die noch 222 v. Chr. den Po-Kelten zu Hilfe geeilt waren, die günstigsten Gelegenheiten zum Eingreifen in Italien – etwa nach der Schlacht bei Cannä – nicht benutzt haben. Ihre Hilfe für die Po-Kelten und Hannibal kann nur passiv gewesen sein. Dafür spricht, daß 207 v. Chr. Hasdrubal (Hannibals Bruder) wahrscheinlich ohne größere Verluste die Alpen überschreiten konnte, aber erst in Oberitalien Zuzug von den Kelten erhielt[61].

Auch im Osten scheinen Germanenzüge indirekt auf das Kriegsgeschehen im Mittelmeerraum eingewirkt zu haben. Schon 233 v. Chr. wird Makedonien von den Dardanern, die am Oberlauf der südlichen Morawa siedelten, bedrängt. Dieses Drängen der Dardaner nach Süden ist sicherlich durch Völkerbewegungen nördlich der Donau hervorgerufen worden[62]. Man geht wohl nicht fehl, wenn man diese Bewegungen auf die Wanderung der Bastarner von Schlesien östlich an den Karpathen vorbei nach der unteren Donau zurückführt. Dieser Druck auf Makedoniens Nordgrenze hält lange an. 229 fällt der Makedonenkönig Demetrius in diesen Kämpfen. Sein Nachfolger Antigonos Doson wurde nur zeitweise der immer stürmischer nach Süden drängenden Dardaner Herr. Auch dessen Nachfolger seit 221, Philipp V., hatte immer wieder mit den andrängenden Dardanern zu kämpfen, so 218 bis 217. Wenn er dann im Zweiten Punischen Krieg Hannibal nur sehr lax unterstützte und schon 205 Frieden mit Rom schloß, wird dazu die ständig drohende Dardanergefahr beigetragen haben, denn schon im Jahr des Friedensschlusses mit Rom muß er wieder mit den Dardanern kämpfen. In späteren Jahren nach dem Zweiten Makedonischen Krieg wirbt Philipp V. bastarnische Söldner an, wie es später sein Sohn Perseus auch tat. Dies spricht dafür, daß damals die Barstarner selbst in den Gesichtskreis der letzten Makedonenkönige getreten sind, nachdem von ihnen die Dardaner und vielleicht auch andere Völker verdrängt worden waren.

Es scheint so, als ob im Westen wie im Osten der germanische Druck auf Kelten, Illyrer und Thraker die Mächte gefesselt hätte, die Hannibal hätten unterstützen können. Vielleicht haben die Germanen so den Ausgang dieses gewaltigen Krieges mit beeinflußt. Daß die römische Diplomatie und römisches Gold dabei nicht mitgespielt haben sollten, ist wohl kaum denkbar.

Nach alledem kann man schon für die Zeit des Zweiten Punischen Krieges annehmen, daß die römische Nobilität sehr gut über die Verhältnisse im mitteleuropäischen Raum Bescheid wußte und sie bei ihren Plänen und Operationen berücksichtigt hat.

Die Zeit nach dem Zweiten Punischen Krieg bis zum Auftreten der Kimbern und Teutonen 114 v. Chr.

Man könnte vermuten, daß Rom nach Beendigung des Zweiten Punischen Krieges 201 v. Chr. sofort das Keltenproblem der Poebene angepackt haben würde. Dafür hätte ja vieles gesprochen.

Die Kämpfe von 225 bis 222 hatten zu keiner Lösung des Problems im römischen Sinne geführt. Die Übergänge Hannibals und Hasdrubals über die Alpen hatten Rom nachdrücklich gezeigt, welche Gefahren auftreten konnten, wenn es die Alpenpässe nicht fest in der Hand hatte. Die Kelten der Poebene hatten die Karthager während des ganzen langen Krieges unterstützt, und auch jetzt hielt sich wenigstens noch ein karthagischer Offizier, ein gewisser Hamilkar, bei ihnen auf und versuchte ihren Widerstand gegen Rom zu organisieren. Es erscheint darum naheliegend, daß die römische Staatsführung hätte bestrebt sein müssen, diesen Gefahrenherd, der eben noch so virulent gewesen war, endgültig und für immer auszuräumen. Man könnte allenfalls noch verstehen, daß nach diesem gewaltigen Kriege eine Ruhepause eingelegt werden mußte, die der Heilung aller Kriegsschäden gedient hätte, und sich Rom nur mit einer Sicherung der bestehenden Nordgrenze begnügt hätte, um erst später bei einer günstigen Gelegenheit diesen Gefahrenherd auszuräumen.

Nichts dergleichen ist geschehen. Schon im Jahr 200 v. Chr. erklärt Rom König Philipp V. von Makedonien den Krieg. Der Anlaß war das Vorrücken Philipps in Thrakien und an die Meerenge des Hellespont. Dabei war dieser Krieg sehr unpopulär, lehnten doch die Komitien den Antrag auf den Kriegsbeschluß zuerst ab und mußten erst noch einmal propagandistisch bearbeitet werden, ehe sie bei einer zweiten Abstimmung den Antrag annahmen. Es kann darum kein Zweifel bestehen, daß die römische Nobilität die Entwicklung im Ostmittelmeer für viel besorgniserregender ansah als die von den Po-Kelten und Ligurern drohende Gefahr.

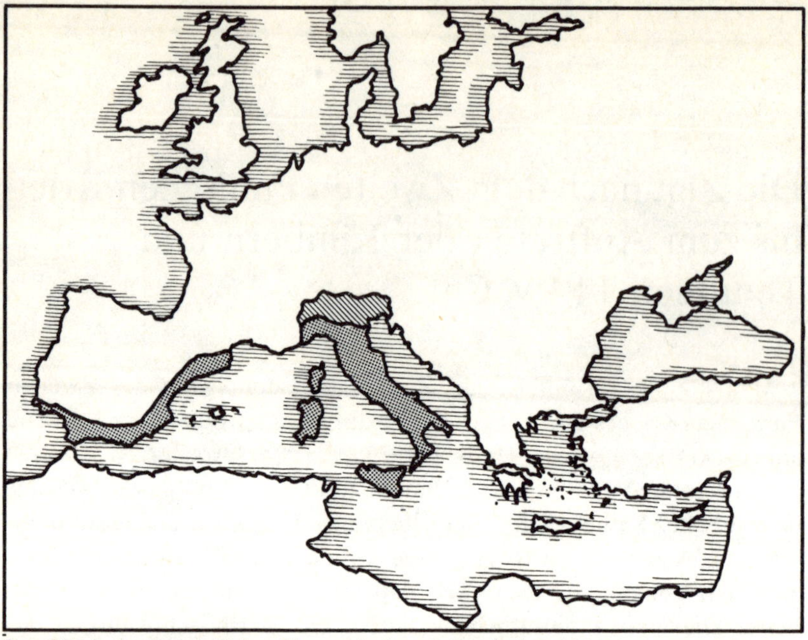

Das Römische Reich 201 v. Chr. nach dem 2. Punischen Krieg (nach unseren Geschichtsatlanten)

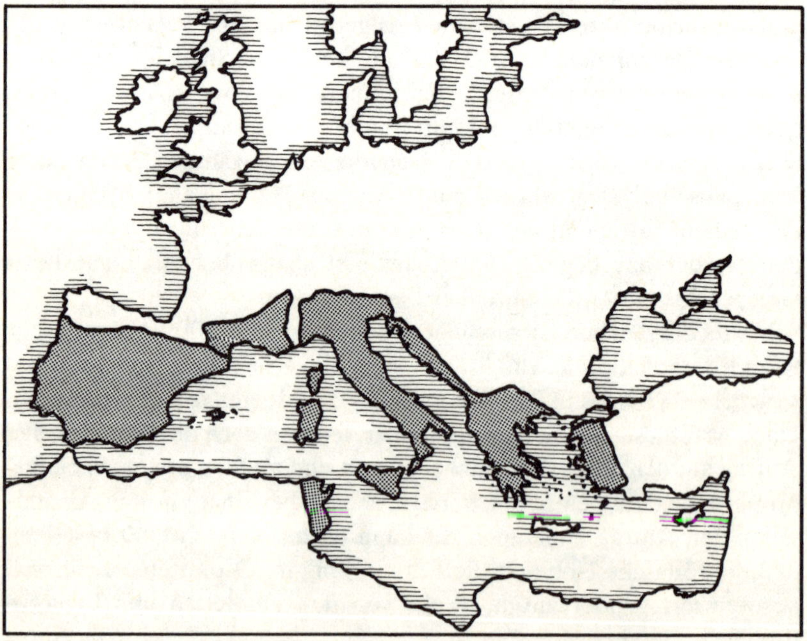

Das Römische Reich 121 v. Chr. nach Einverleibung der Provence

Makedonien schickte sich damals an, im Bunde mit Antiochos III. Griechenland fester an sich zu binden, Thrakien und die Meerengen zu erobern und so an der Ostflanke Roms eine neue Großmacht aufzurichten. Dies konnte nur auf Kosten Pergamons, Rhodos', Ägyptens und der griechischen Kleinstaaten geschehen. Wahrscheinlich glaubte der Senat, gestützt auf diese Staaten, eine solche bedrohliche Entwicklung mit geringen Kräften im Keim ersticken zu können. In der Schlacht von Kynoskephalae 197 v. Chr. wurde Philipp tatsächlich besiegt und auf sein Stammland Makedonien beschränkt. In Griechenland wurde die Freiheit verkündet, was zu einer Art Atomisierung der griechischen Halbinsel, aber auch sofort zum Krieg mit Antiochos III. führte. Von 191 bis 188 dauerte dieser Krieg, der durch die Schlacht von Magnesia am Sipylos 190 v. Chr. entschieden wurde. Der Sleukide mußte auf alle kleinasiatischen Besitzungen östlich des Taurus-Gebirges verzichten und schied damit als Bewerber um die Macht in der Ägäis aus. Rom verzichtete auf jeden Gebietserwerb und begnügte sich mit der Schaffung einer Reihe von Mittel- und Kleinstaaten, die es jederzeit gegeneinander ausspielen konnte, so daß es den Ostmittelmeerraum indirekt beherrschte.

Es ist ganz klar, daß Rom diese ausgedehnte Mittelmeerpolitik, die seine Heere weit vom Mutterland wegführte, nur treiben konnte, weil die Kelten und Ligurer in der Po-Ebene allein keine Gefahr mehr darstellten. Anders mußte es werden, wenn ihnen Hilfe von außerhalb zuteil werden würde. Hannibal hatte darum Ende Oktober 192 Antiochos den Rat gegeben, mit einem Teil seiner Flotte an der ligurischen Küste (Riviera) in der Nähe des Gallierlandes zu operieren. Zu seinem Schaden hat Antiochos diesen Rat nicht befolgt. Er zeigt aber doch, daß die Po-Kelten Rom immer noch gefährlich werden konnten, wenn sie kräftig von außen unterstützt würden. Sie hatten ja auch nach 200 v. Chr. den Kampf fortgesetzt und konnten 198 sogar Placentia nehmen, wurden aber bei Cremona geschlagen.

196 wurden die Insubrer unterworfen und 191 die Boier, doch damit war die römische Herrschaft erst bis zum Po durchgesetzt, wobei man aber nicht vergessen darf, daß der Widerstand der Ligurer im heutigen Ligurien, also fast bis zum Arno, noch nicht gebrochen war. Ihr Teilstamm der Apuaner wurde erst 180 unterworfen und die Reste nach Mittelitalien (nach Ostsamnium) verpflanzt. Den Abschluß dieser Kämpfe bezeichnete die Gründung von Luna 177, das in der Nähe des heutigen La Spezia an der Ligurischen Küste gelegen war. Wie langsam Rom nördlich des Apennin zum Po hin vorrückte, kennzeichnen die

Gründungsdaten der Bürgerkolonien östlich des Apennin: 189 Bononia (Bologna), 189 Pisaurum (Pesaro), 183 Parma und Mutina (Modena), 181 Aquileia, 181 Luca (dicht nördlich von Pisa). Erst 187 begannen die Römer die Ämilische Straße als Fortsetzung der Flaminischen bis Placentia auszubauen. Die Gebiete nördlich des Po aber, Gallia transpadana und Venetia, wurden in ihrer keltischen Clan- und Gauverfassung belassen und nur durch Verträge an Rom gebunden.

Dies alles beweist, daß der Faktor, der schon den Zweiten Punischen Krieg beeinflußt hatte, in verstärktem Maße fortbestand: Die Po-Kelten und die Ligurer konnten nicht mehr auf Hilfe aus dem Raum nördlich der Alpen rechnen, wie sie ihnen noch 222 v. Chr. zuteil geworden war. Der Grund dafür kann nur in der dauernden Fesselung der süddeutschen Kelten an der Burgenlinie vom Frankenwald bis zum Taunus bestanden haben. Wieder sehen wir, welche Bedeutung diese Kämpfe für Roms Ausbreitung, nun in das östliche Mittelmeer hinein, gehabt haben müssen.

Besonders aufschlußreich dafür ist die Entwicklung im Ostteil Norditaliens, in Venetien. 181 wurde dort, wie schon angeführt, Aquileia gegründet. Hieraus entwickelte sich ein Krieg, der 177 mit der teilweisen Unterwerfung der Istrischen Halbinsel endete. Damit hatte Rom das erstemal einen Zugang zur Apenninhalbinsel in eigene Hände genommen. Erinnert man sich, daß schon um 250 die Bastarnen und Skiren von Schlesien nach dem südlichen Karpathengebiet gezogen waren und dort auf die illyrischen und thrakischen Völker drückten, was diese zu immer neuen Angriffen auf Makedonien veranlaßte, so kann man verstehen, daß Rom die leichten Zugänge über die Julischen Alpen selbst sichern wollte; waren doch gerade über diese leichten Pässe 225 die keltischen Hilfstruppen in die Po-Ebene gekommen, die 225 und 222 den Römern so zu schaffen gemacht hatten. Daß Rom die anderen Pässe von den Tauern bis zu den Seealpen nicht beachtete, ist nur zu verstehen, wenn damals keine Bedrohung von dort zu erwarten war.

Das Zusammenspiel der römischen Expansion im Mittelmeergebiet und der germanischen in Mittel- und Süddeutschland wird somit auch für die Zeit nach dem Zweiten Punischen Kriege von 200 bis 180 sehr deutlich. Natürlich wird das kein abgesprochenes Zusammenwirken, sondern das Ergebnis von politischen und bevölkerungsmäßigen Verhältnissen in diesen beiden Räumen gewesen sein. Aber daß den Römern die Vorgänge in Mitteleuropa unbekannt waren und sie nicht interessierten, erscheint mir mehr als unwahrscheinlich.

Das kunstvolle politische System, das die Römer im ägäischen Raum aufgerichtet hatten, brach fast sofort nach seiner Errichtung wieder zusammen. 179 war Philipp V. gestorben, und sein Sohn Perseus hatte die Nachfolge angetreten. Er begann systematisch in Griechenland für Makedonien zu werben und brachte nach und nach eine Reihe griechischer Kleinstaaten, z. B. Böotien, auf seine Seite. In Rom schien man zu befürchten, daß man eines Tages im Osten einer breiten Front gegenüberstehen könnte. Vielleicht bestanden auch Absprachen zwischen Perseus und den Bastarnern, durch die ihm Sicherheit vor den Dardanern geschaffen werden sollte; jedenfalls stellten diese ihm Hilfstruppen für sein Heer. So kam es 171 bis 168 zum Dritten Makedonischen Krieg, der mit der Niederlage der Makedonen bei Pydna 168 und der Gefangennahme und Absetzung des Königs durch die Römer endete.

Da die Politik mit mittleren und kleineren Staaten im Ostmittelmeerraum zusammengebrochen war, beseitigte Rom das makedonische Königtum überhaupt und teilte das Land in vier Kantone ein, die nicht einmal privaten Verkehr untereinander haben durften. Makedonien hatte damit für alle Zeiten aufgehört zu bestehen. Griechenland und Epirus wurden zwar in ihrem Zustand nicht offen geändert, aber die Versklavung und Deportation der epirotischen und griechischen Führungsschicht (vor allem bei den Achaiern) traf ihre Selbständigkeit ins Mark.

Das war eine Wende der römischen Politik von folgenschwerem Ausmaß. Rom hatte erreicht, daß im gesamten Mittelmeerraum keine Macht mehr vorhanden war, die es mit der römisch-italischen Föderation hätte aufnehmen können. Makedonien war verschwunden. Die griechisch-kleinasiatischen Klein- und Mittelstaaten, wie der achaische und ätolische Bund, Athen, Sparta, Böotien, Rhodos, Pergamon oder Bithynien, waren untereinander verfeindet, machtlos, durch soziale Gegensätze im Inneren bedroht und somit handlungsunfähig. Syrien und Ägypten – untereinander verfeindet und entmachtet – siechten unter unfähigen Fürsten dahin. Karthago hatte alle Großmachtbestrebungen aufgegeben, wurde durch den treuen Verbündeten Roms, Masinissa von Numidien, dauernd in Unruhe gehalten und territorial immer mehr eingeschränkt.

Die Kelten und Ligurer in der Po-Ebene waren in ihrer Widerstandskraft gebrochen. Jene in Gallien und Süddeutschland aber wurden durch die vorwärtsstrebenden Germanen gebunden und konnten diese nur mühsam durch ihre große Burgenkette von ihrem Gebiet abwehren. Nur in Spanien blieb ein Unruheherd, da sich die dortige Bevölkerung in einem hartnäckigen und äußerst blutigen Kleinkrieg gegen Rom, das bei ihnen als reine Ausbeutermacht auftrat, wehrte. Von 153 bis 133 dauerte dieser Krieg, der zum Schrecken der römischen Soldaten wurde. Erst die Einnahme von Numantia durch Scipio Ämilianus beendete das Ringen. So schien die Herrschaft Roms im Mittelmeerraum stabilisiert und das ganze Gebiet unter seiner indirekten Herrschaft zu stehen. Es war eine Herrschaft ohne Verantwortung für die beherrschten Gebiete und damit wohl die schlechteste aller Herrschaftsformen.

Diese Ausbeutung führte schließlich in Makedonien 149 zur Erhebung eines gewissen Andronikos, der sich als Sohn des letzten Königs Perseus ausgab und auch als Pseudo-Philippus bekannt ist. Er hatte dank seiner thrakischen Hilfstruppen sogar Erfolge, so daß die Revolte auch auf Griechenland übersprang. Die Römer schlugen sofort mit aller Härte zu. Der Pseudo-Philippus wurde besiegt, gefangengenommen und – natürlich – aufs scheußlichste hingerichtet. Korinth, das sich auch gegen Rom gestellt hatte, wurde 146 zur Abschreckung ausgeplündert und völlig zerstört. Aus Makedonien aber wurde eine Provinz gemacht.

Gleichzeitig mit dieser Vernichtung der sogenannten »Freiheit« Griechenlands wurde auch Karthago völlig vernichtet und seine Bewohner ausgerottet. Dies ist wohl die perfideste Handlung der ganzen römischen Geschichte. Der Verlauf ist bekannt. Von 149 bis 146 leistete die unglückliche Stadt Widerstand. Zuletzt kam es zu einem 6 Tage und Nächte währenden Straßenkampf. 50 000 Menschen, der Rest einer nach Hunderttausenden zählenden Bevölkerung, wurden in die Sklaverei verkauft, die letzten Adligen der Stadt im Triumph vorgeführt und im Gefängnis dann dem Jupiter geopfert.

Man muß sich fragen, was Rom zu diesem blindwütigen Zuschlagen in Griechenland und dann in Nordafrika bewogen haben mag. Heuss nimmt Mißtrauen und Angst ohne Not an und bekennt selbst[63]: »Trotz angestrengter Bemühungen der modernen Wissenschaft ist es bis heute nicht gelungen, in überzeugender Weise für das römische Vorgehen gegen Karthago ›rationale‹ Motive ausfindig zu machen.«

Völlig verworfen wird heute Mommsens Auffassung, daß Handelseifersucht der Grund zu dieser Untat war. Richtiger erscheint mir Bengtsons Darlegung[64]: »Es gab eine Richtung in Rom, die Karthago immer noch als ernste Gefahr betrachtete, man wollte sie durch einen Präventivkrieg beseitigen. Die römischen Politiker waren eiskalte

Rechner, sie haben den Konflikt mit Karthago mit voller Absicht heraufgeführt, um die punische Frage ein für allemal aus der Welt zu schaffen.« Deutlicher noch als Bengtson spricht das Kornemann[65] aus: »Karthago allein war, zumal bei seiner ewigen Bedrängnis durch Masinissa, sicher kein Gefahrenpunkt mehr für Rom, wohl aber war es bei einem allgemeinen Ausbruch der romfeindlichen Mächte im gesamten Mittelmeerbereich bei seiner großen Nähe zu Rom ein sehr wohl zu beachtender Faktor.«

Es fragt sich nur, welche romfeindlichen Mächte es im Mittelmeerbereich noch gab, die Karthago in ihre Pläne hätten einbeziehen können. Ich glaube, auch Kornemann und Bengtson werden keine nennen können. Anders sieht es jedoch aus, wenn um die Jahrhundertmitte sich Umschichtungen im germanischen Raum vollzogen, die in Rom die Befürchtung vor einem ähnlichen Ereignis wie dem Keltensturm von 387 erweckten. Auch wenn diese Befürchtungen gegenstandslos waren, so mußten sie doch sehr große psychologische Wirkungen haben. Setzt man dies einmal als Gedankenexperiment an, dann könnte man sich ganz gut das brutale Vorgehen Roms in Griechenland und gegen Karthago damit erklären. Kündigte sich etwa schon im Norden der Kimbernsturm an, und ist etwa deswegen Rom so brutal gegen alle potentiellen Gegner in seiner Flanke und seinem Rücken vorgegangen?

Man kann diese Frage wohl stellen, wird aber keine Antwort mehr darauf bekommen.

Bis 133 dauerten dann noch die Kämpfe in Spanien an, wie bereits dargelegt. Im selben Jahr vermachte auch der letzte König von Pergamon, Attalos III., einen Teil seines Landes den Römern. Der Senat nahm die Erbschaft an, und die Römer richteten nach wechselvollen Kämpfen mit einem Halbbruder des letzten Königs, Aristonikos, die Provinz Asia ein. Damit hatte Roms Mittelmeerpolitik ihren vorläufigen Abschluß erreicht.

Ab 129 beginnt Rom an die Sicherung seiner Nordfront zu gehen. Dieses langsame Vordringen in den keltisch-illyrischen Raum wird im allgemeinen sehr wenig beachtet, da es im Schatten der römischen Revolutionskämpfe (beginnend mit den Gracchen) steht. Es erscheint mir sehr wichtig, daß diese Politik im Norden von den Popularen eröffnet wurde und auch immer ein Anliegen der Popularen bis hin zu Marius und Cäsar geblieben ist. – Ausgangspunkte für diese Expansion war im Osten die lateinische Kolonie Aquileia, im Westen das befreundete Massilia.

In den Ostalpen wohnten keltisch überschichtete Taurisker, denen die Karner in den Karnischen, die Japuden in den Julischen Alpen, die Hister in Istrien und die Dalmater im Karst vorgelagert waren. 129 wurde in einem Feldzug gegen die Hister und Japuden, vielleicht auch gegen die Karner und Taurisker, Aquileia gesichert und die Handelsstraße Tergeste (Triest)–Aquileia–Nauportus–Emona (Laibach) durch den niedrigen Paß des Birnbaumer Waldes geöffnet. Mit den Tauriskern (Königreich Noricum) wurde ein Bündnis abgeschlossen. Im allgemeinen aber, bis auf einen kurzen Feldzug im Jahre 119–117 gegen Japuden und Dalmater, ging die Durchdringung friedlich vor sich. Dieses Vordringen sicherte Rom das norische Eisen und Gold.

Schwieriger war die Lage weiter im Südosten gegen die Skordisker, die am Zusammenfluß von Save und Donau saßen. Mit ihnen hatte es schon vor der Einrichtung der makedonischen Provinz (146) wechselvolle Kämpfe gegeben. 135 hatte der erste große, für Rom siegreiche Zusammenstoß stattgefunden. 114 aber wurde der Konsul C. Porcius Cato von ihnen in den serbischen Bergen überfallen und sein Heer aufgerieben. Anschließend drangen die Skordisker bis Delphi in Griechenland vor. Es ist sehr wahrscheinlich, daß dieser Erfolg durch Hilfstruppen der Kimbern und Teutonen bei dem Heer der Skordisker ermöglicht wurde, wenn auch die Quellen darüber schweigen. Die Römer mußten hier noch bis 109 kämpfen, ehe sie Ruhe geschaffen hatten.

Ruhiger als in den Ostalpen und auf dem Balkan war es im Gebiet der Zentralalpen. Auch hier saßen noch unabhängige Stämme, so die Salasser in der Nähe von Aosta, die 148 zum erstenmal bekämpft wurden, und die Stoener westlich des Comer Sees, die 118–117 bekriegt und fast völlig ausgerottet wurden. So hat Rom in den Jahren 129 bis 117 die westlichen und östlichen Ausgänge der Pässe über die Ostalpen und die südlichen Ausgänge der Zentralalpen-Pässe unter seine Kontrolle gebracht und die Balkanhalbinsel nach Norden abgeschirmt.

Am bedeutendsten war das Übergreifen Roms auf Südgallien von 125 v. Chr. an. Dadurch wurde die Landverbindung zu den spanischen Provinzen hergestellt und die Ausgangsbasis für die Eroberung Galliens geschaffen. 125 bis 122 wurden die Vocontier und Salluvier unterworfen und damit der ligurische Widerstand östlich und westlich der Meeralpen endgültig gebrochen. Die Flucht des Salluvierkönigs zu den Allobrogern gab Rom den Vorwand, auch diese zu bekämpfen. Die Allobroger verbündeten sich mit den Arvernern, dem damals mächtigsten Staat Galliens, während sich die Häduer mit Rom verbündeten. 121 kam es zu zwei für Rom siegreichen Schlachten nördlich des heutigen Avignon, die die Unterwerfung der Allobroger zur Folge hatten. Rom richtete die neue Provinz Gallia Narbonensis ein, gründete die Kolonien Aquae Sextiae und Narbo Martius (Narbonne) und baute die Straße nach Spanien aus (Via Domitia). Damit hatte Rom die beiden Ausgänge jener Pässe in der Hand, über die die karthagischen Heere 90 Jahre vorher gezogen waren.

Überblickt man die römische Außenpolitik von 200 bis 114 v. Chr., wie ich sie hier in aller Kürze dargestellt habe, so drängen sich folgende Überlegungen auf: Bis zur Mitte des Jahrhunderts, bis 150 etwa, trieb Rom eine weitausgreifende Einmischungspolitik im Bereich der makedonischen Diadochenstaaten, durch die es die Entstehung einer neuen Großmacht in diesem Raum verhinderte. Ausschlaggebend dafür war wohl die Sorge, daß das gegen Karthago Gewonnene durch eine solche Großmacht wieder in Frage gestellt werden könnte. Als nur zweitrangig wird in dieser Zeit die Sicherung Italiens gegen Norden angesehen. So wird die Lösung des Keltenproblems der Po-Ebene sehr schleppend betrieben. Dies wird am besten verständlich, wenn man annimmt, daß Rom sicher war, daß von Norden her keine neue Bedrohung bestand und es nicht zum Eingreifen keltischer oder illyrischer Völker in den Kampf um Oberitalien kommen konnte. Der Grund dafür könnte in der Fesselung der Kelten und Illyrer nördlich der Alpen und in Pannonien durch die west- und südwärts drängenden Germanen bestanden haben. Rom hat diese 50 Jahre genützt, um alle potentiellen Gegner seiner Machtstellung auszuschalten.

Um 150 v. Chr. ändert sich diese Politik. Zuerst werden alle die, die möglicherweise Verbündete eines starken Gegners im Mittelmeerraum hätten werden können, brutal vernichtet. Dabei wird weder nach Treu und Glauben, Völkerrecht oder auch nur nach der Stärke oder Schwäche der Überfallenen gefragt. So werden Makedonien, Griechenland und Karthago für immer ausgeschaltet. Uns erscheint heute diese Brutalität sinnlos. Sie könnte aber einen Sinn bekommen, wenn man hypothetisch annimmt, daß sich im keltisch-germanischen Raum Umschichtungen anbahnten, die Roms Besorgnis vor einem neuen Sturm aus dem Norden geweckt haben könnten. Für diese Hypothese spricht, daß Rom etwa von 130 v. Chr. an beginnt, systematisch im Osten, Norden und Westen das Vorfeld vor seiner Mittelmeerstellung auszubauen. Im Osten wie im Westen bemächtigt es sich beider Ausgänge der Paßstraßen über die Alpen.

In der Mitte besetzt Rom wenigstens die Ausgänge aller Alpenstraßen nach der Po-Ebene, z. B. des Brenners und des Tauernpasses. Im Westen schafft es sich eine gute Ausgangsstellung für die Eroberung Galliens und sichert die östlichen und westlichen Ausgänge der Pässe über die Dauphiné-, Cottischen, Provenzalischen und Meeralpen. Darunter ist der Paß, auf dem Hannibal und Hasdrubal nach Oberitalien gezogen waren. Doch auch im Osten werden gerade jene Pässe doppelt gesichert, über die den oberitalienischen Kelten Hilfe von auswärts gebracht worden war. Ganz offenbar handelte es sich bei diesen Unternehmungen nicht so sehr um die Herstellung der Landverbindung zu den beiden außeritalienischen Provinzen Makedonien und Spanien, sondern um die Sicherung des Vorfeldes vor der römisch-italischen Föderation.

Diese Sicherung war gerade beendet, als der Kimbernsturm losbrach. Ich meine, daß dadurch die hier vorgetragene Hypothese doch ein bedeutendes Maß von Wahrscheinlichkeit bekommt.

Der Zug der Kimbern, Teutonen und Ambronen von 114 bis 101 v. Chr.

Der erste Einbruch germanischer Völkerschaften ins Mittelmeergebiet ist uns nur aus der römisch-griechischen Literatur bekannt. Es fehlen alle archäologischen Hinterlassenschaften, wenn man von den aus späterer Zeit stammenden Kimbern- und Teutonensteinen bei Miltenberg am Main absieht.

Unsere Hauptquellen sind Strabo *(Geographica)*, Florus *(Epitome Historiae Romanae)* und Plutarch *(Große Griechen und Römer)*. Dazu kommt eine Fülle einzelner Nachrichten und Erwähnungen bei den verschiedensten griechischen und römischen Historikern, Rhetoren und Schriftstellern. Zu erwähnen sind von diesen vor allem Appian, Cassius Dio und Orosius.

Das erste Auftreten der Germanen erfahren wir aus Tacitus, Germania 37, und Eutropius IV, 25,2. Es ist der Zusammenstoß der Kimbern oder Teutonen oder beider Völker (die Quellen widersprechen sich hier) mit den Römern unter dem Konsul Papirius Carbo bei Noreia in der Steiermark, bei dem das römische konsularische Heer fast vernichtet wurde.

Über das Heimatland der Kimbern, Teutonen und Ambronen berichten Strabo, Monumentum Ancyranum, Plinius, Mela, Ptolemaeus, Paulus Festi und Tacitus übereinstimmend, daß sie in Jütland gewohnt hätten und durch eine Sturmflut, die ihr Land überschwemmte, zur Auswanderung gezwungen worden seien. Sprachliche Untersuchungen in Jütland und Schleswig-Holstein stützen diese Nachrichten. So findet sich im Mittelalter im Norden Jütlands die Landschaft »Himbersysael«. Im Namen der Insel Amrum glaubt man den Namen der Ambronen wiederzufinden. Gegen diesen früher allgemein anerkannten Ansatz der drei Völker in Jütland polemisiert, soviel ich sehen kann, nur Hachmann[66]. Er erhebt gegen Melin den Vorwurf, »die altbekannten Methoden der Historiographie nur unvollkommen zu beherrschen«, nennt dessen Darstellung »in jeder Hinsicht traditionsgebunden«, ja sagt sogar: »Der Verfasser besitzt weder Einsicht noch Willen, traditionelle Ansichten preiszugeben. Deswegen ist er gezwungen, Scheinlösungen hinzunehmen.«

Hachmanns eigene Lösung des Problems der Herkunft der Kimbern ist folgende: »Letztlich erweist es sich, daß ein Überblick, die Heimat der Kimbern festzustellen, einem Ausblick in nebelhafte Ferne gleicht. Hält man sich weiterhin im Rahmen des Erwägbaren und hier Erwogenen, dann bleibt eine Verbindung der Kimbern mit Jütland durchaus diskutabel. Jütland nicht als Kimbernheimat, sondern als Refugium versprengter Kimbernsplitter, das ist vielleicht die Lösung. Aber wo lag dann die eigentliche Heimat dieses Stammes? – Diese Frage führt weit über das hinaus, was zu erwägen erlaubt ist.« Faßt man seine Darlegungen zusammen, so ergibt sich folgendes: Die Kimbern waren wie die Teutonen und Ambronen keltische Völkerschaften, die aus nebelhafter Ferne kamen. Einige schlugen sich bis Jütland durch und fanden dort ein Refugium.

Ich muß bekennen, daß ich weder »den Willen« noch »die Einsicht« habe, »traditionsgebundene Ansichten« aufzugeben, sondern lieber »Scheinlösungen«, die plausibel sind und sich sinnvoll in den Geschichtsablauf einfügen, hinnehme, als Hachmann auf seinen gewundenen und nebelhaften Gedankenpfaden zu folgen.

Dieser »traditionelle« Ansatz wird durch die Nachricht des Strabo[67] gefestigt, daß die Kimbern durch eine Sturmflut zur Auswanderung gezwungen wurden, und der ausdrücklich sagt: »Es ist ja auch lächerlich, anzunehmen, daß sie aus Zorn über einen natürlichen und sich von Ewigkeit her zweimal täglich wiederholenden Vorgang ihr Land verlassen hätten. Überhaupt sieht die Annahme, daß einstmals eine übermäßige Meeresflut erfolgt sei, ganz wie eine Erfindung aus. Denn der Ozean erleidet bei solchen Vorgängen wohl Steigerungen und Abschwächungen, aber doch nach einer festen Ordnung und in bestimmten Perioden. Unzutreffend ist auch die Behauptung, daß die Kimbern gegen die herankommende Meeresflut die Waffen erhöben . . . Denn die Ordnung der Gezeiten und die Tatsache, daß der Bereich des überschwemmten Landes bekannt ist, kann unmöglich ein solches unsinniges Verhalten aufkommen lassen. Denn wo zweimal täglich dieser Vorgang stattfindet – da überhaupt nicht zu merken, daß die Wiederkehr der Flut naturgemäß und unschädlich ist, und nicht nur ihnen widerfährt, sondern allen Anwohnern des Ozeans, das ist doch unglaublich.«

Diese Nachricht ist nicht nur darum so wichtig, weil sie auf Poseidonius zurückgeht, sondern auch besonders durch den Zweifel des

Strabo-Poseidonius an ihrem Wahrheitsgehalt. Zeigt er doch, daß sie als Menschen des Mittelmeergebietes keine Ahnung von den verheerenden Sturmfluten an den Küsten der Nordsee hatten. Trotzdem geben sie eine sehr klare Schilderung einer solchen und sogar der Abwehrmaßnahmen der Bevölkerung, die sie allerdings völlig mißverstehen. Das und der Zweifel macht diese Nachricht gerade besonders glaubhaft.

Gewiß wohnte ein großer Teil der Kimbern, Teutonen und Ambronen auf der alten Marsch vor Jütlands Westküste, die heute völlig verschwunden ist. Bei einer oder einigen der bekannten verheerenden Sturmfluten wurde sofort die gesamte männliche Bevölkerung alarmiert, wahrscheinlich bis weit ins Hinterland hinein. Gewappnet, wie es sich für die damalige Zeit von selbst verstand, eilten alle zu den Sammelplätzen. Während die einen versuchten, mit schnell aus Speeren, Schilden, Klei und Mist errichteten Notdämmen den Meereseinbruch wenigstens stellenweise etwas aufzuhalten, retteten die anderen Frauen, Kinder, Vieh und die wichtigste Habe auf den Dünengürtel und die Geest. – Im Grunde geht es heute auch nicht anders bei einer solchen Katastrophe zu; und man muß erstaunt sein, daß Strabo oder sein Gewährsmann Poseidonius uns eine solche zutreffende Schilderung hinterlassen haben. – Vielleicht ging das Marschvorland vor den Dünen damals völlig verloren, und es entstand die nordjütische Ausgleichsküste. Das noch übrige Kulturland war nach dem Verlust der Vorräte und der wichtigsten Geräte für die Landwirtschaft und die Rodung neuen Bodens für die auf schmalem Raum zusammengedrängte Bevölkerung sicherlich nicht mehr ausreichend. Darum mußte sich ein großer Teil, wohl vor allem die Jungmannschaft, zur Auswanderung entschließen.

Daß davon keine Spuren mehr durch die Spatenforschung gefunden werden können, läßt sich damit erklären, daß die alten Wohnsitze tief unter dem Meer liegen. Dort dürften Stürme und Brandung von zwei Jahrtausenden alle Spuren restlos verwischt haben. Auch im Restgebiet wird sich nichts von einer durch Auswanderung entstandenen Bevölkerungsverminderung finden lassen, da ja die Restbevölkerung ihre alten Wohnsitze beibehalten hat.

Hachmanns Argument, daß die Spatenforschung keine Spur einer umfangreichen Abwanderung aus Jütland um 150 v. Chr. feststellen kann, ist hinfällig, weil ja solche Spuren gar nicht zu erwarten sind. Was sein Argument aus der Küstenforschung von Haarnagel, Schmid und Lüders betrifft, daß nämlich die Marsch damals durch einen durchgehenden breiten Dünenwall abgesichert gewesen sei, trifft für die heutige Marsch in Schleswig-Holstein zu, aber nicht für die alte Marsch vor dem Dünenwall, die heute längst nicht mehr existiert.

Was das angeblich keltische Herkommen der Namen Kimbern, Teutonen, Ambronen, Boiorix oder Teutobad betrifft, so verweise ich nur auf das, was ich schon über solche Namen gesagt habe. Ich erinnere auch daran, daß z. B. die Eskimos bei uns unter einem indianischen Spottnamen (Eskimo heißt Rohfleischfresser) bekannt sind. Sie selbst nennen sich Inuit = Menschen.

Ich glaube darum, daß wir Hachmanns Ausführungen auf sich beruhen lassen und sicher sein können, daß die drei Völker, wie bisher allgemein angenommen, aus Jütland im Lauf des 2. Jahrhunderts v. Chr. ausgewandert sind. Jedenfalls ist doch wohl der überraschend genaue Bericht des Poseidonius von der Sturmflut und den Abwehrmaßnahmen der Kimbern und sein Zweifel an seinem Wahrheitsgehalt ein überzeugender Hinweis auf die jütländische Heimat der drei Wandervölker.

Können wir für den Kimbern- und Teutonenzug demnach mit guten Gründen Jütland als Ausgangsland ansetzen, sind wir für den Zeitpunkt des Aufbruchs ohne genaue Anhaltspunkte. Weil Strabo nach Poseidonius den Aufenthalt der Kimbern bei den Skordiskern zwischen Drau, Save und Donau um das Jahr 114 v. Chr. angibt, nehmen manche 115 v. Chr. als Beginn des Auszugs an. Ich halte das für falsch. So schnell wird der Marsch über rund 1500 km Luftlinie nicht zu bewältigen gewesen sein.

Zwar steht fest, daß auch sehr große Heere unter früheren Verkehrsbedingungen sehr große Entfernungen in erstaunlich kurzer Zeit bewältigt haben. Ich erinnere nur an Alexander den Großen oder Napoleon. Aber da lagen die Verhältnisse doch etwas anders als bei den Kimbern-Teutonen. Gerade Napoleons Zug nach Moskau kann als Vergleichsbeispiel herangezogen werden. Die Luftlinie Warschau–Moskau beträgt ungefähr 1200 km. Napoleon ist 1812 von dort, von Polen, in einem Sommer bis Moskau vorgestürmt und hat auch noch die blutige Schlacht von Borodino geschlagen, der bei Smolensk und Walutina schwere Gefechte vorhergegangen waren. Allerdings sah er sich, als er am 14. September 1812 in Moskau einzog, von allem Nachschub entblößt und war auf die Versorgung durch das besetzte Land angewiesen. So kam es zu dem verhängnisvollen Rückzug, der mit der Vernichtung der Großen Armee endete.

Ich halte hier einen Blick auf diesen Feldzug darum für so nützlich, weil zu Napoleons Zeit die Verkehrsverhältnisse in Rußland bestimmt keine anderen waren als 19 Jahrhunderte zuvor in Mitteleuropa. Außerdem standen Napoleon keine anderen Verkehrsmittel zur Verfügung als den Kimbern, Teutonen und Ambronen, nämlich Pferd und Wagen und natürlich die Marschfähigkeit der Menschen. So kann man ruhig annehmen, daß auch damals große Trecks sehr schnell hätten vorrücken können, ohne daß sie ihre Kampfkraft eingebüßt hätten. – Napoleon hatte bei Smolensk 9000 Mann, bei Borodino 30 000 Soldaten verloren. Wie hoch seine Verluste bei Walutina waren, habe ich nicht finden können, da aber die Schlacht als sehr blutig bezeichnet wird, können sie auch nicht gering gewesen sein. Dazu kamen die unvermeidlichen Marschverluste, so daß man ruhig 50 000 Mann als Verlust ansetzen kann. Trotzdem war die Große Armee am 14. September 1812 bei ihrem Einzug in Moskau immer noch ein schlagkräftiges Instrument in der Hand ihres Feldherrn. Die eigentliche Katastrophe ereignete sich erst im Winter. Dieser Vergleich zeigt, daß das schwierigste Problem bei solchen Feldzügen die Versorgung von Mensch und Tier mit den lebensnotwendigen Gütern, sei es Verpflegung, Kleidung oder Winterunterkunft, ist.

Gern wird bei den Kimbern und Teutonen dieses Problem mit dem Hinweis auf mitgeführtes Vieh abgetan. Man übersieht dabei, daß Viehherden noch viel empfindlicher auf Nahrungsmangel reagieren als Menschen. Mögen auch die germanischen Rinderbestände viel robuster als unsere heutigen Hochzuchtrinder gewesen sein und ebenso ihre Pferdebestände, so darf doch nicht übersehen werden, daß auch bei diesen Rassen eine ausreichende Futterversorgung vor allem im Winter unerläßlich ist, sonst gehen die Bestände schnell ein. Nimmt man weiter an, wie es mir geboten scheint, daß der Troß der Germanen von Ochsengespannen gezogen wurde, dann kann man nicht mit einer großen Marschgeschwindigkeit rechnen. Außerdem hatten sie Frauen und Kinder bei sich, die bei Napoleon fehlten. Nimmt man das alles zusammen, so ergibt sich, daß sie viel langsamer und vorsichtiger vorgerückt sein müssen als Napoleon 1812 in Rußland.

Sie sind jedenfalls viel eher als 115 v. Chr. aus Jütland aufgebrochen. Da die Römer 130 ihre Kriege zur Sicherung des Vorfeldes von Italien beginnen, könnte man vielleicht annehmen, daß damals im germanischen Raum die Unruhe begann, die schließlich zum Aufbruch der Kimbern und Teutonen führte. Ich behaupte aber nicht, daß ich das Jahr 130 für das Jahr des Aufbruchs halte. Es könnten sich auch schon viel früher, um die Jahrhundertmitte, starke Unruhen im keltisch-germanischen Grenzraum gezeigt haben, etwa in Zusammenhang mit dem Vordringen germanischer Landnehmerheere über den Niederrhein in die heutigen Niederlande und Belgien. Vielleicht könnte damit die Änderung der römischen Politik im Mittelmeerraum, die oben geschildert wurde, in Zusammenhang stehen.

Wie für die Zeit des Aufbruchs sind wir auch über die Volkszahl der Wandervölker im unklaren. Wir können nur mehr oder minder begründete Schätzungen vorlegen. Die Riesenzahlen, die die römischen Schriftsteller angeben, sind zu phantastisch, um glaubwürdig zu sein. Orosius gibt 283 000 Mann Verluste für die Teutonen und Ambronen bei Aquae Sextiae an, für die Kimbern 200 000 bei Vercellae, für beide Völker zusammen 480 000 an Bewaffneten. Dazu kämen die Frauen und Kinder, die sich selbst getötet hätten. Plutarch rechnet für die Teutonen und Ambronen 100 000, für die Kimbern 200 000 Männer. Er schreibt ausdrücklich: »Denn 300 000 streitbare Männer in Waffen waren auf der Wanderung – die Masse von Weibern und Kinder, die mit ihnen zog, sollte noch viel größer sein.« – Velleius Paterculus nennt 150 000 bewaffnete Ambronen und Teutonen, Livius schreibt von 290 000 Teutonen und Ambronen und 200 000 Kimbern.

Diesen Riesenzahlen setzt Delbrück eine verschwindend geringe Zahl entgegen. Er schätzt die Kampfstärke aller drei Völker auf nur 15 000 Bewaffnete alles in allem. Das ist nun wieder nach der anderen Seite übertrieben. Ich meine, um zu einer einigermaßen realistischen Schätzung zu kommen, müssen wir von der Stärke eines konsularischen Heeres in dieser Zeit ausgehen. Die Kimbern und Teutonen haben vier siegreiche Schlachten gegen die Römer geschlagen, zwei davon gegen je ein konsularisches Heer, eine sogar gegen zwei konsularische Heere auf einmal, nur eine gegen eine kleinere römische Heeresabteilung. Ein konsularisches Heer hatte damals rund 30 000 Legionäre und Hilfstruppen. Bei Arausio (105) hatten sie es mit zwei solchen Heeren auf einmal zu tun. Man kann darum die römische Ist-Stärke in dieser Schlacht mit mindestens 60 000 Mann ansetzen. Da aber auch die Troßknechte eingesetzt wurden, könnten es auch 70 000 gewesen sein. Da es sich nicht um schlecht ausgebildete Truppen handelte und das eine Heer eben noch in Tolosa siegreich gewesen war, braucht man die Kampfkraft dieser Heere nicht für gering zu halten. Das Kernheer der Germanen mußte, um siegen zu können, zahlenmäßig diesen Heeren in etwa gleichwertig sein. Wir können es also auf 60 000 Bewaffnete schätzen. Da für die Bewachung des Lagers und für Abkommandierungen weitere Bewaffnete nötig waren, kann man auf etwa 65 000 bis

70 000 Krieger schließen. Mit Frauen und Kindern käme man dann auf mindestens das Doppelte, das wären wenigstens 150 000 Menschen. Dies dürfte wohl die wahrscheinlichste Schätzung sein. Sicherlich wird sich diese Zahl durch eventuellen Zuzug aus den berührten Gebieten und durch Abgänge durch Tod, Krankheit und Absonderung fortlaufend geändert haben, doch können wir mit 150 000 als Durchschnittszahl für die längste Zeit des Zuges rechnen. Bei den letzten Schlachten mag diese Zahl nicht mehr erreicht worden sein, weil ja 6000 Krieger und sicherlich viele Frauen und Kinder in Belgien zurückgeblieben waren.

Sieht man sich daraufhin die römischen Zahlen an, so scheint es, als ob die gesamte Volkszahl von den Schriftstellern als Zahl der Krieger genommen wurde und dann diese Gesamtzahl einmal den Teutonen und Ambronen und noch einmal den Kimbern zugeschrieben wurde. Auch danach erscheint die Zahl von 150 000 als realistisch und den Verhältnissen angemessen. Vergleicht man sie mit der, die Caesar für die wandernden Helvetier angibt – er sagt[68], daß es etwa 368 000 mit Frauen und Kindern gewesen seien –, so erscheint die Zahl von 150 000 auch nicht zu hoch gegriffen; denn Caesar hat sicherlich übertrieben. Mehr Vertrauen verdient darum die Angabe von 110 000 Überlebenden, die er in die Heimat zurückgeschickt hätte, denn sie soll durch eine von ihm befohlene Zählung festgestellt worden sein. Auch damit kommen wir in die Nähe der von mir als realistisch bezeichneten Zahl von 150 000.

Fragen wir nun nach dem Verlauf des Zuges, so müssen wir uns zuerst vergewissern, welche Orte und Landstriche nachweislich von ihm berührt worden sind.

Als erste berührte Landschaft finden wir das Land der Boier. Strabo berichtet es, indem er Poseidonius zitiert: »Er sagt, daß die Boier den herkynischen Wald früher bewohnt hätten, daß aber die Kimbern gegen dieses Gebiet gezogen seien; aber von den Boiern abgeschlagen, seien sie zum Ister und zu den gallischen Skordiskern hinabgezogen, dann zu den Teuristen und Tauriskern, dann zu den Helvetiern, goldreichen, aber friedlichen Männern.« Dies ist die einzige Nachricht, die uns etwas vom Zug vor dem ersten Zusammenstoß mit den Römern in der Steiermark (Noreia) mitteilt.

Die Boier bewohnten Böhmen und Westschlesien bis zur Oder. Wann die Kimbern mit ihnen zusammenstießen, wissen wir nicht. Im Skordiskerland werden sie um 114 überwintert haben. Das lag zwischen Drau, Save und Donau. Es ist das heutige Sirmien. 113 treten sie in der Steiermark bei Noreia auf. 110 überschreiten sie den Rhein, wahrscheinlich irgendwo zwischen Neckar- und Mainmündung, da man bei Miltenberg am Main die Kimbern- und Teutonensteine gefunden hat. 109 sind sie schon im Rhonetal und schlagen dort den Konsular Silanus. Der Ort ist nicht genau festzustellen. Möglicherweise war es in der Nähe von Lyon. 105 siegen sie in der Nähe von Avignon über zwei konsularische Heere (beim heutigen Orange). Danach trennen sie sich. Die Kimbern sollen ins immergrüne Spanien nördlich des Kantabrischen Gebirges gezogen sein. Über den Verbleib der Teutonen in dieser Zeit ist nichts bekannt. Später – wann, ist nicht genau zu ermitteln – vereinigen sie sich wieder an der unteren Seine, rücken nach Nordosten zur Maas zwischen Namur und Lüttich und lassen dort ihr großes Gepäck unter der Bewachung von 6000 Bewaffneten zurück. 102 werden die Teutonen und Ambronen bei Aquae Sextiae in der Nähe der untersten Rhone, und die Kimbern, die in diesem Jahr die Alpen, wahrscheinlich über den Brenner oder einen benachbarten Paß, überschritten hatten, 101 bei Vercellae halbwegs zwischen Mailand und Turin vernichtet.

Trägt man die bekannten oder ungefähr ermittelten Orte in eine Karte Mittel- und Westeuropas ein, so scheinen sie sich regellos über das ganze Gebiet zu verteilen. Sieht man sich danach eine der Darstellungen des Zuges an, wie er aus diesen wenigen Festpunkten mit viel Phantasie rekonstruiert wird, so scheint es sich bei ihrem Zug um ein planloses Umherirren in Europa gehandelt zu haben. Allerdings widerspricht dieser Planlosigkeit die Tatsache, daß die Völker von 114 bis 102 bzw. 101, also 12 bzw. 13 Jahre, von denen wir sicher wissen, aber vorher sicherlich noch eine Reihe uns unbekannter Jahre unterwegs waren, ohne daß es zu einer Katastrophe gekommen ist. Demgegenüber gibt es zahlreiche Beispiele für weiträumige Märsche, die ganz anders verliefen. Ich nannte schon den Untergang der Großen Armee Napoleons 1812. Alexander der Große verlor auf dem Rückmarsch vom Indus durch Germesir-Mekran fast sein ganzes Heer, weil er über die Natur des Landes völlig im unklaren war. Auch die Kalmücken sind zur Zeit Katharinas der Großen auf ihrem Zug von der unteren Wolga zum Balkaschsee fast völlig zugrunde gegangen[69]. Dabei waren Alexander und Napoleon gewiß große Organisatoren und Feldherren, und die Kalmücken waren mit der Natur ihres Landes aufs beste vertraut, und doch kam es nicht durch den Feind, sondern allein durch Mangel am Lebensnotwendigen zu diesen Katastrophen.

Die Kimbern und Teutonen scheinen dagegen nie unter bedrohli-

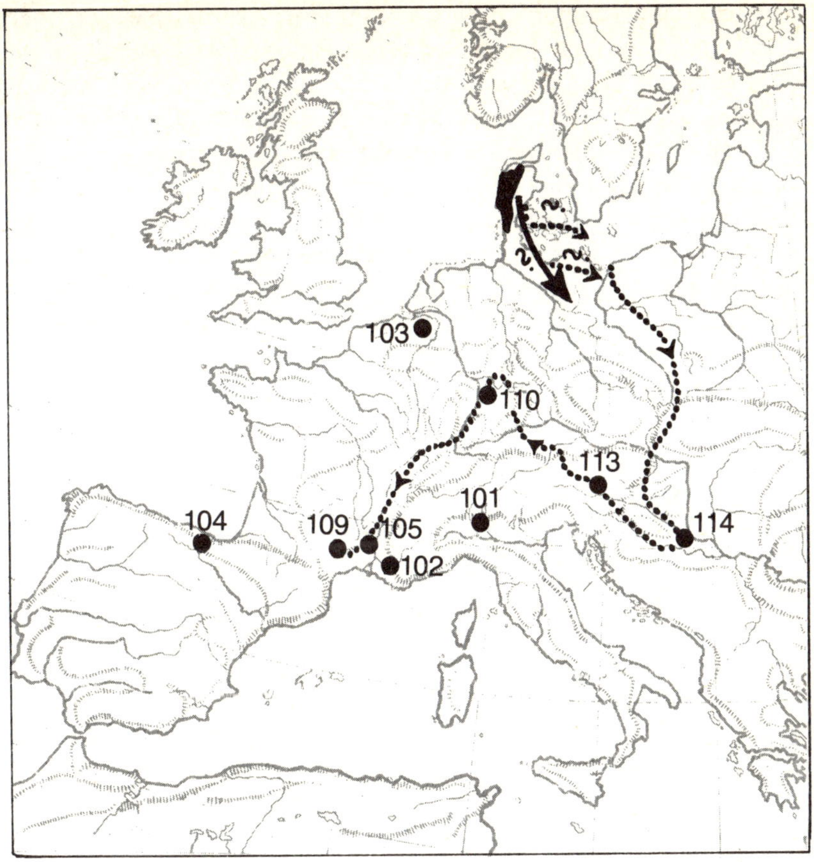

● Orte, die nach den römisch-griechischen Schriftstellern von 114–101 vor Chr. von den Kimbern und Teutonen berührt worden sind.

chem Mangel gelitten zu haben. Das muß als eine ganz große Führungsleistung angesehen werden. Man vergleiche dazu Cäsars Verfolgung der Helvetier 58 v. Chr.: »Wegen der kalten Witterung nämlich – Gallien liegt ja, wie oben erwähnt, nach Norden – war nicht nur das Getreide auf den Feldern noch nicht reif, sondern es war nicht einmal Grünfutter in genügender Menge vorhanden[70].« Das war im Juni des Jahres. Da die voranziehenden Helvetier das Land abgeerntet und auch Wiesen und Auen abgemäht hatten, konnten Cäsars Truppen nicht einmal mehr die Pferde ausreichend füttern, so daß man gezwungen war, die Verfolgung aufzugeben und nach Bibrakte abzuziehen.

Hieraus können wir deutlich die Schwierigkeiten eines solchen Zuges erkennen. Das Land wurde gewiß dort, wo er durchkam, so stark ausgebeutet und abgeweidet, daß für seine Bewohner kaum das Lebensnotwendige bis zum nächsten Jahr übrigblieb. Es ist verständlich, daß sich das niemand gerne gefallen läßt. Im verbündeten Land hilft vielleicht die Landesregierung mit angesammelten Vorräten. Wo das nicht der Fall ist, müssen solche Heere entweder gewaltsam die Vorräte einholen oder auf den Feldern der Bewohner für den Eigenbedarf anbauen. Wie immer es gewesen sein mag, jedenfalls müssen sich die Wandervölker der Kimbern, Teutonen und Ambronen weit über das Land in kleinen Trupps verteilt haben, um das Notwendige zu erlangen. Solche kleinen Trupps können leicht überwältigt werden, bis schließlich das ganze Heer so geschwächt ist, daß es von einem entschlossenen Gegner überwältigt werden kann. Cäsar hat das beim Aufstand des Vercingetorix erfahren und nur mit Mühe dieses Schicksal abgewendet. Wir brauchen aber gar nicht so weit zurückzugehen. Der Partisanenkrieg in Rußland, Polen, auf dem Balkan und in Frankreich hat sehr zum Zusammenbruch 1945 beigetragen. Daß es gegen die Kimbern und Teutonen solche entschlossenen Gegner gegeben hat, beweist eine Stelle[71] aus Cäsars »De Bello Gallico« (aus der Rede des Arvernerhäuptlings Critognatus): »Ich rate zu tun, was unsere Väter im Krieg mit den Kimbern und Teutonen getan haben, in einem Krieg, der sich mit unserem gar nicht vergleichen läßt. Zusammengepfercht in ihren Städten und von ähnlicher Not gedrängt, haben sie ihr Leben mit dem Fleische der durch ihr Alter zum Krieg Untauglichen gefristet und sich dem Feind nicht ergeben. . . . . Die Kimbern haben Gallien verwüstet und schwer heimgesucht, aber sie haben doch wenigstens endlich unser Land wieder geräumt und andere Länder aufgesucht.«

Auch wenn man hier die behauptete Menschenfresserei wohl mit Recht bezweifelt, so zeigt diese Stelle doch sehr deutlich, daß die Kimbern, Teutonen und Ambronen oft mit sehr heftigem Widerstand rechnen mußten. Unter diesen Umständen eine so große Menge von Männern, Frauen und Kindern mit den nötigen Zug- und Reittieren viel länger als 10 Jahre durch für damalige Zeiten dicht besiedelte Gebiete Europas zu führen und immer ausreichend zu versorgen, ist eine ganz große Führungsleistung. Die Führer mußten einen ausgezeichneten Nachrichtendienst, genaue Vorstellungen von der Kampfkraft und der Versorgungslage der in Aussicht genommenen Überwinterungsgebiete, eine glänzende Organisation des Trecks und unbedingte Autorität haben. Das Heer aber mußte ihnen vorbehaltslos gehorchen. Ohne das alles wäre der Zug nach wenigen Tagen zu Ende gewesen. Und dieses Ende wäre schrecklich gewesen.

Dafür habe ich selbst ein schlagendes Beispiel erlebt. Am 10. Mai 1945 mitten in der Nacht – wir hatten einen Tag mit schweren Gefechten in Mähren hinter uns –, rief der Bataillonsführer das Bataillon zusammen und erklärte uns, daß das deutsche Heer aufgelöst sei, alle Soldaten ab sofort Zivilisten seien, alle Kommandogewalt aufgehört habe und jeder versuchen solle, sich so gut er könne in die Heimat durchzuschlagen. Da standen wir nun und wußten nicht, wo wir waren, in welche Richtung wir laufen sollten, wo wir Verpflegung herbekämen – kurz, wir waren hilflos. Zwei Tage lang wälzte sich eine wirre Masse Menschen die Straßen entlang. Einer lief hinter dem anderen her, keiner wußte, wohin. Schließlich kamen wir in eine kleine Stadt, wo uns der Russe in Empfang nahm und ins Gefangenenlager abführte. Diese Erfahrung zeigt, daß eine Masse Menschen, sei sie auch noch so groß, vollkommen hilflos ist.

Hält man sich das vor Augen, so weiß man, daß die Kimbern, Teutonen und Ambronen ein ausgezeichnetes Führer- und Unterführerkorps gehabt haben müssen, daß sie disziplinierte Heere und keine wilden Horden waren und daß die Führung zumindest genau wußte, was sie wollte. Sie sind auf keinen Fall plan- und ziellos in Mittel- und Westeuropa umhergeirrt. Ihre Führung muß immer eine genaue Vorstellung von den nächsten Zielräumen und der Beschaffenheit der dorthin führenden Wege gehabt haben. Sie mußten ja spätestens im Herbst ihre Völker in Winterquartiere führen, die so beschaffen waren, daß Mensch und Tier dort den Winter überstehen konnten. Dabei werden sie aber auch im eigenen Interesse auf die Bevölkerung dieser Räume Rücksicht haben nehmen müssen, denn sie durften sie nicht zur Verzweiflung treiben, sonst wäre die Abwehrkraft übermächtig geworden, wenn nach Aussaugung des einen Gebietes das nächste und dann das übernächste drangekommen wäre. Das hätte zu Abwehrbündnissen geführt, denen sie nicht mehr gewachsen gewesen wären, weil sie auf Nachschub kaum rechnen konnten. Schließlich wäre es zu einer Art »Schlacht auf den Katalaunischen Feldern« gekommen.

Aber genau das Gegenteil wird uns von einer ganzen Reihe von Keltenstämmen berichtet: Sie verbündeten sich mit den Wandernden und unterstützten sie, während andere sie bekämpften. Cassius Dio[72] zum Beispiel nennt die Stadt Tolosa, die sich mit ihnen verbündete. Dasselbe teilt Strabo[73] von den Sequanern mit und Orosius[74] von den Tigurinern, einem Teilstamm der Helvetier. Das alles läßt darauf schließen, daß dem Weiterrücken des Zuges eine rege diplomatische Tätigkeit vorausging, ähnlich der, die uns Cäsar[75] von den Helvetiern berichtet. Von einer Führung, die sich im einzelnen ihrer Aufgabe so glänzend gewachsen gezeigt hat, anzunehmen, daß sie über ihr Endziel im unklaren gewesen sei, geht doch wohl kaum an.

Wenn Jung[76] schreibt: »Mit Recht hält Mommsen den Germanen ihren Mangel an überlegter Zielstrebigkeit vor. Auch jetzt wieder bestätigen sich ihre Untugenden: unstete Irrationalität, sprunghafte Willkür, launenhafte Hingabe an die Emotionen des Augenblicks«, so verschließt er vor diesen unbestreitbaren Tatsachen die Augen. Dasselbe muß man Fischer-Fabian[77] entgegenhalten, der meint: »Naturvölker waren es, dunkel, rätselvoll in ihren Handlungen, unfähig zu Entschlüssen von politischer Tragweite, wohl auch zerstritten untereinander und ohne einheitliche Führung.«

Die Qualität der Führung zeigte sich aber auch in der Anlage und Durchführung der Schlachten gegen die Römer. Selbst noch die Schlacht von Vercellae gehört nach Anlage und Einleitung zu den genialsten Schlachtentwürfen, wie ich noch zeigen werde. Wir können sicher sein, daß eine Führung, die sich so glänzend bis zum letzten Augenblick ihrer Aufgabe gewachsen zeigte, auch ein großes Ziel für den ganzen Zug ins Auge gefaßt hatte und die ihr anvertrauten Menschen nicht blind in Europa umhertappen ließ.

Es erhebt sich also die Frage: Was könnte das große politische Ziel dieses Zuges gewesen sein? Die griechisch-römischen Berichte führen immer Landsuche nach dem Verlust des jütländischen Heimatgebietes als Ziel der Kimbern und Teutonen an. Das allein kann es aber nicht gewesen sein. Land hätten sie schon in Schlesien finden können, in das dann um 100 v. Chr. die Vandalen von Jütland her einrückten. Ebenso hätten die weiten und damals sehr dünn besiedelten polnischen und ukrainischen Räume genug Platz für eine ungestörte Ansiedlung selbst sehr viel größerer Volksmassen geboten. Aus diesen Gebieten waren noch keine 100 Jahre vor dem Zug der Kimbern die Skiren und Bastarnen abgezogen. Das kann in Jütland nicht verborgen geblieben sein.

Angesichts dessen erscheint es sinnlos, daß sie in die damals am dichtesten besiedelten Länder Europas gezogen sind, wo sie mit Kämpfen gegen die ansässige Bevölkerung rechnen mußten. Da der Zug aber nach meiner Überzeugung nicht sinnlos war, muß eine Hypothese gefunden werden, die versucht, einen Sinn in ihm zu finden. Es wird allerdings nur eine Hypothese bleiben müssen. Beweise für sie dürften kaum zu erbringen sein.

Vergegenwärtigen wir uns noch einmal die Lage bei Beginn des Zuges: Von der Lausitz bis zum Taunus drückten germanische Völker auf die südlich der Mittelgebirgsschwelle wohnenden Kelten, konnten aber deren Burgenlinie nicht überwinden. Südlich der Keltengebiete hatten die Römer ihre weitgespannte Mittelmeerpolitik betrieben und waren, vor Einfällen aus dem Norden durch die Keltengebiete geschützt, Herren des ganzen Mittelmeeraumes geworden. So hatte eine Ergänzung beider Gebiete durch ein Jahrhundert hindurch bestanden, wie ich oben zeigte. Nimmt man an, wie es hier geschieht, daß zwischen den einzelnen germanischen Staaten Fühlung bestand, so daß es zu Absprachen auch über weite Räume hin kommen konnte, so könnte das Folgende erwogen werden.

Die Westgermanen (ich gebrauche hier die Namen Westgermanen und jütländische Germanen nur in Hinsicht auf ihre Wohngebiete, sprachliche oder ethnographische Unterschiede sind nicht gemeint) – die Westgermanen also versprachen den Kimbern, Teutonen und Ambronen Hilfe bei der Versorgung am Anfang des Zuges und Unterstützung bei der Eroberung neuer Wohnsitze, wenn sie durch eine weiträumige Umgehung die keltische Sperrlinie von hinten her aufrollten.

Wenn man einwendet, daß die Germanen zu solchen weitgespannten Unternehmungen damals nicht in der Lage waren, so kann man nur das Barbarenvorurteil als Begründung anführen. Im übrigen wird sich zeigen, daß der Zug genauso verlief, als wenn es eine solche Absprache gegeben hätte. Außerdem haben wir für ein solches weiträumiges Planen und gemeinsames Handeln einige Indizien in dem Bericht Cäsars[78] vom Kampf gegen Ariovist. Er lautet: »Der Germanenkönig Ariovist habe sich in ihrem (der Sequaner) Land festgesetzt und ein Drittel ihres Bodens, des besten in ganz Gallien, in Besitz genommen; jetzt verlange er von ihnen auch noch die Räumung des zweiten Drittels, weil vor wenigen Monaten 24 000 Haruden zu ihm gestoßen seien.« Die Haruden stammten sicherlich aus Jütland. Außerdem befanden sich in dem Heer des Ariovist Eudusen[79]. Diese Eudusen stammen, wie Schwarz zeigt, ebenfalls aus Jütland. Sodann nennt Cäsar als Anführer der Sueben beim Heer des Ariovist Nasua und Cimberius[80]. Auch diese Namen weisen nach Schwarz auf Jütland hin. Damit ist sicher, daß Ariovist bedeutenden Zuzug aus Jütland bekommen hat. Westgermanen und jütländische Germanen müssen somit im Heer des Ariovist zusammengearbeitet haben. Diese Zusammenarbeit muß sich auch auf die gesamten west- und jütländischen Gebiete erstreckt haben, denn die Haruden und Eudusen müssen durch das gesamte westgermanische Gebiet dem Heer des Ariovist zugezogen sein. Dieser Zug kann nur mit Billigung und Unterstützung der westgermanischen Führungen erfolgt sein, denn 24 000 Haruden – Männer, Frauen und Kinder, darunter höchstens 6000 kampffähige Männer – hätten sich nie den Weg zu Ariovist mit der Waffe in der Hand erkämpfen können. Ein weiteres Indiz für diese Zusammenarbeit ist die Angabe, daß zwei jütländische Fürsten das Kommando über suebische, also elbgermanische Hilfsvölker des Ariovist gehabt hätten. Es ist darum sehr wahrscheinlich, daß der Kriegszug des Ariovist von allen west- und jütländischen Germanenstaaten unterstützt wurde und vielleicht sogar ein gesamtgermanisches Unternehmen war. Dafür spricht auch die Bemerkung[81]: »Die Germanen seien noch bekümmert über Ariovists Tod.« Es ist in diesem Zusammenhang gleichgültig, ob die Lesart »mortem« = Tod oder »sortem« = Schicksal richtig ist. Jedenfalls spricht diese Stelle für das gewaltige Ansehen dieses Fürsten bei allen Germanen und ist ein weiterer Hinweis auf gemeinsames Handeln und ein gesamtgermanisches Bewußtsein.

Für die oben skizzierte Hypothese gibt es somit aus späterer Zeit eine Reihe Indizien, wir können sie darum bei unseren Untersuchungen als Arbeitshypothese verwenden. Wie würde sich ihr zufolge der Zug deuten lassen?

Ausgehen müssen wir für diese Überlegungen von der Stelle Strabos[82], wo er nach Poseidonius vom Zusammenstoß der Kimbern mit den Boiern des herkynischen Waldes und ihrem Weiterzug an die Donau und ins Gebiet der Skordisker berichtet.

Für diesen ersten Teilabschnitt des Zuges bieten sich zwei Flußstraßen an. Die erste ist die Elbstraße nach Böhmen und von dort durch Mähren zur March und weiter zur Donau. Die zweite würde die Oder aufwärts führen und dann durch die Mährische Pforte zur March und diese abwärts zur Donau. Für die erste Straße ist zusammen mit anderen Capelle[83] und neuerdings wieder Koestermann[84] eingetreten. Die Oderstraße nehmen Martin Jahn 1932 und Walter Schulz 1929 neben anderen an. Capelles Deutung macht einen gekünstelten Eindruck, weil ja die Kimbern, die von den Boiern abgewiesen worden sein sollen, nach dieser Abweisung durch das Gesamtgebiet dieses sehr kampfkräftigen Volkes gezogen sein müßten. Koestermann sucht diese Schwierigkeit damit zu umgehen, daß er annimmt, daß nur 15 000 Kimbern – Männer, Frauen und Kinder – in Böhmen einwanderten und dort herzlich willkommen geheißen wurden. Später hätten sich dann

Verstimmungen mit dem größten Teil der Boier eingestellt, und so wäre unter Führung der Kimbern ein guter Teil der Boier mit ausgewandert. Darum wären später die Kimbern soviel stärker gewesen. Als Beweis für diese Spekulation führt er den Namen des letzten Kimbernfürsten Boiorix an. Mir erscheint eine so komplizierte Spekulation, die nur auf der kurzen Strabostelle und dem Namen Boiorix aufgebaut ist, sehr unsicher. Gar nicht wird bei diesen Deutungen die Tatsache berücksichtigt, daß bis Böhmen hin der Zug durch das dicht besiedelte Gebiet der Sueben gehen mußte, wir aber durch die Spatenforschung keinerlei Anzeichen für ein solches Geschehen bekommen haben.

Zwangloser und nicht so konstruiert erscheinen dagegen die Annahmen von Jahn und Schulz, auf die hier verwiesen sei. Vor allem leuchtet diese Deutung darum sehr ein, weil Jahn hat nachweisen können, daß in Schlesien bis zur Oder hin auch Boier wohnten. Der Zusammenstoß, den Strabo-Poseidonius erwähnen, hat sich möglicherweise ereignet, als die Kimbern versuchten, über die Pässe der Sudeten nach Böhmen vorzustoßen und schon von da aus die keltische Abwehrlinie aufzurollen. Nimmt man, so wie ich es als Arbeitshypothese tue, eine Absprache mit den Westgermanen an, dann könnte man sich denken, daß diese ihnen sogar beim Zug oderaufwärts Unterstützung hätten zukommen lassen.

Da nun die Kimbern den Widerstand der schlesischen Boier nicht überwinden konnten, mußten sie viel weiter nach Süden ausholen. Vielleicht haben sie sogar mit den an Donau, Drau und Save wohnenden Skordiskern einen Vertrag über Waffenhilfe gegen Makedonien geschlossen, ohne zu berücksichtigen, daß dort schon die Römer eingerückt waren. Solche Verträge über Waffenhilfe waren den Germanen bekannt, haben doch gerade die Kimbern, Teutonen und Ambronen den Römern mehrmals welche angeboten. Ein gleichartiges Angebot machte später Ariovist dem Cäsar. Auffallend ist jedenfalls, daß die Skordisker 114 das Heer des Konsuls C. Porcius Cato in den serbischen Bergen überfallen und aufreiben konnten, ja sogar bis Delphi vorstießen, nachdem sie schon 135 von den Römern schwer geschlagen worden waren. Es meldet auch keine Quelle, daß die Kimbern von den Skordiskern 113 vertrieben worden seien, wie es Heuß in seiner Römischen Geschichte behauptet. Näher liegt es doch, daß die Skordisker den Kimbern und Teutonen eine Zeitlang gegen Waffenhilfe Land zum Bebauen überlassen oder daß sie sie überhaupt versorgt haben.

Der Aufenthalt bei den Skordiskern war aber nur eine Zwischensta-

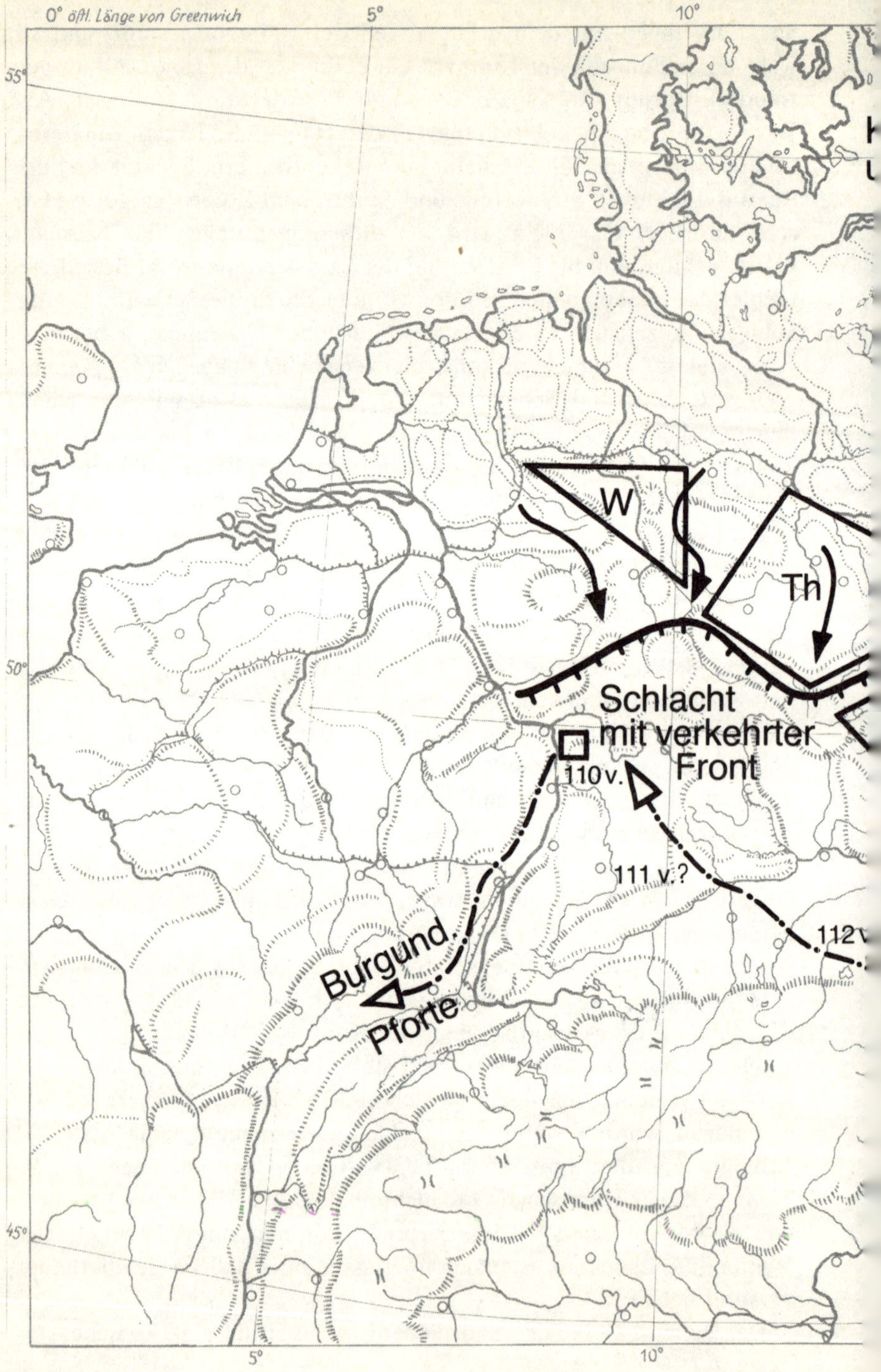

0° östl. Länge von Greenwich
5°
10°
55°
50°
45°
W
Th
Schlacht
mit verkehrter
Front
110 v.
111 v.?
112 v
Burgund.
Pforte
5°
10°

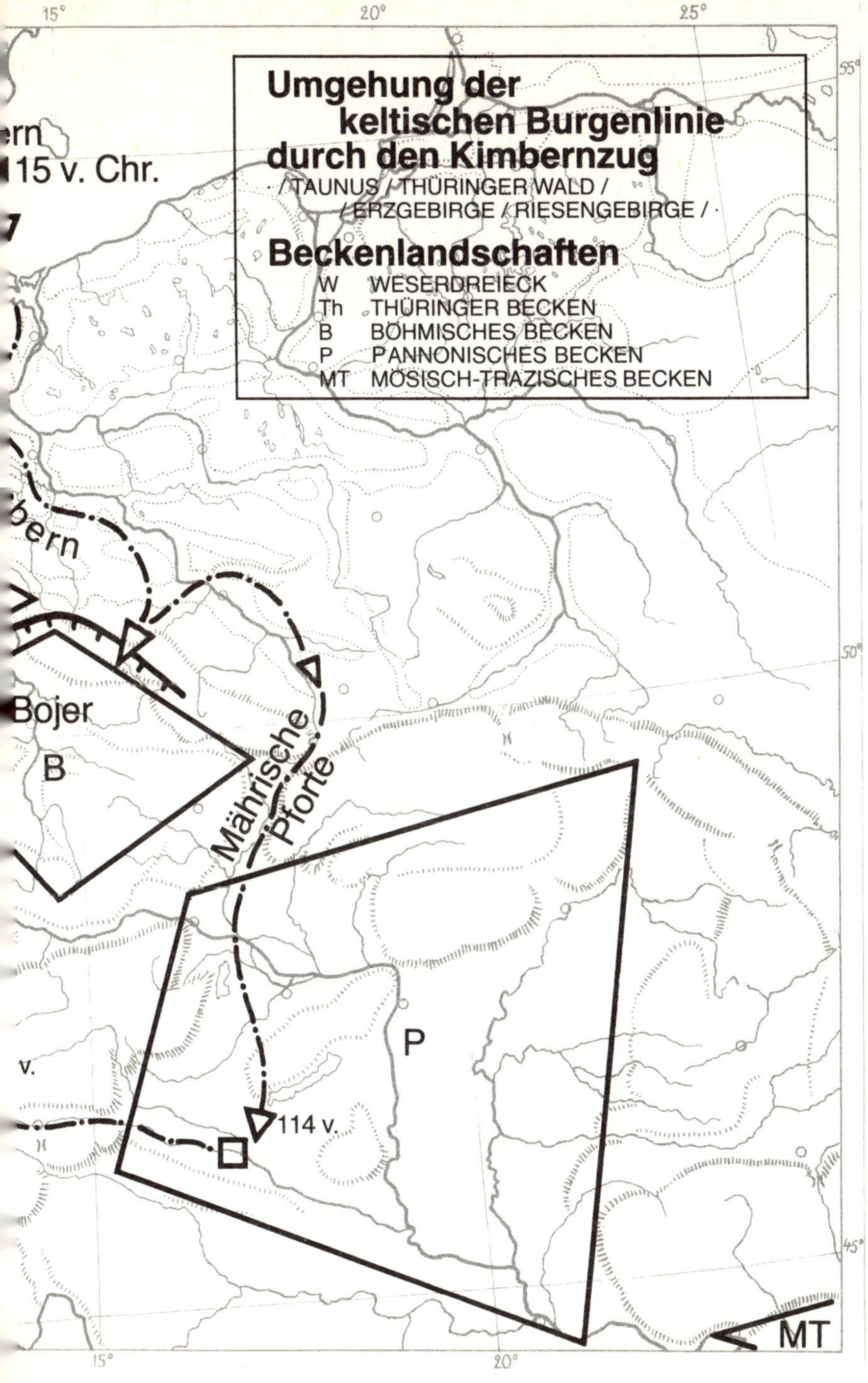

Umgehung der keltischen Burgenlinie durch den Kimbernzug
· / TAUNUS / THÜRINGER WALD / / ERZGEBIRGE / RIESENGEBIRGE / ·
Beckenlandschaften
W WESERDREIECK
Th THÜRINGER BECKEN
B BÖHMISCHES BECKEN
P PANNONISCHES BECKEN
MT MÖSISCH-TRAZISCHES BECKEN
15°
20°
25°
55°
50°
45°
115 v. Chr.
Bojer
B
Mährische Pforte
P
114 v.
v.
MT

tion. Eigentliches Ziel der Kimbern und Teutonen war nach unserer Arbeitshypothese das Aufbrechen der keltischen Abwehrlinie quer durch Mitteleuropa. Dadurch würde der Marsch von der Save über die Ostalpen nach Süddeutschland eine gute Erklärung finden, während es unverständlich ist, daß sie, wenn sie nur auf Landsuche gewesen wären, das freie Land in Schlesien, Polen und der Ukraine nicht aufsuchten, sondern ausgerechnet in die dicht besiedelten keltischen Gebiete zogen. Freies Land war dort damals nicht zu finden, wohl aber bevölkerungsstarke und kampfkräftige Völker. Unterstellt man jedoch ein Zusammenwirken mit den Westgermanen, dann wird alles anders. Dann wird auch das Verhalten des Konsuls Papirius Carbo verständlich. In der Steiermark bei Noreia stellte er sich den Kimbern mit einem konsularischen Heer entgegen. Die Kimbern und Teutonen haben anscheinend zuerst gar nicht verstanden, warum ihnen hier der Römer feindlich entgegentrat:

»Eine vielköpfige Horde von Teutonen brach plündernd in das Land der Noriker ein; daher lauerte ihnen der römische Konsul Papirius Carbo, der fürchtete, sie könnten in Italien einfallen, am Fuß der Alpen auf, da, wo der Übergang am schmalsten ist. Als sie ihn aber nicht angriffen, rückte er selbst gegen sie, unter der Beschuldigung, daß sie in das Gebiet der Noriker eingefallen wären; die aber wären die Gastfreunde des römischen Volkes! Die Teutonen schickten daher Carbo, als er herankam, Gesandte mit der Erklärung entgegen, daß sie von der Gastfreundschaft der Noriker mit den Römern nichts gewußt hätten; sie würden diese fortan in Ruhe lassen. Der Consul lobte darauf die Gesandten und gab ihnen Führer mit, die ihnen den Weg zeigen sollten; heimlich aber hatte er diesen befohlen, die Teutonen auf einen Umweg zu führen, während er selbst auf einem kürzeren (zu demselben Punkt) eilte und unvermutet die Teutonen, die sich noch ausruhten, angriff. Aber er büßte seine Treulosigkeit durch schwere Verluste. Vielleicht hätte er sogar seine sämtlichen Truppen verloren, wenn nicht während der Schlacht Finsternis, Wolkenbruch und schwere Donnerschläge hereingebrochen wären und die Kämpfenden getrennt hätten, so daß der Kampf infolge des Schreckens vom Himmel abgebrochen wurde. Die Römer flüchteten zersprengt in die Wälder und fanden sich erst am dritten Tag mit Mühe und Not wieder zusammen. Die Teutonen aber zogen nach Gallien.«[85]

Dieser Kurzbericht – der einzige übrigens, den wir von diesem ersten Kampf zwischen Römern und Germanen haben – zeigt ganz klar, daß die Kimbern und Teutonen zuerst gar nicht an eine feindliche Haltung der Römer dachten und die etwas fadenscheinige Erklärung des Konsuls Carbo sofort annahmen, sich entschuldigten und abrücken wollten, um das Interessengebiet der Römer nicht länger zu verletzen. Von ihrer Sicht aus war das verständlich, hatte doch bisher nach unserer Hypothese eine Interessenübereinstimmung zwischen Germanen und Römern bestanden. Daß den Römern gar nicht an einer Besiegung der Keltenstaaten Süddeutschlands und ihrer Ersetzung durch die Germanen lag, konnten diese wahrscheinlich so schnell nicht durchschauen. Im römischen Interesse mußte es sein, daß sich an der deutschen Mittelgebirgsschwelle Germanen und Kelten dauernd feindlich gegenüberstanden und keine Partei die Oberhand in diesem Ringen gewann. Es konnte daher für Rom nichts Unangenehmeres geschehen, als daß die Kimbern und Teutonen über die Alpen hinweg den süddeutschen Kelten in den Rücken kamen und die keltische Verteidigungslinie aufrollten. So ist es durchaus folgerichtig, wenn Carbo auch unter Verlezung des Völkerrechts und von Treu und Glauben erst den Germanen freundlich begegnet, ihnen sogar Führer mitgibt und sie dann unvermutet überfällt. Die Vernichtung der Kimbern und Teutonen war für die Erhaltung des Keltenschutzringes zu wichtig und lag so sehr im Interesse Roms, daß auch die Verletzung des Völkerrechts dafür in Kauf genommen wurde. Die Rechnung ging allerdings nicht auf, wie uns Appian berichtet.

Wir wissen nicht genau, wo die Schlacht geschlagen wurde. Auch über Anlage und Verlauf ist uns nichts Näheres bekannt. Aber soviel ist sicher, daß aller Vorteil zuerst bei den Römern lag. Carbo bestimmte Ort und Zeitpunkt des Überfalls auf die ahnungslosen Germanen. So konnte er sich den günstigsten Augenblick und den besten Ort aussuchen. Die Germanen müssen völlig überrascht worden sein, hatten sie doch vor kurzem noch freundschaftlich mit dem Konsul verhandelt und sogar von ihm Führer bekommen. Daß der heimtückische Überfall dann doch abgeschlagen wurde und fast ein Vernichtungssieg errungen werden konnte, stellt der germanischen Führung und der Disziplin und Kampfkraft ihres Heeres ein hervorragendes Zeugnis aus. Carbo aber konnte froh sein, daß er wenigstens noch Trümmer seines Heeres retten konnte.

Die Kimbern und Teutonen nutzten ihren Sieg nicht aus. Sie hatten ja ihr Ziel erreicht und sich den Weg nach Süddeutschland freigekämpft. Vielleicht haben sie auch angenommen, daß dieser Überfall ein Übergriff des römischen Feldherrn gewesen sei, der von der römischen Staatsführung mißbilligt werden würde. Da vermutlich ihr

Ziel gar nicht auf der Apenninenhalbinsel lag, ist es nicht verwunderlich, sondern durchaus konsequent, daß sie nach Süddeutschland abzogen, wo sie 112, vielleicht sogar noch 113 eintrafen.

Man hat viel über diese Schlacht gerätselt. Der Schlachtenort wurde an den verschiedensten Stellen gesucht; es wurde darüber gestritten, ob die Kimbern und Teutonen, oder nur die Kimbern allein, oder vielleicht auch nur die Teutonen an ihr teilgenommen haben. Man wunderte sich, daß nach der Schlacht die Germanen nicht in Italien eingefallen waren, und tadelt das als einen schweren Fehler. Aber das seltsame Verhalten des römischen Konsuls wurde kaum geprüft. Man gab sich damit zufrieden, daß den Römern solchen Barbaren gegenüber alles erlaubt war und Carbo ja nur Oberitalien Schutz gewähren wollte. Daß das aber nicht der Grund zur Schlacht gewesen sein konnte, ist kaum erwogen worden. Zum Schutz Italiens war sie gar nicht nötig, denn die Germanen wollten doch gar nicht dorthin, wie sie erklärt hatten. Es hätte genügt, wenn der Konsul eine feste Stellung bezogen hätte, von der aus er jeden Einfall nach Italien hätte verhindern können. Da er Beobachter beim germanischen Heer hatte, wußte er ja auch über alle Bewegungen des germanischen Trecks genaustens Bescheid. Sein Verhalten wird nur sinnvoll, wenn man unterstellt, daß schon damals Rom die süddeutschen Keltenstaaten als Vorfeld seiner Mittelmeerstellung ansah, das auf jeden Fall erhalten bleiben mußte. Nach dieser Schlacht war der Verlust dieses Vorfeldes aber nicht mehr zu verhindern.

In Süddeutschland muß es dann zu einem Zusammenwirken der Kimbern und Teutonen mit den Westgermanen gekommen sein, wie die Tatsache beweist, daß um diese Zeit die keltischen Gipfelburgen (z. B. die Steinsburg bei Römhild) kampflos geräumt wurden und daß bis zur Donau hin an die Stelle keltischer Hinterlassenschaft germanische tritt. Keltisch bleibt aber noch fast ein Jahrhundert lang Böhmen und das Alpenvorland bis zum Bodensee. Es liegt nahe, diese Umschichtung mit dem Einmarsch der Kimbern und Teutonen von Süden her in Zusammenhang zu bringen. Man kann annehmen, daß diese bestrebt waren, so schnell wie möglich von den Alpen über die Donau zum Main vorzurücken, um mit den Westgermanen Verbindung aufzunehmen und den Kelten der Mainlinie keine Möglichkeit zu lassen, sich auf die neue Lage einzustellen. Schnelligkeit und Überraschung waren wahrscheinlich der Grund für den durchschlagenden Erfolg. Nach diesen Gewaltmärschen werden sie eine längere Erholungspause nötig gehabt haben, um wieder auf die Höhe der ursprünglichen Kampfkraft zu kommen, die Verbände zu ordnen, Ausfälle durch neuen Zuzug zu ersetzen, die Versorgung sicherzustellen, mit den westgermanischen und den keltischen Fürsten zu verhandeln und neue Pläne zu entwerfen. Dabei wird auch das Verhältnis zu Rom einer Überprüfung unterzogen worden sein, das durch den heimtückischen Überfall des Papirius Carbo so fragwürdig geworden war. So könnte man sich jedenfalls ihre Lage nach 113 in Süddeutschland vorstellen. Eine Rolle könnte bei diesen Beratungen auch das Vorrücken der Römer in Südgallien von 125 an gespielt haben.

Nimmt man versuchsweise ein solches Zusammenwirken der westgermanischen Fürsten mit den Führern der Kimbern und Teutonen an, mußte ein Gallien unter römischer Herrschaft den Germanen als sehr gefährlich erscheinen. Auch wäre es denkbar, daß es nach diesem ersten großen Erfolg der Germanen gegen Kelten und Römer zu einem Zusammenwirken keltischer Kreise mit den Germanen kam, mit dem Ziel, Rom an einem weiteren Vorrücken in Gallien nach Norden zu hindern.

Wie hätte sich einer hypothetischen Führung der Germanen etwa um 112 v. Chr. die Lage dargestellt? Machen wir dieses Gedankenexperiment, so ergibt sich folgendes:

Süddeutschland bis zur Donau und das rechte Ufer des Oberrheins waren in germanischer Hand oder mußten in absehbarer Zeit den Germanen erliegen. Dagegen waren der gesamte böhmische Kessel, das Alpenvorland südlich der Donau und des Hochrheins, dazu Gallien noch keltisch, natürlich bis auf die von den Römern eroberten Gebiete der Gallia Narbonensis. Von dorther schienen die Römer vor allem im Rhone- und Saônetal und an der Garonne weiter vorrücken zu wollen. Am südlichen Alpenrand und in Pannonien waren sie nicht mehr weitergegangen, sondern hatten sich mit der Sicherung der Alpenpässe im Osten und der Südausgänge der Alpenstraßen begnügt.

Wie hätte sich unsere gedachte germanische Führung angesichts dieser Lage verhalten können?

Da sie bis zur Schlacht von Noreia die Römer für potentielle Verbündete gehalten hatte, würde sie sich wahrscheinlich gehütet haben, das österreichische und bayrische Alpenvorland zu besetzen, denn es mußte ihr daran liegen, das bisherige Verhältnis zu den Römern trotz Noreia zu stabilisieren. Dazu brauchte sie Keltenstaaten zwischen dem römischen und germanischen Interessengebiet als Pufferzone. Das böhmische Problem drängte nicht, das konnte für später ausgespart werden. Bedrohlich dagegen war das Vordringen der

Römer vom Rhonetal aus und ins Garonnetal hinein. Sollte es nämlich den Römern gelingen, von dort aus Gallien in die Hand zu bekommen, waren die eben erst gewonnenen Gebiete in Süddeutschland gefährdet und eine Ausdehnung nach Westen unmöglich. Am besten wäre es gewesen, wenn sich in Mittelgallien eine Reihe keltischer Mittelstaaten gebildet hätte, die den Römern ein Vordringen nach Norden unmöglich gemacht hätte – so wie bisher die keltische Burgenlinie den Germanen ein Vordringen nach Süden. Eine Schlüsselrolle mußte dabei den Helvetiern im schweizerischen Mittelland zufallen. Ihnen hatten ja die Germanen soeben das ganze Land bis zur Donau abgenommen und sie dort auf engem Raum zusammengedrängt. Konnten sie ins Garonnetal überführt werden, wo noch die fremdstämmigen Basken wohnten, dann bildeten sie einen Riegel vor der Nordwestküste Galliens. Ihr Land in germanischen Händen hätte die Rhone-Saône-Furche flankiert. Das alles ist, wie gesagt, ein Gedankenspiel. Trotzdem können wir fragen, ob die weiteren Ereignisse in dieses Gedankenspiel hineinpassen.

Um 110 überschreiten die Kimbern und Teutonen den Rhein. Um 109 erleidet der Konsul M. Junius Silanus im Gebiet der Allobroger (vielleicht in der weiteren Umgebung von Lyon) eine schwere Niederlage. Danach schicken die Kimbern, Teutonen und Ambronen Gesandte nach Rom, die angeblich von Rom Land erbitten sollen und dafür Waffenhilfe und Heeresfolge anbieten[86]. 107 wird der Konsul Lucius Cassius von den Tigurinern, die zu den Helvetiern gehören – vielleicht mit germanischer Hilfe – an der mittleren Garonne (im Umkreis des heutigen Agen) vernichtend geschlagen. Tolosa (das heutige Toulouse) schlägt sich auf die Seite der Kimbern, wird aber 106 vom Konsul Servilius Caepio durch Verrat wieder eingenommen und geplündert.

105 stoßen die Kimbern, Teutonen und Ambronen an der Rhone tief nach Süden vor und vernichten bei Arausio (Orange) zwei konsularische Heere unter dem Kommando des Servilius Caepio und des Cn. Mallius Maximus an einem Tag, nachdem vorher auf dem linken Rhoneufer die römische Vorhut unter M. Aurelius Scaurus vernichtet worden war. Diesen Schlachten waren wieder Verhandlungen der Kimbern, Teutonen und Ambronen mit dem römischen Konsul und Prokonsul vorangegangen.

Die Kimbern trennen sich danach von den Teutonen und ziehen angeblich nach Spanien, wahrscheinlich aber mehr nach Béarn und eine kurze Strecke ins immergrüne Spanien hinein, vielleicht bis in die

Gegend von Bilbao. Die Teutonen und Ambronen dagegen marschieren langsam wieder nach Norden. – Im Gebiet der Veliocassier (am rechten Ufer der unteren Seine) vereinigen sich die Kimbern wieder mit den Teutonen und Ambronen. Die vereinten Völker rücken dann noch etwas weiter nach Norden an die untere Maas zwischen Namur und Lüttich, wo sie etwa um 104 die Winterquartiere nehmen.

Vergleichen wir nun wir diesen Ablauf der Ereignisse, wie ihn uns die griechischen und römischen Schriftsteller überliefert haben, mit unserem Gedankenspiel, so paßt er auffällig in dieses hinein. Damit ist natürlich nicht gesagt, daß es so gewesen sein muß, denn unser Gedankenspiel setzt ja die Kenntnis der Ereignisse voraus, aber es hilft uns doch, den Zug der Kimbern, Teutonen und Ambronen nach 110 besser zu verstehen. Ein weiterer Vorteil unserer Überlegungen ist es, daß auch die Ereignisse des Jahres 58 v. Chr. in sie hineinpassen und damit große Zusammenhänge bis hin zur Zeit Cäsars sichtbar werden.

Auf jeden Fall scheinen zwei Ereignisse zusammenzufallen: 1. Die Kimbern, Teutonen und Ambronen gingen 110 über den Rhein, möglicherweise, um in Südwestfrankreich für sich und die verdrängten Kelten neuen Raum an der Garonne und nördlich der Pyrenäen zu erkämpfen. 2. Die Römer schickten sich an, entlang der Rhone nach Norden vorzustoßen.

So kam es 109 zum Kampf gegen Silanus. Nach Vernichtung seines Heeres versuchten die Kimbern, Teutonen und Ambronen, in Rom zu einem Abkommen zu gelangen, das möglicherweise zu einer Abgrenzung der Interessengebiete in Mittelgallien führen sollte. Vielleicht machten sie ähnliche Vorschläge, wie später Ariovist dem Cäsar[87]: »Was Cäsar eigentlich von ihm wolle und warum er in seinen Machtbereich gekommen sei? Dies Gallien sei seine Provinz wie jenes dort unsere. Wie es ganz in Ordnung sei, ihm einen Angriff auf unser Gebiet zu untersagen, ebenso sei es unbillig von uns, ihn in der Ausübung seines guten Rechtes zu hindern.« Dazu kann man noch das Ende der Rede Ariovists nehmen[88]: »Ziehe er aber ab und überlasse er ihm Gallien zu freiem Besitz, so werde er es ihm reichlich vergelten und alle Kriege, die er geführt wissen wolle, ohne jede Bemühung und Gefahr Cäsars mit glücklichem Erfolg erledigen.« Beide Stellen beweisen, daß Ariovist eine Abgrenzung der Interessenzonen wünschte. Da uns überliefert worden ist, daß die Kimbern in gleicher Weise Waffenhilfe angeboten haben, könnte man sich vorstellen, daß ihre Bitte um Land auf einen ähnlichen Vorschlag wie der, den Ariovist dem Cäsar gemacht hat, hinausgelaufen ist. Aber sie wurden abgewiesen. Wahrscheinlich war es der römischen Nobilität zu gefährlich, ein solch kampfkräftiges Volk in der Nähe ihres Interessengebietes zu wissen.

Was aber noch nie in Betracht gezogen wurde, ist die Tatsache, daß die Gesandten sehr viel in Rom gesehen haben werden, was ihre Achtung vor dieser Macht nicht erhöht haben wird. Da war der Jugurthinische Krieg, der sich seit 112 nun schon ins dritte oder vierte Jahr hinzog und der gewiß kein Ruhmesblatt der römischen Staats- und Kriegsführung war. Da waren die tiefgreifenden Gegensätze zwischen Optimaten und Popularen, die ihnen auf keinen Fall verborgen bleiben konnten. Die schon spürbare Dekadenz des Adels und Proletarisierung des Stadtvolkes war gut zu beobachten. Auch die Gärung in der Sklavenbevölkerung muß bereits sichtbar gewesen sein. (105 kommt es zum ersten Sklavenkrieg in Sizilien.) So werden die Gesandten wohl mit leeren Händen, aber auch ohne Hochachtung vor der Mittelmeermacht zu ihren Völkern zurückgekehrt sein. Daß sie die wirkliche Kraft, die immer noch auf Jahrhunderte im römischen Volk gegenwärtig war, nicht gesehen haben, kann man ihnen nicht zum Vorwurf machen, weil wir ja in der jüngsten Vergangenheit eine ganze Reihe solcher Fehleinschätzungen sowohl bei den englischen wie den deutschen Staatsmännern und Heerführern erlebt haben.

So versuchen die Germanen, durch die Abweisung unbeirrt, die mittelgallische Sperrstellung aufzubauen. Die Sequaner treten auf ihre Seite, wahrscheinlich auch die Arverner, die ja schon 121, vor zwölf Jahren, mit Rom gekämpft hatten. Möglicherweise versuchten mit ihrer Hilfe die Tiguriner, sich an der mittleren Garonne anzusiedeln. Sie trafen dort auf den Konsul Lucius Cassius, der völlig besiegt wurde. Da aber 106 n. Chr., ein Jahr später, das wichtige Tolosa wieder in römische Hände fiel, wagten sie eine Ansiedlung noch nicht. Inzwischen hatten die Römer starke Truppenmassen zusammengezogen, was die Germanen als Bedrohung empfinden mußten, denn sie hatten, spätestens nach dem Mißerfolg ihrer Gesandten in Rom, erkannt, daß Rom ihr Feind geworden war. So rückten sie den Römern im Rhonetal entgegen, vernichteten die römische Vorhut und versuchten dann doch wieder mit Rom zu einer Abgrenzung der Interessengebiete zu kommen. Als dies abgelehnt wurde, kam es zur Schlacht, die mit der Vernichtung von zwei konsularischen Heeren endete. Danach durften die Führer der Kimbern, Teutonen und Ambronen annehmen, daß sie jetzt für ihr Vorhaben in Mittelgallien den Rücken frei hätten. Eine fernere Bedrohung vom Süden her werden sie vorerst nicht erwartet haben, da Rom immer noch durch den Krieg in Afrika und den

Sklavenaufstand in Sizilien gefesselt war. Auch hatte gerade diese Schlacht gezeigt, wie zerstritten die römische Nobilität damals war.

Daß sie auf einen Einfall in Italien damals verzichteten, ist gut zu verstehen. Sie erstrebten allem Anschein nach nicht die Vernichtung der Mittelmeergroßmacht, sondern ein friedliches Nebeneinander. Sie konnten wohl glauben, daß nach diesem neuerlichen Doppelerfolg die Römer längere Zeit Ruhe geben würden. Außerdem werden die Verluste der Germanen in diesen Schlachten auch nicht gering gewesen sein, so daß ihnen auch aus diesem Grund ein Vorstoß nach Italien ins Ungewisse nicht geraten erschienen sein wird.

Daß es nach Arausio zu den oft geschilderten Gefangenenmorden kam, ist wohl weniger ihnen als vielmehr den keltischen Verbündeten anzulasten. Jedenfalls machen, wie oft betont worden ist, die Opferbräuche bei diesen Hinrichtungen durchaus einen keltischen Eindruck.

Die Teutonen und Ambronen zogen nach der Schlacht nach Norden. Das ist begreiflich, mußten sie doch Zuzug als Ersatz für ihre Verluste bekommen. Außerdem wollten sie vielleicht Siedlungsland in Rheinnähe erwerben. Die Kimbern taten schließlich dasselbe, erkundeten aber vorher noch einmal das Garonnetal und den Nordsaum von Spanien, vielleicht für die mit ihnen verbündeten Helvetier. An der unteren Seine vereinigten sie sich wieder mit den Teutonen und Ambronen und rückten noch etwas näher an die Westgermanen heran. Das scheint auf den erwarteten Zuzug hinzudeuten. Nach einer von Anton Siebeneicher aufgestellten Hypothese[89] könnten sie an eine Ansiedlung im Süden der Belger gedacht haben. Als nächster Schritt wäre dann die Umsiedlung der Helvetier an die untere und mittlere Garonne gefolgt. Sequaner, Arverner und Helvetier hätten das germanische Interessengebiet nach Süden abgeschirmt. Nach dieser Hypothese hätte dann von Österreich bis zu den Pyrenäen eine Pufferzone keltischer Mittelstaaten zwischen den Interessengebieten der Germanen und der Römer bestanden. Dadurch wäre ein Zusammenstoß beider Völker bedeutend erschwert worden, und die Germanen hätten die neugewonnenen Gebiete friedlich durchdringen können. So wird dem so eigenartigen Kimbern- und Teutonenzug von der Save bis Südbelgien auf einmal ein verständlicher Sinn gegeben!

Diese Arbeitshypothese hat natürlich den Nachteil, daß sie durch keine Stelle bei irgendeinem griechischen oder römischen Schriftsteller belegt werden kann. Der einzige und zugegebenermaßen sehr schwache Hinweis ist die Inbesitznahme Süddeutschlands durch die Westgermanen von 110 bis 100 v. Chr. Ein weiterer Vorteil dieser Hypothese ist es aber, daß sich der Zug der Helvetier um 58 v. Chr. und das Vorrücken Ariovists von 70 v. Chr. an in das obere Tal der Saône in diesen Ablauf zwanglos einfügen lassen.

Ihr entgegen steht die Behauptung, daß die Germanen jederzeit heillos zerstritten gewesen seien, ihnen jedes Gemeinschaftsgefühl abgegangen wäre und sie als ein Naturvolk zu solchem weiträumigen Denken auf keinen Fall in der Lage gewesen wären. Ich brauche dafür nur auf die mitgeteilten Urteile von Jung und Fischer-Fabian hinzuweisen. Allerdings stehen diese auf ebenso schwankendem Boden wie die oben angeführte Hypothese.

Was die »Planlosigkeit« der germanischen Führung betrifft, so soll uns die Betrachtung der Schlacht von Arausio Fingerzeige für die Leistung der Kimbern- und Teutonenführer geben und damit Hinweise auf die Qualität der germanischen Führung in dieser Zeit. Dafür seien zuerst alle griechischen und römischen Berichte über diese Schlacht nach der Übersetzung von Capelle[90] zusammengestellt.

Cassius Dio[91] schreibt: »Servilius wurde infolge seines Neides auf seinen Kollegen – er hatte nämlich die gleichen Befugnisse wie dieser, stand ihm aber an Rang nach, da dieser Konsul war – der Urheber von vielem und großem Unheil für das Heer. Es hatte nämlich Mallius nach dem Tode des Scaurus zu Servilius um Hilfe geschickt; der aber hatte geantwortet, jeder von ihnen müsse sein eigenes Gebiet schützen. Dann hatte er, in der Befürchtung, daß Mallius für sich allein einen Erfolg erringen könnte, es ihm nicht gönnen wollen, allein den Ruhm davonzutragen, und war (mit seinen Truppen) nahe an ihn herangerückt, hatte aber weder auf demselben Platz biwakiert noch irgendeinen gemeinsamen Operationsplan mit ihm gefaßt, sondern hatte sich, um noch eher als jener mit den Kimbern zusammenzutreffen und den ganzen Kriegsruhm für sich allein davonzutragen, in der Mitte (zwischen Mallius und den Kimbern) gelagert. Und anfangs erregten (die beiden Feldherren) auch bei den Feinden Furcht – solange nämlich ihre Zwietracht verborgen war –, so daß sie sogar das Verlangen nach einem Waffenstillstand in ihnen erweckten. Als diese aber eine Gesandtschaft an Mallius als den Konsul schickten, ärgerte sich Servilius, weil die Gesandten nicht zu ihm kamen, und (als dann doch Gesandte bei ihm erschienen), gab er ihnen keinerlei versöhnliche Antwort, ja, beinahe hätte er gar die Gesandten töten lassen ... (Später) zwangen die Soldaten den Servilius, sich zu Mallius zu begeben und zusammen mit ihm über die Lage zu beraten. Aber anstatt sich zu einigen, wurden sie infolge dieser Zusammenkunft miteinander noch ärger verfeindet, als sie schon vorher waren. Denn sie ließen sich zu Zank und Schmähungen hinreißen und gingen in Haß auseinander.«

Livius[92] berichtet dies: »M. Aurelius Scaurus, der Legat des Konsuls, wurde von den Kimbern, nachdem das römische Heer geschlagen war, gefangengenommen, und als er, von ihnen in die Heeresversammlung berufen, sie warnte, über die Alpen nach Italien zu gehen, wurde er, weil er behauptete, die Römer seien unbesiegbar, von Boiorix, einem ungestümen Jüngling, getötet. Von denselben Feinden wurde der Konsul Cn. Mallius und der Prokonsul Servilius Caepio bei Arausio in der Schlacht besiegt; auch ihre beiden Lager verloren sie; 80 000 römische Soldaten wurden getötet und vom Troß noch 40 000, wie Antias berichtet. Caepio, der durch seine Leichtfertigkeit die Niederlage verschuldet hatte, wurde verurteilt, sein Vermögen konfisziert (dies war der erste Fall dieser Art nach dem König Tarquinius), und ihm wurde das Kommando genommen.«

Granius Licinianus[93] schildert die Ereignisse folgendermaßen: »Und sie nahmen den Konsular M. Aurelius Scaurus, der vom Pferd gestürzt war, gefangen. Als dieser in ihre Heeresversammlung gerufen war, tat oder sagte er nichts, was eines römischen Mannes unwürdig gewesen wäre, der so hohe Staatsämter verwaltet hatte. Er wurde daher getötet, obgleich er hätte entkommen können. Er wollte sich auch nicht auf ihre Bitten zu ihrem Führer hergeben, da er sich scheute, nach Verlust seines Heeres (selber) unversehrt zu sein. (Übersetzung des Satzes teilweise unsicher.) Der Konsul Mallius war durch diesen Sieg der Kimbern in solchen Schrecken versetzt, daß er Caepio in einem Schreiben inständig bat, ihre beiderseitigen Streitkräfte zu vereinigen, um mit verstärkter Heeresmacht den Galliern (d. h. den Kimbern und Teutonen) Widerstand zu leisten; doch seine Bitten hatten keinen Erfolg. Als jener (d. h. Caepio) die Rhone überschritten und vor seinen Soldaten geprahlt hatte, daß er dem Konsul in seiner Angst Hilfe bringen werde, wollte er diesem nicht einmal seinen Kriegsplan mitteilen; auch die Gesandten, die der Senat geschickt hatte, damit sie (die beiden römischen Heerführer) einig wären und dem Staat (in seiner Not) gemeinsam hülfen, wollte er nicht anhören. Sogar die Gesandten der Kimbern, die Frieden schließen wollten und um Ackerland und Saatgut baten, jagte er unter so schmählichen Drohungen fort, daß (die Kimbern) die Hoffnung auf Frieden aufgaben und ihn am Tag darauf angriffen. Sein Lager war nicht weit von dem des Mallius aufgeschlagen. Aber trotz der geringen Entfernung ließ er sich nicht bewegen, sein Heer mit dem seines Mitfeldherrn zu vereinigen. Und der größte Teil des Heeres wurde vernichtet . . . Dort waren sie zusammengekommen . . . so viele übrig waren. Die Schlacht fand am 6. Oktober (des Jahres 105 v. Chr.) statt. Rutilius Rufus ist der Ansicht, daß von Soldaten und Troßknechten . . . tausend umgekommen sind. . . . .Konsuln und römische Ritter . . .«

Auch dies noch findet sich bei Granius Licinianus[94]: »Der Konsul Rutilius, der Mitkonsul des Mallius, war allein noch für den Staat übrig. Als nun die Angst vor den herannahenden Kimbern die ganze Bürgerschaft in Aufruhr versetzte, verpflichtete er die jüngeren Jahrgänge durch einen Eid, daß niemand von ihnen irgendwohin außerhalb Italiens verreiste, und es wurden an alle Küsten und Häfen Italiens Bevollmächtigte gesandt, die ansagen ließen, daß niemand einen Mann unter 35 Jahren an Bord nehmen sollte . . .«

Bei Orosius[95] findet man: »Im Jahre 642 seit der Gründung der Stadt (= 112 v. Chr.; falsch oder verderbt, vielmehr 105 v. Chr.) wurden der Konsul C. Mallius und der Prokonsul Q. Caepio gegen die Kimbern und Teutonen, die Tiguriner und Ambronen, gallisch-germanische Stämme, die sich damals vereinigt hatten, um das Römische Reich zu vernichten, ins Feld gesandt; sie grenzten ihren Befehlsbereich gegeneinander durch den Rhonestrom zwischen ihnen ab. Während sie dort miteinander in gehässigster Mißgunst und Feindschaft zankten, wurden sie unter schwerer Schmach und Gefahr des römischen Volkes geschlagen. Wurde doch in dieser Schlacht der frühere Konsul M. Aemilius gefangen und getötet; zwei Söhne des Konsuls fielen, 80 000 Römer und Bundesgenossen wurden damals niedergehauen, 40 000 Troßknechte und Marketender getötet, wie Antias berichtet. Daher sollen von dem ganzen Heer nur 10 Mann übriggeblieben sein, die die traurige Kunde zur Steigerung der Trauer heimbrachten. Die Feinde, die beide Lager erstürmt und riesige Beute gemacht hatten, vernichteten zufolge einem unbekannten und ungewöhnlichen Schwur alles, was in ihre Hand gefallen war.«

Es ist schwierig, nach diesen spärlichen Angaben den Schlachtverlauf zu rekonstruieren. Dazu kommt, daß die wichtigsten Überlieferungen lange nach der Schlacht niedergeschrieben worden sind. Livius lebte von 59 v. Chr bis 17 n. Chr., er kann somit frühestens 75 Jahre nach der Schlacht an seinem Werk gearbeitet haben. Cassius Dio gehört in die erste Hälfte des 3. nachchristlichen Jahrhunderts und Orosius in die Zeit nach 433. Dio trennen also wenigstens 300 Jahre, Orosius mindestens 500 Jahre von dem Geschehen. Halten wir uns vor Augen, welche Fehler heute schon (selbst in seriösen Geschichtswer-

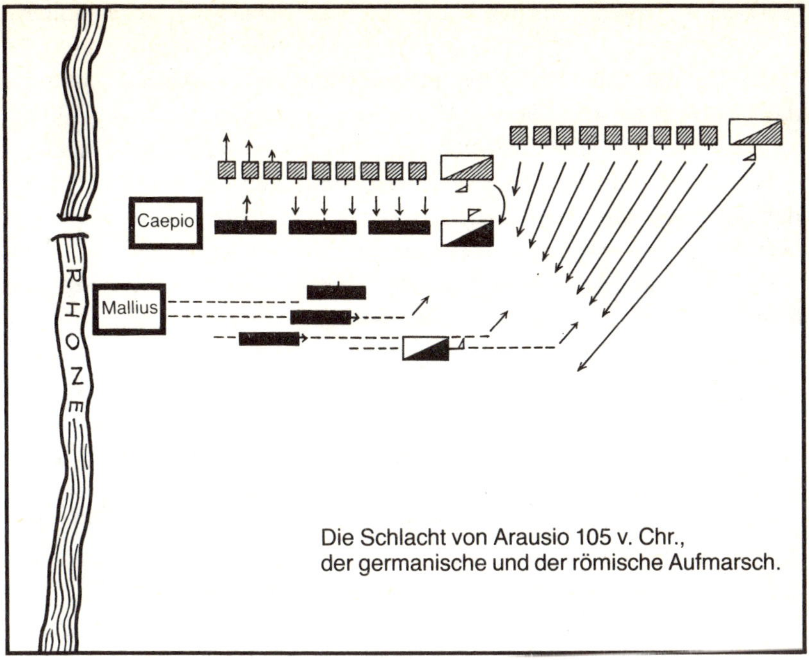

Die Schlacht von Arausio 105 v. Chr.,
der germanische und der römische Aufmarsch.

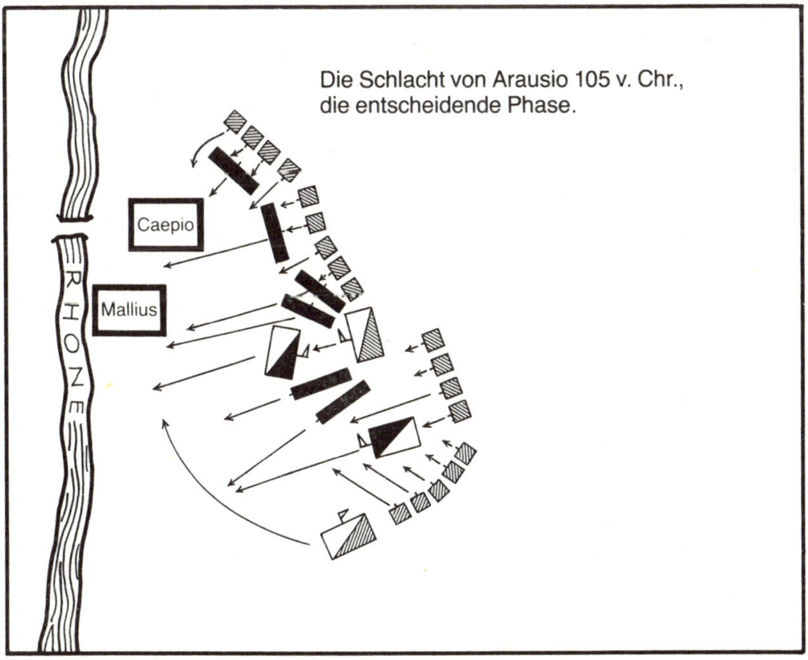

Die Schlacht von Arausio 105 v. Chr.,
die entscheidende Phase.

ken) etwa über die Marneschlacht oder die Schlacht von Tannenberg zu finden sind, obwohl noch alle Generalstabsberichte vorliegen, die äußerst genau, manchmal bis auf die Stunde, den Ablauf schildern, dann müssen wir den Arausio-Berichten sehr mißtrauisch gegenüberstehen. Dio vor allem versucht oft, das römische Mißgeschick auf äußere Umstände, wie Eifersucht der römischen Feldherrn aufeinander oder auf schlechtes Wetter, und nicht auf die überlegene Feldherrnkunst des gegnerischen Befehlshabers zurückzuführen.

Bei Arausio hat sicherlich keine Übereinstimmung zwischen den beiden römischen Feldherren bestanden. Ob die Verstimmung aber so tiefgreifend war, daß allein deswegen die Schlacht verloren wurde, kann wohl bezweifelt werden, denn es ist sicher, daß die Heere nicht einzeln, sondern gemeinsam geschlagen worden sind. Da sich eine Senatskommission bei ihnen befand, wird es wohl doch zu einer irgendwie gearteten Zusammenarbeit der beiden römischen Heere gekommen sein. Das zeigt schon die Tatsache, daß Caepio schließlich doch über die Rhone geht. Daß er ein von Mallius getrenntes Lager aufschlagen läßt, braucht nicht unbedingt ein Fehler gewesen zu sein. Die Germanen griffen ja auch die Lager erst nach der Schlacht an, als die Truppen demoralisiert und dezimiert waren.

Die Ausgangslage vor der Schlacht muß folgende gewesen sein. Mallius Maximus stand mit seinem Heer auf dem östlichen (linken) Ufer der Rhone, Caepio auf dem westlichen (rechten). Der Konsul Mallius hatte unter dem Legaten Scaurus ein Korps zur Sicherung rhoneaufwärts vorgeschoben. Dieses wurde angegriffen und vernichtet. Deshalb bat Mallius den Caepio um Hilfe. Das war eine gebotene Maßnahme, denn durch die Vernichtung der Vorhut war bewiesen, daß sich die Germanen auf dem östlichen (linken) Rhoneufer näherten.

Da die beiden römischen Heerführer verfeindet waren, kam es nicht zu einem fruchtbaren Zusammenwirken. Caepio bezog ein Lager flußaufwärts von dem des Mallius. Die Schlacht muß deshalb mit einem Angriff auf Caepios Heer begonnen haben. Vielleicht hatte er sein Heer mit der Front nach Norden, den linken Flügel ans Lager angelehnt, die Reiterei auf dem rechten Flügel aufgestellt. Das letztere scheint sicher zu sein, denn nur dort hatte sie Operationsraum, und Caepio war ein zu erfahrener Feldherr, als daß er das übersehen hätte. Die Germanen werden mit verstärktem linken Flügel angegriffen haben; vielleicht täuschte auch der rechte eine Scheinflucht vor. Zuerst wird wohl die römische Reiterei und dann der römische rechte Flügel geworfen worden sein. Dadurch kam es zu einer Drehung um 90°, und

Caepios Front stand parallel zum Fluß. Inzwischen wird auch Mallius sein Heer vielleicht in derselben Aufstellung haben aufmarschieren lassen. In diesen Aufmarsch aber gerieten die geworfene Reiterei und der rechte Flügel des Caepio hinein. Ehe das Durcheinander entwirrt werden konnte, waren beide Heere schon eingekesselt und in den Fluß gedrängt. Dafür spricht jedenfalls, daß Plutarch berichtet, daß sich Sertorius habe schwimmend retten können. Ob Caepio eine Brücke über die Rhone hatte schlagen lassen, wird nicht berichtet, doch erscheint mir das wahrscheinlich. Über sie hätte sich ein guter Teil des Heeres retten können. Trotzdem kann man die Schlacht mit der von Cannae vergleichen. Die Verluste der Römer waren sehr schwer, wenn auch die angegebene Verlustzahl von 120 000 sicherlich weit übertrieben ist. Es war, das geht wohl einwandfrei aus den Berichten hervor, eine an einem Tag geschlagene Doppelschlacht mit Überflügelung der römischen Schlachtreihe. Ich kann nicht recht verstehen, wie sie Kornemann mit der Schlacht im Teutoburger Wald vergleichen kann.

Dort handelt es sich um einen Überfall auf ein marschierendes Heer, aus dem sich eine Marschschlacht und möglicherweise in der letzten Phase eine freie Feldschlacht entwickelte. Sie dauerte drei Tage, und an ihr waren auch höchstens 20 000 Römer beteiligt. Bei Arausio aber haben wir es mit einer Tagesschlacht gegen vielleicht 60 000 Römer zu tun. Sie kann darum wohl nur mit Cannae verglichen werden.

Auch wenn wir, wie ich es hier tue, mangelndes Zusammenarbeiten der beiden römischen Feldherren voraussetzen, war die Aufgabe für die germanische Führung sehr schwierig, da sie es mit zwei hintereinander gestaffelten Heeren zu tun hatte, die zusammen wohl die Gesamtstärke der Germanen überstiegen. Sie mußte berücksichtigen, daß ihr bei dem Kampf mit Caepios Heer das des Mallius mit überlegenen Kräften in die linke Flanke und in den Rücken kommen konnte. Sie mußte darum hinter ihrem linken Flügel beträchtliche Reserven bereitstellen, um einen solchen Flankenstoß aufzufangen. Daß sie dieses Problem so glänzend gemeistert hat, ist ein hervorragendes Zeugnis für ihre Qualität. Jedenfalls setzten Anlage und Durchführung der Schlacht eine Führung und ein Heer voraus, die zu den besten des ganzen Altertums gerechnet werden müssen. Vom ungezügelten Irrationalismus eines Naturvolkes, das der römischen Strategie und Taktik nicht gewachsen gewesen wäre, ist bei Arausio wirklich nichts zu merken.

In welcher Lage befanden sich die Kimbern und Teutonen nach der Schlacht von Arausio? Anton Siebeneicher wird recht haben, wenn er auch die Verluste der Germanen in dieser Doppelschlacht für nicht gering hält. Sie werden eine Erholungszeit, vielleicht wie nach ihrem Durchstoß zur Mainlinie, gebraucht haben. Dazu kommt, daß sie nach ihren Erfahrungen in drei, wahrscheinlich aber in fünf großen Schlachten (114 mit den Skordiskern zusammen in Serbien gegen Cato, 113 bei Noreia gegen Carbo, 109 gegen Silanus im Rhonetal, 107 zusammen mit den Tigurinern gegen Cassius und 105 gegen Caepio und Mallius) keine sehr große Meinung mehr von dem Können der römischen Feldherren und der Kampfkraft ihrer Heere gehabt haben. Dazu werden die Berichte und Nachrichten gekommen sein, die ihre Gesandten aus Rom mitgebracht hatten und die sie sonst noch eingezogen haben werden. So erscheint es verständlich, wenn sich ihre Führung über die Macht Roms in einem verhängnisvollen Irrtum befand. Sicherlich nahm diese damals an, daß die römische Gefahr jetzt für längere Zeit gebannt sei. Da ihre Ziele höchstwahrscheinlich nicht in Italien, sondern in Gallien lagen, war es nur konsequent, wenn sie nun in aller Ruhe an die Ordnung der gallischen Verhältnisse gehen wollte. Man darf auch nicht verkennen, daß nach jahrzehntelanger Wanderung die Völker endlich wieder seßhaft werden wollten. Wir dürfen sie nicht mit den Völkern der Völkerwanderungszeit vergleichen, weil diese ganz anders entwurzelt waren – sie kannten seit Generationen die Seßhaftigkeit nicht mehr. Bei den Kimbern, Teutonen und Ambronen aber lag die Zeit der jahrhundertelangen Seßhaftigkeit längst nicht so weit zurück. In dieser Situation konnte ein weiterer Kriegszug unnötig und sogar schädlich erscheinen.

Solche Überlegungen, die an sich naheliegen, sollten den »Rückzug« der Kimbern, Teutonen und Ambronen nach Norden nicht so »sinnlos« und »irrational« erscheinen lassen. Anton Siebeneicher könnte darum mit seiner oben angeführten Hypothese durchaus das Richtige treffen. Im Norden, in der Nähe des westgermanischen Gebietes, hätten sie mit Zuzug und Unterstützung der Westgermanen vielleicht noch am ehesten eine neue Heimat finden können.

Dem scheint die Tatsache völlig zu widersprechen, daß sie dann doch nach nur zwei Jahren zu ihrem verhängnisvollen Zug nach Italien aufgebrochen sind. Mir scheint, daß auch hier wieder Siebeneicher recht hat. Er betrachtet den letzten Kriegszug der Kimbern, Teutonen und Ambronen als einen Präventivschlag gegen die verstärkten Kriegsrüstungen Roms unter Marius nach der Beendigung des Jugurthinischen Krieges. Dieser war 105 zu Ende gegangen. 104 ging Marius, zum zweitenmal Konsul, nach Norden, verstärkte das Heer und führte jetzt endgültig die technisch-militärischen Neuerungen durch, vor allem die Ersetzung der Manipulartaktik durch die Kohortentaktik. Dazu beseitigte er das Volksheer und ersetzte es durch ein Berufsheer. Er verringerte den Troß und erhöhte so die Beweglichkeit und Manövrierfähigkeit auch sehr großer Truppenmassen. Weiter wurden die Legionen einheitlich bewaffnet. Dadurch entstand ein ganz neuer Heerestypus. Das Heer konnte jetzt auch einen Rückenangriff durch eine schnelle Kehrtwendung des letzten Treffens erfolgreich auffangen. Cäsar hat das in der Schlacht gegen die Helvetier bei Bibrakte 58 v. Chr. glänzend bewiesen. Das alles war offenbar eine durch die schweren Niederlagen erzwungene Anpassung an die bis dahin überlegene Kampftaktik der Germanen.

Die römische Aufrüstung – so Siebeneicher – wird der germanischen Führung nicht verborgen geblieben sein. Darum entschloß sie sich, die römische Bedrohung ein für allemal auszuschalten. Ich glaube, daß diese Hypothese sich zwanglos in das hier Dargelegte einfügt. Allerdings füge ich hinzu, daß den Führern der Germanen die Bedeutung der technisch-militärischen Neuerungen verborgen geblieben ist. Sie haben nicht erkannt, daß mit ihnen die Zeit der ununterbrochenen germanischen Siege endgültig vorübergegangen war.

Es ist klar, daß die römische Bedrohung nur durch einen oder einige Schläge in Italien beseitigt werden konnte. Darum entschlossen sich wahrscheinlich die Führer der Kimbern, Teutonen und Ambronen, mit ihren Heeren 103 nach Italien vorzustoßen. Die ihnen bekannten Schwierigkeiten einer Alpenüberquerung veranlaßten sie, die Heere zu trennen. Die Teutonen und Ambronen sollten über die Seealpen in Italien einfallen; dafür standen ihnen keltische Führer zur Verfügung. Die Kimbern gingen über einen der mittleren Alpenpässe, vielleicht den Brenner. Dieser Zangenangriff hatte den Vorteil, daß Rom seine Streitkräfte teilen mußte, daß die Versorgung erleichtert wurde und daß der Bedrohung der mittelgallischen Keltenstaaten, der Sequaner und Arverner, begegnet werden konnte. Vielleicht war darum das Heer der Teutonen und Ambronen das größere. Es wurde auch durch keltische Hilfstruppen, vor allem der Sequaner, verstärkt. Mit den Kimbern zogen die helvetischen Tiguriner, die hauptsächlich die Reiterei stellten. Man hat diese Teilung oft getadelt. Dabei wird übersehen, daß nach den vielen Erfolgen gegen die Römer die Kimbern und Teutonen wirklich keinen Grund hatten, die Kampfkraft der römischen Heere hoch einzuschätzen. Erst die Heeresreform des Marius hat ja die germanische Überlegenheit in eine Unterlegenheit verwandelt.

Die entscheidende Schlacht war die von Aquae Sextiae, zu der jene von Vercellae nur das Nachspiel darstellte.

Von Aquae Sextiae berichten Livius (Periocha 68), Orosius (V, 16,9–13) und Plutarch (Sertorius 3 und Marius 11–27). Der letztgenannte Bericht ist der ausführlichste über beide Schlachten. Da die anderen nichts von Bedeutung hinzufügen, sei dieser zuerst in voller Länge und im Zusammenhang gebracht. Plutarch also schreibt:

»Kaum war den Römern die Gefangennahme Jugurthas gemeldet, da drang die Kunde von den Kimbern und Teutonen zu ihnen, die ihnen anfangs wegen der Größe und Stärke der heranziehenden Heere unglaublich klang; aber später stellte sich heraus, daß sie noch hinter der Wirklichkeit zurückblieb. Denn 300 000 streitbare Männer mit Waffen waren auf der Wanderung – die Massen von Weibern und Kindern, die mit ihnen zogen, sollten noch viel größer sein – aus Hunger nach Land, das eine so riesige Masse ernähren sollte, und nach Städten, in denen sie sich niederlassen und leben könnten. Hörten sie doch, daß ganz ähnlich vor ihnen Kelten von Italien das beste Land in Besitz genommen hätten, das sie den Etruskern weggenommen hatten. Über sie selbst war man nämlich, weil sie bisher mit anderen Völkern in keine Berührung gekommen waren, wie auch wegen der Größe des Landraums, den sie durchwandert hatten, im unklaren: Was für Menschen sie wären und woher sie kämen, um jetzt wie eine Wetterwolke über Gallien und Italien hereinzubrechen, das wußte niemand. Am meisten war man geneigt zu glauben, es seien germanische Stämme, und zwar von denen, die bis zum nördlichen Ozean wohnen; dafür sprach die Größe ihrer Leiber und die blaue Farbe ihrer Augen wie auch der Umstand, daß die Germanen die Räuber ›Kimbern‹ nennen.

Einzelne Gelehrte behaupten, daß sich das Keltenland infolge der Tiefe und Größe seines Flächenraumes vom äußeren Meer und den nördlichen Breiten nach Sonnenaufgang zu in Richtung auf die Mäotis erstrecke und an das pontische Skythien grenze, und daher rühre die Vermischung der Völker. Diese Stämme seien infolge eines einmaligen Aufbruchs ausgewandert, sie seien auch nicht ständig in Bewegung geblieben, sondern jedes Jahr im Frühling immer weiter gewandert auf dem Kriegspfade; so hätten sie im Verlauf langer Zeit das Festland durchzogen. Daher nannten die Gelehrten, wenn auch diese Scharen im einzelnen viele Benennungen hatten, den Heereszug mit einem Gesamtnamen ›Keltoskythen‹.

Andere behaupten, die Horden der Kimmerier, die zuerst den Griechen der Vorzeit bekannt waren, seien kein großer Teil ihres ganzen Volkes gewesen, sondern nur eine Flüchtlingsschar oder eine einzelne Partei, die von den Skythen gezwungen sei, nach Asien von der Mäotis aus überzusetzen, unter Führung des Lygdamis; daß aber die größte und streitbarste Menge Kimmerier (noch immer) am äußersten Rand der Erde längs des äußeren Meeres wohne und ein schatten- und wälderreiches Land innehabe, das infolge der Tiefe und Dichtigkeit seiner Wälder, die sich landeinwärts bis zu den herkynischen Bergen erstreckten, allenthalben sonnenarm sei. Und es habe einen Himmel, an dem der Polarstern infolge der Neigung der Parallelkreise eine mächtige Erhebung über dem Horizont aufweise und nur wenig von dem Scheitelpunkt der dort wohnenden Menschen entfernt sei, während seine Tage an Kürze und Länge mit den Nächten die Zeit zu gleichen Teilen unter sich teilten. Daher habe auch Homer willkommenen Stoff für seine Dichtung vom Totenreich gehabt. Von dort also stamme der Anmarsch dieser Barbaren gegen Italien, die ursprünglich Kimmerier hießen, dann aber nicht unpassend Kimbern genannt seien. Doch würde dies mehr aufgrund von Vermutungen als aufgrund sicherer Forschung berichtet.

Ihre Masse wird übrigens von vielen Geschichtsschreibern nicht niedriger, sondern höher als die genannte Zahl angegeben. Unwiderstehlich an Mut und Kühnheit und – in den Taten ihrer Arme in der Schlacht – gleich der ungestümen Gewalt des Feuers zogen sie heran: Niemand vermochte ihrem Ansturm Widerstand zu leisten, sondern alle, auf die sie losgingen, fielen ihnen zur Beute; viele römische Heere und Feldherren, die das jenseits der Alpen liegende Gallien verteidigen wollten, wurden ruhmlos dahingerafft. Ja, sie waren es gerade, die durch ihre unglücklichen Kämpfe den Zug jener Scharen auf Rom zogen. Denn als diese alle, die ihnen in den Weg traten, besiegt und viele Schätze erbeutet hatten, beschlossen sie, sich nirgends auf der Welt niederzulassen, bevor sie Rom zerstört und Italien verheert hätten.

14. Dem Marius aber scheint ein großes Glück zuteil geworden zu sein. Denn da der Zug der Barbaren gewissermaßen eine Ebbe erfuhr und vorher nach Iberien abströmte, gewann er Zeit, die Leiber seiner Soldaten zu üben und ihren Herzen aufs neue Mut und Kraft zu erwecken und, was die Hauptsache war, zu zeigen, wes Geistes er selbst war . . .

15. Als aber Marius erfuhr, daß die Feinde herannahten, überschritt er schleunigst die Alpen. Dann schlug er ein festes Lager am Rhonefluß auf und ließ in dies eine Fülle von Vorräten bringen, damit er

niemals trotz besserer Einsicht gegen seinen Vorteil gezwungen würde, sich aus Mangel an dem Notwendigen auf eine Schlacht einzulassen. Die Beförderung der Güter, die er für das Heer brauchte, war bis dahin von der See her langwierig und kostspielig gewesen, aber er wußte sie leicht und schnell zu gestalten: die Mündungen der Rhone, die infolge des Gegendrucks der Meereswogen viel Schlamm ansetzten und infolge der Brandung eine Barre gebildet hatten, die aus tiefem Schlick aufgehäuft war, machten für die Getreidetransportschiffe die Einfahrt schwer und mühselig, so daß sie nur langsam vonstatten ging. Er ließ daher das unbeschäftigte Heer dorthin marschieren und einen gewaltigen Kanal anlegen. Auf diesem Weg leitete er eine große Menge des Stromwassers in ein anderes Bett, indem er den Kanal nach einem geeigneten Küstenabschnitt führte, der so eine tiefe und für große Schiffe passierbare, glatte und vom Wellenschlag unberührte Mündung ins Meer erhielt. Noch jetzt führt dieser Kanal nach ihm seinen Namen (Fossa Mariana).

Die Barbaren hatten ihre Scharen in zwei Heere geteilt: Die Kimbern traf das Los, durch das Gebiet der Noriker von der Höhe des Gebirges her gegen Catulus zu marschieren und jenen Paß zu erzwingen; die Teutonen und Ambronen dagegen sollten durch das Gebiet der Ligurer am Meer entlang gegen Marius ziehen. So fiel den Kimbern der weitere Weg zu, der mehr Zeit erforderte. Die Teutonen und Ambronen aber brachen sofort auf und durchzogen das zwischen ihnen und dem Feind liegende Land. Hier erschienen sie in unzähliger Menge, Menschen von unheimlichem Aussehen; auch der Klang ihrer Stimme und ihr Geschrei war anders als von anderen Völkern. Nachdem sie ein großes Stück der Ebene mit einer Wehr umfriedet und sich gelagert hatten, forderten sie Marius zur Schlacht heraus.

16. Doch dieser kümmerte sich gar nicht um sie; seine Soldaten aber hielt er fest im Lager beisammen. Wenn aber einer von ihnen prahlerische Reden führte, fuhr er ihn grob an, und wer vor unbändigem Mut überstürzt handeln und in den Kampf stürmen wollte, den schalt er einen Verräter des Vaterlandes. Denn nicht um Trophäen und Triumphe gehe der Kampf, sondern darum handele es sich, wie sie ein solches Kriegsgewitter verscheuchten, um Italien zu retten. In diesem Sinne äußerte er sich in engerem Kreise, vor den hohen Offizieren und Männern seines Ranges; die Mannschaft aber ließ er abwechselnd oben auf den Lagerwall treten und Ausschau halten, um sie so zu gewöhnen, den Anblick der Feinde zu ertragen und deren Stimme auszuhalten, die völlig fremdartig und tierisch klang, und ihre Tracht und Bewegungen

kennenzulernen; so sollte ihnen durch den täglichen Anblick die furchtbare Erscheinung der Feinde mit der Zeit vertraut werden. Denn er war der Meinung, daß uns das Ungewohnte an furchtbaren Dingen veranlaßt, ihnen viele Eigenschaften beizulegen, die ihnen (in Wirklichkeit) gar nicht anhaften, daß aber mit der Gewöhnung auch das von Natur Furchtbare seinen Schrecken verliert. So nahm den Truppen nicht nur der tägliche Anblick ein gut Teil des Verblüffenden, sondern es wurde auch gegenüber den Drohungen der Barbaren und ihren unerträglichen Prahlereien ihr Mut wach und ihre Herzen wurden zu hellem Zorn entflammt, nicht nur, als die Feinde alles Land ringsum plünderten, sondern auch als sie das Lager voll Übermut und Dreistigkeit bestürmten. So drangen die Äußerungen des Unwillens der Truppe bis zu Marius. ›Was für eine Feigheit traut er uns zu, daß er uns vom Kampf zurückhält wie Weiber hinter Schloß und Riegel unter Aufsicht von Türhütern! Wohlan! Wir, deren Brust die Gefühle freier Männer schwellen, wir wollen ihn fragen, ob er auf andere Kämpfer für Italien wartet, uns aber immer nur als Arbeiter gebrauchen will, wenn es nötig ist, Kanäle zu graben, Schlamm auszuheben und Flüsse abzulenken! Denn hierzu scheint er uns durch die vielen Arbeiten geübt zu haben; dies wird er als Leistung seines Konsulats seinen Mitbürgern hinstellen und dann nach Hause gehen. Oder schreckt ihn das Schicksal von Carbo und Caepio, die von den Feinden besiegt sind, Männer, die doch weit hinter seinem Ruhm und Feldherrntalent zurückstanden und viel schlechtere Truppen hatten? Doch rühmlicher ist es, den Tod zu erleiden, wenn man zur Tat schreitet wie jene, als tatenlos zuzusehen, wie das Land unserer Bundesgenossen verheert wird!‹

17. Als Marius hiervon hörte, freute er sich. Er suchte sie zu beruhigen: er zweifele gar nicht an ihrer Tüchtigkeit; er warte nur aufgrund gewisser Weissagungen auf den rechten Zeitpunkt und die Stätte des Sieges . . .

18. Da Marius sich ruhig verhielt, versuchten die Teutonen, sein Lager einzuschließen; als aber aus diesem ein Hagel von Geschossen auf sie niederfuhr und sie dadurch einige Verluste hatten, entschlossen sie sich weiterzuziehen, um ungefährdet die Alpen zu überschreiten. Sie packten zusammen und zogen an dem römischen Lager vorüber. Erst jetzt kam ihre ganze Menge durch die Länge und Dauer ihres Vorbeimarsches zum Vorschein. Sie sollen nämlich, ohne ihren Zug zu unterbrechen, für ihren Vorbeimarsch am Lager des Marius sechs Tage gebraucht haben. Sie zogen ganz dicht daran vorüber und fragten die Römer unter Gelächter, ob sie etwas an ihre Frauen zu bestellen

hätten, denn sie würden selber bald bei diesen sein. – Als die Barbaren vorbeigezogen waren und weitermarschierten, brach Marius ebenfalls auf und folgte ihnen behutsam; er hielt sich stets in ihrer Nähe und lagerte ihnen gerade gegenüber, indem er sich in starken Lagern verschanzte und starke Stellungen wählte, so daß er ohne Gefahr die Nächte zubringen konnte. So kamen sie, immer weiterziehend, zu den sogenannten Sixtischen Gewässern (Aquae Sextiae). Von hier war der Weg bis zu den Alpen nicht mehr weit. Eben deshalb traf Marius seine Vorkehrungen, um hier zu schlagen. Er wählte für sein Lager eine starke Stellung, die aber kein ausreichendes Trinkwasser bot – wie behauptet wird, in der Absicht, auch hierdurch seine Truppen gegen den Feind zu erbittern. Als dann viele schimpften und über Durst klagten, wies er mit der Hand auf einen Fluß, der dicht an dem Lager der Barbaren vorbeifloß, und sagte: ›Von dort könnt ihr Trinkwasser haben; nur kostet es Blut!‹ Darauf die Soldaten: ›Warum führst du uns nicht gleich gegen sie, solange unser Blut noch frisch ist?‹ Der Feldherr erwiderte gelassen: ›Vorher müssen wir erst das Lager aufschlagen.‹

19. Die Soldaten gehorchten, wenn auch widerwillig. Von dem Troß aber hatten die meisten weder für sich selbst noch für die Zugtiere Trinkwasser; sie stiegen daher in Scharen zu dem Fluß hinab; manche nahmen außer den Wasserkrügen Äxte, andere Beile, einige sogar Schwerter und Lanzen mit, um sich im Notfall selbst durch Kampf Wasser zu verschaffen. Mit ihnen kämpften anfangs nur wenige von den Feinden. Denn die meisten frühstückten gerade nach dem Bade, die anderen badeten; es entspringen nämlich dort heiße Quellen. Und die Römer trafen Scharen von Barbaren dabei an, wie sie sich hieran ergötzten und voll Lust und Staunen über den Ort allgemeiner Fröhlichkeit hingaben. Als aber auf das Geschrei immer mehr zusammenkamen, hatte Marius seine Not, seine Soldaten, die für die Troßknechte fürchteten, im Zaum zu halten, und der streitbarste Teil der Feinde, von dem früher die Römer unter Mallius und Caepio besiegt waren – sie hießen Ambronen und bildeten in Stärke von über 30 000 Mann ein Heer für sich – sprangen auf und gingen auf das schwere Fußvolk (der Römer) los. Obgleich ihre Leiber von Übersättigung beschwert und ihre Stimmung unter der Einwirkung des ungemischten Weines mutwillig und ausgelassen war, stürzten sie doch nicht in ungeordnetem oder tollem Lauf heran; sie stießen auch kein unartikuliertes Kriegsgeschrei aus, sondern schlugen im Rhythmus ihre Waffen zusammen, und indem sie alle zu gleicher Zeit Sprünge ausführten, riefen sie gleichzeitig viele Male ihren eigenen Namen ›Ambronen‹ – sei es, daß sie sich

hierdurch selbst zu Hilfe rufen, sei es, daß sie den Feind durch die vorherige Ankündigung im voraus erschrecken wollten. Von den Italikern rückten zuerst die Ligurer gegen sie heran. Wie diese sie rufen hörten und ihren Ruf verstanden, riefen sie ihrerseits dagegen, daß dies ihre väterliche Benennung sei; denn die Ligurer nennen sich selbst so als Stamm. Daher ertönte ihr Ausruf häufig als Antwort dagegen, bevor sie handgemein wurden. Und wie die Heere abwechselnd zugleich mit jeder von beiden Parteien mitschrieen und wetteiferten, einander zuerst durch die Stärke des Kampfgeschreies zu besiegen, da schürte und reizte das Geschrei ihren Kampfmut noch mehr. Die Linie der Ambronen nun wurde durch den Fluß zerrissen; denn sie hatten sich nach dem Übergang über diesen noch nicht in Schlachtreihe aufgestellt, da wurden schon die ersten von ihnen, gegen die sofort die Ligurer im Lauf heranstürmten, in den Kampf gerissen. Als dann die Römer den Ligurern zu Hilfe eilten und sich von oben her auf die Barbaren warfen, wurden diese überwältigt und flohen. Die meisten gerieten dort am Fluß in wildes Kampfgedränge und füllten ihn mit Blut und Leichen; die anderen, die nicht wagten, wieder Front zu machen, töteten die Römer, nachdem sie den Fluß überschritten hatten, auf ihrer Flucht zum Lager und der Wagenburg. Dort aber traten ihnen unter furchtbarem Geschrei in hellem Zorn die Weiber mit Schwertern und Äxten entgegen und wehrten ebenso die Flüchtenden wie die Verfolger ab, die einen als Verräter, die anderen als Feinde, indem sie sich unter die Kämpfenden warfen und mit bloßen Händen die Schilde der Römer wegrissen, ihre Schwerter anpackten und Wunden und tödliche Streiche aushielten, bis zum letzten Hauch in ihrem Mut unbesiegt. So fand die Schlacht am Flusse, wie unsere Quellen berichten, mehr durch das Spiel des Zufalls als nach dem Plan des Feldherrn statt.

20. Als aber die Römer, nachdem sie viele Ambronen getötet hatten, zurückkehrten und die Nacht hereinbrach, da empfingen das Heer nicht etwa, wie man doch nach einem solchen Erfolg hätte erwarten sollen, Siegeshymnen und Gelage in den Zelten und freundliche Bewirtung beim Mahle und – was von allem das süßeste ist für Männer, die glücklich gekämpft haben – erquickender Schlaf, sondern sie verbrachten gerade jene Nacht voll Unruhe und Furcht. Es war nämlich ihr Lager ohne Wall und Graben, und es waren noch viele Zehntausende der Barbaren unbesiegt. Und als sich mit diesen die der Schlacht entronnenen Ambronen vereinigt hatten, war die ganze Nacht hindurch ein Wehklagen, das nicht dem Weinen und Stöhnen von Men-

schen glich, sondern ein tierisch verworrenes Geheul und Gebrüll, das, mit Drohungen und Totenklagen untermischt, von einer ungeheuren Menschenmenge erhoben wurde, so daß davon die umliegenden Berge und die Niederungen am Flusse ringsum widerhallten. Und während der schaurige Klang die Ebene erfüllte, waren die Römer in Furcht, und selbst Marius war in Angst, da er ein planloses und verworrenes Nachtgefecht befürchtete. Doch sie kamen weder in dieser Nacht noch am folgenden Tag, sondern waren die ganze Zeit damit beschäftigt, sich zu rüsten und in Schlachtordnung aufzustellen. Unterdessen sandte Marius – denn es lagen zu Häupten der Barbaren ringsum abschüssige Täler und bewaldete Schluchten – dorthin den Claudius Marcellus mit 3000 Schwerbewaffneten, mit dem Befehl, sich hier heimlich in den Hinterhalt zu legen und während der Schlacht im Rücken der Barbaren aufzutreten. Seine übrigen Truppen, die er zur rechten Zeit hatte essen und zur Ruhe gehen lassen, stellte er bei Tagesanbruch vor dem Lager zur Schlacht auf und sandte seine Reiterei in die Ebene voraus. Als das die Teutonen sahen, konnten sie es nicht abwarten, daß die Römer herabkamen und mit ihnen im gleichen Felde kämpften, sondern waffneten sich rasch voll Zorn und stürmten gegen den Hügel. Marius aber schickte überall seine Offiziere hin und ließ die Truppen mahnen, festzustehen und standzuhalten und, wenn der Feind in Schußweite gekommen sei, die Pilen (Wurfspieße) zu schleudern, danach die Schwerter zu gebrauchen und sich mit den Schilden ihnen entgegenzuwerfen, um sie zu überwältigen. Denn da das Gelände für die Feinde nachteilig sei, würden ihre Hiebe keine Wucht und ihre Schildfront keine Widerstandskraft haben, da ihre Leiber infolge des unebenen Geländes in Drehung und Schwankung begriffen seien. Während er solche Mahnungen aussandte, sah man ihn schon als ersten danach handeln. Denn niemand hatte einen besser gestählten Körper als er, und er übertraf bei weitem alle an Kühnheit.

21. Als nun die Römer Widerstand leisteten und im Handgemenge dem Aufwärtsdringen der Teutonen Einhalt geboten, wurden diese allmählich zurückgedrängt und wichen in die Ebene zurück. Als sich dann die ersten in Schlachtreihe auf dem ebenen Gelände aufstellen wollten, entstand plötzlich Geschrei und Verwirrung in den hintersten Reihen. Denn Marcellus hatte den entscheidenden Augenblick nicht verpaßt, sondern war, als das Kampfgeschrei über die Hügel empordrang, sofort mit seiner Abteilung aufgebrochen; jetzt fiel er im Lauf unter Kampfgeschrei den Feind im Rücken an, indem er seine letzten Reihen niederhauen ließ. Diese zogen dadurch die Aufmerksamkeit

ihrer Vordermänner auf sich und brachten rasch das ganze Heer in Verwirrung.

22. Die Feinde hielten es nicht lange aus, von beiden Seiten angegriffen zu werden; ihre Schlachtreihe löste sich auf, und sie ergriffen die Flucht. Mehr als 100 000 von ihnen nahmen die Römer bei der Verfolgung gefangen oder hieben sie nieder, und als sie sich der Zelte, Wagen und sonstigen Habe bemächtigt hatten, beschlossen sie, daß alles, was nicht gestohlen war, Marius haben sollte. Und obgleich er diese glänzende Gabe erhielt, glaubte man doch wegen der ungeheuren Gefahr (die er gebannt hatte), er habe keinen ausreichenden Lohn für seine Heeresleitung empfangen. Andere Geschichtsschreiber machen betreffs des Geschenkes der Beute abweichende Angaben, ebenso hinsichtlich der Menge der Gefallenen.

23. Die Macht aber, die keinen großen Erfolg zu ungemischter und reiner Freude werden läßt, sondern durch eine Verquickung von Gutem und Bösem in das menschliche Leben Abwechslung bringt – mag sie nun eine Art Zufall oder Vergeltung oder die notwendige Natur der Dinge sein – brachte wenige Tage später dem Marius die Kunde von seinem Amtsgenossen Catulus wie eine Wolke am blauen Himmel, da sie neue Angst und Gewitterschwüle über Rom hatte heraufziehen lassen. Catulus nämlich, der gegen die Kimbern auf der Wacht stand, hatte es aufgegeben, die Alpenpässe zu halten, um nicht gezwungen zu werden, an vielen Stellen seine Streitkräfte zu zersplittern und sich so seiner Widerstandskraft zu berauben; er war daher gleich nach Italien hinuntergestiegen, hatte hinter dem Etschfluß Stellung genommen, sich gegen Überraschungsversuche auf beiden Seiten des Flusses durch starke Verhaue verschanzt und eine Brücke geschlagen, um die Möglichkeit zu haben, seinen Truppen auf dem anderen Ufer zu Hilfe zu kommen, falls die Barbaren versuchen sollten, trotz seiner Sperrtrupps durch die Talenge mit Gewalt durchzubrechen. Diese aber erfüllte solche Verachtung und Dreistigkeit gegenüber den Römern, daß sie lieber ihre Kraft und Kühnheit zeigten, als militärisch notwendige Maßnahmen trafen: Sie ließen ihre nackten Oberkörper beschneien, erstiegen durch Eis und tiefen Schnee die Bergeshöhen, setzten sich, oben angekommen, auf ihre flachen Schilde, ließen sich hinabgleiten und sausten die Abhänge hinunter, auf denen schlüpfrige Stellen und jäh abstürzende Felsen waren.

Als sie sich dann in der Nähe (der Römer) längs des Flusses gelagert und die Furt in Augenschein genommen hatten, begannen sie, einen Damm (durch den Fluß) aufzuschütten, und indem sie die Hügel ringsum aufwühlten, trugen sie, ähnlich wie Giganten, Bäume mit Wurzeln, Felsstücke und Erdmassen in den Fluß, um die Strömung abzudrängen, und ließen gegen die die Brückenjoche stützenden Pfeiler mächtige Lasten stromabwärts treiben, die mit ihren Schlägen die Brücke erschütterten. Da bekam es die Masse der römischen Soldaten mit der Angst; sie verließen das Hauptlager und wichen zurück. In dieser Lage bewährte sich Catulus, wie es ein guter und vollendeter Führer soll, indem er seinen guten Ruf dem seiner Mitbürger nachsetzte; als er seine Soldaten nicht überreden konnte, ihren Posten zu behaupten, sondern sah, wie sie voll Angst aufbrachen, befahl er den Adler zu nehmen, setzte sich im Galopp an die Spitze der abmarschierenden Kolonne und zog ihr so als erster voran, da er lieber wollte, daß die Schande auf sein Haupt und nicht auf sein Vaterland komme und seine Soldaten nicht den Anschein erwecken sollten, daß sie die Flucht ergriffen, sondern daß sie unter dem Kommando ihres Feldherrn abzögen. Die Barbaren aber nahmen das Kastell auf der anderen Seite der Etsch und ließen die römische Besatzung, die sich tapfer behauptet und würdig ihres Vaterlandes der Gefahr getrotzt hatte, voll Bewunderung über ihre Haltung nach Abschluß eines Vertrages abziehen, den sie bei dem ehernen Stier beschworen, der später nach der Schlacht (von den Römern) erbeutet und in das Haus des Catulus als Erstlingsgabe des Sieges gebracht worden sein soll. Die Barbaren ergossen sich nun über das von Verteidigern entblößte Land und plünderten es.

24. Aufgrund dieser Vorgänge wurde Marius nach Rom gerufen. Als er dort eingetroffen war und man allgemein erwartete, daß er nun den Triumphzug, den ihm der Staat gern bewilligt hatte, veranstalten würde, lehnte er dies ab, sei es, daß er seine Soldaten und Mitkämpfer der Ehre nicht berauben, sei es, daß er das Volk angesichts der gespannten Lage ermutigen wollte, indem er in ihm den Glauben erweckte, daß er dem Glück der Stadt gleichsam zur Aufbewahrung den Ruhm seiner ersten Erfolge anvertraute, der ihm nach einem zweiten Feldzug glänzender zurückgegeben würde. Nachdem er das, was der Augenblick erheischte, besprochen und sich dann zu Catulus begeben hatte, suchte er diesen zu ermutigen und ließ seine eigenen Truppen aus Gallien kommen. Als diese eingetroffen waren, überschritt er den Po und versuchte, die Barbaren von dem inneren Italien fernzuhalten. Diese aber verschoben die Schlacht mit der Erklärung, daß sie auf die Teutonen warteten und sich über die Verzögerung ihrer Ankunft wunderten, sei es, daß sie wirklich von ihrer Vernichtung nichts wußten, oder daß sie den Anschein erwecken wollten, daß sie

nicht daran glaubten. Denn sie mißhandelten die Boten, die ihnen die Kunde überbrachten, arg, sandten zu Marius und forderten von ihm Land und Städte, in denen sie wohnen könnten. Als aber Marius die Gesandten fragte, wen sie mit ihren Brüdern meinten, und sie darauf die Teutonen nannten, lachte seine ganze Umgebung, und er sagte spottend: ›Mit euren Brüdern laßt es gut sein! Denn sie haben Land, das wir ihnen gegeben haben, und werden es in alle Ewigkeit behalten!‹ Als die Gesandten den Hohn merkten, schalten sie ihn und sagten, er werde dafür Genugtuung leisten müssen, und zwar den Kimbern sofort, den Teutonen nach ihrer Ankunft. ›Sie sind schon da‹, erwiderte Marius, ›und es ist nicht hübsch von euch fortzugehen, bevor ihr eure Brüder begrüßt habt!‹ Nach diesen Worten ließ er ihnen die Könige der Teutonen gefesselt vorführen. Diese waren nämlich in den Alpen von den Sequanern auf der Flucht gefangengenommen worden.

25. Als dies den Kimbern gemeldet wurde, rückten sie aufs neue gegen Marius, der sich ruhig in seinem Lager verschanzt hielt. (Übrigens soll für jene Schlacht von Marius zum ersten Male die Neuerung an den Pilen eingeführt worden sein: Das in das Eisen eingefügte Stück des Lanzenschaftes wurde vorher durch zwei eiserne Nägel festgehalten; jetzt aber ließ Marius nur den einen in seiner Lage; den anderen ließ er herausnehmen und an seiner Statt einen hölzernen, zerbrechlichen Pflock einfügen, um dadurch zu bewirken, daß das Pilum beim Aufschlagen gegen den Schild des Feindes nicht gerade bliebe, sondern nach Zerbrechen des hölzernen Pflocks eine Umbiegung der eisernen Spitze erfolgte und der Schaft nachgeschleift würde, indem er infolge der Verbiegung der Lanzenspitze [im Schild des Feindes] haften bliebe.) Boiorix aber, der König der Kimbern, ritt in Begleitung weniger Getreuer an das römische Lager heran und forderte Marius auf, Tag und Walstatt zu bestimmen und dann herauszukommen, um mit ihnen um das Land zu kämpfen. Marius ließ antworten, die Römer pflegten niemals ihre Feinde als Ratgeber bei der Schlacht zu gebrauchen; trotzdem wolle er den Kimbern den Gefallen tun. Und so vereinbarten sie als Tag den dritten von jenem Tag an und als Walstatt die Ebene bei Vercellae, die für die Römer den Vorteil bot, ihre Reiterei entfalten zu können, während sie der Masse der Barbaren ermöglichte, sich auszubreiten.

Unter Einhaltung der festgesetzten Frist nahmen die Heere einander gegenüber Aufstellung zur Schlacht. Die Truppen des Marius waren 32 000 Mann stark und umfaßten Catulus und dessen 20 300 Mann in der Mitte, da sie auf beide Flügel verteilt waren, wie Sulla berichtet, der die Schlacht mitgemacht hat. Sulla behauptet nämlich, daß Marius – in der Hoffnung, daß die beiden Schlachtfronten am stärksten auf den Flügeln zusammenprallen würden, so daß seine Truppen den Sieg für sich allein ernteten und Catulus nicht an dem Kampfe teilnehme, noch überhaupt mit dem Feinde zusammenträfe, indem das Zentrum, wie es bei langen Fronten gewöhnlich ist, eine Einbuchtung erlitte – daß Marius in dieser Absicht seine Truppen auf beide Flügel verteilt habe. Man berichtet, daß hierüber ähnliches auch Catulus selbst zu seiner Verteidigung anführt, indem er Marius viel Feindseligkeiten gegen ihn vorwirft.

Das Fußvolk der Kimbern rückte aus seiner Verschanzung in Ruhe hervor, indem es die Tiefe seiner Aufstellung gleich der Länge seiner Front machte. Es nahm nämlich jede Seite seiner Schlachtaufstellung 30 Stadien ein. Ihre Reiter, die 15 000 Mann stark waren, zogen in glänzender Rüstung aus mit Helmen, die den geöffneten Rachen furchtbarer Raubtiere und seltsamen Tiergesichtern glichen – da sie diese noch durch Federbüsche erhöht hatten, erschienen sie noch größer (als sie in Wirklichkeit waren) –, mit eisernen Panzern und weißleuchtenden Schilden. Als Wurfgeschoß hatte jeder einen zweispitzigen Speer. Im Nahkampf gebrauchten sie große und schwere Schwerter.

26. *Diesmal aber griffen sie die Römer nicht frontal an, sondern bogen nach rechts aus und zogen langsam dicht an ihnen vorüber, indem sie in den Zwischenraum zwischen ihnen (dem römischen Zentrum) und dem auf dem linken Flügel aufgestellten Fußvolk eindrangen.* Die römischen Heerführer erkannten die List wohl, *konnten aber ihre Truppen nicht rasch genug zurückhalten, sondern als einer rief: ›Die Feinde fliehen!‹, drängten sie alle zur Verfolgung.* In diesem Augenblick drängte das Fußvolk der Barbaren wie ein weites wogendes Meer heran. *Da wusch Marius seine Hände, hob sie zum Himmel empor und gelobte den Göttern eine Hekatombe. Auch Catulus erhob seine Hände und tat ebenfalls ein Gelübde: er wolle ein Standbild der Glücksgöttin dieses Tages weihen . . .* Marius soll auch, nachdem er geopfert hatte und der Befund an den Opfertieren ihm gezeigt war, mit lauter Stimme gerufen haben: ›Mein ist der Sieg!‹ – *Als aber der Anmarsch erfolgt war, soll Marius – so berichtet Sulla – ein tadelnswertes Versehen widerfahren sein. Als nämlich, wie ganz natürlich, ein ungeheurer Staub aufgewirbelt wurde und man daher die Heere nicht mehr sehen konnte, da habe er, als er sich zuerst zur Verfolgung aufmachte, indem er seine Truppen nach sich zog, die Feinde verfehlt und sei, nachdem er an ihrer Phalanx*

vorbeigestürmt war, lange Zeit in der Ebene hin- und hermarschiert. Dagegen seien die Barbaren zufällig (!!!!) auf das Heer des Catulus gestoßen, und der Hauptkampf habe sich bei diesem und seinen Truppen abgespielt, unter denen Sulla selbst gestanden hat, wie er erzählt. Im Bunde mit den Römern aber kämpfte die Hitze und die Sonne, die den Kimbern gerade ins Gesicht schien. Denn während diese stark im Ertragen von Kälte und, wie erwähnt, in schattigen und kalten Gegenden aufgewachsen waren, verließ sie bei der Hitze ihre Kraft; sie keuchten und schwitzten furchtbar und hielten die Schilde vor ihre Gesichter. Die Schlacht war nämlich bald nach der Sommersonnenwende, die die Römer drei Tage vor Neumond des jetzt Augustus, damals Sextilis genannten Monats feiern. Förderlich war den Römern zur Erhaltung ihres Mutes auch der Umstand, *daß ihnen der Staub die Feinde verbarg. So sahen sie ihre Masse nicht von weitem, sondern die einzelnen Abteilungen stießen im Lauf auf sie und befanden sich alsbald im Handgemenge, ohne vorher durch ihren Anblick erschreckt zu sein.* Die Körper der römischen Soldaten waren übrigens derartig abgehärtet und an Strapazen gewöhnt, daß man keinen von ihnen schwitzen oder keuchen sah (und das bei diesem Staub!), obgleich eine solche Hitze herrschte und der Zusammenprall mit dem Feinde im Lauf erfolgt war, wie nach meinen Gewährsmännern Catulus selbst berichtet, indem er die Haltung seiner Soldaten rühmt.

27. Der größte und streitbarste Teil der Feinde wurde dort niedergehauen. Ihre Vorkämpfer hatten sich nämlich, damit ihre Schlachtreihe nicht durchbrochen würde, mit langen Ketten aneinander gebunden, die sie durch ihre Leibgurte gezogen hatten. Die Fliehenden aber drängten die Römer zu ihrem Lager und wurden so Zeugen einer erschütternden Tragödie. Denn die Frauen der Kimbern, die in schwarzen Gewändern auf ihren Wagen standen, töteten die Fliehenden, die einen ihre Gatten, andere ihre Brüder, andere ihre Väter; ihre unmündigen Kinder aber erwürgten sie mit den Händen und warfen sie unter die Räder und die Füße der Zugtiere; dann entleibten sie sich selbst. Eine aber – so erzählt man –, die sich an dem obersten Ende ihrer aufgerichteten Wagendeichsel erhängt hatte, hatte ihre kleinen Kinder an ihre eigenen Fußknöchel gebunden und mit Schlingen zu beiden Seiten aufgehängt. Die Männer aber hätten ihre Hälse in Ermanglung von Bäumen an die Hörner ihrer Rinder, andere an deren Beinen befestigt, die Tiere dann mit der Geißel angetrieben und wären, als die Rinder davonrasten, nachgeschleift und zertreten umgekommen. Doch wurden, obgleich sie auf solche Weise zu Tode kamen, noch über

60 000 gefangen, während die Zahl der Gefallenen doppelt so groß gewesen sein soll. Ihre wertvolle Habe plünderten die Soldaten des Marius, dagegen wurden, wie mein Gewährsmann berichtet, die sonstige Beute sowie ihre Feldzeichen und Trompeten in das Lager des Catulus gebracht.«

Soweit Plutarch. Der Bericht des Orosius über beide Schlachten, es ist der zweite, der uns zur Verfügung steht, bringt nichts, was über das von Plutarch Berichtete hinausginge. Er ist ja auch viel kürzer. Nur zweierlei sei aus ihm angeführt. Im Bericht über die Schlacht von Aquae Sextiae gibt er an, daß das erste Lager des Marius, das die Teutonen kurze Zeit angegriffen hätten, an der Einmündung der Isère in die Rhone lag. Im Bericht über die Schlacht von Vercellae nennt er außer Boiorix noch Lugius, Claodicus und Caesorix als Führer der Kimbern in der Schlacht von Vercellae.

Wenn wir den Hauptbericht, der von Plutarch stammt, richtig werten wollen, müssen wir uns vor Augen halten, daß er mindestens 180 bis 190 Jahre nach der Schlacht niedergeschrieben worden ist, denn Plutarch lebte von 46 bis 120 n. Chr. Vergleichsweise würde das bedeuten, daß ein heutiger »Sachbuchautor« etwa die Schlacht von Leipzig 1813 für ein breites Publikum erzählte. Orosius lebte, wie schon erwähnt, sogar 500 Jahre nach dem Kimbernzug. In unserem Vergleich würde unser Sachbuchautor ganz kurz von den Kriegen Karls V. gegen Franz I. von Frankreich berichten.

Plutarch standen wenigstens noch, wie er selbst angibt, die Schriften Sullas über diese Schlacht zur Verfügung. Orosius aber hatte nur Berichte aus zweiter oder dritter Hand. Wie vorsichtig man die Berichte auswerten muß, soll ein Beispiel zeigen. Von der Schlacht bei Aquae Sextiae schreibt Plutarch: »Als das die Teutonen sahen, konnten sie es nicht abwarten, daß die Römer herabkamen, sondern sie waffneten sich rasch voll Zorn und stürmten gegen den Hügel.« Es dürfte jedem, der nur ein bißchen Vorstellungsvermögen hat, klar sein, daß sie dadurch in eine sehr schlechte Kampfposition kommen mußten. Kämpfer, die so erfahren waren wie die Teutonen, die doch schon mindestens drei Schlachten gegen die Römer gewonnen hatten, werden das ganz genau gewußt haben. Es war daher gewiß keine unkontrollierte Emotion, die sie veranlaßte, diesen Sturm zu versuchen. Viel wahrscheinlicher ist es doch, daß der Römer ihnen den Weg verlegte, den sie sich unbedingt öffnen mußten, wenn der gesamte Kriegsplan nicht durchkreuzt werden sollte. So wird es bittere Notwendigkeit gewesen sein, die sie zu dieser militärisch ungünstigen Maßnahme zwang. Für Plutarchs Leser allerdings klang es viel aufregender, wenn er vom hemmungslosen Zorn der Feinde sprach, weil sie dann viel schrecklicher erscheinen mußten.

Dasselbe gilt von den riesigen Phantasiezahlen. Entscheidend für eine angemessene Tatsachenerfassung ist vor allem eine kritische Prüfung der beiderseitigen Heeresstärken. Dafür geben einmal die mitgeteilten Tatsachen Hinweise an die Hand und zweitens die einzige zuverlässige Zahlenangabe, diejenige für das römische Heer bei Vercellae. Plutarch gibt dafür 52 000 Mann an, 20 300 für das Heer des Catulus und 32 000 für das des Marius (diese hatte er aus Gallien mitgebracht). Da er aber auch nach der Schlacht von Aquae Sextiae die Narbonensis nicht ungeschützt lassen durfte, da zumindest die Arverner und die Helvetier noch mit den Germanen in Verbindung standen und die Sequaner erst nach der Schlacht von Aquae Sextiae die Seiten gewechselt hatten, mußte er eine recht starke Truppe dort zurücklassen. Da Rom sehr viel stärkere Heere als 52 000 aufbringen konnte und Marius mit Sicherheit über die Heeresstärke der Kimbern unterrichtet war, muß er mit 52 000 Mann den Kimbern weit überlegen gewesen sein. Catulus aber muß mit seinen 20 300 sehr stark unterlegen gewesen sein. Das geht ganz klar aus seinen Maßnahmen hervor. Wir können somit die Stärke der Kimbern mit 30 000 Mann ansetzen. Dies entspricht auch am besten dem Verlauf der Schlacht von Vercellae. Nehmen wir an, daß Marius in der Narbonensis 30 000 Mann zurückgelassen hat, so dürfte das auch den dortigen Erfordernissen entsprechen. Wir dürfen daher das Heer des Marius bei Aquae Sextiae mit 60 000 Mann ansetzen. Dazu wären dann noch die Hilfstruppen gekommen. So kommt man auf 70 000 bis 80 000 Mann, denen die Teutonen und Ambronen höchstens ebensoviel (samt den keltischen Hilfstruppen) werden entgegengestellt haben können.

Viel wahrscheinlicher ist jedoch, daß die Zahl ihrer Kerntruppen sehr weit unter der der Legionäre gelegen hat. Plutarch gibt für die Ambronen 30 000 an. Auch das dürfte noch zu viel sein. Rechnet man für die Ambronen 25 000 und ebensoviel für die Teutonen, so käme man auf 50 000 Bewaffnete. Dazu wären allerdings noch keltische Hilfstruppen zu zählen. Vielleicht ist aber auch diese Zahl noch zu hoch gegriffen. Es erscheint mir allerdings wahrscheinlich, daß das Heer der Teutonen und Ambronen das größere war, da es ja für die germanische Führung galt, das Rhonetal, das in den vorhergehenden Kämpfen eine so große Rolle gespielt hatte, zu sichern. Weiter war der Übergang über die Seealpen der bei weitem leichtere. Auch das könnte dafür gesprochen haben, auf diesem Weg das größere Heer anzusetzen. Ganz unwahrscheinlich ist die Erzählung, daß die Teutonen und Ambronen sechs Tage lang an dem Lager des Marius vorbeigezogen wären. Jeder Feldherr hätte diese gute Gelegenheit zu einem Überfall auf den unbeholfenen Ochsentreck nicht vorbeigehen lassen.

Nach Orosius hatte Marius an der Einmündung der Isère in die Rhône ein stark befestigtes und gut verproviantiertes Lager aufschlagen lassen. Damit deckte er den Zugang zu den Pässen, die Hannibal benutzt hatte. Sollte der Versuch der Teutonen und Ambronen, Marius einzuschließen und aus dem Lager zu vertreiben, vielleicht damit zusammenhängen? Jedenfalls zogen sie nach dem Scheitern dieses Versuches nach Süden weiter. Marius folgte ihnen vorsichtig und sicherte sein Heer jeden Abend durch Anlegen eines befestigten Lagers. Wir haben damit dieselbe Situation, die uns Cäsar von der Verfolgung der Helvetier berichtet. Allerdings war die Lage des Marius insofern viel günstiger als die Cäsars, als er sich mit jedem Tage seiner Basis mehr näherte, während sich Cäsar immer mehr von ihr entfernte. Marius wird darum viel weniger unter Versorgungsschwierigkeiten gelitten haben, da er auch Verpflegung zu Schiff auf der Rhone herbeischaffen lassen konnte, wogegen die Teutonen und Ambronen kaum etwas unternehmen konnten.

Das änderte sich erst, als sie in das Tal der Durance abbogen, um über die Alpen nach Italien durchzustoßen. Da hat Marius wahrscheinlich Wege, die für Fußtruppen, Reiter und Tragtiere gangbar waren, die aber Wagen nicht passieren konnten, benutzt, um die Teutonen und Ambronen zu überholen. Danach errichtete er auf einem das Tal beherrschenden Hügel ein Lager, durch das er den Germanen den Weg verlegte. Wären sie nämlich erst in die wirklichen Talzugänge zu dem in Aussicht genommenen Paß eingetreten, wäre es für ihn fast unmöglich gewesen, den Übergang des Feindes über die Alpen noch zu verhindern. Für die Germanen war damit die Lage sehr ungünstig geworden, da sie sich entweder den Durchbruch unter ungünstiger Ausgangslage mit der Waffe hätten erkämpfen müssen, oder es wäre nur der Rückzug auf dem eben erst begangenen Weg übriggeblieben. Das hätte möglicherweise zu einer ähnlichen Katastrophe führen können, wie sie Napoleon in Rußland erlebt hat, denn das durchzogene Gebiet war sicherlich so abgeweidet, daß das Vieh in kurzer Zeit verendet wäre. Man denke an die Schwierigkeiten, die Cäsar bei seinem Marsch hinter den Helvetiern her hatte. Marius aber hätte seinerseits die beherrschende Position nicht allzulange halten können, da seinem Lager das Wasser fehlte. Die Ambronen, die vornweg marschierten, lagerten Marius gegenüber und viel näher am Wasser. Für sie war es wichtig, den Römern den Zugang zum Wasser zu verwehren, dann mußte in absehbarer Zeit Marius seine Position räumen. Dagegen sollten sich die Ambronen noch nicht auf eine Schlacht einlassen, denn die Teutonen standen einen Tagesmarsch zurück.

Hier bekommen wir vielleicht einen Einblick in die germanische Marschordnung. Wahrscheinlich zog die eine Hälfte des Heeres mit dem halben Troß voraus und schlug ein Lager auf, blieb dort den nächsten Tag, machte Futter und versorgte die Tiere. Inzwischen kam die zweite Hälfte heran und zog am nächsten Tag weiter. Am übernächsten folgte dann die erste. So blieb jede Hälfte zwei Tage im Lager nach einem Tag Marsch, und einmal über das andere war sie die erste und hatte frisches Grünfutter. Das war wohl mit Rücksicht auf das mitgeführte Vieh sehr wichtig. Rinder können nämlich nicht, ohne Schaden zu nehmen, ununterbrochen angetrieben werden, sondern brauchen immer wieder Pausen, um ausreichend weiden und wiederkäuen zu können. Das gilt auch für primitive Rinderrassen, da unsere Rinder alle vom Ur abstammen. (Dieser ist ein Waldrind und ein ortsfestes Tier im Gegensatz zum Bison, der ein Steppenrind ist und jedes Jahr weite Wanderungen macht.)

Hier scheinen die Ambronen einen verhängnisvollen Fehler gemacht zu haben. Als die Troßknechte des Marius Wasser holten, versuchten sie sie mit schwachen Kräften zu vertreiben. Marius warf zuerst seine Hilfs-(Auxiliar-)Truppen ins Gefecht und veranlaßte so die Ambronen, mit dem ganzen Heerbann anzugreifen. Hinter den Auxiliartruppen aber hatte er schon die Legionen aufmarschieren lassen, die in dem Augenblick ins Gefecht eingriffen, als die Ambronen den Fluß überschritten und darum ihre Phalanx auflösen mußten. Es kam zu einem verlustreichen Gefecht, die Ambronen mußten sich zurückziehen und hatten empfindliche Verluste. Marius griff das Lager der Germanen an, wurde aber abgeschlagen, wobei sich auch die Frauen am Kampf beteiligten. Was dann noch Plutarch von dem Gemetzel und dem »hellen Zorn« der Frauen erzählt, scheint mir mehr dem Sensationsbedürfnis des Lesers als den Tatsachen zu entsprechen. Man findet zu oft bei den römischen Schriftstellern stehende Wendungen wie diese: »Sie sättigten sich bis Sonnenuntergang im Niederhauen der Feinde.« Tatsache aber ist, daß die Ambronen ziemlich angeschlagen gewesen sein müssen und höchstwahrscheinlich ihr Lager verlegt haben, denn wir hören nichts mehr davon, daß in den nächsten Tagen die Römer beim Wasserholen behindert wurden. Wahrscheinlich sind die Ambronen ein Stück flußab den Teutonen entgegengezogen. Darum war es wohl auch Marius möglich, unbemerkt den Marcellus mit 3000 Schwerbewaffneten in ihrem Rücken eine Stellung einnehmen zu lassen. Weiter muß er ziemlich genau über die Absichten und die Kampfkraft der Teutonen und Ambronen unterrichtet gewesen sein, denn aus Plutarch (Sertorius) erfahren wir, daß er Späher in ihrem Lager hatte.

Die Lage muß für die Germanen sehr gefährlich geworden sein, denn der Weg war ihnen durch das Lager des Marius versperrt, der sich in sehr günstiger Position befand. Umgehungswege, die für ihre schweren Wagen gangbar waren, gab es nicht oder waren ihnen unbekannt. Der Rückzug auf dem alten Weg war wahrscheinlich auch nicht ratsam, wie oben dargelegt. So entschlossen sie sich zu einem verzweifelten Schritt: Sie versuchten den Durchbruch durch die römische Stellung. Daß sie in blindwütigem Zorn den Hügel hinangestürmt seien, ist daher wohl kaum zu glauben. Jedenfalls mißlang der Sturm, und sie mußten sich zurückziehen, was aber in voller Ordnung geschah. In der Flußaue ordneten sie sich zum neuen Kampf mit den Legionen, die ihre beherrschende Position aufgegeben hatten und den Gegner in der Ebene angriffen. In diesem entscheidenden Augenblick griff Marcellus mit seinen 3000 Schwerbewaffneten die Germanen im Rücken an. Es kam zu einem Durcheinander, die germanische Führung verlor den Überblick, die Schlachtreihe der Germanen löste sich auf, die Schlacht war verloren. Nur wenige – man sagt 3000 mit dem »König« Teudobod – konnten sich retten. Sie gelangten wieder bis über die Isère und ins Land der Sequaner, die sofort die Seiten wechselten und die Unglücklichen an die Römer auslieferten. (Das sollte übrigens nicht der letzte Seitenwechsel der Sequaner gewesen sein.)

Es hat nicht viel Zweck, darüber zu rätseln, welche Fehler von der germanischen Führung gemacht worden sind, dazu ist der Bericht des Plutarch zu mager. Daß aber höchstwahrscheinlich nicht blindwütige Emotionen der Grund zum Verlust der Schlacht waren, hoffe ich deutlich gemacht zu haben. Plutarch hat seinen Bericht mit grausigen Einzelheiten aufgeputzt, die wohl die Sensationslust befriedigen, aber nichts für ein sachliches Urteil über das Geschehen hergeben. Wichtig ist es, daß er ausdrücklich berichtet, die Germanen hätten geordnet angegriffen, sich vom Feind, wenn es nötig war, zu lösen vermocht und für einen neuen Angriff umzuordnen verstanden, und daß er ausdrücklich berichtet, daß die Ambronen im Gleichschritt angriffen. Dieser

Angriff hat dann seine Durchschlagskraft verloren, als sie, durch das Gelände gezwungen, ihre feste Ordnung auflösen mußten. So schildert Plutarch also ein diszipliniertes Heer, das auf Befehl taktische Manöver während der Schlacht durchzuführen vermochte.

Die Folgen dieser Vernichtungsschlacht waren entscheidend: Schon nach Aquae Sextiae war der Feldzug verloren. Und Vercellae hätte vielleicht gar nicht stattgefunden, wenn die Kimbern rechtzeitig davon erfahren hätten.

Diese waren inzwischen mit ihren Verbündeten, den Tigurinern, im selben Jahr durch Süddeutschland und über die Alpen gezogen. Dort erwartete sie der Mitkonsul des Marius, Catulus, der die Alpenpässe zu sperren versuchte. Welche es waren, wird nicht berichtet. Der Führung der Kimbern gelang es, ihn so auszumanövrieren, daß er diese Stellung aufgab und nach Italien hinunter abmarschierte. Dort bezog er nach Plutarch eine feste Stellung an der Etsch, wahrscheinlich an der Veroneser Klause. Die Kimbern wären danach über einen der österreichischen Pässe, vielleicht den Brenner oder den Reschen-Scheideck, gekommen. Auch die Etschstellung des Catulus umgingen die Kimbern sehr geschickt, so daß auch diese unhaltbar wurde und Catulus sie schleunigst räumte. Die Besatzung des Sperrkastells ließen die Kimbern übrigens ungekränkt abziehen. Diese Haltung steht im schroffen Gegensatz zur »römischen Humanität«, die nicht einmal die kleinen Kinder geschont hat.

Catulus räumte sofort die Poebene bis zum Po, und die Kimbern konnten nördlich von ihm ungestört überwintern. Auch als im nächsten Jahr Marius dem Catulus mit 32 000 Mann zu Hilfe kam, konnten die römischen Feldherrn die Kimbern zuerst nicht zur Schlacht zwingen, was deren Führung ein gutes Zeugnis ausstellt. Erst als sie von dem Schicksal der Teutonen und Ambronen erfahren hatten, suchten auch sie die Schlacht. Da tritt etwas sehr Seltsames ein: Die Kimbern verabreden mit Marius Ort und Tag der Schlacht. Man hat das für ein Zeichen ihrer Naivität gehalten. Fischer-Fabian[96] beispielsweise schreibt: »Boiorix akzeptiert arglos, ohne zu ahnen, daß er soeben übers Ohr gehauen wurde.« Fischer-Fabian sieht nicht, daß eine Führung, die es monatelang verstanden hatte, sich nicht zur Schlacht zwingen zu lassen, nicht so ohne weiteres »übers Ohr zu hauen« ist. Er merkt auch nicht, daß die Kimbern es trotz der römischen Überzahl verstanden hatten, sich nach Westen dem vereinbarten Treffpunkt mit den Teutonen beträchtlich zu nähern. (Vercellae liegt 230 km westlich der Brenner-Linie.) – Wenn sie mit Marius diesen merkwürdigen

Handel eingegangen sind, dann müssen vielleicht religiöse Gründe dafür ausschlaggebend gewesen sein. Vielleicht war die Schlacht für sie nach dem Untergang der Teutonen und Ambronen eine Art Gottesurteil.

Sie fand am 30. Juli 101 bei Vercellae auf den Raudischen Feldern statt. Die Kimbern waren in der hoffnungslosen Minderzahl. Sie stellten nach der Beschreibung Plutarchs das Fußvolk, ihre keltischen Verbündeten die Reiterei. Da uns von einem Eingreifen der römischen Reiterei in den Kampf nichts berichtet wird, scheint die germanische Führung ihren Reitern, ähnlich wie Hannibal in der Schlacht von Zama, die Aufgabe gestellt zu haben, die römische Kavallerie vom Schlachtfeld wegzulocken.

Diesmal griffen die Germanen in einem einzigen Schlachtkeil an, der vielleicht 30 000 Bewaffnete umfaßte. Daß er quadratisch war und eine Seitenlänge von 30 Stadien gehabt haben soll, ist natürlich eine Fabel. (In einem Quadrat von 5,4 km Seitenlänge hätte über eine Million Menschen Platz.)

Marius wollte eine Schlacht wie Hannibal bei Cannae schlagen. Darum hatte er seine Elitetruppen auf den Flügeln aufgestellt, und die Truppen des Catulus bildeten das Zentrum. Die Reiterei bildete auf beiden Flügeln das äußerste Korps. Nach Entfernung der Reiterei marschierten die Kimbern genau auf das Zentrum zu, und die Schlacht schien sich ganz im Sinne von Marius zu entwickeln: Die Kimbern schienen das Zentrum angreifen zu wollen, und sofort setzten sich beide römischen Flügel zur Umfassung des germanischen Schlachthaufens in Bewegung. Auf Pilenwurfweite herangekommen, machte aber das germanische Heer (wohl auf ein gegebenes Signal) halbrechtsum, zeigte den Römern die Schildseite, so daß die Pilensalve unwirksam wurde, und stieß in die Lücke zwischen Zentrum und linkem Flügel der Römer. Damit war der gesamte römische Schlachtplan gegenstandslos geworden. Noch aus dem Bericht des Plutarch[97] ist zu entnehmen, wie ratlos beide Konsuln angesichts dieser Entwicklung waren. Der rechte Flügel stand weitab vom Feind und konnte ihn bei der riesigen Staubentwicklung gar nicht mehr finden. Marius versuchte trotzdem mit dem rechten Flügel die Kimbern im Rücken zu packen, konnte sie aber lange Zeit nicht sehen. Wahrscheinlich konnte auch ein guter Teil des linken Flügels nicht in die Schlacht eingreifen. Jedenfalls geht aus der Schilderung Plutarchs ganz klar hervor, daß den römischen Feldherrn die Leitung der Schlacht entglitten war.

Die Kimbern dagegen griffen planmäßig den schwächsten Teil des

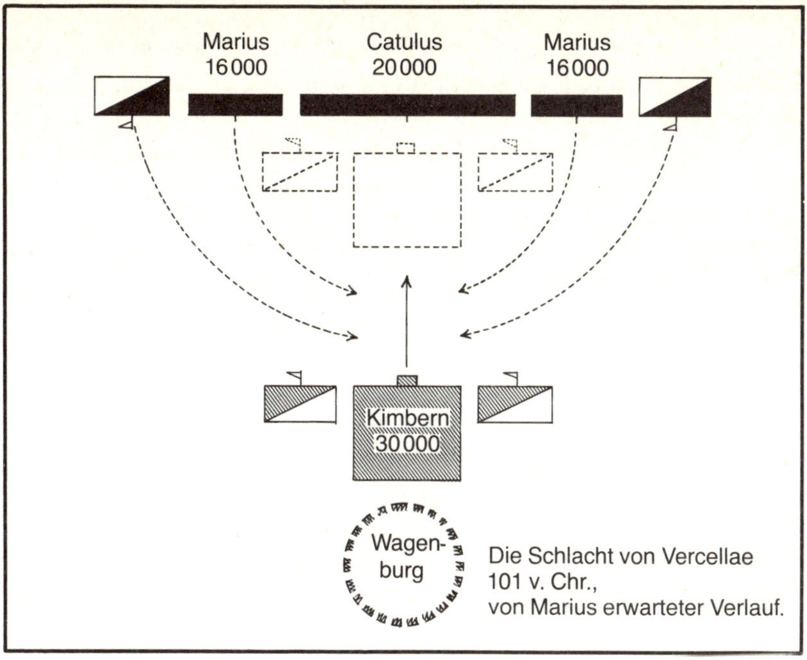

Die Schlacht von Vercellae
101 v. Chr.,
von Marius erwarteter Verlauf.

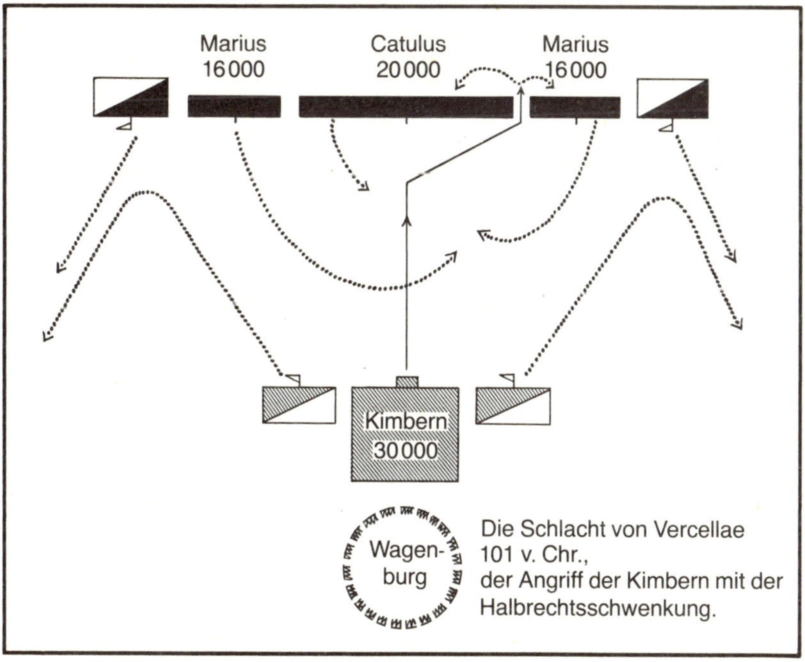

Die Schlacht von Vercellae
101 v. Chr.,
der Angriff der Kimbern mit der
Halbrechtsschwenkung.

römischen Heeres an, nämlich die Truppen des Catulus, während in dieser Anfangsphase der Schlacht die Elitetruppen des Marius völlig kaltgestellt waren. Es scheint fast so, als wenn den Kimbern der Durchstoß durch die römische Front gelungen wäre und die Römer eine Schlacht mit verkehrter Front hätten schlagen müssen. Auch der Wind und die Sonne, die den Germanen ins Gesicht hätte scheinen sollen, dürften sich dadurch zu Gunsten der Germanen ausgewirkt haben. Jedenfalls sagt Plutarch ganz klar, daß in dieser Anfangsphase der größte Teil der Truppen des Marius die Fühlung mit dem Feind völlig verloren hatte. Er mag schon recht haben, daß daran die riesige Staubentwicklung schuld war. Es zeigt aber auch, wie klein offenbar der Schlachtkeil der Germanen war.

Da scheint sich nun bei den in den Kampf verwickelten römischen Heeresteilen die neue Kohortentaktik ausgewirkt zu haben. Sie ermöglichte dem Zentrum eine schnelle Kehrtwendung und verhinderte das Aufrollen der römischen Front. Es wäre somit eine ähnliche Lage wie in der Schlacht von Bibrakte zwischen Cäsar und den Helvetiern eingetreten, wo ja auch das dritte Glied kehrt machen mußte, um den vom Rücken her angreifenden Gegner abzuwehren. Gegen Mittag scheint es endlich der römischen Führung geglückt zu sein, die Flügel nach längeren Märschen ins Gefecht zu führen.

Nun mußte sich die gewaltige römische Überzahl verhängnisvoll für die Germanen auswirken. Was dagegen Plutarch über die Empfindlichkeit der Kimbern gegen die Hitze berichtet, kann man ruhig auf sich beruhen lassen. Ein Heer nämlich, das solche Strapazen hinter sich hat wie das der Kimbern, wird davon nicht sehr beeindruckt. Sie werden einfach mit den Truppen des Catulus nicht schnell genug fertig geworden sein. Als dann immer neue römische Truppen aus dem Staubnebel auftauchten, mußte sich körperliche Erschöpfung geltend machen. Das erinnert an die Schlacht der Spanier im Süden Chiles gegen die Araukarier. Auch hier wurde das spanische Heer restlos aufgerieben, weil nach dem Abschlagen der einen Angriffswelle sofort eine neue auftauchte. So konnten die Spanier trotz ihrer Waffenüberlegenheit schließlich vor Erschöpfung kaum mehr die Schwerter heben und mußten sich von den schlechtbewaffneten Indianern abschlachten lassen. Mir scheint, daß es bei Vercellae ähnlich zugegangen ist.

Analysiert man den Schlachtbericht Plutarchs, dann erstaunt man, wie genial die Führer der Germanen gerade das ausgenutzt haben, was ihnen nach dem Plan des Marius hätte zum Nachteil gereichen sollen, nämlich den Wind und die Sonne. »Übers Ohr gehauen« waren in der

Anfangsphase der Schlacht nicht die Germanen, sondern die Römer. Marius und Catulus haben das auch sofort gemerkt, was sie zu großen Opfergelübden an die Götter veranlaßte. Gerettet hat die Römer ihre Überzahl von mindestens 22 000 Mann und die neue Kohortentaktik.

Es gibt in der Geschichte der Römer zwei entscheidende Schlachten, die von ihnen gewonnen worden sind, obwohl der genialere Feldherr auf der Gegenseite führte und die Anlage der Schlacht eigentlich das Gegenteil hätte erwarten lassen. Das sind Zama 202 und Vercellae 101. Bei Zama rettete die Römer das Unverständnis der karthagischen Unterführer gegenüber dem Plan Hannibals. Cäsar hat später bei Pharsalus gezeigt, wie Zama hätte ablaufen sollen. Genialer aber erscheint mir doch noch Vercellae von dem germanischen Führer angelegt worden zu sein. Man muß allerdings zugeben, daß die Kimbern hier alles auf eine Karte gesetzt haben. Es gab für sie nur Sieg oder Untergang. Das eben läßt den Gedanken an eine Art Gottesurteil aufkommen, wie ich oben angedeutet habe.

Neben der genialen Anlage des Aufmarsches muß man die exakte Durchführung der Halbrechtsschwenkung des germanischen Schlachtkeils bewundern. Es gibt wohl kaum etwas Schwereres als eine Halbrechts- oder Halblinksschwenkung einer großen Truppe. Hier waren es vermutlich 30 000 Mann. Sie mußten diese Schwenkung auf ein gegebenes Signal hin sofort durchführen, ohne daß es zu einem heillosen Durcheinander kommen durfte. Das kann nur ein sehr gut einexerziertes Heer.

Blicken wir jetzt zurück auf den Zug der Kimbern und Teutonen, so sehen wir ihn in dem großen Zusammenhang der keltisch-germanisch-römischen Auseinandersetzung. Zuerst scheinen Römer und Germanen stillschweigende Verbündete in dem Kampf der Römer mit den Kelten Oberitaliens und der Germanen mit den Kelten der Gebiete nördlich der Alpen zu sein. Dieses wahrscheinlich nicht offizielle Bündnis, das nur in der Tatsache lag, daß sich die Römer gegen das Vordringen der Kelten nach Italien und die Kelten gegen das Vordringen der Germanen nach Süddeutschland wehren mußten, mußte in dem Augenblick gegenstandslos werden, in dem die Macht der Kelten so geschwächt war, daß sie den Römern nicht mehr gefährlich werden konnten. Jetzt mußten die Römer darauf bedacht sein, daß der Widerstand der Kelten gegen die Germanen nicht zusammenbrach. Als sich, etwa um 150 v. Chr., eine solche Situation im Norden abzuzeichnen begann, scheinen die Römer rücksichtslos im Mittelmeerraum alle noch vorhandenen Mittelmächte beseitigt zu haben, damit sie für eine möglich werdende Auseinandersetzung mit dem nördlichen Gegner den Rücken frei hatten. Anschließend bemächtigten sie sich des Vorfeldes vor Italien.

In diese Situation hinein kommt der Zug der Kimbern und Teutonen. Den Römern konnte gar nichts daran liegen, daß diese die keltische Burgenlinie von Süden her aufrollten. Sie versuchten in der Steiermark mit unzureichenden Kräften dieses Ereignis zu verhindern. Infolge der damals gerade einsetzenden Kämpfe zwischen Optimaten und Popularen in Rom und der Kolonialkämpfe in Spanien und Afrika war die Reaktion Roms gehemmt. Die Germanen aber scheinen zuerst nicht verstanden zu haben, daß das stillschweigende Einvernehmen zwischen Rom und ihnen endgültig vorbei war.

Als sie sich darüber klar geworden waren, scheinen sie beabsichtigt zu haben, Roms Vormarsch in der Rhone-Saône-Rhein-Furche zu stoppen und einen Ring von keltischen Staaten, die von ihnen abhängig waren, zwischen ihr Interessengebiet und das Roms zu legen. Das jedenfalls würde den merkwürdigen Kimbern- und Teutonenzug von 110 bis 101 erklären.

Da sie durch Beobachtungen und ihre Gesandtschaften von den inneren und äußeren Schwierigkeiten Roms wußten und eine solche lose Koalition von Mittel- und Kleinstaaten, wie sie das west- und jütländische Germanentum damals bestenfalls darstellte, sehr schwerfällig reagieren mußte, kam es dazu, daß sie ihrerseits mit unzulänglichen Mitteln den Versuch zur Zurückdrängung Roms machten, so daß es letzten Endes deswegen zu den Katastrophen von Aquae Sextiae und Vercellae kam.

Danach folgte eine fast fünfzigjährige Pause in dieser Auseinandersetzung. Rom, von der unmittelbaren Gefahr befreit, gab sich der blutigen Auseinandersetzung zwischen Optimaten und Popularen hin. Ohne sich um die Verhältnisse im Norden zu kümmern, hat es in dieser Zeit seine Macht bis weit nach dem Osten, bis in die Nähe des Iran, ausgeweitet. Aber vergessen hatte Rom die Gefahr aus dem Norden deswegen doch nicht. Es waren vor allem die Popularen, die die größte Leistung ihres alten Führers Marius immer im Gedächtnis behalten haben. In Cäsar, dem Neffen des Marius und Schwiegersohn des zweiten Führers der Popularen, Cinna, fand sich dann der Mann, der den Kampf um das Rhone-Saône-Rhein-Tal in letzter Minute wieder aufnehmen sollte. Sein großer Gegenspieler wurde auf germanischer Seite Ariovist. Mit diesen beiden tritt der Kampf der Römer und Germanen um das Restgallien in seine entscheidende Phase ein.

Natürlich kann man diese hier vorgetragene Hypothese verwerfen. Aber man muß dann zumindest gerechterweise zugeben, daß sie einen verständlichen und logischen Zusammenhang in die Auseinandersetzungen Roms mit dem Nordraum vom Ende des Ersten Punischen Krieges bis zum Ende des Zuges der Kimbern und Teutonen bringt und auch die Ausgangslage und die Voraussetzungen für Cäsars Eingreifen in Gallien erhellt.

Die Eroberung Galliens durch Julius Cäsar 58 bis 51 v. Chr.

1. Der Helvetierzug

Nach der Katastrophe der Teutonen und Ambronen 102 v. Chr. und der Kimbern 101 v. Chr. gibt es über 40 Jahre lang keine Zusammenstöße zwischen den Römern und den Germanen mehr.

Rom scheint sich fast nur noch für innenpolitische Kämpfe und die Ausweitung seiner Macht nach Asien hinein zu interessieren. Die Kämpfe zwischen den Popularen und Optimaten werden immer erbitterter und blutiger. Marius und Sulla sind dafür Symbole. Marius, der auch heute noch manchmal als genialer Feldherr angesehen wird, aber doch wohl nur ein erfahrener Truppenführer, Exerziermeister und Taktiker war und nichts vom genialen Schwung eines Hannibal oder Cäsar an sich hatte, beherrschte zuerst die Szene. Es kam unter seinem sechsten Konsulat zum Bundesgenossenkrieg von 91 bis 88. Darauf folgte die Gewaltherrschaft von Marius und Cinna von 87 bis 86, und dann Cinnas Alleinherrschaft (mit Kreaturen als Amtsgenossen), die durch Sullas Diktatur abgelöst wurde. Zu diesen mit äußerster Erbitterung geführten inneren Kämpfen kamen die drei Mithridatischen Kriege (87–83 unter Sulla, 83–82 unter Morena, 74–64 unter Lucullus und Pompeius), der Aufstand des Sertorius in Spanien von 76 bis 72, der Sklavenkrieg des Spartakus von 73 bis 71 und der Seeräuberkrieg von 69 bis 67. Auch danach gab es keine Ruhe. 64 kam es zum Feldzug gegen Syrien, der zum Ende des Seleukidenstaates führte, und 62 zur Verschwörung des Catilina. Kleinere Kämpfe, z. B. gegen die Allobroger, seien nur am Rande erwähnt.

Die vierzig Jahre von 101 bis 61 waren für Rom demnach von schwersten inneren und äußeren Kämpfen erfüllt. Es ist verständlich, daß sich Rom in dieser Krisenzeit nicht um seine Nordgrenze kümmerte, aber auch auffällig, daß es dies nicht nötig hatte. Der keltische Schutzwall vom Frankenwald bis zum Taunus war ja verschwunden und die germanisch-keltische Grenze bis zur Donau und zum Oberrhein von den Germanen vorgeschoben worden. Für die Westgermanen hätte es doch nahe gelegen, die innere Schwäche Roms und seine äußere Fesselung in Asien zu benutzen, ihre Stellung in Mittelgallien auszubauen und zu festigen. Aber dreißig Jahre lang erfolgte nichts. Erst 71 überschritt Ariovist den Oberrhein und baute sehr langsam dort, in der Burgundischen Pforte und im obersten Saônetal, seine Stellung aus. Die Erklärung für dieses Zögern kann nur in dem Schock liegen, den die Vernichtung der beiden Landnehmerheere der Kimbern und der Teutonen-Ambronen bei den Westgermanen ausgelöst hatte.

Die Historiker beschäftigen sich fast nur mit dem turbulenten Geschehen in und um Rom, das ich oben angedeutet habe. Sie fragen fast nie nach den Rückwirkungen der beiden Vernichtungsschlachten von Aquae Sextiae und Vercellae auf die Germanen. Diese hat es ganz gewiß gegeben. Sicherlich sind nicht alle Teilnehmer an den Zügen getötet oder gefangengenommen worden. Einige, vielleicht recht wenige, werden entkommen sein und die traurige Nachricht nach Hause gebracht haben. Dafür spricht schon die Gesandtschaft der jütländischen Kimbern an Kaiser Augustus[98]. Vermutlich ist nach diesen Katastrophen ein Umschwung der Stimmung bei den westgermanischen und jütländischen Fürsten eingetreten. Sie begnügten sich vorerst mit dem Erreichten und wollten anscheinend alles vermeiden, was Rom zu einem weiteren Ausgreifen nach Norden hätte veranlassen können.

Erst als in dem Jahrzehnt von 80 bis 71 die innere Zerrissenheit Roms und seine Fesselung in Asien und Spanien unübersehbar geworden war, wurden die Pläne zur Ausdehnung des germanischen Siedlungsgebietes nach Westen und Süden wieder hervorgeholt. Der Führer in diesem neuen Unternehmen ist Ariovist. Er setzte genau dort an, wo schon die Kimbern und Teutonen von 110 bis 102 gekämpft hatten, im Saône-Rhone-Tal. Das spricht dafür, daß sowohl vierzig Jahre zuvor, wie bei dem neuen Griff nach keltischem Gebiet eine genaue Kenntnis der Verkehrsverhältnisse ebenso wie eine vorausschauende Planung der germanischen Führer vorhanden war. Diese von der Natur vorgezeichnete Verkehrslinie mußte im Norden stark gesichert werden, wenn eine Germanisierung des gallischen Tieflandes nördlich der Auvergne gegen Vorstöße Roms abgeschirmt werden sollte. Dabei wird wohl die Beherrschung der Ausgänge der Schweizer Alpenpässe besonders wichtig gewesen sein. Aber auch die Rhonestraße gewann nach dem Niederkämpfen der Ligurer durch die Römer an Bedeutung.

Weiterhin durfte die germanische Führung das Garonnetal nicht vernachlässigen. Wer dieses bis zum Ozean und auch noch die Loireübergänge bei Nantes, Angers, Tours und Orléans beherrschte, konnte schnell und leicht seine Hand auf ganz Nordfrankreich legen. Wie wichtig diese Übergänge waren, zeigte sich Jahrhunderte später, als sie im Kampf Karl Martells mit den Arabern und noch viel später im Hundertjährigen Kriege eine so große Rolle spielten. Beide wichtigen Zugänge zum nordfranzösischen Tiefland scheinen damals die germanischen und die mit ihnen verbündeten keltischen Führer berücksichtigt zu haben. Dabei war die Sicherung des oberen Saônetals die wichtigere Aufgabe. Darum finden wir dort das germanische Landnehmerheer. Zusätzlich zu diesem Zugang nach Norden scheint für später eine Inbesitznahme des Schweizer Mittellandes geplant gewesen zu sein. Wer dieses besitzt, flankiert den Rhoneweg und beherrscht die Nordausgänge der wichtigsten Westalpenpässe.

Das Gebiet zwischen Garonne und Loire sollten möglicherweise die Helvetier besetzen, um ein Ausgreifen der Römer nach Westen und Norden zu verhindern. Ich halte es für ausgeschlossen, daß der Zug der Helvetier 58 v. Chr. und Ariovists Bündnis mit den Sequanern nicht aufeinander bezogen waren. Dazu waren die Entfernungen viel zu gering und die diplomatische Tätigkeit der germanischen und keltischen Fürsten zu rege und ausgedehnt. Ich erinnere nur daran, daß der »König« von Norikum dem Ariovist eine Schwester zur Frau gegeben hatte, obwohl dieser schon verheiratet war. Es erscheint mir auch sehr bemerkenswert, daß Ariovist nicht als Eroberer, sondern als Verbündeter der Sequaner aufgetreten ist. Das lag nahe, da diese schon 102 Verbündete der Teutonen und Ambronen gewesen waren, aber nach Aquae Sextiae die Seiten gewechselt hatten. Der neuerliche Seitenwechsel ist gewiß von einer progermanischen Partei ausgegangen. Aus Cäsars »Gallischem Krieg« wissen wir genau, daß es solche Parteien gegeben hat. Das war selbst bei den Häduern so, die traditionell (vielleicht seit 125, vielleicht noch früher) mit den Römern verbündet waren. Ich brauche nur den Namen Dumnorix zu nennen.

Ariovist scheint versucht zu haben, so behutsam wie möglich aufzutreten und sich für sein Vorgehen solche Rechtstitel zu sichern, daß Rom keinen Vorwand zum Eingreifen hatte. Nach der Katastrophe der Kimbern, Teutonen und Ambronen war eine solche Vorsicht verständlich. Aber bei Ariovists Unternehmen zeigte sich eine bemerkenswerte Schwerfälligkeit. Von 71 bis 58 hatte er es nicht vermocht, genügend germanische Truppen zu sammeln, daß er Cäsar mit gleichstarken

Kräften entgegentreten konnte. Erst 61, als die römischen Kräfte durch den Aufstand der Allobroger in Savoyen gebunden waren, kommt es zur Schlacht von Magetobriga gegen die Häduer, die zur vergeblichen Gesandtschaft des Diviciacus nach Rom führte. Dies scheint zu beweisen, daß Ariovist erst dann schärfer auftrat, als die Römer an anderer Stelle gebunden waren. Es fragt sich, ob die Zurückhaltung allein auf die Rücksichtnahme gegenüber Rom zurückzuführen ist oder ob sie nicht auch auf verschiedene Interessen und Eifersüchteleien in einer Koalition von westgermanischen und jütländischen Klein- und Mittelstaaten zurückzuführen sein könnte.

Jedenfalls scheint er die 13 Jahre durch Rom nicht gestörter Aufbauarbeit benutzt zu haben, vor allem die Stellung auf der linksrheinischen Seite des Oberrheingrabens auszubauen. Wahrscheinlich waren sogar die Gebiete rechts des Oberrheins noch recht spärlich besiedelt, so daß er erst in der zweiten Hälfte des Jahrzehnts von 70 bis 60 dazu gekommen ist, tiefer in die Burgundische Pforte und ins obere Saônetal vorzudringen.

Diese vorsichtige Zurückhaltung auf beiden Seiten ändert sich schlagartig mit dem Auftreten Cäsars. Wohl stammte dieser aus einer hochadligen, wenn auch nicht sehr begüterten Familie, war aber Angehöriger der Popularen, zu deren Führer er bald aufstieg. Dies lag nahe, denn die Schwester seines Vaters war die Gattin des Marius gewesen – der jüngere Marius somit sein Vetter –, und seine erste Frau war die Tochter Cinnas. Cäsar hielt das Andenken an Marius stets hoch. So ließ er etwa die gestürzten Bildsäulen seines Onkels wieder aufrichten. Es ist selbstverständlich, daß er schon als Kind und junger Mann bestens mit dem Geschehen des Kimbern- und Teutonensturmes vertraut war und sich für alles, was sich in Gallien und nördlich der Alpen abspielte, aufs höchste interessierte. Es war ein Hauptanliegen der Popularen, Italien gegen Norden abzusichern, während die Optimaten ihren Blick mehr auf den Osten des Mittelmeeres und Asien gerichtet haben. Daß aber auch sie die Verhältnisse bei den Kelten nicht aus dem Auge verloren, beweist die Gesandtschaft der Allobroger, die gerade zur Zeit der Catilinarischen Verschwörung in Rom weilte und von Catilina in seine Pläne einbezogen wurde, so daß sie dem amtierenden Konsul Cicero manches davon mitteilen konnte. Auch Cäsar muß davon erfahren haben, denn er soll dieser Verschwörung nicht ferngestanden haben.

Vor seinem ersten Konsulat ging Cäsar als Proprätor nach Spanien und verdiente sich hier seine ersten Sporen als Feldherr. Er segelte auch als erster mit einer Heeresabteilung von Gades (Cadiz) nach der äußersten Nordwestecke Spaniens bei Brigantium (Betanzos). Es ist denkbar, daß er schon in dieser Zeit Erkundigungen über das noch freie Spanien und Gallien eingezogen hat. In seinem Konsulatsjahr nimmt er Beziehungen zu Ariovist auf, wie er selbst berichtet[99], und wie Ariovist bestätigt[100]. Das beweist, daß er sich schon als Konsul für die keltisch-germanische Frage interessierte. Wenn er sich als Prokonsul die Provinzen Gallia Cisalpina und Illyrien und kurz darauf Gallia Narbonensis zuteilen ließ, so sind für ihn doch wohl außenpolitische Erwägungen und nicht das Bestreben, ein Heer in der Nähe Roms zur Verfügung zu haben, ausschlaggebend gewesen.

Man kann wohl annehmen, daß er in erster Linie die alte Kelten- und Germanenpolitik der Popularen, mit der er durch Familienbande so eng verbunden war, wieder aufnehmen wollte. So eine Unternehmung muß beim breiten Volke auch viel populärer gewesen sein als Unternehmungen weit von Italien entfernt, etwa in Armenien oder im Iran. Eroberung in Gallien, das billigte sicherlich der Mann auf der Straße viel mehr als Kriege »weit hinten da in Parthien, wo Völker aufeinanderschlagen«. Krieg in Gallien mußte jedem einleuchten, dem noch der Kimbernschrecken in den Knochen saß, und das waren wohl die meisten kleinen Leute in Rom. So nahm Cäsar die Politik Roms gegenüber dem Nordalpenraum dort wieder auf, wo sie nach der Vernichtung der Kimbern stehengeblieben war. Auch wird es einem Genie wie ihm klar gewesen sein, daß es so nicht bleiben konnte, wenn Rom nicht eines Tages peinliche Überraschungen aus dem Norden erleben sollte.

Den Ereignissen des Jahres 58 müssen regste diplomatische Verhandlungen von und nach allen Seiten vorangegangen sein. Cäsar berichtet davon wenig, aber doch soviel, daß man daraus auf solche Aktivitäten schließen kann. Es ist ausgeschlossen, daß die römischen Staatsmänner davon keine Kenntnis gehabt haben sollten. Wir wissen, daß Rom 60 und 59 mit den Häduern und mit Ariovist unterhandelt hat. Das können aber nicht die einzigen Verhandlungen gewesen sein. Das hätte dem Wesen der römischen Diplomatie widersprochen. Im Mittelpunkt dieser vielfältigen Verhandlungen scheint die Person des Helvetiers Orgetorix gestanden zu haben. Dieser soll, im Jahr 61 beginnend[101], Adel und Volk der Helvetier überredet haben, das Schweizer Mittelland, den damaligen Wohnsitz der Helvetier, zu verlassen und in das Land der Santoner umzusiedeln. Als Grund dafür gibt Cäsar an, daß das Land für die Menge der Helvetier zu eng geworden

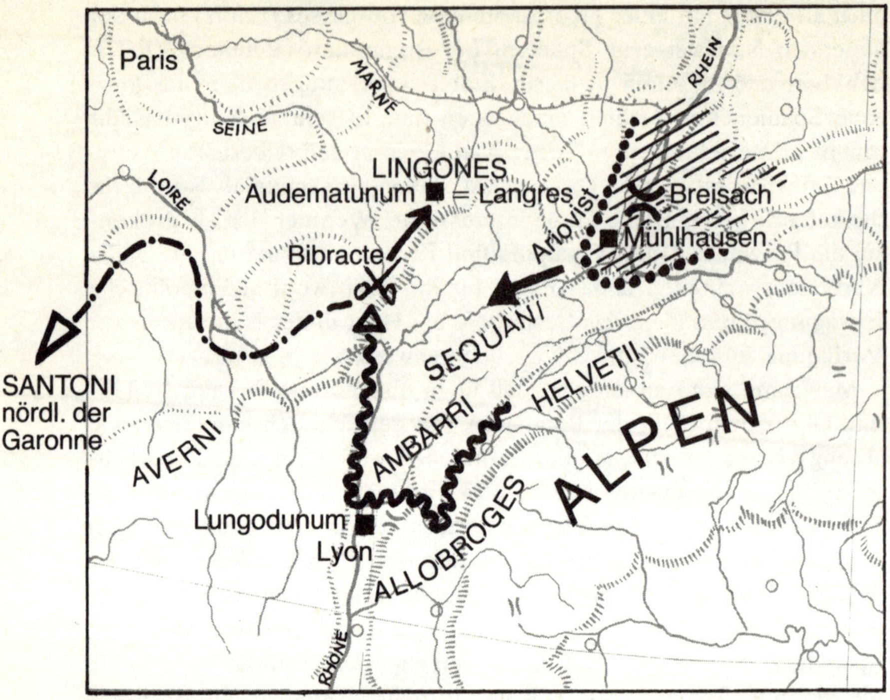

sei, weil sie große Gebiete an die Germanen verloren hätten und dauernd von diesen beunruhigt wurden. Was er sonst noch von der Wildheit und Eroberungssucht dieses Stammes berichtet, ist wohl nur eine Entschuldigung für seinen Völkerrechtsbruch (siehe unten).

Das Land der Santoner ist die heutige Saintogne am und südlich des Flusses Charente mit den heutigen Orten Rochefort, Saintes, Cognac und Angoulême. Auch die Wahl dieses Gebietes durch die Helvetier scheint aus dem Bestreben getroffen worden zu sein, mit den römischen Interessen möglichst nicht zusammenzustoßen, denn es liegt bedeutend nördlicher als die Gegend von Agen, wo 107 der helvetische Unterstamm der Tiguriner die Schlacht gegen den römischen Konsul Lucius Cassius gewonnen hatte. Wir erinnern uns, daß sich damals die Bewohner Tolosas den Tigurinern angeschlossen hatten und erst 106 durch den Konsul Caepio wieder unter römische Botmäßigkeit gebracht werden konnten. Wenn Cäsar angibt, befürchtet zu haben, daß sich etwas Ähnliches wiederholen könnte, ist das im Licht der Vorkommnisse von 107 v. Chr. verständlich; die Erhebung Tolosas lag ja nur 49 Jahre zurück. Allerdings werden wohl weniger die Tolosaner etwas von den Helvetiern zu fürchten gehabt haben, als vielmehr die Römer, die nach der Ansiedlung der Helvetier bei den Santonern und der Festigung ihres Staates dort mit einer verstärkten Anziehungskraft eines solchen erstarkenden Mittelstaates auf die umliegenden Kleinstaaten auch nach Süden zur Garonne hin rechnen mußten.

Es ist ganz ausgeschlossen, daß die Helvetier diese Pläne ohne Wissen und Billigung von Ariovist fassen und durchführen konnten. Sie hatten sich doch die Unterstützung der von dem Königsproß Casticus geführten Adelspartei bei den Sequanern gesichert. Diese aber hatten die Germanen unter Ariovist in ihren nördlichen Gauen stehen. So geschah der Zug der Helvetier höchstwahrscheinlich mit Zustimmung und zumindest diplomatischer Unterstützung von Ariovist. Darum scheint der Helvetierzug in ein großes politisches Konzept hineinzugehören, das schon zur Zeit der Kimbern und Teutonen entworfen worden war und nun vorsichtiger als damals ins Werk gesetzt wurde.

Nicht nur die Sequaner waren von Orgetorix gewonnen worden, sondern auch eine sehr wichtige und einflußreiche Persönlichkeit bei den traditionellen Freunden der Römer, den Häduern, nämlich Dumnorix, der Bruder des Diviciacus, der ein eingeschworener Römerfreund blieb. Dumnorix verband sich sogar durch Heirat mit dem helvetischen Fürstenhaus. Cäsar gibt an, daß sich Orgetorix, Dumnorix und der Sequaner Casticus heimlich verschworen hätten, um in ihren Staaten die absolute Königsherrschaft zu erringen, also das herrschende Adelsregiment zugunsten einer absoluten Diktatur abzuschaffen. Ob solche Pläne in Wirklichkeit bestanden, ist heute nicht mehr auszumachen. Sicherlich wäre es den Römern und auch Cäsar höchst gleichgültig gewesen, wie die keltischen Mittelstaaten ihre Regierung gestalteten. Sie durften nur nicht mit den römischen Interessen kollidieren. Weltverbesserung nach ideologischen Rezepten lag damals den Römern und gar Cäsar fern. Auch die Behauptung, daß die Helvetier sich der Herrschaft über ganz Gallien hätten bemächtigen wollen und er darum hätte eingreifen müssen, steht einem Eroberer, der sich später ganz Gallien unterworfen hat, ziemlich schlecht zu Gesicht. Man kann darum diese Stellen ruhig als Zweckpropaganda zu den Akten legen.

Sehr eigenartig ist das, was Cäsar vom Schicksal des Orgetorix berichtet[102]. Die Helvetier hätten Orgetorix verhaftet und vor Gericht gestellt. Zur Verhandlung seien aber alle »Leibeigenen« (sua familia) – an die 10 000 Mann – und auch alle Schuldner und Klienten des

Orgetorix erschienen, hätten die Verhandlung verhindert und Orgetorix befreit. »Per eos, ne causam diceret, se eripuit.« Wörtlich: »Durch diese, damit er nicht spräche, habe er sich entzogen (oder befreit).« Weiter heißt es: »Cum civitas ob eam rem incitata armis ius suum exsequi conaretur multitudinemque hominum ex agris magistratus cogerent, Orgetorix mortuus est.« Wörtlich: »Als der Staat (vielleicht die Staatsverwaltung oder Regierung), wegen dieser Sache erregt, sein Recht mit Waffen zu vollstrecken suchte und die Behörden eine Menge Menschen vom Land versammelten, ist Orgetorix gestorben.«

Daß er Selbstmord begangen haben sollte, wie nach Cäsar die Helvetier geglaubt hätten, erscheint unwahrscheinlich. Soviel aber scheint festzustehen: Auch bei den Helvetiern gab es zwei oder vielleicht sogar mehrere Parteien, von denen eine von Orgetorix geführt wurde und die andere ihm feindlich gesinnt war. Nach dem Scheitern der Gerichtsverhandlung drohte wahrscheinlich ein Bürgerkrieg.

Ob Orgetorix ermordet wurde oder eines natürlichen Todes gestorben ist, läßt sich nicht entscheiden. Die Auswanderung aber war Sache aller Helvetier und wurde auch nach seinem Tode nach dem von ihm entworfenen Plan ins Werk gesetzt. Eigenartig ist es, daß sich dem Zug der Helvetier nicht nur Rauraker, Tulinger und Latobriger anschlossen, sondern auch Bojer, die gerade Noreia belagert hatten. Die ersten drei Stämme waren enge Nachbarn der Helvetier, darum ist ihre Teilnahme an der Auswanderung verständlich. Das gilt aber nicht von den Bojern: Ihre westlichen Gaue lagen um Passau und vielleicht noch im oberen Naab- und im Regental. Noreia lag, wie wir wissen, in der Steiermark. Wenn eine Reihe von Bojerscharen wirklich einen Vorstoß bis ins Murtal gemacht hat, was wohl kaum zu bezweifeln ist, mußten sie, um sich mit den Helvetiern zu vereinigen, über die Alpen und dann an diesen nördlich entlang bis ins Schweizer Mittelland ziehen. Sie mußten dazu das Land der Räter und Vindeliker durchqueren. Cäsar sagt später[103], daß es nur 32 000 Menschen, Männer, Frauen und Kinder, gewesen seien. Davon dürften wohl nur 8000 waffenfähig gewesen sein. Sie können somit die Gebiete der oben genannten, sehr starken Völker nicht feindlich durchzogen haben, dazu wäre die Zahl der Waffenträger wohl doch etwas zu klein gewesen. Es müssen ihrem Durchzug Verhandlungen vorhergegangen sein, die zu einem Abkommen für den friedlichen Durchzug geführt haben. Hat damit vielleicht die Verheiratung des Ariovist mit einer norischen Prinzessin etwas zu tun?

Es erhebt sich hier noch eine zweite Frage. Norikum war mit Rom verbündet. 113 hatte der Konsul Papirius Carbo die Kimbern und Teutonen mit Waffengewalt am Durchzug durch Norikum zu hindern versucht. Warum erwähnt Cäsar diesen neuerlichen Angriff auf Norikum nur so am Rande? Als Prokonsul von Gallia Cisalpina und Illyrien hätte er doch allen Grund gehabt, dagegen einzuschreiten? Sind es vielleicht römische Drohung und germanische Vermittlung gewesen, die den Abzug der Bojer von Noreia zu den Helvetiern bewirkt haben? Warum aber haben die Bojer überhaupt Norikum angegriffen? Drückten vielleicht die Germanen in Nordböhmen schon so stark auf sie? Es sollten aber doch noch mindestens 50 Jahre vergehen, ehe Marbod mit den Markomannen in Böhmen einrückte?

Alle diese Fragen bleiben ohne Antwort. Aber sie müssen endlich einmal gestellt werden. Daß sie sich beim Studium der römischen Schriftsteller und vor allem Cäsars aufdrängen, zeigt, daß damals im keltisch-germanischen Raum Umschichtungen vor sich gegangen sein müssen, von denen uns nichts berichtet wird, die aber gewiß von geschichtlicher Bedeutung gewesen sind. Möglicherweise ist das alles sehr friedlich verlaufen – im Widerspruch zu dem geläufigen Klischee von den wilden und kriegslüsternen Germanen. Ich erlaube mir aber nicht ohne Grund daran zu zweifeln: Kriege bedeuten immer Not und Tod auch für Frauen und Kinder; da es zur menschlichen Natur gehört, daß Familienväter ihre Frauen und Kinder lieben, und da solche Kriegszüge auf dem Thing der erwachsenen Männer beschlossen wurden, werden wohl friedliche Einigungen blutigen Kämpfen vorgezogen worden sein. Bei den Römern mag das anders gewesen sein, nachdem Marius die Berufsarmee eingeführt hatte.

Jedenfalls scheint sicher zu sein, daß in diese vielfältigen Verhandlungen auch germanische Fürsten, vor allem Ariovist, eingegriffen haben. Daß er seine Zustimmung zu dem Zug der Helvetier gegeben haben muß, beweist die Tatsache, daß diese durch das Land der Sequaner mit deren Zustimmung auf einem leicht zu sperrenden Weg gezogen sind[104]. Für die Römer entfiel damit jeder Kriegsgrund. Wenn Cäsar den Krieg dann doch vom Zaun gebrochen hat, müssen ihn gewichtige Gründe dazu bestimmt haben. Das können nur Sorgen vor einer zukünftigen Entwicklung gewesen sein. Ich habe schon darauf hingewiesen, daß diese im Licht der Ereignisse von 107 bis 105 nicht so fadenscheinig sind, wie oft angegeben wird. Wenn Cäsar schreibt[105]: »Cäsar erfuhr, die Helvetier beabsichtigten, durch das Land der Sequaner und Häduer in das Land der Santoner zu marschieren, die nicht weit von den Tolosanern, einem Staat in der Provinz, wohnen. Er sah ein, daß es mit großer Gefahr für die Provinz verbunden sein werde, wenn geschehe, daß sie diese kriegerischen Menschen, Feinde des römischen Volkes, an einem offenen und sehr fruchtbaren Ort zu Nachbarn hätten« – so wird er wohl recht genau über die Pläne seiner potentiellen Gegner, der Germanenfürsten und der mit ihnen im Bunde stehenden Helvetier, unterrichtet gewesen sein. Er muß sich darüber klar gewesen sein, daß es nach ihrer Ansiedlung zwischen Garonne und Loire recht schwierig gewesen wäre, ganz Gallien in den Griff zu bekommen. Das aber mußte sein Ziel sein, wenn er die Germanengefahr so weit wie möglich von Italien abdrängen wollte. Jedenfalls ist sein Vorgehen 58 und 57 v. Chr. so planmäßig und entspricht so vollkommen einer derartigen Überlegung, daß man sie ohne Schwierigkeiten voraussetzen kann. Sie lag auch ganz auf der Linie der Politik der Popularen, Italien gegen jeden Einfall von »Barbarenvölkern« aus dem Norden zu sichern.

Die Helvetier verhandelten zuerst mit Cäsar, um von ihm den Durchzug durch das Gebiet der Allobroger gewährt zu bekommen. Diese waren erst 60 v. Chr. nach schweren, 60 Jahre dauernden Kämpfen von den Römern endgültig unterworfen worden. Es ist verständlich, daß Cäsar zwei Jahre danach dieses Ansinnen ablehnen mußte. Es zeigt aber auch, daß wahrscheinlich damals die Völker auf eine friedliche Regelung aus waren. Es besteht nämlich kein Grund, das Anerbieten der Helvetier, ohne alle Übergriffe durch die Provinz zu ziehen, nicht ernst zu nehmen. – Nach einigen schwächlichen Versuchen, den Durchzug zu erzwingen, gaben sie diesen Plan auf und wählten den zweiten Weg durch das Land der Sequaner.

Von Wichtigkeit ist hier die Bemerkung Cäsars[106], es habe überhaupt nur zwei Straßen gegeben, auf denen sie von zu Hause ausziehen konnten; eine durch (das Land) der Sequaner, eng und schwierig, zwischen dem Juragebirge und dem Rhonefluß, auf dem kaum einzelne Karren geführt werden konnten; es hinderte aber auch ein sehr hoher Berg, so daß sehr wenige (Krieger) den Marsch verhindern konnten.« Das dürfte wohl die einzige Stelle in der Literatur sein, die ein wenig Licht auf die Organisation solcher Völkerzüge wirft. Nach ihr müssen diese gewöhnlich in mehreren Kolonnen nebeneinander gefahren sein, sonst hätte Cäsar nicht so auffällig zu betonen brauchen, daß auf dieser Straße die Wagen nur einzeln hintereinander fahren konnten. Alle Versuche, aus der Länge eines mit Ochsen bespannten Wagens und seiner Besetzung mit Frauen und Kindern auf die Kopfzahl solcher Völkerzüge zu schließen[107], sind darum zum Scheitern verurteilt.

Wichtig ist an dieser Stelle weiterhin, daß der Häduer Dumnorix den Helvetiern den Durchzug durch das Land der Sequaner (und sicher auch durch das der Häduer) vermittelt hat[108]. Da das nur mit der Zustimmung Ariovists möglich gewesen sein konnte, ist es mir unverständlich, daß Curt Woyte in den Anmerkungen zu seiner Cäsar-Übersetzung schreibt[109]: »Die Häduer oder Äduer waren Nachbarn der Sequaner und wohnten zwischen Loire und Saône bis in die Gegend von Lyon. Sie waren schon vor Cäsars Ankunft in Gallien Bundesgenossen der Römer. Diviciacus war zusammen mit dem Adel den Römern treu ergeben, während sein Bruder Dumnorix, römerfeindlich gesinnt, sich zum Führer der keltischen Nationalpartei machen wollte. *Orgetorix, Casticus und Dumnorix erstrebten wahrscheinlich eine Vereinigung aller gallischen Stämme zum gemeinsamen Kampf gegen den Suebenkönig Ariovist.*« Wenn das wirklich ihre Pläne gewesen wären, dann hätten sie sich doch sofort auf Cäsars Seite schlagen müssen, denn dieser plante sicherlich schon damals den Kampf gegen den Suebenkönig. (Daß dann später Cäsar ganz Gallien unterwerfen würde, konnten sie damals noch nicht voraussehen.)

Mir erscheint es viel wahrscheinlicher, daß Ariovist die Pläne dieser drei Fürsten gekannt und gebilligt hat. Ihm mußte doch daran liegen, an der unteren Garonne und Loire einen starken Staat zu wissen, der seinem Herrschaftsgebiet an der oberen Saône und am Oberrhein einen Flankenschutz gewährte. Auch bei den Häduern gab es wahrscheinlich eine einflußreiche progermanische Partei, die gewiß von Dumnorix geführt wurde.

Wenn Cäsar beklagt[110], daß die Helvetier die Städte und Dörfer der Häduer und Ambarrer verwüstet und ihre Kinder in die Sklaverei weggeführt hätten, so übertreibt er wahrscheinlich ganz gehörig, denn er brauchte für sein jedem Völkerrecht widerstreitendes Vorgehen gegen die Helvetier wenigstens einige Gründe, um sich in den Augen des Senats, wo er viele Feinde hatte, einigermaßen zu rechtfertigen. Dabei möchte ich gar nicht bezweifeln, daß durch die Helvetier Übergriffe vorgekommen sind. Doch wird es sehr fraglich sein, ob sie wirklich so schwerwiegend gewesen sind, wie Cäsar sie darstellt. Jedenfalls stellte der Zug der Helvetier an die untere Garonne und Loire um 58 v. Chr. gewiß keine Bedrohung der Provinz dar. Allenfalls hätte in späterer Zeit eine daraus entstehen können.

Cäsar jedenfalls zögerte nicht, den Helvetiern mit sechs Legionen zu folgen. (Die Stärke einer römischen Legion in Gallien unter Cäsar ist nicht genau bekannt. Die Schätzungen schwanken zwischen 3600 und

6000 Mann. Setzen wir die geringere Zahl als Iststärke an, erhalten wir für Cäsars Heer 21 600 Mann. Dazu wären dann noch Hilfstruppen und Troßknechte, die auch im Kampf miteingesetzt wurden, gekommen, so daß man Cäsars Heer wahrscheinlich auf 25 000 Legionäre und 10 00 Auxiliare und Troßknechte schätzen kann.) Seine Reiterei wurde durch ein Hilfskorps der Häduer verstärkt, das allerdings unzuverlässig war, da es von Dumnorix kommandiert wurde[111].

Aus Cäsars Bericht[112] geht klar hervor, wie sehr die Häduer in zwei Parteien gespalten waren und wie geschickt es die römerfeindliche Partei unter Dumnorix verstand, die Römer durch passiven Widerstand zu behindern. Die rührende und tränenreiche Geschichte, die Cäsar im 20. Kapitel seines ersten Kommentars über die Treue, Verläßlichkeit und Bruderliebe des Diviciacus erzählt, der trotz Entmachtung durch seinen Bruder mit Tränen und Klagen um Schonung für diesen bittet, und wie großmütig sich Cäsar angesichts solcher Bruderliebe zeigt, kann man auf sich beruhen lassen. Wichtig davon ist nur: »Gehe nämlich Cäsar zu scharf gegen Dumnorix vor, so werde bei dem so freundschaftlichen Verhältnis zwischen Cäsar und ihm (Diviciacus) jedermann glauben, er habe seine (Cäsars) Maßnahmen gebilligt, und die Folge werde sein, daß er (Diviciacus) sich mit ganz Gallien verfeinde.«[113] Daraus geht hervor, daß damals Cäsar noch nicht die Macht hatte, offen aufzutreten, und vorsichtig lavieren mußte. (Später war das anders. 54 ließ er Dumnorix »auf der Flucht ermorden«.) Es ist übrigens sehr unwahrscheinlich, daß Cäsar von den Umtrieben des Dumnorix nichts geahnt haben sollte. Wäre sein Nachrichtendienst wirklich so schlecht gewesen, hätte er niemals solche Erfolge in Gallien erringen können. Er wird somit in aller Heimlichkeit seine Maßnahmen gegen Dumnorix und dessen Freunde getroffen haben.

Fast 15 Tage lang folgte Cäsar den Helvetiern. Einmal kam es dabei zu vergeblichen Verhandlungen und einige Male zu unbedeutenden Scharmützeln. Cäsar hatte es schwer, ihnen zu folgen, da sie das Land völlig abgeweidet zurückließen. So konnte er seine Truppen kaum versorgen und vor allem seine Pferde nicht mehr ausreichend füttern. Schließlich sah er sich gezwungen, die Verfolgung aufzugeben und auf die Hauptstadt der Häduer, Bibrakte, auszuweichen. Daraufhin machten die Helvetier kehrt und griffen Cäsars Nachhut an, weil sie vielleicht glaubten, daß dessen Truppen durch Verpflegungs- und Futtermangel geschwächt seien. So kam es zur Schlacht von Bibrakte. Davon hat Cäsar ausführlich berichtet[114]:

»Als Cäsar dies bemerkte, führte er seine Truppen auf den nächsten

Hügel und schickte die Reiterei vor, den feindlichen Angriff aufzufangen. In der Zwischenzeit ließ er seine vier alten Legionen auf halber Höhe in drei Treffen aufmarschieren; oben auf dem Hügel stellte er die beiden Legionen auf, die er erst kürzlich in Oberitalien ausgehoben hatte, sowie sämtliche Hilfstruppen, so daß der ganze Berg, von der Mitte bis zum Gipfel, von Menschen dicht besetzt war. Sämtliches Gepäck ließ er inzwischen an eine Stelle schaffen und diese von den zuletzt genannten Truppen durch Befestigungen sichern. (Es wird hier nicht klar, ob alle Truppen oder nur die Auxiliare und Troßknechte schanzen mußten.) Die Helvetier, die mit allen Karren gefolgt waren, brachten ihren Troß auch an eine Stelle; ihre Krieger warfen in dichter Aufstellung unsere Reiterei zurück und rückten dann in einer Phalanx gegen unser erstes Treffen von unten an.

Da ließ Cäsar zuerst sein Pferd und dann die Pferde sämtlicher Offiziere wegführen: die Gefahr sollte für alle gleich sein und niemand mit Flucht rechnen können; dann eröffnete er nach einer kurzen Ansprache an seine Leute den Kampf. Da die Soldaten ihre Pilen von oben her warfen, rissen sie ohne Mühe Lücken in die feindliche Phalanx. Danach griffen sie mit dem blanken Schwert an. Für die Gallier war besonders folgender Umstand beim Kämpfen sehr hinderlich: ein Pilum durchbohrte nicht selten mehrere Schilde und heftete sie aneinander. Bog sich nun dabei die Eisenspitze um, so konnten sie das Pilum nicht wieder herausziehen, ihren linken Arm nicht frei bewegen und nicht richtig kämpfen. Infolgedessen zogen es nicht wenige vor, nachdem sie lange mit dem Arm geschüttelt hatten, den Schild fallenzulassen und ohne Deckung zu kämpfen. (Das ist übrigens die einzige Schlachtenschilderung, von der uns das berichtet wird. Später scheint diese Erfindung keine Rolle mehr gespielt zu haben. Es muß darum schnell etwas erfunden worden sein, was diese Pilenwirkung aufhob.) Schließlich wichen sie, von Wunden erschöpft, langsam zurück und traten allenthalben den Rückzug auf einen Berg an, der etwa eine Meile (= 1,5 km) entfernt war. Sie besetzten ihn, während die Unsrigen von unten nachrückten. Da wurden diese von den Bojern und Tulingern, die, etwa 15 000 Mann stark, die feindliche Nachhut bildeten und den Schluß des Zuges deckten, unmittelbar vom Marsche aus auf der rechten Flanke angegriffen und umzingelt. Als das die Helvetier sahen, die sich auf den Berg zurückgezogen hatten, gingen sie sogleich wieder vor und erneuerten den Kampf. Die Römer machten jedoch eine Schwenkung nach rechts und griffen nunmehr nach zwei Seiten hin an; das erste und zweite Treffen sollten den bereits geschlagenen und zurückgeworfenen Helvetiern Widerstand leisten, das dritte jedoch die anrückenden Bojer und Tulinger aufhalten.

So kämpfte man in einer Doppelschlacht lange und heftig. Als die Helvetier schließlich dem Angriff der Unsrigen nicht mehr standhalten konnten, zogen sich die einen von ihnen weiter in Ordnung auf den Berg zurück, während die anderen zu ihrem Troß und ihren Karren abrückten. Denn einen fliehenden Feind hat in dieser Schlacht niemand von uns zu sehen bekommen, obwohl der Kampf von Mittag bis gegen Abend dauerte. Bis tief in die Nacht hinein kämpfte man noch beim Gepäck. Die Helvetier hatten nämlich aus ihren Karren eine Wagenburg gebildet und schossen von ihr herab auf die anstürmenden Römer; einige warfen auch aus den Zwischenräumen der Karren und Räder von unten her ihre Wurfspieße und suchten so unsere Leute zu treffen. Erst nach langem Kampfe gelang es den Unsrigen, sich des feindlichen Trosses und Lagers zu bemächtigen. Dabei fielen ihnen die Tochter und ein Sohn des Orgetorix in die Hände. Die etwa 130 000 Gallier, die diese Schlacht überlebten, zogen noch die ganze Nacht ohne Aufenthalt weiter und gelangten in ununterbrochenen Tages- und Nachtmärschen am vierten Tage schließlich ins Gebiet der Lingonen.«

Es ist klar, daß Cäsar durch den Angriff des helvetischen Hauptheeres überrascht worden und in eine schwierige Lage gekommen war. Allerdings konnte die Reiterei den Angriff so lange aufhalten, bis er seine altgedienten Legionen in Schlachtordnung aufgestellt hatte und durch den Rest des Heeres auf einem Hügel ein Lager aufschlagen lassen konnte, das seinem Heer auf jeden Fall als Rückhalt dienen konnte. Etwa um 13 Uhr begann dann der Kampf der Hauptheere. Sowohl Cäsar wie die Helvetier hatten aber Reserven aufgespart. Die Helvetier wurden langsam zurückgedrängt und verschanzten sich ihrerseits auf einem 1,5 km entfernten Hügel. Beim Sturm auf diesen fiel den Römern die helvetische Nachhut in Flanke und Rücken. In diesem Augenblick bewährte sich die Heeresreform des Marius, wie es wohl schon in der Schlacht von Vercellae gewesen war. Das dritte Treffen machte kehrt und wehrte die helvetische Nachhut ab. Aber Cäsar gesteht, daß sein Kernheer völlig eingeschlossen wurde. Er berichtet nicht, was in dieser Krise der Schlacht die zwei auf dem Hügel zurückgebliebenen Legionen unternommen haben. Man kann aber annehmen, daß sie gegen Ende der Schlacht noch eingegriffen haben. Das wird ziemlich spät geschehen sein, da sich die Helvetier 1,5 km zurückgezogen hatten und diese Legionen noch mit Schanzen beschäftigt waren. Es ist darum verständlich, daß die Schlacht bis nach Sonnenuntergang gedauert hat.

Nach Cäsars Schilderung sieht es so aus, als ob es ihm in der Schlußphase der Schlacht gelungen wäre, das helvetische Gros vom Lager abzudrängen, so daß dieses nur von der helvetischen Nachhut verteidigt wurde. Die Römer hätten es dann nach schwerem Nachtkampf erobert. Dem widersprechen aber die Zahlenangaben Cäsars. Es sollen sich doch 130 000 Helvetier in leidlicher Ordnung haben zurückziehen können. Dabei kann es sich aber nicht nur um das abgedrängte Gros gehandelt haben, denn Cäsar gibt die Gesamtzahl der wehrfähigen Helvetier mit 92 000 an[115]. Darum müßten die Helvetier, selbst wenn sie gar keine Verluste in der Schlacht gehabt hätten, noch 40 000 Frauen und Kinder bei sich gehabt haben. Da die Verluste der Helvetier sicherlich sehr hoch gewesen sind, müssen noch viel mehr Frauen und Kinder mit dem Gros abgezogen sein. Wahrscheinlich hat nur eine verhältnismäßig kleine Nachhut das Lager verteidigt. Sicherlich sind bei der überstürzten Flucht viele Wagen und Zugtiere zurückgeblieben, so daß der Rest des helvetischen Heeres von den meisten Versorgungsgütern entblößt war. Es ist sehr charakteristisch, daß der helvetische Rückzug nach Nordnordost verläuft bis ungefähr in die Gegend des heutigen Langres, rund 150 km westlich von Mülhausen. Die Helvetier erstrebten höchstwahrscheinlich die Vereinigung mit dem Heer des Ariovist.

Cäsar konnte nicht sofort folgen, da auch sein Heer sehr schwere Verluste gehabt hatte. Er brauchte drei Tage zur Bestattung der Toten und Versorgung der Verwundeten. Aber er ließ durch Sendboten die Bevölkerung aufwiegeln, so daß sich die Helvetier nicht halten konnten und vor der Vereinigung mit Ariovist kapitulieren mußten. Nur 6000 von ihnen versuchten, sich trotzdem zu Ariovist durchzuschlagen[116]. Cäsar sagt ausdrücklich: »Anfangs der Nacht verließen sie das Lager der Helvetier und eilten nach dem Rhein und dem Gebiet der Germanen.« Das alles zeigt sehr deutlich, daß der Zug der Helvetier im Einvernehmen mit den Germanen unter Ariovist unternommen worden ist. Die 6000 Helvetier müssen nämlich sicher gewesen sein, daß sie Ariovist gut aufgenommen hätte. Cäsars Reaktion ist entsprechend. Er läßt sie auf ihrem Rückzug durch den Heerbann der mit ihm verbündeten Keltenstaaten gefangennehmen und zurückbringen. Das spricht sehr dafür, daß er schon damals einen Feldzug gegen Ariovist ins Auge gefaßt hatte und verhindern wollte, daß dieser mit den versprengten Helvetiern sein Heer verstärken konnte.

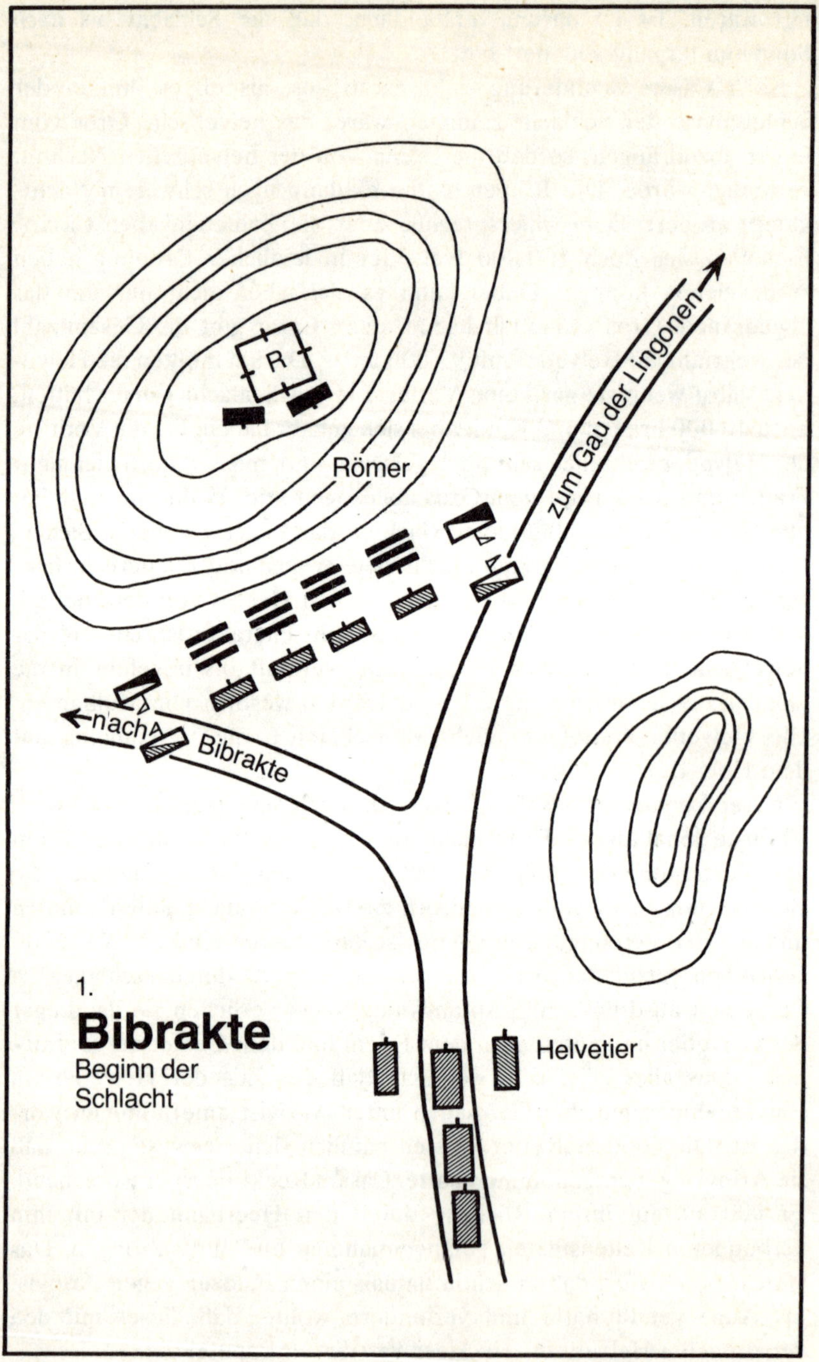
R
Römer
zum Gau der Lingonen
nach
Bibrakte
Helvetier
1.
Bibrakte
Beginn der
Schlacht

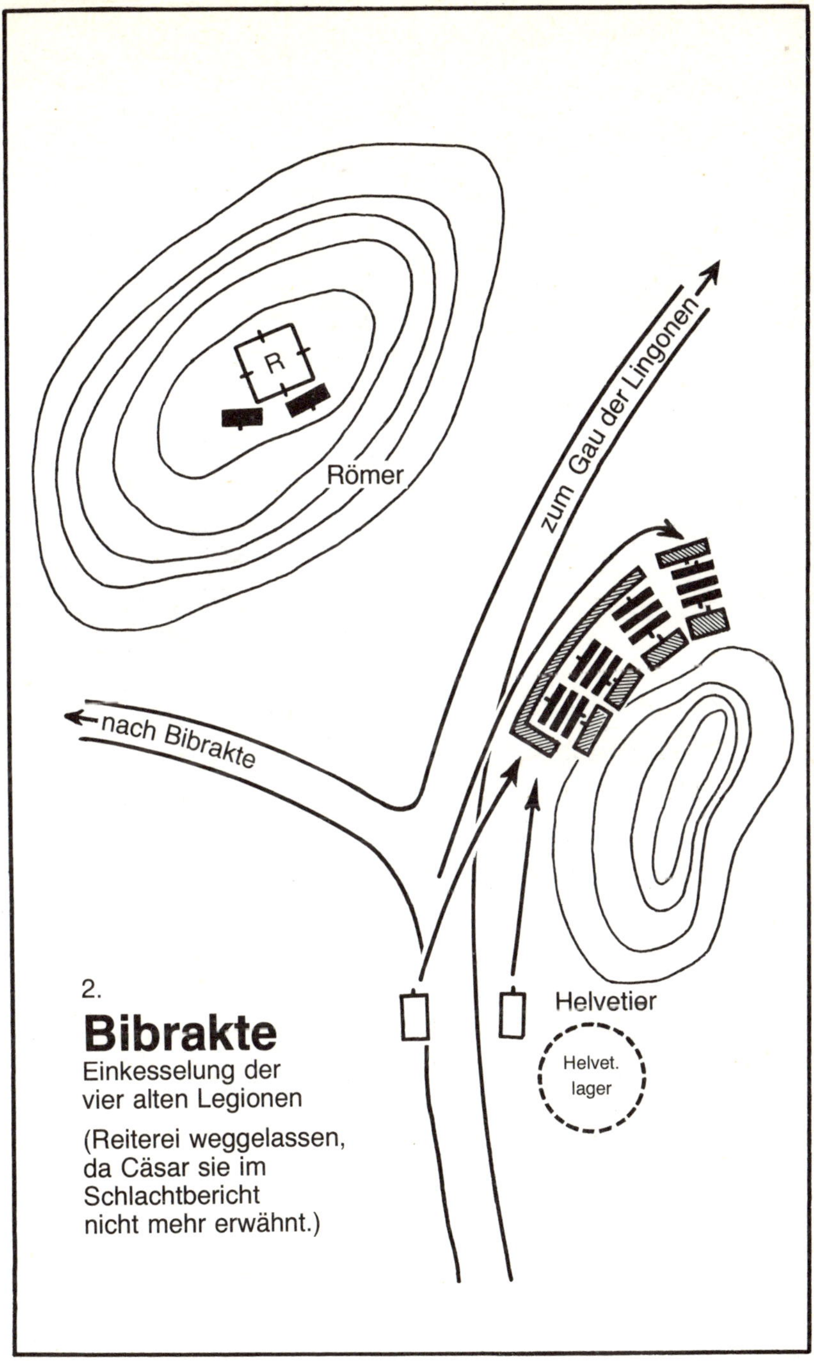

2.
Bibrakte
Einkesselung der
vier alten Legionen
(Reiterei weggelassen,
da Cäsar sie im
Schlachtbericht
nicht mehr erwähnt.)

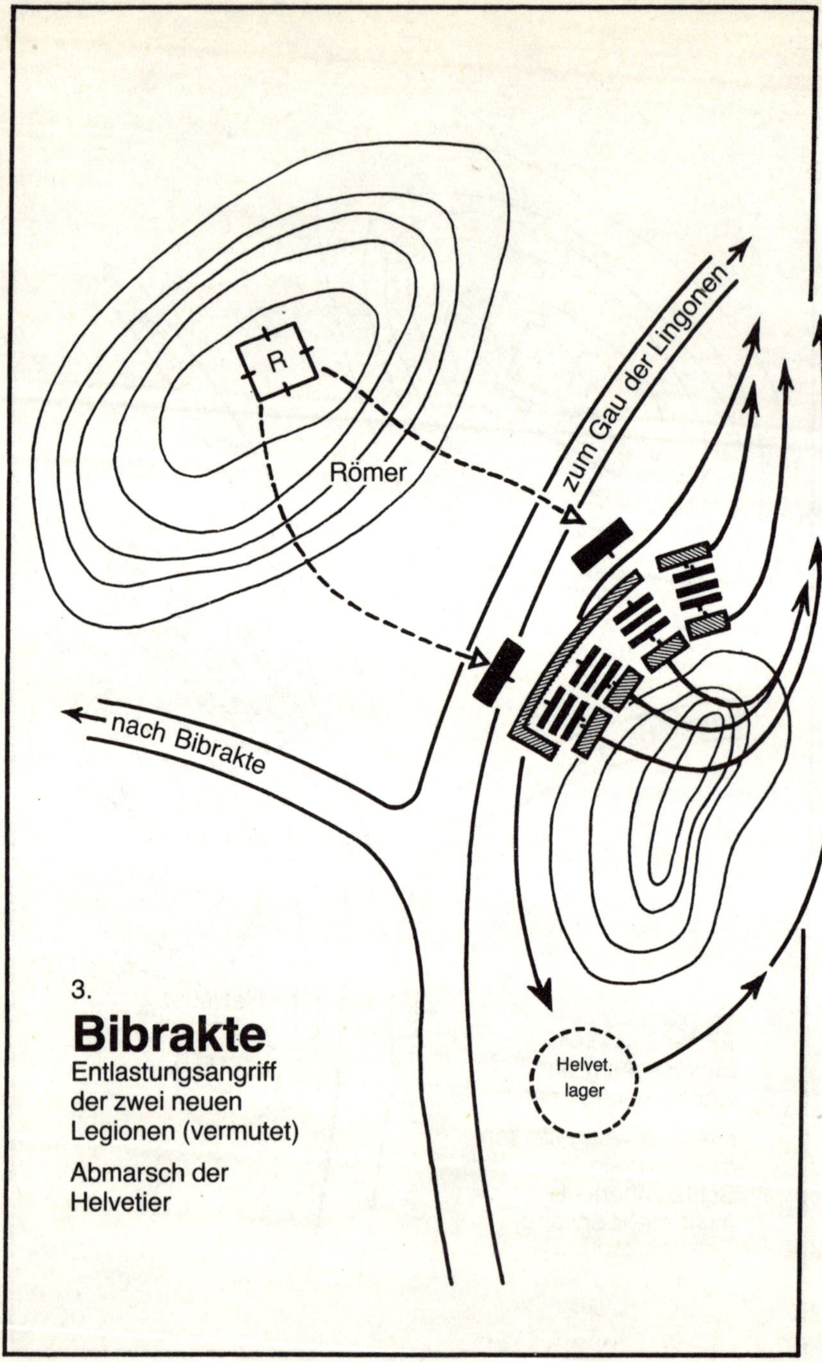

3.
Bibrakte
Entlastungsangriff der zwei neuen Legionen (vermutet)

Abmarsch der Helvetier

Der Rest der Helvetier mußte in seine Heimat im Schweizer Mittelland zurückkehren und hier die Grenzwacht gegen die Germanen übernehmen. Nach Cäsar waren es noch 110 000 Männer, Frauen und Kinder. Es ist ausgeschlossen, daß eine so dezimierte Bevölkerung ein für damalige Verhältnisse immerhin recht umfangreiches Gebiet hätte ausreichend sichern können. Aber sie konnte einen Flankenstoß über den Jura ins obere Saônetal wenigstens sehr erschweren. Auch diese Maßnahme ist gewiß nicht aus Menschenfreundlichkeit von Cäsar getroffen worden, sondern hängt vermutlich mit seinem wohl schon damals geplanten Angriff auf Ariovist zusammen.

Die Helvetier sind nach ihrer Niederlage aus dem Kampf um Gallien ausgeschieden. Cäsar erwähnt sie nur noch einmal (DBG VII, 75). Auch in der späteren Geschichte treten sie kaum noch in Erscheinung.

Auf einige merkwürdige Angaben Cäsars sei noch hingewiesen. Warum gestattet er den Bojern die Ansiedlung bei den Häduern? Er sagt, daß das auf ihre Bitten hin geschehen sei, sagt aber nicht, wie sie diese Bitten begründet haben. Sie hatten doch versucht, sich in Norikum anzusiedeln. Bestehen hier Zusammenhänge? Ariovist hatte eine norische Prinzessin zur Frau! Wollte Cäsar verhindern, daß die Bojer sich vielleicht doch noch mit Ariovist vereinigten? Alles ist hier ungewiß. Aber soviel ist sicher, daß die Dinge viel komplizierter gewesen sein müssen, als Cäsar sie darstellt.

2. Gegen Ariovist

Nach der Niederlage der Helvetier beginnt Cäsar sofort den Kampf gegen Ariovist. Es scheint alles dafür zu sprechen, daß er schon längst den Angriff auf dessen Stellung am Oberrhein, in der Burgundischen Pforte und an der oberen Saône plante. Er war sich sicherlich darüber im klaren, daß diese Stellung Roms Zugang zum Rhein abriegelte und verhinderte, daß Rom die Besiedlung Nordfrankreichs und Belgiens durch germanische Völkerschaften unterbinden konnte. Dies scheint man damals als eine Bedrohung der italienischen Kernstellung Roms betrachtet zu haben. Zwar stand jetzt den Römern der Weg über die untere Garonne und Loire nach Nordfrankreich offen. Doch mußte es sehr schwierig sein, starke germanische Kräfte, die etwa bis zur Linie St. Malo – Le Mans – Bourges – Dijon – Besançon vorgedrungen waren und das Land germanisiert hatten, von Westen her zurückzudrängen. Gelang es dagegen, den Sperriegel Ariovists in der Burgundischen Pforte zu sprengen, konnte Cäsar ohne Rücksicht auf die gallischen Kleinstaaten den Oberrhein entlang und dann über Lothringen, die östliche Picardie und das Artois zum Unterrhein vorstoßen und so die gesamte Rheinlinie in römische Hand bringen. Damit wäre dann Germanien von Gallien abgeriegelt und ein weites Vorfeld vor Italien in römischer Hand gewesen.

In der Tat ist Cäsar genau nach diesem Konzept vorgegangen. Es fragt sich nur, ob damals die Kenntnisse von Land und Leuten schon so gut waren, daß ein solcher Plan gefaßt werden konnte. War vielleicht das, was heute so aussieht, als ob es nach einem großen Entwurf unternommen worden sei, nur das Ergebnis von Zufälligkeiten, die sich erst im Verlauf der Operationen eingestellt haben?

Alle die, die Cäsar unter die großen Entdecker einreihen, werden die obige Ansicht vertreten. Sie dürfen aber nicht übersehen, daß Cäsar seine »Entdeckungsreisen« 58 v. Chr. mit sechs Legionen und 57 v. Chr. mit acht Legionen unternommen hat. Das sind im ersten Jahr mindestens 22 000 und höchstens 36 000 Mann Kerntruppen und dazu noch wenigstens 10 000 Mann Auxiliare und Troßknechte. So kommen wir auf ein Heer von wenigstens 32 000 und höchstens 46 000 Mann. Wir kommen nicht daran vorbei, daß Cäsar 58 mindestens 30 000 Mann in »unbekanntes Gebiet« geführt hat. Nehmen wir die Zahlen für 57, so ergeben sich als Mindestheeresstärke 39 000 und Höchststärke 58 000 Mann. Wir müssen darum für 57 mit einem Heer von 40 000 Mann rechnen, mit dem Cäsar auf »Entdeckungsreisen« gegangen sein soll. Jeder wird sich ausrechnen können, daß man mit solchen Massen nicht in unbekannte Länder vorstoßen kann. Ich erinnere nur daran, daß Stanley 1876 mit 800 Mann vom Lunalaba zur Erforschung des Kongo aufgebrochen ist. Von dieser Truppe brachte er nur einen Bruchteil (weniger als 50) nach Boma an der Kongomündung. Man wird einwenden, daß die Entfernungen viel größer, das Klima viel schlechter und die Bevölkerung des Landes viel unzivilisierter als damals in Gallien gewesen ist. Damit räumt man aber auch schon ein, daß es damals für Cäsar in Gallien nichts zu entdecken gab, so wenig, wie es für den Deutschen Ritterorden Anfang des 13. Jahrhunderts in Ostpreußen etwas zu »entdecken« gab. Von den Händlern waren auf jeden Fall genug Kenntnisse gesammelt worden, um Cäsar die so dringend nötigen Unterlagen für seine Feldzüge zu liefern. »Entdeckt« hat er nichts, was nicht schon lange bekannt gewesen wäre. Dort, wo ihm wirklich die dringend nötigen Kenntnisse nicht in ausreichender Weise zur Verfügung standen, beispielsweise bei seinem ersten Angriff auf Britannien, hat er sehr vorsichtig operiert. Er hat diese Expedition nur mit zwei Legionen unternommen, kaum die Küste verlassen und immer die Verbindung zur Flotte aufrechterhalten. Außerdem ist er 55 v. Chr. nur 18 Tage in Britannien geblieben (vom 25. August bis Mitte September). Es ist eben unmöglich, mit großen Truppenmassen ins Blaue hinein zu marschieren. Gerade ein Vergleich von Cäsars erster Expedition nach Britannien mit den Feldzügen von 58 und 57 v. Chr. macht deutlich, daß in diesen beiden Jahren Cäsar nach einem ganz genauen Plan vorgegangen sein muß. (Die zweite britannische Expedition verlief dann anders, aber da hatte Cäsar auch schon die Erfahrungen seiner ersten zur Verfügung.)

So wird es sehr wahrscheinlich, daß er schon bei Antritt seines Amtes als Prokonsul die Eroberung Galliens und die Zurückdrängung der Germanen über den Rhein ins Auge gefaßt hatte. Ariovist bot ihm aber kaum einen Vorwand zum Kriege, sondern operierte sehr vorsichtig und zögernd. Ihm mußte allerdings nach der Besiegung der Helvetier klar gewesen sein, daß danach Cäsar einen Angriff auf seine Stellung versuchen würde. Aber er schien zu zögern und die Dinge an sich herankommen zu lassen. Wahrscheinlich lag der Grund dafür in der Tatsache, daß sich sein Landnehmerheer schon auf einem großen Gebiet angesiedelt hatte und die Männer beim Einbringen der Ernte beschäftigt waren, so daß er sie nicht schnell zusammenziehen konnte. Dafür spricht, daß er bis zur Schlacht von Mülhausen auf Zeitgewinn hin operierte. Vielleicht hat er auch gehofft, daß die cäsarfeindliche Partei in Rom dessen weiteres Vorgehen in Gallien verhindern würde. Jedenfalls ging er fast bis an den Rhein zurück und versuchte, weitere Truppen aus dem westgermanischen Gebiet an sich zu ziehen. Dazu mag noch gekommen sein, daß Ariovist nicht selbstherrlich entscheiden konnte, sondern solche wichtigen Dinge wie die Vorbereitung eines Krieges gegen die Römer vor ein Thing bringen und dort entscheiden lassen mußte.

Aus denselben Gründen mußte Cäsar daran liegen, den Kampf gegen Ariovist noch im selben Sommer durchzuführen. Dazu mußte er die Verluste aus der Schlacht gegen die Helvetier so schnell wie möglich ausgleichen und gallische Verbündete für seinen unprovozierten Angriff auf Ariovist gewinnen, die ihm auch den notwendigen Vorwand liefern sollten. Das alles setzte er mit Energie ins Werk.

So rief er, wie er berichtet, nach Ende des Helvetierkrieges einen Landtag aller gallischen Fürsten nach Bibrakte zusammen. Es kann sich aber nur um die Fürsten von Mittel- und Westgallien gehandelt haben, deren Staaten an die Provinz grenzten. Auf diesem Landtag machte er sie mit seinen Plänen gegen Ariovist bekannt. Cäsar erzählt davon eine sehr tränenfeuchte und außerordentlich rührende Geschichte[117], die unglaubwürdig ist. Die Fürsten hätten ihm nämlich nach dem Landtag mit Seufzen und Weinen, ganz im geheimen und ohne alle Zeugen von den Untaten des Ariovist berichtet und ihn um Hilfe gegen diesen Unmenschen angefleht. Nur die Sequaner hätten sich nicht geäußert, weil sie selbst in dieser Geheimsitzung Angst vor Ariovist gehabt hätten. Das alles ist natürlich Unsinn. Was damals alle Spatzen von den Dächern pfiffen, brauchte nicht geheimgehalten zu werden. Außerdem hatte schon anno 59 Cäsar Gesandte mit Ariovist ausgetauscht, und der Häduer Diviciacus war 61 in Rom gewesen und hatte Hilfe gegen Ariovist erbeten, allerdings ohne Erfolg. So waren allenfalls Cäsars Angriffsabsichten zu verheimlichen, nichts sonst. Cäsar hat höchstwahrscheinlich diese rührselige Geschichte erfunden, um vorm Senat und der Volksversammlung sein völkerrechtswidriges Vorgehen zu bemänteln.

Nach Abschluß seiner Vorbereitungen schickte er Gesandte an Ariovist, die vor allem von ihm verlangten, daß er keine weiteren Germanen zur Ansiedlung nach Gallien bringen sollte. Das aber hätte für Ariovist im Grunde die Aufgabe seiner Stellung an der oberen Saône bedeutet und war für ihn unannehmbar. Die Begründung dieser Forderung mit der Pflicht zum Schutz der Häduer erscheint an den Haaren herbeigezogen, denn Ariovist hatte das Gebiet der Häduer noch gar nicht berührt. Daß sie von ihm bei Magetobriga besiegt worden waren, wußte Cäsar seit langem, denn deswegen war ja Diviciacus 61 v. Chr. in Rom gewesen. Wenn damals Rom nicht reagiert hatte, war jetzt Cäsars Eintreten für die Häduer in dieser drei Jahre zurückliegenden Frage wirklich ein sehr primitiver Vorwand. Dies besonders auch deswegen, weil ja Cäsar als Prokonsul nicht Entscheidungen treffen konnte, die dem Senat oder vielleicht sogar der Volksversammlung vorbehalten waren.

Eine Bemerkung Cäsars[118] beleuchtet blitzartig die Gründe für sein Vorgehen: »Im einzelnen aber schien es für das römische Volk gefährlich zu sein, daß sich die Germanen gewöhnten, den Rhein zu überschreiten, und daß nach Gallien eine große Menge von ihnen käme. Und er glaubte nicht, daß diese wilden und barbarischen Menschen sich mäßigen würden, daß sie nicht, nachdem sie ganz Gallien besetzt hätten, wie es die Kimbern und Teutonen vorher getan hatten, in die Provinz einfallen und von da nach Italien marschieren würden; er glaubte, daß diesem schleunigst begegnet werden müsse.«

Dies wird häufig als unbegründete Panikmache Cäsars bezeichnet. Er hätte die Kimberngefahr nur an die Wand gemalt, um die Zustimmung von Senat und Volk zu seiner Eroberungspolitik zu bekommen. Ja, Germanen hätte es damals wahrscheinlich noch gar nicht in den Gebieten westlich der Weser gegeben. Kimbern, Teutonen und die Völkerschaften Ariovists seien alles nur Kelten, Veneter, Illyrer oder sonst was gewesen. Die Germanen aber seien eine Zweckerfindung Cäsars. Seine Eroberungspolitik hätte nur den Zweck gehabt, sich in der Nähe Italiens ein Machtpotential zu schaffen, das ihm die Machtübernahme in Rom ermöglichen sollte. Außerdem hätte er einen solchen privaten Schuldenberg mit nach Gallien gebracht, daß ihn nur die Ausplünderung dieses reichen Landes vor dem endgültigen Ruin hätte bewahren können.

Es ist merkwürdig, daß Cäsar, der angeblich ohne rechten Plan ins Blaue gezogen sein soll, doch einen Plan für die Zeit nach der Eroberung Galliens, d. h. für 49 v. Chr. (also neun Jahre nach Antritt seines Prokonsulats) gehabt haben soll. Dazu ist zu sagen, daß sich die angebliche Germanen-Erfindung Cäsars auf Namensanalysen gründet. Mir jedoch erscheint das Zeugnis von Leuten, die Jahre, manchmal Jahrzehnte, mit den angeblichen Germanen im Krieg und im Frieden zu tun hatten, die in ihren Häusern und auf ihren Gütern germanische Sklaven und Sklavinnen hatten, sicherer zu sein als einige Namensanalysen zweitausend Jahre später. Was aber die schon 58 von Cäsar gefaßten Bürgerkriegspläne betrifft, so halte ich Cäsar für moralisch so indifferent, daß er wohl ab und zu auch einmal solche Überlegungen angestellt haben könnte; doch glaube ich nicht, daß sie damals schon eine entscheidende Rolle bei seinem Vorgehen gespielt haben.

Obige Überlegungen Cäsars sind nämlich keine reine Schwarzmalerei: Wäre Gallien bis zu der von mir angegebenen Linie germanisiert worden, dann wäre eine Macht entstanden, die Rom wirklich hätte gefährlich werden können. Cäsar wird die Verhältnisse in Germanien sicherlich besser haben beurteilen können, als uns das heute möglich ist. Sicherlich waren die germanischen Staaten zu seiner Zeit kaum untereinander verfeindet. Machtvolle Persönlichkeiten hätten später ihr großes militärisches Potential durchaus in eine gemeinsame Richtung leiten und gegen Rom ansetzen können, wenn erst einmal das neue Siedlungsland ganz erschlossen gewesen wäre und die Staaten sich wieder konsolidiert hätten. Zersplitterung, wie sie sich nach 20 n. Chr. im westgermanischen Gebiet unter römischem Einfluß einstellte, wird damals noch kaum zu bemerken gewesen sein, wenn es natürlich auch Parteiungen und Gegensätze gegeben haben wird. Daß Cäsar angesichts dieser Lage die Kimbern- und Teutonengefahr beschworen hat, ist verständlich. Man muß sich nur dazu verstehen, den Zug der Kimbern und Teutonen und später das Vorgehen Ariovists nicht nur als zufällige, aus einer augenblicklichen Notlage entstandene Ereignisse engbegrenzter Gebiete anzusehen, sondern hinter ihnen das Vorrücken der Westgermanen im Westen und Süden auf Kosten der Kelten zu erblicken.

So gesehen, ging es Cäsar damals wohl wirklich vor allem um Gallien und nicht um seinen Griff nach der Macht in Rom. Nach der Ablehnung seiner Forderungen brach er aus der Gegend von Bibrakte (bei Autun, 65 km südwestlich Dijon) nach Vesontio (Besançon) auf. Als Vorwand für seinen Vormarsch gibt er eine Nachricht an, die er von den Treverern erhalten haben will: 100 Gaue der Sueben sollten sich anschicken, unter dem Kommando der Brüder Nasua und Cimberius den Rhein zu überschreiten. Beide Namen haben, wie schon erwähnt, jütländisches Gepräge. Vielleicht hatte Ariovist auf die Meldung von Cäsars Vorgehen gegen die Helvetier hin neue Truppen in Jütland und in Westgermanien werben lassen. Das könnte der Grund zu diesem Gerücht gewesen sein. (In der Schlacht bei Mülhausen hat er diese Verstärkungen aber gewiß noch nicht zur Verfügung gehabt.)

Die Nachricht aber, daß Ariovist auf Vesontio (Besançon) vorrükke, scheint nicht gestimmt zu haben, denn Mülhausen, wo dann die entscheidende Schlacht stattfand, ist immerhin 100 km Luftlinie von Besançon entfernt. Cäsar hatte bis dahin 140 km Luftlinie zurückzulegen. Wenn Ariovist Verstärkung aus dem westgermanischen Gebiet erwartete, durfte er sich nicht zu weit vom Oberrhein entfernen. Es ist darum unwahrscheinlich, daß er Vesontio besetzen wollte. Diese Truppen hätten ihm bei einer entscheidenden Schlacht nur gefehlt. Je näher am Oberrhein er mit allen seinen Kräften die Römer erwartete, desto günstiger mußte die Lage für ihn werden. Nach dem Verlust einer Schlacht konnte er sich schnell auf rechtsrheinisches Gebiet zurückziehen und dort eine feste Stellung beziehen. Gewann er sie aber, war Cäsars Lage rund 300 km Luftlinie von seiner Basis Lugdunum entfernt sehr gefährlich. Auch nach einer Schlacht, die nicht zur Vernichtung des römischen Heeres geführt hätte, sondern Cäsar nur zum schleunigen Rückzug zwang, hätte sich dieser wahrscheinlich so verlustreich gestaltet, daß das Ergebnis einer Vernichtungsschlacht ähnlich gewesen wäre. (Man denke hier an den Rückzug des Mark Anton aus dem Iran 35 v. Chr.)

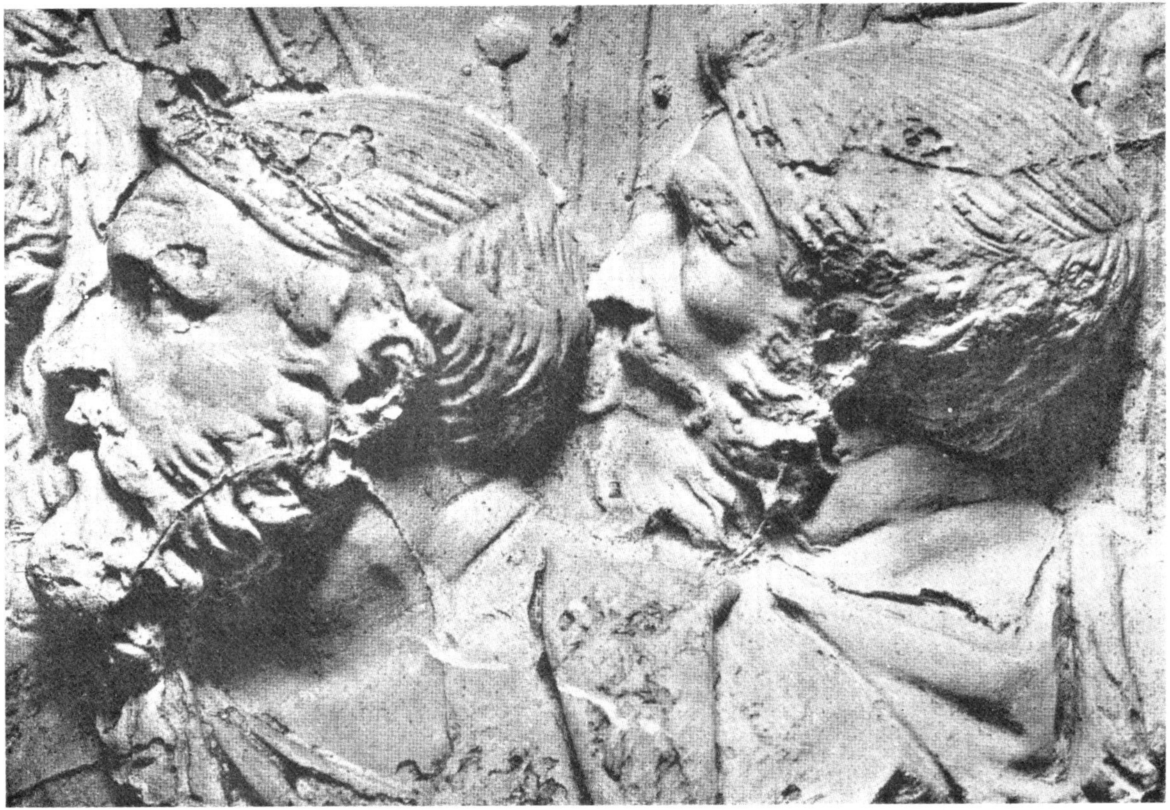

Germanenköpfe von der Trajanssäule in Rom

Westgermanische Gefäße der frührömischen Zeit

Gepflasterter Weg in einer Siedlung von Borremose in Jütland aus der vorrömischen Zeit

Rekonstruktionsmodell eines germanischen Dorfes (Feddersen Wierde, 3. Jh. n. Chr.) aus Monographien des RGZM I,3 (Mainz 1975)

Rekonstruktionen germanischer Wohn-Stall-Häuser (Feddersen Wierde, 3. Jh. n. Chr.) aus Monographien des RGZM I,3 (Mainz 1975)

Römer bei der Vernichtung eines germanischen Dorfes
(Relief von der Markussäule in Rom)

Kopf einer Germanin, der sogenannten »Thusnelda«

Germanen vor dem römischen Kaiser auf der Trajanssäule in Rom

Germanischer Krieger mit dem typischen kleinen Pferd (Landesmuseum Halle)

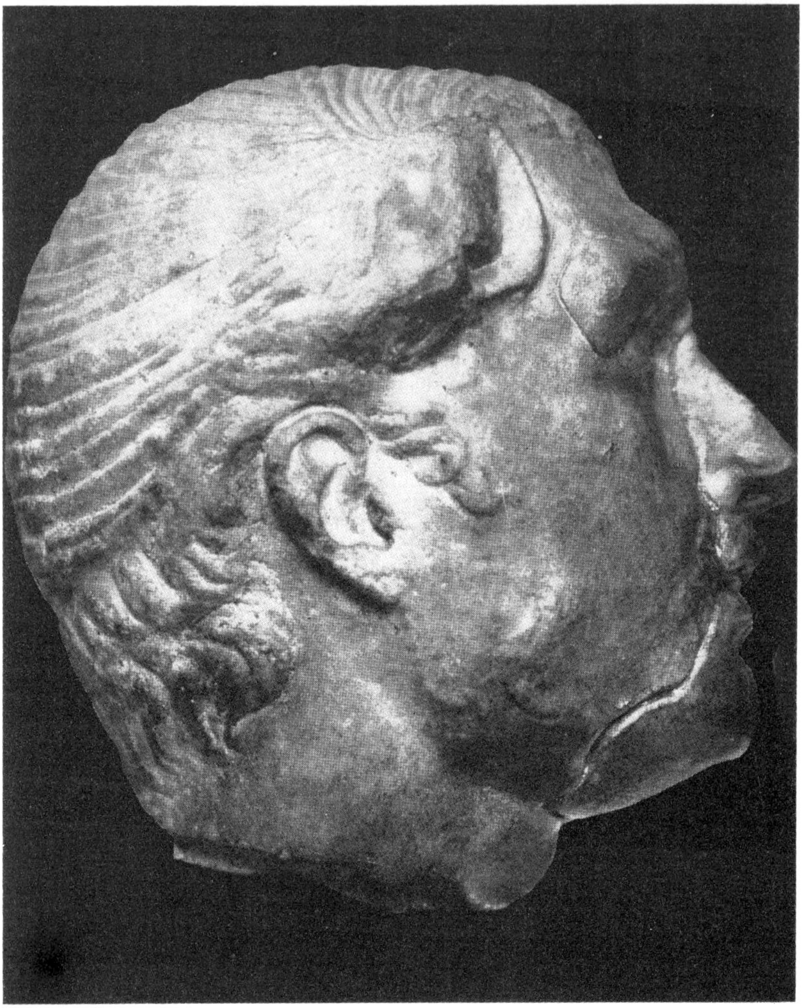

Kopf eines Germanen aus der Zeit Ariowists

Cäsar dagegen hätte mit Vesontio einen Sperriegel besessen, der einen germanischen Vormarsch außerordentlich behindert haben würde. Er benötigte darum den Rückhalt von Vesontio unbedingt, ganz im Gegensatz zu Ariovist. Dessen Maßnahme der vorsichtigen Rückwärtsbewegung auf den Oberrhein entsprach somit den strategischen Erfordernissen. Gleichzeitig wurde Cäsar immer mehr ins moralische Unrecht gesetzt, weil er einen unprovozierten Angriff auf ein Gebiet weit von den römischen Grenzen entfernt unternahm. Ariovists Maßnahmen auf propagandistischem Gebiet müssen übrigens sehr wirksam gewesen sein. Dies kann man den krampfhaften Bemühungen Cäsars in seinen Kommentaren zum Gallischen Krieg entnehmen, eine Bedrohung Roms durch Ariovist glaubhaft zu machen. Das steht nicht im Widerspruch zu dem oben Gesagten, denn um 58 bestand die Bedrohung, von der ich dort gesprochen habe, gewiß nicht. Es hat im Gegenteil den Anschein, als ob Ariovist auffällig bemüht gewesen ist, alles zu vermeiden, was als Bedrohung der römischen Besitzungen in Gallien erscheinen konnte. Allerdings hat er es dabei peinlich vermieden, etwas zu tun oder zu sagen, was seiner Würde und jener der von ihm geführten Völkerschaften abträglich gewesen wäre.

Die Moral der römischen Truppen und des römischen Offizierskorps scheint trotz der gewonnenen Schlacht von Bibrakte nicht sehr hoch gewesen zu sein. Auf jeden Fall war der unprovozierte Angriff auf Ariovist beim römischen Offizierskorps sehr unpopulär. Cäsar versucht in seinem Kommentar[119], dieses Mißbehagen auf die Furcht vor dem unbekannten Gegner, dessen Größe und Wildheit er schrecklich übertreibt, zurückzuführen. Trotzdem schimmert auch durch seine so sorgfältig redigierte Rede vor dem Offizierskorps der wahre Grund der Ablehnung seines Vorgehens durch seine Offiziere durch[120]: »Quod si furore atque amentia impulsus bellum intulisset.« – »Wenn er (Ariovist) also, durch Wahnsinn und Verblendung angetrieben, den Krieg anfangen sollte.«

Sollte er wirklich in der Heeresversammlung diesen Satz ausgesprochen haben, so mußte doch jedem Offizier klar sein, daß damit Cäsar die Situation auf den Kopf stellte. Man kann vermuten, daß er zu den gröbsten Verdrehungen gezwungen war, um der wachsenden Kritik zu begegnen, sonst hätte er nicht so laut »Haltet den Dieb!« rufen müssen. Seine Stabsoffiziere werden auch gesehen haben, daß das Heer bei dem gewaltsamen Vormarsch in eine schwierige Lage kommen mußte. Daher scheint unter ihnen das Bestreben, sich rechtzeitig in die Heimat abzusetzen, schnell um sich gegriffen zu haben[121].

Bemerkenswert ist das Mißtrauen Ariovists gegenüber Cäsar. Dieser hatte ihn schon vor seinem Abmarsch von Bibrakte um eine persönliche Unterredung gebeten; aber Ariovist hatte abgelehnt, da er nichts von Cäsar wolle und dieser zu ihm kommen möge, wenn er etwas von ihm wolle. »Außerdem wage er nicht ohne Heer in die Teile Galliens zu kommen, die Cäsar besäße.«[122] Spielt bei diesem Mißtrauen vielleicht eine Erinnerung an das Schicksal der teutonischen Fürsten mit, die 102 nach der Niederlage bei Aquae Sextiae von den Sequanern an die Römer ausgeliefert worden waren? Wie berechtigt dieses Mißtrauen war, mußten später die Usipeter und Tenkterer und noch später die Sigambrer erfahren. Die Bemerkung beweist aber auch, daß Ariovist zu dieser Zeit sein Heer noch lange nicht versammelt hatte, daß er auf Zeitgewinn aus sein mußte. So ist es zu verstehen, daß er dann, als Cäsar sich ihm mit seinem Heer bis auf 36 km genähert hatte, sogar seinerseits um eine Unterredung nachsuchte (und sie auch bekam). Auf diese kurze Entfernung konnte er eine ausreichende Bedeckung mitnehmen und brauchte nicht zu fürchten, bei einem etwaigen Überfall und dadurch notwendigen schnellen Rückzug in einen Hinterhalt zu geraten und nach dem Niederhauen seiner Begleitung an Cäsar ausgeliefert zu werden.

Diese Episode beleuchtet aber auch blitzartig, wie sehr sich das Verhältnis zwischen Römern und Germanen seit 114 v. Chr. in knapp 56 Jahren verschlechtert hatte. Damals vertrauten sich die Kimbern bedenkenlos den Führern an, die ihnen der Konsul Papirius Carbo gestellt hatte, jetzt reichten die Unverletzlichkeit eines Gesandten und das Wort Cäsars nicht aus, um das Mißtrauen Ariovists zu zerstreuen.

Die berühmte Unterredung Ariovists mit Cäsar war von vornherein zum Scheitern verurteilt, da die Forderungen Cäsars auf eine völlige Aufgabe der von den Germanen in dreizehnjährigem Kampf erreichten Position hinausliefen. Dem konnte Ariovist beim besten Willen nicht zustimmen. Cäsar brachte wieder seine Scheinargumente vor. Erneut behauptete er, daß es ihm nur auf den Schutz der Häduer ankäme. Prompt entgegnete Ariovist, daß die Häduer im letzten Krieg Roms gegen die Allobroger (60 v. Chr.) Rom nicht unterstützt hätten, wie Rom seinerseits den Häduern im Kampf gegen ihn selbst in der Schlacht bei Magetobriga auch nicht geholfen hätte. Ja, er sagte Cäsar auf den Kopf zu, daß es diesem nicht um die Hilfe für die Häduer, sondern um die Vernichtung seines Landnehmerheeres gehe. Außerdem machte er Cäsar darauf aufmerksam, daß es in Rom sehr viele einflußreiche Männer gebe, denen er einen großen Gefallen tun würde, wenn er Cäsar tötete. Damit erwies er sich aufs beste über die außen- und innenpolitische Situation Roms unterrichtet. (Sicherlich ist es umgekehrt ebenso gewesen, nur scheint Ariovist die große Mehrheit der Germanen hinter sich gehabt zu haben, so daß Cäsar gleiches nicht mit gleichem vergelten konnte.)

Cäsar vermochte dem nichts anderes entgegenzuhalten, als daß Rom sich schon viel früher als die Germanen in Gallien eingemischt hätte, denn schon 121 v. Chr. hätte es die Arverner und Rutener besiegt, aber nicht verknechtet. Diese Argumentation muß Ariovist reichlich unverfroren vorgekommen sein, denn die Arverner und vor allem die Rutener wohnten 230 km und 450 km von den Sequanern entfernt in der Auvergne bis zu den Cevennen und in der Nähe von Toulouse. Seine Pläne enthüllte Cäsar schließlich, als er sagte: »Wenn es also nötig sei, auch die sehr lange Zeit zu betrachten, so wäre die Herrschaft des römischen Volkes in Gallien die gerechteste.«[123] Besonders heuchlerisch ist seine Behauptung, daß der Senat die Freiheit Galliens wünsche. Nach 58 war ja davon keine Rede mehr. Der Kernpunkt seiner Vorschläge war wieder die Forderung, keine Germanen mehr nach Gallien über den Rhein zu lassen. Darauf konnte sich Ariovist natürlich auf gar keinen Fall einlassen. Daß aber Cäsar diese Forderung überhaupt im Ernst vorbrachte, scheint mir anzudeuten, daß er Ariovist die Fähigkeit zutraute, sie durchzusetzen. Er war sicherlich über dessen Bedeutung als Führer der Germanen gut im Bilde, wie auch Ariovist über Cäsars Rolle in Rom bestens unterrichtet war. Das könnte darauf hindeuten, daß Ariovists Unternehmen von allen germanischen Staaten getragen wurde. Cäsar berichtet nicht, was Ariovist auf dieses Ansinnen erwiderte. Er sagt nur, daß er sich erboten hätte, seine Truppen in Cäsars Dienst zu stellen, wenn er ihm freie Hand in dem von ihm besetzten Gebiet lassen würde. Es spricht nichts dagegen, daß er dieses Angebot ernst gemeint hat.

Cäsar nahm das Angebot der Heeresfolge nicht an, sondern brach die für ihn so peinliche Unterredung schnellstens ab, da die Begleiter des Heerkönigs angeblich einen »Angriff« auf seine Begleitung gemacht hätten. Man wird das mit Vorsicht aufnehmen müssen. Vielleicht hat es einige Spottreden und möglicherweise sogar einige unwichtige Tätlichkeiten gegeben, die Cäsar den erwünschten Vorwand zum Abbruch der Unterhandlungen gegeben haben.

Zur richtigen Beurteilung der sich dann vollziehenden Operationen, die schließlich zur Schlacht führten, ist es wichtig, sich ein einigermaßen zutreffendes Bild über die Stärke der beiden Heere zu machen.

Cäsars Heer schätzten wir auf mindestens 32 000, höchsten 45 000 Krieger einschließlich der Hilfstruppen und Troßknechte. Wir können es darum auf rund 40 000 Mann ansetzen.

Die Zahlen, die Cäsar für Ariovists Heer angibt, sind aus verschiedenen Gründen unbrauchbar. So soll Diviciacus auf dem Landtag angegeben haben, daß zuerst 15 000 Germanen den Sequanern zu Hilfe geeilt seien. Jetzt befänden sich aber 120 000 auf deren Gebiet, und vor kurzem seien noch einmal 24 000 Haruden dazugestoßen[124]. 144 000 Menschen sind aber nicht 144 000 Kämpfer, wie es Dahn[125] anzunehmen scheint. In dieser Zahl sind sicherlich die Frauen und Kinder mitgezählt. Die angeblich 100 Gaue der Sueben, die sich anschickten, den Rhein zu überschreiten, sind sicher bis zur Schlacht nicht eingetroffen, wir können sie darum außer acht lassen.

Es ist auffällig, daß 120 000 das Achtfache von 15 000 ist, wie 24 000 das Achtfache von 3000. Auch spricht Cäsar davon, daß 6000 Mann das Lager der Helvetier verlassen hätten, um zu Ariovist zu stoßen. Ist etwa die Zahl 3000 eine taktische Einheit der Kelten und Germanen gewesen, und hat damals die Durchschnittskopfzahl einer germanischen oder keltischen Familie acht Personen betragen? Dafür spricht, daß Cäsar die Gesamtzahl der Helvetier mit 368 000 angibt und die Zahl ihrer Wehrfähigen mit 92 000, das ist genau das Viertel von 368 000. Da 92 000 Krieger von Cäsar in der Schlacht von Bibrakte niemals hätten besiegt werden können, sondern das Heer der Helvetier dem römischen ungefähr gleichgekommen sein wird, dürfte eine Zahl von 46 000 Kriegern ungefähr stimmen. Damit würde sich ergeben, daß auch damals die Gesamtzahl der Helvetier das Achtfache der Zahl der Krieger gewesen ist. Nach dieser Rechnung wäre das Heer des Ariovist nur 18 000 Krieger stark gewesen. Dies dürfte wieder etwas zu wenig geschätzt sein, und es würde auch nicht mit der von Cäsar angegebenen Aufstellung des germanischen Heeres in 7 Keilen übereinstimmen. Rechnen wir darum jeden Keil zu 3000 Mann und zählen dazu die 6000 Reiter, von denen Cäsar berichtet, so kämen wir auf 27 000 Mann Gesamtstärke der Germanen. Dies dürfte das Wahrscheinlichste sein. Cäsar berichtet von der Schlacht, daß die Zahl der Legionäre der Zahl der Feinde unterlegen gewesen wäre. Rechnen wir mit sechs Legionen zu 3600 Mann und zählen die römische Reiterei dazu, kommen wir auf ungefähr 25 000 Römer. Dazu kommen die Auxiliare, die keltischen Hilfstruppen und die Troßknechte. So ist tatsächlich die Zahl der Legionäre kleiner als die Zahl der germanischen Truppen, das Gesamtheer Cäsars aber um ein Viertel bis ein

Drittel stärker als dasjenige Ariovists. Diese Überlegenheit brauchte Cäsar auch, wenn er so weit von seiner Basis und so dicht an der des Feindes den Kampf aufnehmen wollte.

Cäsar war in sechs Tagen bis in die Nähe des Rheines bei Mülhausen vormarschiert. Ariovist hatte wahrscheinlich in der Nähe von Colmar-Breisach einen Übergang über den Rhein vorbereitet und gesichert. Das wird auch der Sammelpunkt seiner weitverstreuten Truppen gewesen sein. Die meisten Familien der Krieger werden sich dort versammelt haben. Er operierte offensichtlich auf Zeitgewinn. Diesen brauchte er, um sein Heer auf die nötige Stärke zu bringen: Er wird nicht nur auf Nasua und Cimberius, sondern auch auf viele im Land ansässigen Krieger gewartet haben, die wahrscheinlich aus den entlegenen Gebieten, wo sie sich angesiedelt hatten, zu ihm stoßen mußten. Da die keltische Bevölkerung sicherlich durch Cäsars Agenten aufgewiegelt worden war, werden die Germanen ihre Familien nicht schutzlos haben zurücklassen können. Sie mußten mit Weib und Kind und ihrer wertvollsten Habe zum Sammelpunkt aufbrechen, darum wird sich ihr Eintreffen vor allem von den entlegenen Höfen verzögert haben. Da die Rheinaue damals stark versumpft war, gab es nur wenige Stellen, an denen man mit Pferd und Wagen bis zum Ufer des Hauptarmes gelangen konnte. Die nächste solche Stelle lag bei Breisach in der Nähe von Colmar. Dort werden die Germanen Kähne und Flöße bereitgestellt haben, um einen schnellen Übergang zu ermöglichen. Diese Stelle mußten sie natürlich auch militärisch sichern. Ich glaube nicht, daß alle Familien bei den bevorstehenden Operationen mit dem Heer gezogen sind. Die meisten werden am Rheinübergang verblieben sein. Einige Familien, vielleicht diejenigen der Führer und Unterführer, werden aber auch das Heer begleitet haben, denn Ariovist hatte, wie Cäsar berichtet, seine beiden Frauen und beiden Töchter mit im Lager. Ein Troß zog auf jeden Fall mit, denn den brauchte man, um ein befestigtes Lager, eine Wagenburg, als Rückhalt zu errichten, weil die germanischen Truppen damals noch nicht schanzten.

Ariovist hat sicher noch einen zweiten Grund gehabt, die Operationen in die Länge zu ziehen. Dafür finden wir in der Rede Cäsars vor seinen Truppen einen Hinweis. Dort sagt er[126]: »Vielleicht aber beunruhigt manche die Niederlage und Flucht der Gallier (bei Magetobriga). Doch könnten sie, wenn sie sich erkundigen wollten, erfahren, daß Ariovist damals mehr durch schlaue Berechnung als durch Tapferkeit gesiegt habe; denn die Gallier seien durch die lange Dauer des Krieges erschöpft gewesen, Ariovist aber sei viele Monate lang in seinem Lager und hinter Sümpfen geblieben und habe sich nicht fassen lassen. Als dann die Gallier schon nicht mehr mit einem Kampfe gerechnet und sich bereits zerstreut hätten, habe er sie plötzlich angegriffen. Daß er durch eine solche Methode, die wilden und unerfahrenen Menschen gegenüber am Platze sei, unser Heer werde täuschen können, werde er wohl selbst nicht zu hoffen wagen.«

Cäsar hatte, wie oben gezeigt, eine sehr große Zahl keltischer Hilfstruppen bei sich. Auf ihnen beruhte wahrscheinlich seine zahlenmäßige Überlegenheit. Diese mußten, wenn sich die Operationen in die Länge zogen, bestrebt sein, nach Hause zu kommen, denn viele werden in der Landwirtschaft beschäftigt gewesen sein. Da es gerade Erntezeit war, wäre es verständlich, wenn stillschweigend und heimlich immer mehr abrückten. Das mußte bei den Truppen Ariovists anders sein: Da wußte jeder, daß die Höfe verloren waren, wenn der Feldzug nicht gewonnen werden konnte. Im Gegensatz zu Ariovist mußte darum Cäsar auf eine schnelle Entscheidung dringen. Vielleicht rückte er darum sogar bis zum Rhein vor und versuchte die Übergangsstelle der Germanen zu bedrohen.

Ariovist antwortete mit einem sehr geschickten Manöver[127]: Er verließ den Sammelplatz, sicherlich nicht ohne eine ausreichende Sicherung zurückzulassen, und bezog 9 km von Cäsars Stellung entfernt am Fuß eines Berges eine feste Stellung. Wahrscheinlich war diese so gewählt, daß sie Cäsars Vormarsch zum Rheinübergang auf dem linken Rheinufer flankierte. Am nächsten Tage rückte Ariovist sogar noch weiter vor und legte 3 km hinter Cäsars Lager ein neues an, so daß er Cäsar die Zufuhr aus dem Häduerland abschnitt. Cäsar war dadurch gezwungen, schnellstens die Schlacht zu suchen. Fünf Tage nacheinander rückte er aus dem Lager aus und bot sie Ariovist an, dieser aber beunruhigte die Römer nur durch seine Reiterei. Man kann sich fragen, warum Cäsar keinen Angriff auf die Rheinübergangsstelle der Germanen unternommen hat. Dazu hätte er aber wahrscheinlich sein ganzes Heer einsetzen müssen. Hätte er die germanische Sicherung dort angegriffen, wäre ihm Ariovist in den Rücken gefallen. Das wäre wahrscheinlich noch viel peinlicher gewesen als der Rückenangriff der Helvetier in der Schlacht von Bibrakte. Mit Teilkräften aber hätte er keinen Erfolg gehabt, da die Germanen gegen diese ihre Reiterei mit Erfolg einsetzen konnten, wie die Scharmützel bewiesen, die sie jeden Tag den Römern lieferten.

Cäsar war darum gezwungen, 900 m vom Lager der Germanen entfernt, wahrscheinlich auf der anderen Seite der Zufahrtsstraße, ein neues kleineres Lager anzulegen, um die Straße für die Zufuhr offenzuhalten. Dazu ließ er das erste und zweite Treffen unter Waffen aufmarschieren, während das dritte schanzte. Die ersten beiden Treffen und die Hilfstruppen reichten offenbar aus, um dem germanischen Heer die Stirn bieten zu können. Auch das ist ein Beweis dafür, daß Ariovists Heer dem des Cäsar unterlegen war. Die Römer belegten das kleine Lager mit zwei Legionen und einem Teil der Hilfstruppen. Mit deren Rest und vier Legionen wurde das große Lager belegt. Auch diese Teilung des Heeres war nur möglich, weil der Feind zahlenmäßig beträchtlich unterlegen war.

Ariovist griff das kleine Lager sofort nach dem Abrücken der römischen Hauptmacht an[128]. Es ist nicht anzunehmen, daß Cäsar diesem Sturmangriff untätig zugesehen hat. Er wird mit der Hauptmacht kehrtgemacht haben. Darum vielleicht mißglückte der Handstreich Ariovists auf das kleine Lager. Daß Cäsar mit seinem Heer in diese Kämpfe eingegriffen hat, geht daraus hervor, daß er nach Sonnenuntergang Gefangene nach dem Grund des Zögerns seines Gegners gefragt hat und diese als Grund das Ergebnis einer Orakelbefragung angegeben haben. Hier wird von den Historikern meist ein Exkurs über germanische Orakel und die Abhängigkeit der Führung von den Sprüchen solcher weisen Frauen eingeschoben. Dabei bieten sich zwanglos zwei ganz andere Erklärungen an:

1. Ariovist, der Zeit für die Vervollständigung seines Heeres brauchte, hat die Orakel bestellt, um seine Truppen zur Zurückhaltung angesichts des Gegners zu bringen.

2. Die Gefangenen wollten Cäsar nicht verraten, daß Verstärkung im Anmarsch war, und gaben darum eine unverfängliche Auskunft.

Wenn der Spruch dahin lautete, daß erst nach Neumond den Germanen der Sieg beschieden sein werde, kann man vermuten, daß Ariovist um diese Zeit mit dem Eintreffen von Verstärkung rechnete. Cäsar mußte darum alles daransetzen, noch vor diesem Zeitpunkt eine Entscheidung zu erzwingen. Darum entschloß er sich zum Sturm auf das germanische Lager. Nur so konnte er seinen Gegner zur sofortigen Schlacht zwingen.

Sein Schlachtbericht wird durch den von Cassius Dio ergänzt, während Plutarch nur soviel dazu bringt, daß es tatsächlich zu einem Angriff auf die germanische Wagenburg gekommen sei, der sich allerdings nicht voll entwickelte, weil Ariovist sofort nach Erkennen der feindlichen Absicht die Wagenburg auflöste und sein Heer in Schlachtordnung aufstellte[129].

Cäsars Schlachtenbericht[130] lautet so:

»51. Tags drauf ließ Cäsar in beiden Lagern eine, wie ihm schien, ausreichende Besatzung zurück und stellte vor den Augen des Feindes sämtliche Hilfstruppen vor dem kleinen Lager auf; sie sollten Legionssoldaten vortäuschen, weil es daran zur Zahl der Feinde ziemlich fehlte. Dann rückte er in drei Treffen an das feindliche Lager heran. Jetzt endlich verließen die Germanen notgedrungen ihr Lager und ordneten sich nach Völkerschaften und in gleichen Abständen voneinander, Haruden, Markomannen, Triboker, Vangionen, Nementen, Sedusier (besser Edusier) und Sueben. Um ihre ganze Aufstellung herum fuhren sie ihre Wagen und Karren zusammen, damit ihnen keine Aussicht auf Flucht bliebe. Auf diese Wagenburg brachten sie ihre Frauen; mit ausgebreiteten Armen und unter Tränen beschworen diese ihre Angehörigen beim Auszug in die Schlacht, sie nicht in die Knechtschaft der Römer fallen zu lassen.

52. Mit der Führung der Legionen betraute Cäsar Legaten und den Quästor, damit vor ihren Augen jeder einzelne seiner Leute seine Tapferkeit beweisen könne. Dann ging er auf seinem rechten Flügel zum Angriff über, weil die feindliche Stellung dort, wie er gemerkt hatte, am schwächsten war. Kaum war das Signal gegeben, so griffen die Unsrigen den Feind so hitzig an, und brach dieser so plötzlich und schnell vor, daß gar keine Zeit blieb, die Wurfspeere zu schleudern. Man warf sie also weg und kämpfte Mann gegen Mann mit dem Schwert. Die Germanen aber bildeten ihrer Gewohnheit nach schnell eine Phalanx und fingen den Schwertangriff auf. Da kam es mehrfach vor, daß unsere Leute auf die Phalanx lossprangen, die Schilde mit den Händen herunterrissen und den Gegner von oben verwundeten. Während nun der linke Flügel des Feindes geworfen und in die Flucht geschlagen wurde, brachte die Übermacht seines rechten Flügels uns stark ins Gedränge. Dies sah der junge Publius Crassus, der die Reiterei führte. Da er die Lage besser überblicken konnte als die im Kampf stehenden Offiziere, schickte er das dritte Treffen den Unsrigen in ihrer Bedrängnis zu Hilfe.

53. So begann der Kampf von neuem. Die Feinde wandten sich alle zur Flucht und machten nicht eher halt, als bis sie an den Rhein gelangten, ungefähr 50 Meilen (75 km???) vom Schlachtfeld entfernt. Nur ein paar versuchten im Vertrauen auf ihre Kräfte hinüberzuschwimmen oder brachten sich auf Kähnen in Sicherheit, die sie zufällig vorfanden. Zu ihnen gehörte auch Ariovist; er fand einen Nachen, der am Ufer angebunden war, und entkam auf ihm. Alle

übrigen holte unsere Reiterei ein und machte sie nieder. Auch zwei Frauen Ariovists kamen auf der Flucht mit um. Die eine war eine Suebin, die er von daheim mitgebracht hatte; die andere war die Schwester Vocios, des Königs von Norikum. Ariovist hatte sie in Gallien geheiratet, wohin sie ihr Bruder ihm geschickt hatte. Von den zwei Töchtern Ariovists wurde die eine getötet, die andere gefangengenommen.«

Plutarch[131] berichtet dies: »Als Cäsar davon Kunde erhielt und beobachtete, daß sich die Germanen in ihrem Lager nicht rührten, schien es ihm ratsamer, sie zum Kampfe zu zwingen, auch wenn sie dazu nicht willens wären, statt untätig zuzuwarten, bis sie den Moment für günstig erachteten. Er stürmte also immer wieder gegen die verschanzten Hügel, auf denen sie sich gelagert hatten, und erbitterte sie schließlich derart, daß sie voller Wut herabkamen, um sich mit ihm zu schlagen. Sie erlitten eine furchtbare Niederlage, die Römer verfolgten sie vierhundert Stadien weit bis zum Rhein, und der ganze Weg war mit Leichen und Waffen übersät. Ariovist entkam mit knapper Not über den Strom, von wenigen Getreuen begleitet.«

Und schließlich Cassius Dio[132]:

»Ariovist suchte einen Punkt oberhalb des römischen Lagers zu besetzen. Dies glückte ihm auch; als auch jene als Gegenmaßregel einen anderen Punkt besetzten, rückte er nicht zur Schlacht aus, obgleich Cäsar bis zum Mittag sein Heer in Schlachtordnung aufgestellt hielt. Als dieser gegen Abend in das Lager zurückging, griff er die Römer plötzlich an und hätte sogar ums Haar ihre Verschanzungen genommen. Unter dem Eindruck dieses Erfolges kümmerte er sich kaum noch um die Weissagungen der Frauen, und als sich am folgenden Tage die Römer in Schlachtfront aufgestellt hatten, was sie täglich taten, führte er sein Heer gegen sie heraus. Da blieben die Römer, wie sie die Feinde aus ihrem Lager hervorkommen sahen, nicht auf ihrem Platze stehen, sondern stürmten vor und ließen ihnen keine Zeit, sich ordentlich in Schlachtreihe aufzustellen. So kamen sie dadurch, daß sie im Lauf unter Kampfgeschrei auf die Germanen losstürzten, ihrem Speerwurf zuvor, auf den sich die Zuversicht jener besonders gründete, und trafen so schnell mit ihnen zusammen, daß die Germanen weder ihre Lanzen noch ihre langen Schwerter gebrauchen konnten. Die Germanen suchten daher die Römer zurückzudrängen und kämpften mehr mit ihren Leibern als mit ihren Waffen: sie boten alle Kräfte auf, um den Angreifer zu Fall zu bringen und den Gegner zu Boden zu werfen. Und viele von ihnen, die das kürzere Schwert nicht verwenden konnten, kämpften statt dessen mit Fäusten und Zähnen, suchten ihre Gegner niederzuzerren, bissen und zerfleischten sie, zumal sie durch die Größe ihrer Leiber sie weit überragten. Aber trotzdem taten sie den Römern hierdurch keinen erheblichen Schaden, denn diese zeigten sich im Handgemenge dem Gegner durch ihre Bewaffnung und ihre Kriegskunst gewachsen. Und schließlich behielten die Römer, indem sie so lange wie möglich eine solche Kampfesweise befolgten, spät am Abend die Oberhand. Denn ihre Schwerter, die kürzer als die keltischen waren und Härtungen ihrer Schneiden aus Stahl hatten, erwiesen sich ihnen als äußerst nützlich, und sie selber hielten, durch dieselbe Kampftätigkeit auf längere Zeit gebunden, besser als die Barbaren aus, da deren Ausdauer nicht der Wucht ihres Ansturms entsprach. Daher unterlagen diese, aber kehrt machten sie nicht, nicht etwa, weil sie nicht fliehen wollten, sondern weil sie nicht konnten: aus Ratlosigkeit und Erschöpfung.

Daher hielten sie, zu 300 oder mehr oder weniger zusammengedrängt, ihre Schilde nach allen Seiten vor sich und wurden, aufrecht dastehend, durch ihr festes Aneinanderschließen unangreifbar. Aber sie konnten sich infolge ihrer dichten Zusammenballung nur schwer bewegen, daher taten und erlitten sie nichts. Die Römer nun hatten, da die Barbaren weder gegen sie ausrückten noch die Flucht ergriffen, sondern auf derselben Stelle ausharrend wie auf Türmen dastanden, ebenfalls ihre Speere gleich zu Anfang weggeworfen, weil diese (hier) keinerlei Nutzen für sie hatten. Mit ihren Schwertern aber hatten sie weder die Möglichkeit, im Handgemenge gegen sie zu kämpfen, noch vermochten sie die Köpfe der Gegner – deren einzige verwundbare Stelle, da sie ja barhäuptig kämpften – zu treffen. Sie warfen daher ihre Schilde fort, stürzten auf die Barbaren, teils im Anlauf, teils aus der Nähe los, sprangen sozusagen mitten in sie hinein und hieben auf sie ein. Infolgedessen fielen manche der Germanen sofort um, da ein Hieb genügte, sie zu Fall zu bringen. Viele aber starben sogar, bevor sie zu Boden stürzten: Denn infolge der dichten Zusammenballung ihrer Massen wurden sie selbst als Leichen noch in aufrechter Stellung gehalten.

Von dem germanischen Fußvolk fand so die Hauptmenge teils auf dem Schlachtfeld, teils bei der Wagenburg, falls sie zu dieser hingedrängt war, zusammen mit ihren Weibern und Kindern den Tod. Ariovist aber verließ alsbald mit einem Reitertrupp die Walstatt und eilte zum Rhein. Er wurde verfolgt, aber nicht ergriffen. Er entkam vielmehr in einem Kahn; eine Anzahl seiner Begleiter töteten die

Römer, indem sie in den Fluß hineingingen, die anderen nahm der Strom auf und riß sie mit sich fort.«

Aus allen drei Schilderungen[133] geht klar hervor, daß Cäsar gezwungen war, um jeden Preis zu schlagen, wenn seine Position nicht unhaltbar werden sollte. Einen Rückzug konnte er sich nicht leisten, da ihm dann sicherlich alle keltischen Hilfstruppen davongelaufen wären. Auch wäre wohl seine Position in Rom dann zumindest sehr schwierig gewesen. Er mußte darum die auf einem Hügel gelegene Wagenburg der Germanen angreifen. Cäsar tat somit dasselbe, was manche Historiker, z. B. Dahn, Jung und Fischer-Fabian, den Teutonen als schweren Fehler ankreiden, wobei sie von blinder Wut und germanischer Tollheit sprechen.

Er stellte dazu sein Heer in drei Treffen auf, den linken Flügel an das kleine Lager angelehnt, den rechten verstärkt. Die keltischen Hilfstruppen massierte er vor und in dem kleinen Lager. Die Reiterei scheint unter dem Kommando des Crassus am rechten Flügel zurückgestaffelt aufgestellt gewesen zu sein. Uns wird nichts vom Eingreifen der Reiterei in die Schlacht berichtet. Vielleicht war das Gelände für ihren Einsatz zu ungünstig. Ariovist ließ es nicht zum Sturm auf die Wagenburg kommen. Er stellte schnell seine Truppen in sieben Keilen entsprechend den sieben Stämmen auf. Die beiden Keile auf seinem rechten Flügel verstärkte er wahrscheinlich durch die abgesessenen Reiter. Die Wagenburg ließ er auflösen und so an Flanken und im Rücken auffahren, daß er kaum vom Rücken her angegriffen werden konnte. Vielleicht ist das auch ein Grund für die Zurückhaltung der römischen Reiterei. Die sieben Schlachtkeile waren bis auf die zwei durch die Reiterei verstärkten ungefähr gleich stark. Zwei Schlachtkeile, der der Haruden und jener der Edusier, waren sicher jütländisch[134]. Die germanischen Schlachtkeile waren Gevierthaufen, die untereinander Abstände hatten. Sie stürmten im Laufschritt auf die feindliche Schlachtreihe und versuchten sie zu durchbrechen. Erlahmte der Angriffsschwung, schwenkten die hinteren Glieder rechts und links aus, und der Feind sah sich einer geschlossenen Phalanx gegenüber.

Ariovist hatte seinen rechten Flügel verstärkt, weil dieser nach Zurückwerfen des feindlichen linken das kleine Lager einnehmen mußte, sollte der Angriff erfolgreich sein. Cäsar griff seinerseits mit verstärktem rechten Flügel an, da sein linker durch das kleine Lager gedeckt war. Der Angriff war je auf dem rechten Flügel erfolgreich, und die zu Beginn wahrscheinlich west-östlich verlaufende Front drehte sich um das kleine Lager nach Südwest-Nordost. Hier kam der

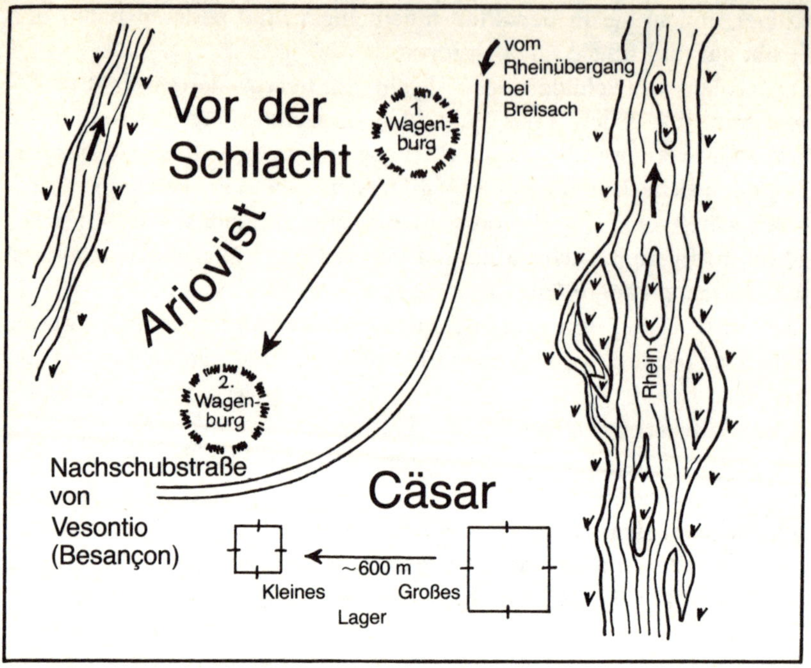

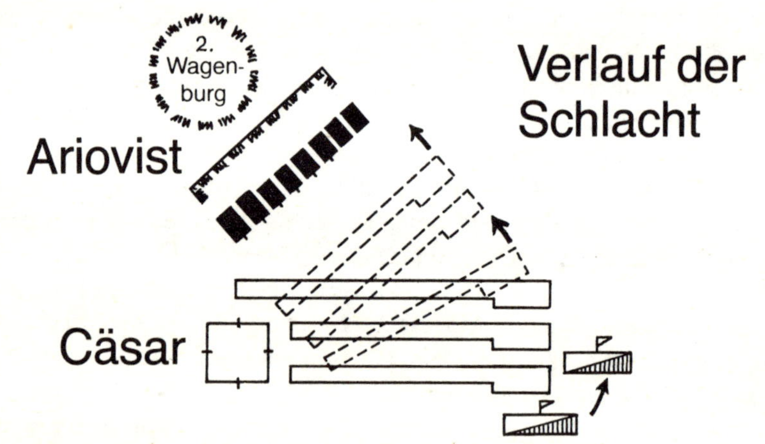

Germanische und römische Operationen bei der Schlacht von Mülhausen
veränd. schematische Darstellung n. Pastenaci

Kampf zum Stehen, und die hinteren Glieder der germanischen Keile schwenkten rechts und links zur Phalanx heraus. Das war die Krisis der Schlacht. Crassus erkannte das und gab dem zurückgehaltenen dritten Treffen der römischen Front den Befehl zum Eingreifen. Dadurch bekamen die Römer die Oberhand, weil Ariovist in Ermanglung von Reserven dieser Verstärkung nichts entgegensetzen konnte. Auf Befehl bildeten darum die Germanen kleine Karrees zu je dreihundert Mann, die sich langsam zurückzogen. Diese konnten die Römer nicht aufbrechen. Sie müssen sich planmäßig haben absetzen können, denn wir erfahren nicht, daß sie vom Rhein abgedrängt werden konnten. Das war ja die große Gefahr für Ariovist. Für Cäsar bestand eine ähnliche Gefahr, denn bei Verlust der Schlacht wäre er in den Rhein gedrängt worden, da die Schlacht mit halbverkehrter Front geschlagen wurde. Es spricht für das Können der germanischen Führung, daß es Cäsar nicht gelang, dem germanischen Heer den Rückzug abzuschneiden. Der unbeholfene Troß der Germanen scheint dagegen nicht mehr vom Schlachtfeld weggekommen zu sein.

Über die Länge des Rückzuges der Germanen gehen die Angaben weit auseinander. Der Text von Hans Fluck gibt 15 000 Schritt = 15 Meilen oder 22,5 km an, die Übersetzung von Capelle 5 Meilen oder 7,5 km, die Übersetzungen von Woyte und Dorminger haben 50 Meilen = 75 km und die von Haus-Hess-Bayer 50 000 Schritt = ebenfalls 50 Meilen gleich 75 km. Haus-Hess-Bayer machen die Anmerkung, daß auch Plutarch (s. o.) 400 Stadien = 50 Meilen = 75 km hätte. Genau dasselbe habe auch Orosius. Die Handschriften aber (welche, gibt die Anmerkung leider nicht an) hätten 5000 Schritt oder 5 Meilen. Es ist ganz ausgeschlossen, daß ein Rückzug ohne Halten über 75 km, besonders bei den damaligen Straßenverhältnissen, hätte gehen können, wie Cäsar angibt. Dieser Rückzug wäre bis Straßburg gegangen. Die kürzeren Entfernungsangaben sind darum die wahrscheinlichsten, denn innerhalb dieser liegt der Rheinübergang von Breisach. Am wahrscheinlichsten erscheint mir die Angabe von 15 Meilen = 22,5 km.

Betrachtet man den Schlachtverlauf, wie er sich uns jetzt darstellt, ergeben sich bemerkenswerte Einsichten.

Ariovist ist als Stratege Cäsar durchaus gewachsen. Er versteht es, sich so lange als möglich nicht zur Schlacht zwingen zu lassen. Aber er bringt Cäsar in eine solch fatale Situation, daß dieser nicht anders kann, als so schnell es geht und auch unter ungünstigen Umständen die Schlacht zu wagen.

Sie beginnt für die Römer sehr ungünstig. Sie hätten nämlich bergan stürmen müssen. Dazu kommt es aber nicht, denn die Germanen stürmen so schnell den Hügel herab, daß die Römer gar nicht zur Pilensalve kommen. Diese wird von den Germanen einfach unterlaufen. Das geht aus Cäsars Bericht einwandfrei hervor. Im Gegensatz dazu berichtet Cassius Dio, daß die Germanen infolge des schnellen römischen Angriffs nicht zum Abschleudern ihrer Speersalve gekommen wären, zu der sie besonderes Vertrauen gehabt hätten. An diesem Beispiel kann man zeigen, mit welcher vorsichtigen Kritik man die römischen Schlachtenberichte lesen muß. Der kurze Speer war nämlich die Nahkampfwaffe des Germanen. Schwerter hatten durchaus nicht alle Kämpfer. Welchen Wert dagegen die Römer auf die Pilensalve legten, mit der sie die Schlacht eröffneten, geht aus dem Bericht Cäsars von der Schlacht von Bibrakte hervor; man kann aber auch auf den Bericht Plutarchs von der Schlacht bei Vercellae hinweisen. Dieser verbreitet sich dort ausführlich über die neue Erfindung des Marius, die sich dann bei Bibrakte so bewährt haben soll. Es hat also den Anschein, als ob bei Dio an dieser Stelle Römer und Germanen vertauscht worden wären. Auch Dios Behauptung, daß sich die Germanen nicht ordentlich in Schlachtordnung hätten aufstellen können, findet sich in Cäsars Bericht nicht. Ganz einwandfrei ist die Tatsache berichtet, daß der linke Flügel der Römer geworfen wurde, während der rechte nicht zurückgedrängt werden konnte, sondern wahrscheinlich den germanischen langsam zurückdrückte. Als der Angriff zum Stehen kam, schwenkten, sicherlich auf Befehl, die hinteren Glieder der germanischen Schlachtkeile zur Phalanx heraus, und die römische Schlachtreihe scheint in arge Bedrängnis gekommen zu sein. Erst das Eingreifen des dritten Treffens, jenes Drittels, um das das römische Heer stärker als das germanische war, bringt die Entscheidung.

Zu einer Auflösung der germanischen Schlachtordnung kommt es aber nicht. Die Germanen, wahrscheinlich wieder auf ein Signal, bilden kleine Karrees, die sich planmäßig zurückziehen. So zeigt sich, daß auch die taktische Führung der Germanen der römischen ebenbürtig gewesen ist. Eine Vernichtungsschlacht ist Cäsar nicht gelungen. Jedenfalls ist die Schlacht von Mülhausen kein Beispiel überlegener Feldherrnkunst (was übrigens die von Bibrakte auch nicht war). Hier haben eindeutig die stärkeren Bataillone gesiegt. Was Cäsar dann von den Angriffen der rechtsrheinischen Bewohner auf das germanische Heer nach dessen Rückzug über den Rhein, der ihm geglückt sein muß, berichtet, ist nicht sehr glaubwürdig. Er verzichtet jedenfalls auf eine

Verfolgung des geschlagenen Gegners und führte sein Heer frühzeitig in die Winterquartiere um Vesontio (Besançon).

Angesichts der Schlachtberichte Cäsars, Plutarchs und Cassius Dios ist es unverständlich, wie etwa Jung[135] schreiben kann: »Zunächst hielt sich das Kriegsglück beider Gegner die Waage. Auf beiden Seiten erringt der rechte Flügel einen Vorteil und beginnt den feindlichen zurückzudrängen. In dieser entscheidenden Situation gibt die taktische Reserve der Römer den Ausschlag. Es ist das sogenannte dritte Treffen, das bislang nicht in die Schlacht eingegriffen hat. Dessen Führer erkennt die Lage und gibt auf eigene Faust das Zeichen zum Angriff. Demgegenüber haben die Germanen nichts mehr einzusetzen. *Sie kennen weder die Reservetaktik, noch hätte sich ein Teil der Krieger dazu bewegen lassen, abzuwarten statt sofort mitzukämpfen.*« Dieser letzte, von mir gesperrte Satz ist darum so unverständlich, weil Jung dann fortfährt: »Überdies hätte es an Mannschaften gefehlt. So gut wie sicher sind die Römer auch zahlenmäßig – nicht nur im Hinblick auf ihre Ausrüstung – den Germanen um genau dieses Drittel überlegen, das sie nunmehr in den Kampf werfen können.« Jung müßte klar sein, daß man keine Reserven zurückhalten kann, wenn man keine hat. Sein abwertendes Urteil kann darum nur einem weitverbreiteten Vorurteil entspringen. Wir finden es schon bei Dahn, der aber sogar Cäsars Angabe von 144 000 Germanen auf die Zahl der an der Schlacht beteiligten Krieger bezieht.

Dasselbe abwertende Urteil spricht Fischer-Fabian[136] aus. Auch er redet davon, daß die Germanen keine Auffangstellung oder strategische Reserven bildeten. Aber auch er gibt zu, daß sie den Römern in der Schlacht zahlenmäßig weit unterlegen waren. Natürlich löst auch er das Rätsel nicht, wie man Reserven zurückhält, wenn man sie nicht hat. Auch seine Darstellung der Schlacht von Mülhausen ist keine echte kritische Würdigung, sondern läuft fast gedankenlos in den seit fast hundert Jahren tief ausgetretenen geistigen Hohlwegen dahin.

Die Auswirkungen der Schlacht bestehen noch bis heute: Schließlich hat sie darüber entschieden, daß Frankreich romanisch und nicht germanisch geworden ist.

Über die unmittelbaren Folgen berichtet uns Cäsar nichts. Es ist aber ganz unwahrscheinlich, daß er nach der Schlacht das Verhältnis der Römer zu den Germanen am Hoch- und Oberrhein nicht geregelt haben sollte. Für irgendeine vertraglich abgesicherte Regelung spricht, daß von 58 bis mindestens 29 v. Chr. die Germanen den Oberrhein nicht mehr überschritten haben, daß aber auch die Römer dort Unternehmungen rechts des Rheines unterlassen haben. Dieser stabile Zustand muß gewiß durch irgendwelche Abmachungen gesichert gewesen sein. Wenn Cäsar oder einer der anderen römischen Schriftsteller nichts davon berichtet, so braucht das nicht zu bedeuten, daß sie nicht bestanden. Man muß auch beachten, daß Cäsar von 57 bis 51 alle seine Operationen so durchführte, als ob die Oberrheingrenze befriedet gewesen sei.

Für die Germanen mußten solche Abmachungen die Aufgabe aller gemeingermanischen Pläne bezüglich Galliens bedeuten. Cäsar hatte das ja Ariovist gegenüber verlangt. Genau das scheint eingetreten zu sein. Man kann vermuten, daß die Niederlage Ariovists das Auseinanderfallen der germanischen Koalition, die wahrscheinlich hinter seiner Unternehmung stand, zur Folge hatte. So ist auch 57 die belgische Staatenkoalition nach der ersten Niederlage auseinandergefallen. Ariovist allerdings behielt sein großes Ansehen bei allen Germanen. Vielleicht hat er selbst dahin gewirkt, daß es mit Cäsar zu irgendeiner Übereinkunft gekommen ist.

Für Cäsar war jedoch mit der Schlacht von Mülhausen nur der erste Schritt zur Gewinnung der ganzen Rheingrenze getan. Sie gewann er dann vollständig im Krieg gegen die Belger 57 v. Chr. Dieser kann darum bei einer Betrachtung des römisch-germanischen Verhältnisses zur Zeit Cäsars nicht übergangen werden, denn erst mit der Gewinnung des Tieflandes bis zum Nieder- und Mündungsrhein war das Werk soweit abgeschlossen, daß Cäsar an die endgültige Unterwerfung Restgalliens gehen konnte, die uns dann nicht mehr zu beschäftigen braucht.

3. Cäsars Krieg gegen die Belger 57 v. Chr.

Nach der Sicherung der Oberrheingrenze im Jahre 58 v. Chr. mußte Cäsar bestrebt sein, den Mittel-, Nieder- und Mündungsrhein als Grenze gegen die Germanen in die Hand zu bekommen, sonst hätte die Gefahr bestanden, daß über das Tiefland von Mündungs- und Niederrhein hinweg germanische Landnehmerheere bis zur Loire und Garonne vorgestoßen wären und die römische Stellung, vielleicht im Bunde mit Kelten – etwa den Arvernern –, vom Westen her aufgerollt hätten. Um das zu verhindern, mußte Rom seine Hand auf ganz Gallien legen.

Cäsar packte diese Aufgabe vom Rhein her an. Er ließ Mittel- und Westgallien links liegen, stieß in einem schnellen Feldzug nach Belgien und den Niederlanden vor und brachte zuerst das Gebiet unter römische Herrschaft, das nach Karl dem Großen als das Zwischenreich Lothars und am Ende des Mittelalters als Herzogtum Burgund in die Geschichte eingegangen ist.

Mir scheint, daß nach der Niederlage Ariovists im Jahre 58 v. Chr. die meisten Germanen auf eine Ausdehnung ihres Siedlungsraumes nach Westen verzichtet und dafür die Landnahme nach Osten betrieben haben. Es hatten ja schon um 100 v. Chr. Germanen aus Nordjütland, die Vandalen, den Kimbern folgend, Schlesien bis über die Glatzer Neiße nach Südosten hinaus besiedelt. Dieser Vorstoß blieb aber recht lange ohne Nachfolger. Jedenfalls ist nicht bekannt, daß in den folgenden Jahrzehnten weitere germanische Landnehmerheere diesem Beispiel gefolgt sind. Dagegen haben wir gesehen, daß Germanen aus Jütland, die Haruden und Edusier, im Heere Ariovists vertreten waren.

Noch vor Christi Geburt – genaue Jahreszahlen können natürlich nicht gegeben werden – überquerten dann aber Burgunder, Heruler, Rugier, Gepiden und Goten die Ostsee und nahmen die Küste von der Oder- bis zur Weichselmündung mit ihrem Hinterland in Besitz. Vielleicht hängt dieser Wechsel in der Vormarschrichtung jütländischer und skandinavischer Germanen mit dem Vordringen Cäsars zum Rhein zusammen. Das wäre dann auch Cäsar sicherlich nicht entgangen. Jedenfalls scheint er sich später kaum noch Sorgen etwa wegen eines massierten Eingreifens germanischer Landnehmerheere über den Oberrhein in die verschiedenen Aufstände der Belger und Gallier von 54 bis 51 v. Chr. gemacht zu haben. Dabei wären wahrscheinlich die Unternehmungen des Ambiorix oder des Vercingetorix anders ausgegangen, wenn bedeutende Landnehmerheere der West- und Nordgermanen auf keltischer Seite eingegriffen hätten. Das ist nicht geschehen, obwohl zumindest Ambiorix mehrfach die Germanen um Hilfe gebeten hat. Es geschah vielmehr das Gegenteil: Cäsar konnte in Germanien Reitertruppen anwerben und sehr erfolgreich gegen die keltischen Freiheitskämpfer einsetzen – was sehr für vertragliche Abmachungen mit den Fürsten der westgermanischen Mittel- und Kleinstaaten und für eine Cäsar bekannte Umorientierung der germanischen Ausdehnungsrichtung vom Westen nach dem Osten spricht.

Bei Annahme dieser Hypothese würde sich eine ganz neue Einschätzung der geschichtlichen Bedeutung der Feldzüge Cäsars in den Jahren 58 und 57 v. Chr. ergeben. Ihre Fern- und Nachwirkung ist vielleicht viel größer gewesen, als man im allgemeinen annimmt. Jedenfalls ist die endgültige Entscheidung über die Zukunft Westeuropas im Jahr 57 v. Chr. gefallen. In ihm fand die Eroberung des belgischen Gebietes und die Sicherung der Rheingrenze ihren vorläufigen Abschluß.

Cäsar hat seine eigentlichen Absichten auch im nachträglich geschriebenen Kommentar nicht preisgegeben, sondern tischte wieder die Geschichte von den bösartigen Barbaren auf, die sich mit finstersten Angriffsabsichten gegen die friedlichen Römer trugen. Doch war das diesmal noch schwieriger als beim Angriff auf die Helvetier und Ariovist; denn die Entfernung von Besançon, wo sein Heer in den Winterquartieren lag, bis zur Aisne bei Laon, wo die ersten Kämpfe mit den Belgern stattfanden, beträgt in der Luftlinie immerhin 250 km, das sind 350 bis 400 km Marschentfernung. Cäsar gab sich wohl auch sehr wenig Mühe, seinen unprovozierten Angriff wenigstens teilweise zu verschleiern. So führte er nur Gerüchte, keine Tatsachen als Angriffsgrund an[137]:

»Als sich Cäsar, wie erwähnt, in Oberitalien aufhielt, drangen häufig Gerüchte (rumores) zu ihm, daß sämtliche Belger – sie machen, wie schon gesagt, den dritten Teil Galliens aus – einen Bund gegen die Römer schlössen und sich gegenseitig Geiseln stellten; das bestätigte ihm auch ein Schreiben des Labienus.« Dieses Bündnis war nach seinen eigenen Angaben nur ein Defensivbündnis, denn er sagt weiter[138]: »Die Gründe zu dieser Verschwörung(!) seien die folgenden: An erster Stelle stehe die Besorgnis, nach der Befriedigung ganz Galliens werde unser Heer in ihr Land einrücken.«[139] Man muß sich über den Senat wundern, der anscheinend daran keinen Anstoß genommen hat, daß Cäsar ein Defensivbündnis weit entfernter Staaten als ausreichenden Angriffsgrund anführte, ja sogar noch ohne Zustimmung des Senats zwei Legionen für diesen Überfall auf die Belger in Oberitalien aushob.

Wichtig sind Cäsars Ausführungen über die Koalition der Belger als Bestätigung, daß es solche Staatenbünde, wie ich sie auch für die west- und nordgermanischen Mittel- und Kleinstaaten angenommen habe, weit vom Mittelmeerraum entfernt schon seit Jahrhunderten gegeben hat. Bei den Germanen sind sie gewiß die Träger der Landnehmerheere gewesen. Später, beispielsweise unter Arminius, waren sie die Träger der Landesverteidigung. Wahrscheinlich sind sie aus heiligen Bünden (sogenannten Amphiktyonien) hervorgegangen und nicht erst unter dem Einfluß und nach dem Vorbild der Römer entstanden. Der mögliche Einwand gegen diese Gleichsetzung des belgischen Bundes mit germanischen Stammesbünden, daß nämlich das belgische Gebiet viel kleiner und zivilisierter als das germanische gewesen sei, kann nicht zutreffen. Der belgische Bund umfaßte das ganze heutige Belgien und Nordfrankreich bis zur Seine und Marne bei St. Dizier; dann ging die Grenze in nordöstlicher Richtung etwa bis Bonn und von dort rheinabwärts, um etwa bei der Lekmündung wieder die Küste zu erreichen. Der Bund umfaßte damit nicht nur Nordfrankreich und Belgien, sondern auch noch einen großen Teil des Rheinlandes westlich von Bonn und das niederländische Gebiet südlich des nördlichsten Mündungsarmes des Rheins. So war der Belgische Bund bedeutend größer als die heutigen Beneluxländer. Stellt man noch in Rechnung, daß Cäsar berichtet, die Zivilisation der Nervier, Eburonen und Menapier habe sich kaum von jener der Germanen unterschieden, so verliert dieser Einwand seine Tragfähigkeit.

Auch meine Annahme, daß in West- und Mitteleuropa alle alles von allen gewußt haben, wird durch Cäsars Mitteilung, daß die Belger über die römische Offensive von 58 genau im Bilde waren, wie auch er über ihre Absprachen schnellstens unterrichtet wurde, bestens bestätigt.

Ferner hatte ich weiter oben die Vermutung ausgesprochen, daß die Teutonen und Ambronen durch Grünfuttermangel für ihr Vieh zu ihrem Verzweiflungsangriff auf die Sperrstellung des Marius bei Aquae Sextiae gezwungen worden seien. Auch dafür findet sich hier eine Bestätigung; denn Cäsar schreibt[140]: »Er selbst kam zum Heer, als zuerst (gerade) die Menge des Grünfutters anfing (genügend) zu sein.« Hier bestätigt Cäsar, daß für Bewegungen der damaligen Heere die Weidemöglichkeiten für die Reit- und Tragtiere ausschlaggebend gewesen sind. Wenn das aber schon für die römischen Heere so wichtig war, mußte es für Völkerzüge noch viel wichtiger sein.

Cäsar beginnt seine Operationen gegen die Belger mit einem Gewaltmarsch. Die 350 bis 400 Kilometer legte sein Heer in 14 Tagen zurück, was eine tägliche Durchschnittsleistung von 25 bis 28,5 km bedeutet. Solche Marschleistungen kann ein Heer von acht Legionen oder fast 40 000 Mann nur in einem durch Straßen erschlossenen Lande vollbringen. Auch das ist ein Beweis dafür, daß Cäsar niemals ins Ungewisse marschiert ist. Er hatte im Gegenteil seinen Kriegszug sehr gut vorbereitet. Die mit Rom verbündeten Keltenstaaten, z. B. die Senonen, mußten schon frühzeitig, vielleicht schon während des Winters von 58 auf 57, Nachrichten über die Belger einholen. Hier erfährt man etwas von Cäsars Nachrichtendienst[141].

Der belgische Bund kann nicht sehr fest gewesen sein, denn Cäsar gelingt es auf Anhieb, die Remer aus ihm herauszubrechen. Damit hatte er eine feste Basis im feindlichen Land und konnte aus erster Hand Erkundigungen über die belgischen Kriegsvorbereitungen erhalten. Nach diesen Angaben wollten die Belger 306 000 Bewaffnete aufbringen, wenn die Römer sie angreifen sollten. Diese Angabe dürfte weit übertrieben sein, trotzdem war das belgische Heer dem römischen an der Aisne zahlenmäßig bedeutend überlegen, wie aus Cäsars Maßnahmen hervorgeht. Um die Gefährlichkeit der Belger zu kennzeichnen, schreibt Cäsar[142]: »Die Belger seien die einzigen, die zur Zeit unserer Väter die Kimbern und Teutonen nicht in ihr Land hätten eindringen lassen, als diese das ganze übrige Gallien heimsuchten.«

Er befindet sich allerdings mit sich selbst im Widerspruch, wenn er später im selben Kommentar[143] schreibt: »Die Aduatucer waren die Nachkommen der Kimbern und Teutonen. Auf ihrem Zuge nach unserer Provinz und nach Italien hatten diese nämlich 6000 ihrer Landsleute als Schutzwache für das schwere Gepäck zurückgelassen, das sie nicht weiter mitnehmen konnten und deshalb diesseits des Rheines aufgestapelt hatten. Nach dem Untergang der Kimbern und Teutonen wurden sie viele Jahre lang von den Nachbarstämmen hin- und hergehetzt, wobei sie bald angriffen, bald sich verteidigten, bis es endlich zu einem Friedensschluß kam, aufgrund dessen sie sich dann diese Gegend unter allgemeiner Zustimmung als Wohnsitz wählten.« Das kann man nicht mit der ersten Stelle vereinbaren, denn wie konnten sich 6000 Krieger gegenüber den Belgern behaupten, wenn es der viel größeren Hauptmacht nicht einmal gelungen sein sollte, in Belgien einzudringen? Beide Stellen haben darum wohl nur propagandistischen Wert. Sie sollten die Belger besonders gefährlich erscheinen lassen, und so werden diese in solche Nähe zu den Kimbern und Teutonen gerückt.

Cäsar drang schnell bis über die Aisne in der Nähe von Laon vor und ließ das Land der Bellovacer zwischen der unteren Oise und Seine durch die Häduer verwüsten. Wohl erst danach rückten die Belger gegen ihn vor. Cäsar hatte inzwischen am rechten Ufer der Aisne ein befestigtes Lager bezogen (das Napoleon III. ausgraben und wiederherstellen ließ). Bevor die Belger ihm entgegenrückten, hielten sie sich mit der Belagerung von Bibrax (wahrscheinlich Bièvre) auf, die sie aber aufgaben, als Cäsar leichte Truppen zum Entsatz schickte. Sie lagerten sich dann 3 km von Cäsars Lager entfernt. Diesmal verzögerte Cäsar die Entscheidung. Wohl ließ er, ganz ähnlich wie Ariovist, Reiterkämpfe durchführen, um die Kampfkraft des Feindes zu erproben, doch erst nach Tagen – er sagt nicht, wievielen – bot er diesem die

Schlacht an. Dafür war das Gelände vor seinem Lager sehr geeignet: Zum Feind hin fiel es sanft, an beiden Seiten sehr steil ab, so daß eine Überflügelung schon dadurch schwierig war. Diese Gunst des Geländes verstärkte Cäsar noch durch Gräben und Schanzen, die er mit Wurfgeschützen bestückte. Vor seiner Front lag ein kleiner Sumpf, der den Angreifer sehr behindern mußte.

Es ist auffällig, daß die Vorkehrungen Cäsars zur Schlacht denen des Ariovist in der Schlacht bei Mülhausen recht ähnelten. Die Gunst des Geländes erlaubte ihm, darüber hinaus noch zwei Legionen als taktische Reserve zurückzuhalten. (Das war allerdings Ariovist nicht möglich gewesen.) Die Belger stellten wohl auch ihr Heer in Schlachtordnung auf, griffen aber nicht an, was auch Cäsar nicht tat. Zwischen den Fronten entbrannten Reiterkämpfe, in denen die Römer die Oberhand behielten. Schließlich rückten beide Heere wieder in die Lager ab. Etwas später versuchten die Belger mit Teilen ihres Heeres den Fluß zu überschreiten, um den befestigten Brückenkopf auf dem linken Aisneufer einzunehmen und die Brücke zu zerstören oder wenigstens Cäsar die Zufuhr abzuschneiden. Da dieser ihre Absicht frühzeitig erkannte, schickte er die Reiterei und die Leichtbewaffneten aufs rechte Aisneufer, die die noch im Fluß befindlichen Feinde angriffen und trotz verzweifelter Gegenwehr zurücktrieben und den Flußübergang vereitelten.

Man sieht aus beiden Maßnahmen, wie schnell Cäsar von Ariovist gelernt hatte und sich nicht wieder in eine solch gefährliche Lage wie vor der Schlacht von Mülhausen bringen lassen wollte. Aber auch die Belger stürmen nicht blindlings los: Sie erkennen, wie stark Cäsars Stellung auf dem rechten Aisneufer ist, und vermeiden den sinnlosen Angriff durch den Sumpf. Dann führen sie ein taktisches Manöver aus, dessen Gelingen Cäsar in eine äußerst gefährdete Lage gebracht hätte. Auch bei ihnen ist die Führung den Anforderungen offenbar gewachsen gewesen, ganz im Gegenteil zu manchen heutigen Urteilen, die die keltischen Führer mit den homerischen Helden vergleichen und sie als blindwütige Draufgänger darstellen, unfähig zu einer wirklichen Führungsleistung.

Den Belgern ging schließlich die Verpflegung aus, dazu kam, daß die Häduer ins Land der Bellovacer eingefallen waren, so daß diese nach Hause drängten. Darum löste sich das große Heer auf, und die Koalition fiel auseinander, ohne daß es zur Schlacht gekommen wäre. Fast mühelos erntete Cäsar so die Früchte seiner hinhaltenden Strategie. Auch das scheint er Ariovist abgesehen zu haben. Allerdings darf man

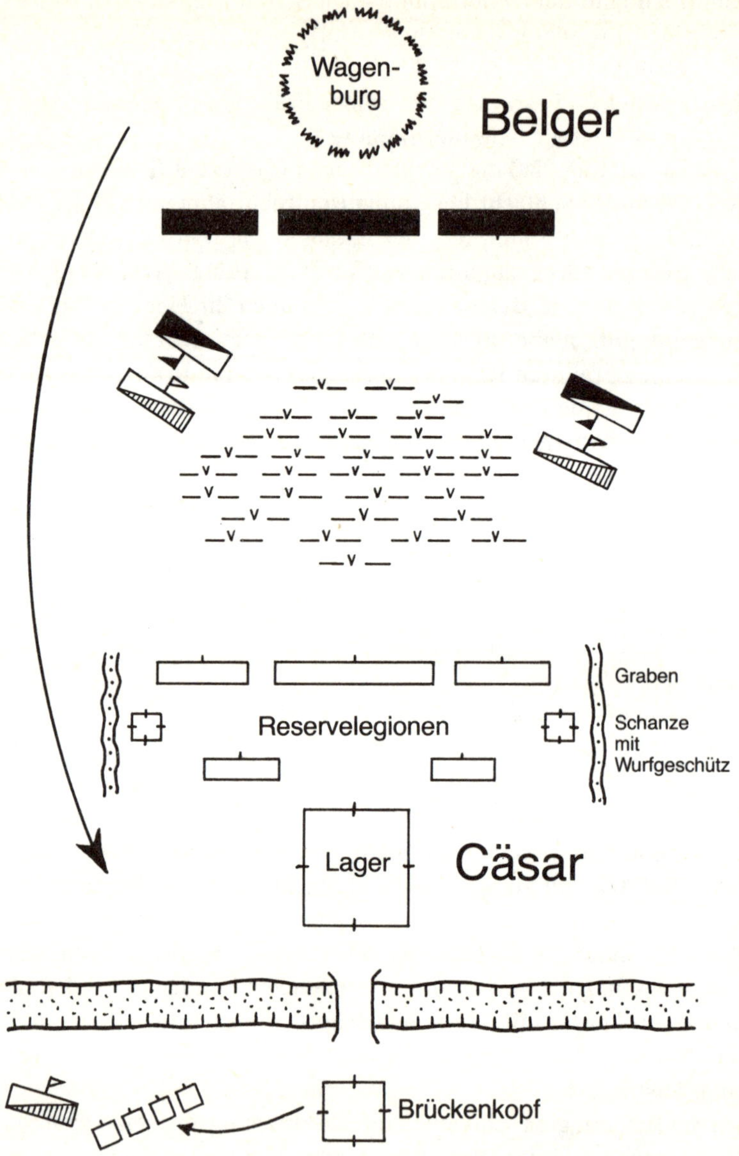

Cäsars Stellungskrieg an der Aisne 57 v. Chr.
– schematisch –

die Hilfe der Häduer und der Remer nicht zu gering anschlagen, weil Cäsar von ihnen verpflegt und entlastet wurde. Ohne Schwierigkeiten unterwarf er anschließend die Suessionen, Bellovacer und Ambianer. Damit hatte er den Südteil des belgischen Gebietes in seiner Gewalt. Es blieben noch die Nervier, Aduatucer, Atrebaten, Viromanduer, Menapier und Moriner zu unterwerfen.

Beim Vormarsch in deren Gebiet kam es zu der berühmten Überfallschlacht an der Sambre in der Gegend des heutigen Maubeuge. Bei seinem Marsch dorthin ist Cäsar offenbar zu sorglos gewesen. Vor allem scheint seine Aufklärung versagt zu haben, sonst wäre es nicht möglich gewesen, daß die Nervier die ahnungslosen Römer so plötzlich beim Lageraufschlagen überraschten. Es war Cäsars Glück, daß er wegen der Nähe des Feindes sechs Legionen geschlossen vorausmarschieren ließ, den gesamten Troß dahinter zusammengefaßt hatte und mit zwei Legionen die Nachhut bildete. So ging der Plan der Nervier nicht auf, aber das römische Heer geriet in arge Bedrängnis, da es überstürzt die Schlachtreihe bilden mußte. Auf dem rechten Flügel kamen zwei Legionen, die 12. und die 7., in eine sehr gefährliche Lage: Sie wurden abgedrängt und eingekesselt. Hier gelang dem Feind sogar der Durchbruch durch die römische Front, so daß das unfertige Lager verlorenging, was bei der Reiterei und den Troßknechten eine Panik hervorrief. Das Kontingent der Treverer verließ sogar schleunigst das Schlachtfeld und machte erst zu Hause wieder halt.

In dieser schwierigen Lage bewährte sich wieder die Heeresreform des Marius. Die beiden eingekesselten Legionen kämpften Rücken an Rücken und konnten allmählich den Feind zurückdrängen. Selbst Cäsar mischte sich ins Handgemenge, was eine außerordentliche moralische Wirkung hatte. Inzwischen hatten die beiden Legionen des Zentrums standgehalten und der linke Flügel unter Labienus den Feind geworfen, über den Fluß zurückgedrängt und das feindliche Lager genommen. Als schließlich die beiden Nachthutlegionen und die unter Labienus freigewordenen Truppen auf dem rechten Flügel eingriffen, wurde der Feind geschlagen.

Es scheint das eine der blutigsten Schlachten in Cäsars Kriegen gewesen zu sein, und selten stand wohl der Erfolg so auf des Messers Schneide. Diese Schlacht ist aber auch ein Beispiel dafür, daß eine Überfallschlacht, wenn sie nicht im ersten Anlauf zum Erfolg führt, zur Katastrophe für den Angreifer werden kann. Es gehört schon ein großes militärisches Talent des Führers der Angreifer und eine sehr disziplinierte Truppe dazu, nach der Abwehr des ersten Ansturmes und

Verpuffen des Überraschungsmomentes doch noch den Sieg zu erringen.

Die Verlustzahlen der Nervier und ihrer Verbündeten, die Cäsar angibt, müssen *sehr* stark übertrieben sein. Wenn von 60 000 Nerviern nur noch 500 Kämpfer übriggeblieben sein sollten[144], wie wäre es da verständlich, daß sie schon drei Jahre später, 54 v. Chr., im Herbst und Winter am Aufstand des Ambiorix teilnehmen konnten? Sicherlich ist trotzdem ihre Niederlage sehr empfindlich gewesen, denn sie leiteten sofort Friedensverhandlungen ein und bekamen einen annehmbaren Waffenstillstand.

Sollte das nicht darauf hindeuten, daß Cäsar nach der Niederlage des Ariovist auch mit den Germanenfürsten verhandelt hat? Mit den Galliern und Belgern hat er doch auch sofort nach seinen Siegen Verhandlungen eingeleitet, deren wichtigste Bedingung bei diesen Völkern immer die Anerkennung der römischen Oberhoheit war. Es ist nicht einzusehen, warum er Verhandlungen mit der Grundbedingung der Anerkennung des Rheines als römische Grenze nicht auch mit den germanischen Fürsten geführt haben soll, denn ihm mußte doch sehr viel an einem geklärten Verhältnis zu seinem germanischen Nachbarn liegen.

Die letzten größeren Kampfhandlungen in diesem Feldzug richteten sich gegen die Aduatucer. Diese hatten sich in ihrem Hauptort Aduatuca an der Maas zwischen Lüttich und Namur bei Huy verschanzt. Ihre Stellung war zwar stark, aber doch nicht so sicher, daß sie den Römern hätten lange widerstehen können. So verhandelten sie und gingen auf Cäsars Bedingung der Waffenablieferung ein. Warum es dann doch noch in der Nacht nach der Waffenablieferung und Übergabe zu einem Ausfall und Angriff auf Cäsars Belagerungsschanzen gekommen ist, wird aus Cäsars Bericht nicht recht deutlich; denn was er von der Heimtücke der Aduatucer erzählt, ist zumindest sehr undurchsichtig. Die Stelle[145] lautet: »Gegen Abend wurden auf Cäsars Befehl die Tore geschlossen und die Soldaten mußten die Stadt verlassen, damit sie sich nicht während der Nacht den Einwohnern gegenüber irgendeine Ausschreitung zuschulden kommen ließen. Diese hatten jedoch schon vorher, wie man später erfuhr, ihren Entschluß gefaßt. In der Annahme, die Unsrigen würden nach erfolgter Übergabe ihre Posten einziehen oder wenigstens weniger gewissenhaft besetzen, wappneten sie sich teils mit den Waffen, die sie heimlich zurückbehalten hatten, teils mit Schilden aus Rinde oder Ruten, die sie in aller Eile, wie es der Drang der Zeit erforderte, mit Fellen überzogen hatten.

Dann machten sie in der dritten Nachtwache (0–3 Uhr) einen Ausfall aus der Stadt, und zwar dort, wo der Aufstieg zu unseren Befestigungen weniger steil erschien. Schnell aber wurden, wie es Cäsar schon vorher angeordnet hatte, Feuersignale gegeben, und aus den nächsten Schanzen eilte man an die bedrohte Stelle.«

Man fragt sich: Warum machen die Aduatucer nach der Übergabe einen solchen verzweifelten Ausfall? Warum hatte ihn Cäsar offenbar erwartet und dafür Vorsorge getroffen? Man hat keine Antwort, sondern nur Vermutungen, die für die Römer nicht sehr ehrenvoll sind. – Jedenfalls läßt Cäsar nach dem Abschlagen des Ausfalls die unverteidigten Tore einschlagen, die Bevölkerung zusammentreiben und Männer, Frauen und Kinder wie Vieh in die Sklaverei verkaufen. Es sollen 53 000 gewesen sein, was eine schöne Einnahme für Cäsars Kriegskasse war. Ob die Zahl allerdings stimmt, ist sehr zweifelhaft, denn auch die Aduatucer gehörten 54 v. Chr. zu den Stämmen, die unter Ambiorix zusammen mit den Nerviern und Eburonen mit großem Aufgebot Cäsar entgegentraten.

Während dieser Unternehmungen Cäsars hatte Publius Crassus mit einer Legion die Veneter, Veneller, Osismer, Coriosoliten, Essuvier, Anlercer und Redonen, alles Völkerschaften, die den Nordwesten Galliens von der unteren Seine bis zur Atlantikküste der Bretagne bewohnten, zur Anerkennung der römischen Oberhoheit gebracht.

Es fehlte zur Sicherung der Rheingrenze im ganzen noch das Gebiet der Menapier und Moriner – etwa von Calais bis zum Mündungsrhein –, das aber auch im folgenden Jahr noch nicht unter römische Botmäßigkeit kam. So war die Mündungsrheingrenze auch später noch offen und nicht durch Verträge gesichert, wie Cäsar selbst[146] angibt: »Die Menapier waren Nachbarn des Eburonenlandes. Durch ununterbrochene Sümpfe und Wälder geschützt, waren sie die einzigen in Gallien, die noch niemals durch Gesandte Cäsar um Frieden gebeten hatten.« Das bezog sich auf das Jahr 53 v. Chr. Der Übergang über den Mündungsrhein durch die Usipeter und Tenkterer 55 v. Chr. verletzte somit keine römischen Rechte.

Bis auf den Mündungsrhein war aber 57 die Rheingrenze vom Hochrhein bis zum Niederrhein in römischer Hand. Diese Rheingrenze ist von den Germanen jahrzehntelang respektiert worden. Auch das deutet auf unbekannte Verträge Cäsars mit den germanischen Fürsten hin. Dafür spricht weiter, daß die Germanen nicht nur nicht in die schweren Kämpfe Cäsars mit den gallischen Freiheitskämpfern Ambiorix, Catavolcus, Indutiomarus und Vercingetorix eingegriffen haben, sondern Cäsar auch erlaubten, Hilfstruppen bei ihnen zu werben. Allerdings müssen sie auch dem Ambiorix und seinen Anhängern behilflich gewesen sein, von Belgien nach Böhmen zu fliehen[147], denn A. E. Milz[148] stellt fest, daß seit 50 v. Chr. gallischer Kultureinfluß in Böhmen unübersehbar sei und dort auch erst seit dieser Zeit Oppida (befestigte Plätze) mit der typisch gallischen holzrostverfestigten Trokkenmauer anzutreffen seien.

4. Cäsars Überfall auf die Usipeter und Tenkterer und sein erster Rheinübergang

Im nächsten Jahr (56 v. Chr.) gelang es Cäsar, fast ganz Gallien unter römische Botmäßigkeit zu bringen. Doch war zumindest der gallische Adel mit dieser Herrschaft noch längst nicht versöhnt, wie die Ereignisse der Jahre 54 bis 51 beweisen sollten. Auch war das Küstengebiet von Calais bis zur Rheinmündung, das Gebiet der Moriner und Menapier, noch nicht unterworfen, wie Cäsar selbst am Schluß des III. Kommentars berichtet. So war der Rhein nur einschließlich des Niederrheins, aber nicht der Mündungsrhein von der Maasmündung an als römisch-germanische Grenze festgelegt.

Hier brach nun im Winter 56 auf 55 ein germanisches Landnehmerheer ein. Es waren die Usipeter und Tenkterer, die Cäsar zufolge von den Sueben aus ihren Wohnsitzen vertrieben worden sein sollten. Sie wären darum in diesen Teil Galliens eingewandert. Daß dieser noch nicht unter römischer Botmäßigkeit stand, teilt Cäsar allerdings an dieser Stelle nicht mit. Was es wirklich mit ihren Kämpfen gegen die Sueben auf sich hatte, aus welchen Gründen diese entbrannten, wie ernst sie waren und warum sie zur Auswanderung zwangen, kann man aus Cäsars Bericht nicht genau entnehmen. Dazu kommt, daß Cäsar gegenüber diesen Völkern sich über jede Regel des damaligen Völkerrechts und von Treu und Glauben hinweggesetzt hat. Das ist ihm damals sogar in Rom von manchen äußerst übelgenommen worden. So kann man wohl berechtigten Zweifel an Cäsars Darstellung haben.

Vor allem fällt auf, daß die Usipeter und Tenkterer den Rhein in der Nähe der Maasmündung überschritten haben. Die Sueben hatten ihre Wohnsitze vom Elbtal über Thüringen bis nach Süddeutschland hinein. Wenn die Usipeter und Tenkterer tatsächlich von den Sueben aus ihren Wohnsitzen vertrieben worden wären, hätten sie darum östlich des Schiefergebirges durch die Hessische Senke nach der Ruhr oder Lippe und dann diese abwärts ziehen müssen, dann den Rhein abwärts bis etwa in die Gegend von Nimwegen, um ihn dann dort zu überschreiten. Alle diese Gebiete waren aber damals von einer zahlreichen und sehr kampfkräftigen germanischen Bevölkerung bewohnt, wie sich in den Kämpfen von 9 bis 16 n. Chr. erweisen sollte. Es erscheint zweifelhaft, daß ein solcher Marsch darum überhaupt möglich war. Auf keinen Fall können es 430 000 Menschen gewesen sein, wie Cäsar angibt. Selbst die Hälfte davon, 215 000, erscheint mir noch zu groß. Man muß doch die Verpflegungsschwierigkeiten in Rechnung stellen. Dazu kommt das Beschaffen des nötigen Futters für die Zug- und Reittiere und das etwa mitgeführte Vieh. Auch darf man die hygienischen Schwierigkeiten nicht außer acht lassen. Schon 60 000 Menschen, die längere Zeit an einem Ort lagern, produzieren, gering geschätzt, täglich drei bis vier Tonnen Fäkalien. Man kann sich denken, was für eine Fliegenplage dadurch im Sommer entstehen muß und wie sehr diese Plage zur Verbreitung von Krankheiten, vor allem Darminfektionen, beigetragen haben wird[149].

Solche Schwierigkeiten konnten nur von einer äußerst disziplinierten Menschenmenge überwunden werden. Es ist einleuchtend, daß nach dem Vorbeimarsch eines solchen Völkerzuges im Umkreis der ehemaligen Lager und in einem breiten Streifen um die Zugstraße das Land längere Zeit, wohl mindestens ein Jahr, völlig ausfouragiert und darum fast unbewohnbar geworden war. Die Folgen mußten Hungersnot und Seuchen für die Bewohner des durchzogenen Gebietes auch noch nach Abzug des Wandervolkes sein. Darum werden selbst befreundete Völker kaum mit Freuden begrüßt worden sein. Immerhin wird man sich in diesem Fall in eine Menge kleiner Trupps, die auf parallelen Straßen zogen, aufgeteilt haben. Das ging natürlich nicht im Feindesland. Stellt man das alles in Rechnung und hält sich die etwa fünfzig Jahre später bewiesene Kampfkraft der in Frage kommenden Gebiete vor Augen, so muß man an Cäsars Darstellung Zweifel hegen. Stimmen nämlich Cäsars Zahlenangaben, dann war der feindliche Durchzug einer derartigen Masse eine solche Katastrophe für diese Länder, daß sie sich auch nach fünfzig Jahren noch kaum davon erholt haben konnten. Stimmen sie nicht, dann war die wandernde Menge so kampfesschwach, daß sie nicht weit gekommen wäre. Anders wird das Bild, wenn die Völker mit Zustimmung und Unterstützung der örtlichen Behörden durchgezogen sind. Nimmt man das aber an, kann die Behauptung von der Vertreibung wieder nicht stimmen.

Cäsar gibt nun an, daß die Usipeter und Tenkterer im Umkreis der Maasmündung in den Rhein die Menapier aus ihren Häusern und

Gehöften vertrieben und in den verlassenen Dörfern von den dort vorgefundenen Vorräten gelebt hätten. Weil diese nicht ausreichten, hätten sie Streifscharen in die Gebiete der Eburonen und Condruser zum Verpflegungholen geschickt. Diese beiden Volksgruppen sollen Klientelstaaten der Treverer gewesen sein[150]. Nach dem II. Kommentar[151] gehörten sie zu den Belgern, und nach dem V. waren sie selbständig und mußten die Treverer erst durch Gesandte zur Beteiligung an ihrem Aufstand überreden[152]. Auch das ist eine Unklarheit gerade dieses IV. Kommentars. Dazu gehört auch die Unwahrscheinlichkeit, daß die im Winter von Haus und Hof vertriebenen Menapier, die dazu noch aller Vorräte beraubt worden waren, schon zwei Jahre später, 53 v. Chr., zusammen mit den Nerviern und Aduatucern am Aufstand des Ambiorix teilnehmen konnten, wie es auch erstaunlich ist, daß dieser Fürst der von den Germanen ausgeplünderten Eburonen so eifrig bemüht war, Germanen als Helfer für seinen Kampf ins Land zu holen. Mir scheint, daß Cäsar die Vorgeschichte seines vierten Kriegsjahres in Gallien ziemlich verschleiert hat, woraus vielleicht diese Widersprüche erklärt werden könnten.

Jedenfalls rückte er im Frühling des Jahres 55 gegen die Usipeter und Tenkterer, die in der Nähe von Nimwegen lagerten, mit dem ganzen Heer und den keltischen Hilfstruppen vor. Die Führer des Landnehmerheeres haben anscheinend unter allen Umständen einen Zusammenstoß mit den Römern vermeiden wollen. Allerdings wollten sie auch nicht bedingungslos auf alles, was Cäsar verlangte, eingehen. Das geht aus dem hervor, was ihre Gesandten Cäsar vortrugen, als er auf seinem Vormarsch in die Nähe des germanischen Lagers gekommen war[153]. Sie teilten ihm mit: »Die Germanen wollten zwar nicht zuerst mit dem römischen Volk Krieg anfangen, scheuten aber auch den Kampf nicht, wenn man sie herausfordere, weil es die von den Vorfahren überlieferte Gewohnheit der Germanen sei, jedem, der Krieg anfange, zu widerstehen und nicht um Gnade zu bitten. Doch müßten sie dies sagen, sie seien wider ihren Willen gekommen, von der Heimat vertrieben; wenn die Römer ihre Freundschaft wünschten, könnten sie ihnen nützliche Freunde sein. Entweder sollten sie ihnen (dann) Äcker einräumen oder dulden, daß sie die behielten, die sie mit Waffengewalt in Besitz genommen hätten. Einzig vor den Sueben würden sie weichen, denen nicht einmal die unsterblichen Götter gewachsen seien; sicherlich gebe es niemanden unter den übrigen der ganzen Erde, den sie nicht überwinden könnten.«

Cäsar ging nicht auf die Vorschläge der Germanen ein, sondern verlangte, daß sie Gallien verließen, da es in ihm kein freies Land gebe, das man ihnen ohne Rechtsverletzung anweisen könnte. Diese Auskunft mutet sehr merkwürdig an, denn die Menapier, in deren Land die Usipeter und Tenkterer lagerten und das sie einnehmen wollten, standen nicht unter römischer Oberhoheit, ja, wir würden heute sagen, sie befanden sich noch im Kriegszustand mit Rom. Cäsar konnte darum gar keinen Rechtstitel geltend machen oder den Schutz der Menapier übernehmen.

Er erbot sich allerdings, die Ubier, mit denen ihn angeblich Freundschaft verband, zu veranlassen, sie bei sich aufzunehmen. Die Gesandten erklärten, daß sie Cäsars Vorschläge vor das Stammesthing bringen wollten. Sie würden dann in drei Tagen Bescheid geben. Das war eine verständliche Bitte, denn ein Teil der waffenfähigen Männer, die beim Thing mit abstimmen mußten, war mit der Reiterei unterwegs, um Lebensmittel heranzuschaffen. Cäsar wußte, wie aus dem Folgenden hervorgeht, genau über die alleinige Zuständigkeit des Things in einer solchen Frage Bescheid, und wie berechtigt darum die Bitte um Aufschub war. Aber den wollte er auf keinen Fall gewähren. Wenn er schreibt[154]: »Er glaubte, sie erwarteten die Reiter und (wollten) deswegen einen Aufschub erreichen«, so hat er sicher recht. Aber er wollte die Sache auf jeden Fall vor dem Eintreffen der Reiter beenden, da – und das sagt er nicht – die Kampfkraft der Germanen bei Anwesenheit der Reiter viel größer und der Ausgang einer Schlacht viel ungewisser gewesen wäre. So leistete sich dieser bedenkenlose Machtmensch eine seiner größten Infamien, die einerseits für die Abwesenheit jedes Gefühls für Treu und Glauben bei ihm spricht, andererseits für seine Sorge vor der Kampfkraft der Germanen.

Nach seiner Darstellung[155] geschah folgendes. Als sein Heer bis auf 18 km an das germanische Lager herangekommen war, kamen die Gesandten wieder zu ihm und baten ihn dringend, nicht weiter vorzurücken. Als er nicht darauf einging, baten sie ihn, wenigstens der die Vorhut bildenden Reiterei jeden Angriff zu untersagen. Sie wollten an die Ubier Gesandte schicken, um von ihnen Grund und Boden zu erbitten. Würden diese zustimmen, wollten sie Cäsars Vorschläge annehmen. Cäsar schreibt ausdrücklich[156]: ». . . wenn deren Fürsten und Ältestenrat eidlich zustimmten.«

Diese Stelle beweist, daß er über die Bedeutung des Things im Staatsleben der Germanen genau im Bild war. Das läßt seinen angeblichen Verdacht, die Usipeter und Tenkterer wollten nur Zeit gewinnen, um ihre Reiterei (für einen Kampf) heranzuziehen, als lügenhafte

Beschönigung des Folgenden erscheinen. Die Germanen wollten sicherlich jeden Zusammenstoß mit den Römern vermeiden, Cäsar dagegen wollte so schnell wie möglich, noch vor der Ankunft der Reiter, eine Schlacht erzwingen. So kam es trotz der Bitte der germanischen Fürsten doch zu einem Kampf der römischen Reiterei mit den wenigen noch anwesenden germanischen Reitern. In diesem Kampf sollen 800 germanische Reiter 5000 römische völlig verwirrt und in die Flucht gejagt haben, wobei 74 von ihnen erschlagen worden sein sollen.

Es erscheint sehr unwahrscheinlich, daß die Germanen bei einem Verhältnis von 1 zu mehr als 6 sofort und unprovoziert angegriffen haben, besonders auch deshalb, weil auch ihnen bekannt sein mußte, daß ihre Führer mit Cäsar verhandelten. Viel wahrscheinlicher ist es, daß sie unvermutet auf die römische Vorhut stießen und im Vertrauen auf den Waffenstillstand ruhig an ihr vorbeiritten. Was passiert ist, daß es trotzdem zu Kämpfen kam, werden wohl schon damals die wenigsten gewußt haben. Man könnte sich denken, daß die römische Reiterei noch nicht überall vom Befehl zur Waffenruhe gehört hatte. So mag es zu Angriffen gekommen sein. Da aber wieder andere Glieder schon von der Waffenruhe wußten, kam es zu einem völligen Durcheinander bei den Römern, das zu der schmählichen Flucht führte.

Dieser Zwischenfall muß Cäsar sehr gelegen gekommen sein, denn nun hatte er einen guten Vorwand zum sofortigen Angriff auf die Germanen. Der germanischen Führung lag dagegen an einer friedlichen Beilegung. Cäsar selbst enthüllt die schamlose Hinterhältigkeit seiner Handlungsweise, verrät aber auch ungewollt, wie hoch er die kämpferische Tüchtigkeit eines germanischen Landnehmerheeres einschätzte. Die Stelle[157] lautet: »Nach diesem Kampfe hielt es Cäsar für ausgeschlossen, die Gesandten der Germanen noch weiter anzuhören und sich auf Verhandlungen mit Leuten einzulassen, die erst mit List und Tücke um Frieden gebeten und dann ohne Grund die Feindseligkeiten begonnen hatten. Aber gar erst noch warten, bis die feindlichen Truppen durch die Rückkehr ihrer Reiterei Verstärkung erhielten, wäre nach seiner Meinung geradezu Wahnsinn gewesen. Auch kannte er den Wankelmut der Gallier und wußte daher, wieviel Ansehen in ihren Augen die Feinde schon durch den einen Erfolg gewonnen hatten. Infolgedessen glaubte er, ihnen auch nicht einen Augenblick Zeit zu Anschlägen lassen zu dürfen. Nachdem er diesen Entschluß gefaßt und seinen Plan, keinen Tag mehr mit dem Kampf zu warten, mit den Legaten und dem Quästor beraten hatte, kam es ihm sehr gelegen, daß sich am folgenden Morgen die germanischen Gesandten in derselben unredlichen und heuchlerischen Weise zusammen mit all ihren Fürsten und Ältesten in großer Zahl bei ihm im Lager einfanden. Wie es hieß, wollten sie sich einerseits rechtfertigen, daß sie tags zuvor im Widerspruch zu ihrer Vereinbarung und ihrer eigenen Bitte angegriffen hatten, andererseits sich, wenn irgend möglich, durch Lug und Trug einen neuen Waffenstillstand erwirken. Cäsar freute sich, daß er sie auf diese Weise in seine Gewalt bekommen hatte, und ließ sie festnehmen. Dann rückte er mit allen seinen Truppen aus dem Lager aus, wobei er aber die Reiterei an das Ende des Zuges nahm, weil ihr, wie er meinte, von dem letzten Kampfe her noch der Schreck in den Gliedern saß.«

Die ahnungs- und führerlosen Germanen, die im Lager ruhig ihren täglichen Beschäftigungen nachgingen und an nichts Böses dachten, wurden vom römischen Heer plötzlich überfallen und abgeschlachtet. Cäsar beschreibt dieses »Heldenstück« geradezu mit einem gewissen Genuß[158]. Die römische »Humanitas« und Cäsars »Clementia« (Milde) werden besonders durch folgenden Satz[159] ins rechte Licht gerückt: »Die übrige Masse der Frauen und Kinder – die Germanen waren nämlich mit allem Volk ausgezogen und über den Rhein gegangen – begann allerorts zu fliehen. Zu ihrer Verfolgung sandte Cäsar die Reiterei aus.« Es ist besonders bezeichnend, daß Cäsar nicht wagte, die Reiterei gegen waffenfähige Männer, wohl aber gegen wehrlose Frauen und Kinder einzusetzen. Wieder schließt Cäsar seinen Bericht mit der ausführlichen Schilderung der Niedermetzlung der feige überfallenen Germanen.

Das alles war selbst einer Reihe Senatoren zu viel. Plutarch[160] berichtet, daß, als der Senat aufgrund dieses »Sieges« Feste und Dankopfer beschließen wollte, Cato der Jüngere beantragte, »Cäsar an die Germanen auszuliefern, um so die Schuld des Vertragsbruches von Rom abzuwenden und den Fluch auf den Schuldigen abzulenken«. Man sieht daraus, daß Cäsars heimtückisches Vorgehen selbst in Rom Widerspruch und Abscheu in manchen Kreisen hervorrief.

Gewiß werden nicht alle Angehörigen des Landnehmerheeres getötet worden sein, denn zur Zeit des Varus und Germanicus waren die Usipeter Angehörige der Eidgenossenschaft des Arminius und wohnten in der Gegend des Rhein-Maas-Zusammenflusses. Die Reiterei der Usipeter und Tenkterer, die bei dem Überfall abwesend war, soll bei den Sugambrern zwischen Sieg und Ruhr Aufnahme gefunden haben. Von dort werden sie wohl zu ihren Stammesangehörigen auf dem rechten Rheinufer weitergezogen sein. Jedenfalls nahm Cäsar die Tatsache, daß die Reiter bei den Sugambrern Aufnahme gefunden hatten, zum Anlaß, von diesen ihre Auslieferung zu verlangen. Seine Begründung, diese Germanen hätten ihn und Gallien angegriffen, ist, gelinde gesagt, falsch, denn wir entsinnen uns, daß die Usipeter und Tenkterer ins Gebiet der Menapier eingefallen waren. Diese aber hatten keinen Vertrag mit Rom oder Cäsar geschlossen, sondern befanden sich mit ihm noch im Kriegszustand.

Die Antwort der Sugambrer[161] ist würdig und gut begründet: »Des römischen Volkes Herrschaft sei am Rhein zu Ende. Wenn es Cäsar für unbillig halte, daß Germanen wider seinen Willen über den Rhein nach Gallien kämen, wie könne er dann verlangen, daß etwas rechts des Rheines seiner Oberhoheit oder Amtsgewalt unterstehe?«

Anders sollen sich die Ubier verhalten haben. Nach Cäsars Schilderung[162] könnte man geradezu von Anbiederung bei den Römern sprechen. Vielleicht war ihnen eine ähnliche Rolle bei den Germanen zugedacht, wie sie die Häduer bei den Galliern gespielt haben. Jedenfalls berief sich Cäsar auch auf sie zur Begründung seines ersten Rheinüberganges. Sie wären nämlich von den Sueben arg bedrängt worden und hätten ihn darum um Hilfe gebeten. Dies erinnert sehr an die Begründung seines Vorgehens gegen Ariovist.

Cäsar überschritt nach der einen Ansicht (z. B. Woyte) den Rhein 55 im Neuwieder Becken, nach anderen (z. B. Dr. Hans Fluck) in der Gegend der Ruhrmündung bei Duisburg. Letzteres erscheint mir wahrscheinlicher, denn er berichtet, daß er in das Land der Sugambrer eingefallen sei. Er hielt sich nur wenige Tage im Land auf und kann nicht weit vorgerückt sein. Zu Kämpfen kam es nicht, da die Sugambrer das Land geräumt hatten. So beschränkte er sich auf das Abbrennen von Häusern und die Vernichtung der Ernte.

Ob sein Vorgehen einen tieferen Eindruck hinterlassen hat, kann nicht mehr festgestellt werden. Dagegen kann man die Organisation der germanischen Landesverteidigung aus seiner Schilderung klar erkennen: Die Bevölkerung der bedrohten Gebiete zog sich sofort in Fluchtburgen, die versteckt lagen, zurück, und der Heerbann sammelte sich an einem tief im Binnenland gelegenen Ort. Zu einem germanischen Gegenstoß kam es nicht, da Cäsar das Land sehr schnell wieder verließ und die betroffenen Germanenstaaten die Rheingrenze respektierten. So war dieser vielgerühmte Rheinübergang wohl militärisch und politisch ein Stoß ins Leere.

5. Cäsars letzte Begegnungen mit den Germanen und sein zweiter Rheinübergang

In den Jahren 54 und 53 kam es in Belgien zu einer Reihe schwerer Aufstände, die schließlich 52 in dem Freiheitskampf unter Vercingetorix ihren Höhepunkt fanden und sich bis 51 hinzogen.

Die erste dieser Erhebungen stand unter der Führung der Eburonenfürsten Ambiorix und Catuvolcus, denen sich später die Treverer unter Indutiomarus anschlossen. Sie fand im Herbst und Winter des Jahres 54 auf 53 statt und führte zur Vernichtung von 15 römischen Kohorten (zusammen eineinhalb Legionen), die unter dem Kommando des Sabinus und Cotta standen. Dabei zeigte nach Cäsars Darstellung Ambiorix eine Hinterhältigkeit und Heimtücke, die derjenigen Cäsars bei dem Kampf gegen die Usipeter und Tenkterer kaum nachstand. Allerdings kennen wir nur Cäsars Bericht, und der stammt auch aus zweiter Hand. Nach diesem Erfolg erhoben sich fast alle belgischen Kleinstaaten und die Treverer gegen die römische Herrschaft. Es kam zu der langen Belagerung des Winterlagers der 2. Legion, die von Quintus Cicero, dem Bruder des Redners, befehligt wurde.

An einer ganzen Reihe von Stellen seines Berichtes über diesen Aufstand gibt Cäsar an, daß die aufständischen Fürsten immer wieder bemüht waren, germanische Hilfstruppen anzuwerben. So soll Ambiorix dem Arpineus und Quintus Junius, Gesandten von Sabinus und Cotta, gegenüber behauptet haben[163], daß Germanen angeworben seien und in zwei Tagen eintreffen würden, was aber nicht der Fall war.

Auch Indutiomarus, der Fürst der Treverer, versuchte sofort nach seinem Anschluß an den Aufstand, germanische Hilfstruppen anzuwerben. Aber auch diesmal lehnten die Germanen ein Eingreifen in die Kämpfe ab. Nach der Abwehr der Angriffe auf die Winterlager des Cicero und Labienus unternahm Cäsar einen Rachekrieg, den er mit der bei ihm gewohnten Brutalität durchführte. Da versuchten die gallischen Fürsten – Ambiorix und, nach dem Tode des Indutiomarus, dessen Verwandte – wiederum Hilfe aus Germanien zu bekommen[164]. Diesmal sollen sie Erfolg gehabt haben. Trotzdem kam es nicht zum Zusammenstoß mit Germanen, da diese nach der Niederlage der Treverer gegen Labienus wieder abrückten[165].

Besonders wichtig erscheint mir in diesem Zusammenhang folgende Stelle[166]: »Diese (die Fürsten der Treverer) wurden nicht müde, die benachbarten Germanen aufzuwiegeln und ihnen Geldsummen zu versprechen. Als sie bei den nächsten Nachbarn nichts erreichten, versuchten sie es bei den ferner Wohnenden. Wirklich fanden sich einige Staaten (civitates), die sich anschließen wollten. Sie verpflichteten sich eidlich untereinander, und die Gallier leisteten durch Stellung von Geiseln *Sicherheit für das Geld.*« Gerade das von mir Gesperrte beweist, daß sich keine germanischen Staaten an dem Aufstand beteiligten. Sie hielten sich offenbar streng an die von mir vermuteten Abmachungen mit Cäsar. Die am Rhein gelegenen Germanenstaaten verboten sogar die Anwerbung von Söldnern. Das erlaubten nur die, die im Binnenland lagen. Hält man sich vor Augen, was Tacitus in der Germania[167] berichtet, so wird das zur Gewißheit. Solche Werbungen waren damals überall üblich – ich brauche nur an die Griechen zu erinnern. Da Cäsar im nächsten Jahr (52 v. Chr.) selbst germanische Söldner anwarb[168], hätte er daran kaum Anstoß nehmen können.

Trotzdem nahm er das als Vorwand für seinen zweiten Rheinübergang[169]. Bei diesem ist man einhellig der Meinung, daß er im Neuwieder Becken stattgefunden hat. Trotz genauer Erkundigung bei den Ubiern[170] kam Cäsar nur bis auf die Höhe des Westerwaldes, wo er damals kaum etwas zum Absengen und Verbrennen, außer vielleicht einigen Köhlerhütten, gefunden haben dürfte. Seine Erfahrung mit dieser damals menschenleeren Gegend faßte er in den Worten[171] zusammen: »Er mußte nämlich Getreidemangel befürchten, da die Germanen, wie oben erwähnt, nur ganz wenig Ackerbau treiben.«

Das ist zwar eine seiner üblichen Verallgemeinerungen, aber sie hat lange das Germanenbild bestimmt und bestimmt es heute teilweise wieder, obwohl sie durch die Ergebnisse der Spatenforschung schon längst widerlegt ist. Dieser zweite – übrigens noch erfolglosere – Rheinübergang gibt Cäsar Gelegenheit, seinen berühmten Germanenexkurs an dieser Stelle einzuschieben. Auch er ist in seiner Einseitigkeit und teilweisen Unrichtigkeit schon seit langer Zeit durch die Spatenforschung entlarvt worden.

Es sind vor allem folgende Stellen, die das Germanenbild geformt haben und oft heute noch formen. »Ihr ganzes Leben verbringen sie auf Jagden und Kriegsübungen; von klein auf suchen sie sich durch Strapazen abzuhärten.«[172] – »Sie sollen nicht durch Seßhaftigkeit ihre Vorliebe für den Krieg mit der für den Ackerbau vertauschen.«[173] – »Für einen Stamm ist es höchster Ruhm, wenn möglichst weit um ihn herum die Ländereien wüst liegen und sich Ödland ausbreitet. Das ist in den Augen der Germanen ein wesentliches Kennzeichen ihrer Tapferkeit, wenn sie die Nachbarstämme aus ihrem Gebiet vertreiben, so daß diese ihr Land räumen müssen, und wenn niemand den Mut aufbringt, sich in ihrer Nähe anzusiedeln. Zugleich fühlen sie sich dadurch sicherer, weil sie keinen Überfall zu fürchten brauchen.«[174] – »Raubzügen außerhalb der Grenzen eines jeden Landes haftet nichts Entehrendes an; man rühmt sie vielmehr als ein Mittel, die jungen Leute zu üben und ihrem Nichtstun zu steuern.«[175]

Nach diesen Stellen ist das Bild des kriegslüsternen, rohen und räuberischen Germanen, der nichts lieber tat als rauben, morden und plündern, geformt worden. Man braucht nur einmal in gewisse populäre Darstellungen über die Germanen, die Völkerwanderung oder die Kreuzzüge zu blicken, und man wird Raub- und Mordlust als Haupteigenschaften der Germanen wie der mittelalterlichen Ritter angeführt finden. Keiner dieser Schriftsteller nimmt davon Kenntnis, daß Cäsar vor allen jene Germanenvölker kennenlernte, die auf dem Vormarsch gegen die Kelten waren. Cäsar ist ja nur mit den Landnehmerheeren des Ariovist und der Usipeter und Tenkterer in nähere Berührung gekommen. Auf diese mag seine Schilderung, vor allem was die tägliche Übung für den Kampf betrifft, zutreffen. Soldaten müssen sich, das liegt in der Natur der Sache, im Waffenhandwerk üben. Aber das sind nicht die normalen Verhältnisse. So ist Cäsars Schilderung sicher falsch, wenn man die altbesiedelten Gebiete betrachtet. Sie verliert auch sofort ihre Richtigkeit, wenn das Landnehmerheer endlich in die neuen Sitze eingerückt war.

Auch der Hinweis auf die vielfachen Angebote der Germanen, gegen Heerfolge Land zu erhalten, setzt diese nicht herab. Es war dies einfach die besondere germanische Form des Söldnertums. Dieses aber ist im Altertum nichts Ungewohntes gewesen. Auch bei den Griechen haben sich ganze Heere gegen Sold an den Meistbietenden vermietet. Man denke nur an die 10 000 Mann des Xenophon! Mir erscheint übrigens das germanische Söldnertum, durch das sich landlose Völkerschaften eine neue Heimat erkämpfen wollten, erheblich ehrenhafter als das griechische Reisläufertum gegen klingende Münze. Aber solche Überlegungen wurden noch nie angestellt. Vielmehr beherrscht noch heute das Klischee des rohen, kriegsgierigen und kulturlosen Germanen (und natürlich des ebenso gearteten Deutschen) die Weltmeinung.

Eine sorgfältige Analyse der griechischen und römischen Schriftsteller ergibt dagegen etwas ganz anderes: Wir sahen bereits, daß schon nach den ersten Zusammenstößen die germanischen Fürsten bemüht waren, den Kampf mit Rom, wenn es irgend ging, zu vermeiden. Allerdings wollten sie sich von den Römern nicht vorschreiben lassen, was sie in den romfernen Gebieten zu tun und zu lassen hätten.

Nach dieser Betrachtung des »Germanenexkurses« Cäsars kehren wir zu den Ereignissen in Gallien zurück. Nach seinem ergebnislosen Umhertappen auf der Hochfläche des Westerwaldes machte sich Cäsar an die »Bestrafung« der Eburonen. Was er da veranlaßte, ist wohl einmalig in der gesamten Weltgeschichte.

Er ließ den Basilus, seinen Kommandanten der Reiter, mit der Kavallerie über die Ardennen unvermutet zum Sengen, Brennen und Morden in deren Land einfallen. Den Eburonenfürsten Ambiorix konnten sie allerdings nicht gefangennehmen. Er entkam im letzten Augenblick den römischen Häschern. Da sich die Eburonen vor der römischen Soldateska in die Wälder und Moore flüchteten und Cäsar sich scheute, sein Heer in kleinere Suchtrupps aufzuteilen, weil diese leicht überwältigt werden konnten, kam er auf einen einmaligen Gedanken, wie der Guerillakrieg unterdrückt werden könnte. Er schickte zu allen Nachbarvölkern Boten, die zum Plündern und Morden im Eburonenland einluden. Er schreibt selbst[176]: »Er schickte Boten zu den benachbarten Staaten: Er rufe alle in der Hoffnung auf Beute zum Ausplündern des Eburonenlandes auf, damit lieber in den Wäldern das Leben der Gallier als der Legionssoldaten gefährdet sei, zugleich damit, daß durch die große von allen Seiten zusammengelaufene Menge das Geschlecht und der Name des Staates für ein solches Verbrechen hinweggerafft würde. Schnell lief eine große Zahl von überallher zusammen.« – Mir ist weder aus der europäischen noch asiatischen oder amerikanischen Geschichte ein weiterer Fall bekannt, daß ein Eroberer die umwohnenden Völkerschaften zum Ausrauben und Ausmorden der Bevölkerung des eben unterworfenen Gebietes aufgerufen hätte. Das blieb allein Cäsars »Clementia« (Milde), auf die er sich soviel zugute hielt, vorbehalten.

Allerdings ging dabei etwas schief. Auch die Sugambrer hörten davon, und 2000 von ihnen machten sich auf, um auch etwas von dem Kuchen für sich zu holen. »Über den Rhein zu den Germanen kam (auch) die Nachricht, daß die Eburonen ausgeplündert würden und obendrein alle zum Beutemachen aufgerufen seien.«[177] Als den 2000 Germanen bei diesem Plündern ein Eburone sagte, daß bei Aduatuca das ganze Gepäck des römischen Heeres nur von einer kleinen Truppe bewacht lagerte und sie sich doch nicht mit einer so armseligen Beute begnügen sollten, wenn so große so leicht zu haben sei, da machten sie sich sofort auf, das Lager zu erobern. Zwar gelang das nicht, aber zwei Kohorten, die zum Getreideholen abgeschickt worden waren, wurden zusammengehauen. Das war das letzte Zusammentreffen des cäsarischen Heeres mit den Germanen. Cäsar ist nicht mehr dazu gekommen, wegen dieses Überfalles einen »Strafzug« über den Rhein zu unternehmen. Der Aufstand des Vercingetorix im folgenden Jahr hat ihn daran gehindert.

6. Rückblick auf die Begegnungen Cäsars mit den Germanen

Sieht man, wie es hier geschehen ist, die Begegnung Cäsars mit den Germanen im Zusammenhang des jahrhundertelangen Austausches von Gütern, Menschen und Ideen, der zweifellos zwischen dem Mittelmeerraum und dem keltisch-germanischen Raum nördlich der Alpen bestanden hat, so ergibt sich eine geschichtliche Zwangsläufigkeit in dem Zusammenstoß der in letzter Stunde auf Gallien ausgreifenden Römer mit den bereits in den keltischen Raum hineinstoßenden Germanen.

Die germanischen Völker wollten Raum auf Kosten der Kelten gewinnen. Sie waren offenbar nicht gewillt, sich kriegerisch gegen die gewaltige Militärmacht des Mittelmeerraumes zu wenden. Sie scheinen im Gegenteil versucht zu haben, diesen Zusammenstoß möglichst zu vermeiden. Ich vermute, daß sie es gern gesehen hätten, wenn ein Gürtel keltischer Staaten zwischen ihnen und dem römischen Imperium erhalten geblieben wäre, der eine unmittelbare Berührung verhindert hätte.

Als diese 58 v. Chr. dann doch kam, und Ariovist die römische Überlegenheit anerkennen mußte, scheinen sie die von Cäsar geforderte Rheingrenze anerkannt zu haben, denn der einzige weitere Versuch, westlich des Rheines Raum zu gewinnen, erfolgte 56 v. Chr. in dem Gebiet, das noch nicht der römischen Oberhoheit unterstand. Weitere Versuche wurden trotz der schweren gallischen Aufstände in den Jahren 54 bis 51 nicht mehr unternommen. Diese Zurückhaltung spricht sehr für die von mir vermuteten gegenseitigen Abgrenzungen.

Auch Cäsar hat die Kampfkraft der germanischen Heere anerkannt. Die Schlacht gegen Ariovist hat er wohl nur dank seiner erdrückenden Übermacht für sich entscheiden können. Bei der zweiten Begegnung mit einem germanischen Landnehmerheer hat er es gar nicht mehr zu einer Schlacht kommen lassen, sondern hat das Heer und seine Führer erst in der Sicherheit eines Waffenstillstandes gewiegt und dann plötzlich und heimtückisch überfallen.

Cäsar hat wahrscheinlich mehr als nur die Festsetzung des Rheins als römisch-germanische Grenze erreicht. Seine Eroberung Galliens ist vielleicht der Grund für die Umleitung des Ausdehnungsdranges der west- und jütländischen Germanen vom Westen nach dem Osten. Weiterhin hat er die Vorbedingungen für einen Eroberungskrieg Roms gegen das westgermanische Gebiet geschaffen. Dieser Eroberungskrieg war seinem Nachfolger Augustus vorbehalten. Ihm fielen allerdings nicht die Westgermanen, sondern die letzten freien Keltenstaaten Süddeutschlands und Böhmens zum Opfer, die bisher von den Westgermanen geschont worden waren. Diese jedoch konnten ihre Freiheit behaupten, weil in der Stunde der Not zwei ganz große Volksführer ihre Geschicke leiteten: Arminius und Marbod.

Roms Versuch, seine Herrschaft bis zur Elbe und auf Böhmen auszudehnen

1. Von Cäsar zu Augustus

Im Jahre 51 verließ Cäsar Gallien für immer, um im Bürgerkrieg gegen Pompeius und die Senatspartei die Herrschaft über Rom zu erringen. Gallien hatte besonders in den letzten Kämpfen gegen Vercingetorix und seine Anhänger ungeheuer gelitten. Es war ausgeblutet und ausgesogen worden, um Cäsars Kriegskasse immer wieder aufzufüllen. Sein Adel war zum größten Teil getötet, verschleppt oder vertrieben worden, denn der Krieg war von Cäsar mit ungeheurer Grausamkeit geführt worden. Nach der endgültigen Niederlage der Kelten ließ Cäsar keine starken militärischen Kräfte in Gallien zurück, da er sein Heer gegen seine römischen Gegner dringend brauchte.

Trotz dieser militärischen Schwächung erfahren wir nichts von Aufständen in Gallien oder von germanischen Versuchen, den Rhein zu überschreiten. Bei den Galliern ist das verständlich: Sie waren durch die Blutverluste ihrer führenden Schicht und die furchtbaren Grausamkeiten der Römer physisch und psychisch so erschöpft, daß sie für sehr lange Zeit keinen Widerstand mehr leisten konnten. Das traf auf die Germanen nicht zu. Sicherlich hatte auch bei ihnen die gewaltige Entfaltung militärischer Macht unter Cäsar ungeheuren Eindruck hinterlassen, so daß sie sich gescheut haben werden, Rom Anlaß zum Eingreifen rechts des Rheins zu geben. Auch wird die grausame Kriegführung Roms, selbst gegen Frauen und Kinder, ihre abschreckende Wirkung nicht verfehlt haben. Möglicherweise könnten auch Verträge mit römischen Statthaltern, vielleicht sogar mit Cäsar selbst, bestanden haben, die den Rhein zur unverletzlichen Grenze erklärten. Auch könnte die lose Koalition der germanischen Staaten, die nach meiner Hypothese Träger der germanischen Expansion nach Süddeutschland und nach Gallien gewesen war, in Auflösung begriffen gewesen sein.

Man kann sich vorstellen, daß nach dem Mißerfolg Ariovists und

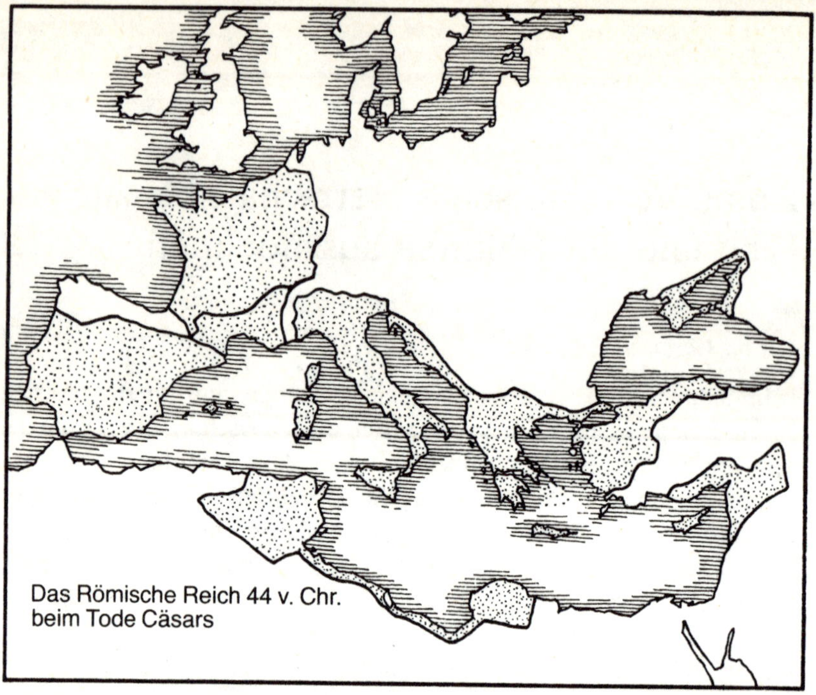

Das Römische Reich 44 v. Chr.
beim Tode Cäsars

dem Überfall auf die Usipeter und Tenkterer die germanischen Fürstengeschlechter weitere Zusammenstöße mit Rom vermeiden wollten. Es ist auch auffallend, daß nach 100 v. Chr. keinerlei Versuch unternommen worden ist, die Keltenstaaten südlich der Donau anzugreifen. Offenbar sind Rhein und Donau von den Germanen der damaligen Zeit als unverletzliche Grenzen angesehen worden. Für die Westgermanen war es allem Anschein nach wichtiger, die seit 100 v. Chr. neuerworbenen Gebiete zwischen Rhein, Main, Donau und dem Böhmerwald aufzuteilen und zu besiedeln. Dabei mag es zu manchen Gegensätzen, Streitigkeiten und möglicherweise sogar Kämpfen gekommen sein, die der römischen Diplomatie günstige Ansatzpunkte zur weiteren Aufspaltung der germanischen Koalition verschafften.

Rom auf der anderen Seite hatte in dieser Zeit auch keine Möglichkeit, über den Rhein nach Osten auszugreifen. Die Bürgerkriege unter Cäsar und später zwischen den Cäsarmördern auf der einen Seite und Antonius und Octavian auf der anderen machten es zu außenpolitischen Unternehmungen unfähig. Die römischen Heere kämpften weitab vom Rhein auf dem Balkan, in Ägypten, Kleinasien, Nordafrika und Spanien. Erst nach der Konsolidierung der Verhältnisse unter Octavian im Westen und Antonius im Osten tritt die Außenpolitik wieder in den Gesichtskreis der römischen Regierungen. Marcus Antonius überfiel 39–35 v. Chr. die Parther, mußte sich aber nach gewaltigen Verlusten zurückziehen. Im Westen ging der Unterfeldherr des Octavian, Agrippa, 38 v. Chr. über den Rhein, und 35 bis 33 versuchte Octavian selbst, in Illyrien die römische Macht auszubreiten.

Octavian begann damit die römischen Eroberungen nördlich und östlich der Alpen und nahm so das Konzept wieder auf, das der römischen Ausbreitung nach 150 v. Chr. zugrunde gelegen hatte. Wenn er damit in Illyrien begann, so sei daran erinnert, daß Cäsar zuerst Prokonsul von Gallia Cisalpina (Poebene) und Illyrien war (die Narbonensis kam erst später hinzu). Auch er scheint somit an einen Vormarsch ins Illyrische gedacht zu haben. Die Durchführung dieser Pläne mußte allerdings zurückgestellt werden, als die Auseinandersetzung zwischen Octavian und Mark Anton vordringlich geworden war. Erst nach der Niederwerfung Mark Antons und der Erhebung des Octavian zum Augustus mit erhöhter »auctoritas« konnte die römische Regierung die aufgeschobenen Pläne wieder aufnehmen. Es sollte aber auch dann noch eine Reihe von Jahren verstreichen, ehe Augustus endlich an die Durchführung gehen konnte. Erst mußten nämlich die Schäden des Bürgerkrieges ausgeheilt sein.

Sieht man die Karte des Römischen Reiches 44 v. Chr. beim Tode Cäsars an (Seite 200), so erkennt man, daß dieses ein unfertiges Gebilde war, das so auf die Dauer nicht lebensfähig sein konnte. Immer noch waren die Alpen nicht fest in römischer Hand, und die weiten nichtrömischen Gebiete Mitteleuropas, Pannoniens und Daciens lagen direkt vor der Haustür Italiens. Aus diesen Räumen konnte jederzeit ein Völkersturm hervorbrechen, der selbst das Kernland Italien und seine Hauptstadt Rom in schwerste Bedrängnis bringen mochte. Noch bis 16 v. Chr. hatte sich an dieser Lage nicht viel geändert. Das Reich hatte Ägypten erworben, hatte die kleinasiatischen Besitzungen abgerundet und den südlichen Rand des Mittelmeeres ganz in die Hand bekommen, aber im Norden und Osten war die Lage dieselbe geblieben.

Es ist die große Leistung Octavian-Augustus' oder seiner Ratgeber, das erkannt und alle Kräfte des Reiches zusammengefaßt zu haben, um diesen bedrohlichen Zustand zu ändern. In Agrippa und in seinen Stiefsöhnen Drusus und Tiberius Claudius standen dem Kaiser dafür ausgezeichnete Feldherren zur Verfügung. Daß das letzte Ziel schließlich doch nicht erreicht wurde, obwohl über dreißig Jahre darum gerungen worden ist und der Erfolg schon in greifbarer Nähe zu sein schien, sollte dem Reich 492 Jahre später – im Jahr 476 n. Chr. – zum Verhängnis werden, denn damals kam das Kernland des Reiches, Italien, unter die Herrschaft von Völkern oder Dynastien, die letzten Endes aus diesem nördlichen Raume gekommen waren und die Italien erst 1866 endgültig verließen.

2. Der Angriff auf die Alpen, das Alpenvorland und Pannonien

Nach der vollen Machtergreifung und der Erhöhung seiner »auctoritas« durch die Erhebung zum Augustus ging der Kaiser daran, die anstehenden außenpolitischen Probleme zu lösen. Von 27 bis 25 v. Chr. wurden die Völker nördlich des Kantabrischen Gebirges in Spanien unterworfen. Zuerst wirkte Augustus dort selbst. Nach seiner Erkrankung in Tarraco beendete sein Feldherr Agrippa in den Jahren 20 bis 19 diese Aufgabe. Gleichzeitig wurde von Augustus veranlaßt, den unerträglichen Zustand, daß die Alpenvölker immer noch frei waren, den Übergang über das Gebirge blockieren konnten und sogar noch Einfälle nach der Poebene machten, energisch zu ändern. So wurden 25 v. Chr. die Salasser im Tal der Dora Baltea vernichtet, Augusta Praetoria (heute Aosta) gegründet und die Pässe des Kleinen und Großen St. Bernhard fest in die Hand genommen. Auch das geschah wieder mit unglaublicher Grausamkeit: 45 000 Menschen – Männer, Frauen und Kinder – sollen in die Sklaverei verkauft und das ganze Volk ausgelöscht worden sein. Damit waren endlich die Übergänge nach Gallien gesichert und eine kaum verständliche Unterlassung Cäsars beseitigt worden. Dieser hatte nur im Herbst und Winter 57/56 mit einer Legion und Hilfstruppen unter Servius Galba den Versuch unternommen, das obere Rhonetal vom Genfer See bis Martigny, wo die Straße über den Großen St. Bernhard einmündet, zu besetzen. Nach dem unglücklichen Verlauf dieses Unternehmens hatte er sich nicht mehr um die dauernde Offenhaltung dieser Straße gekümmert, sondern war zufrieden gewesen, wenn er sie schnell und ungefährdet mit den Legionen passieren konnte.

Die Zentral- und Ostalpenvölker wurden 10 Jahre nach der Unterwerfung bzw. Vernichtung der Westalpenvölker unter römische Oberhoheit gebracht. Dies stand im Zusammenhang mit den großen Zügen der Stiefsöhne des Augustus bis nach Germanien. 16 v. Chr. hatte dieser den Plan zur Eroberung Germaniens gefaßt und als Ausgangsstellung dafür die Legionslager Xanten und Mainz (Vetera und Mogontiacum) gegründet. Diese wären aber über die Westalpenpässe sehr schwer zu erreichen gewesen, daher wurden ab 15 v. Chr. die Alpen und das nördliche Alpenvorland von Tiberius und Drusus unterworfen. Tiberius rückte von Westen her den Hochrhein entlang in die heutigen Thur- und Hegaue ein, Drusus ging über den Brenner in das heutige bayrische und österreichische Alpenvorland.

In kaum drei Jahren war das ganze Gebiet vom Oberrhein bis zum Wiener Wald römisch, und die obere Donau war hier die römische Nordgrenze. Die Unterwerfung der Alpenvölker war darum leicht, weil die Römer die Talauen besetzten und die auf die Almen geflohenen Bewohner durch Aushungern zur Unterwerfung zwangen. Im Alpenvorland stellten sich ihnen im Westen die Vindelizier, im Osten die Raeter entgegen. Gegen die ersteren soll es auf dem Bodensee zu einer Seeschlacht gekommen sein. Sonst erfahren wir nicht sehr viel über diese Kämpfe. Damals muß die große Keltenstadt bei Manching in der Nähe von Ingolstadt eingenommen und völlig zerstört worden sein. Kein römischer Schriftsteller berichtet davon, so daß uns selbst der Name dieser Stadt unbekannt ist. Allein durch Ausgrabungen haben wir von ihr Kenntnis. Diese haben auch enthüllt, mit welcher ungeheuerlichen Grausamkeit nach ihrer Einnahme die Römer unter ihrer Bevölkerung gewütet haben. Die Überrumpelung dieser Keltenstaaten war wahrscheinlich den Römern darum so leicht gefallen, weil die Kelten ihren Blick nur nach Norden auf die Germanen gerichtet hatten und gar nicht an eine Bedrohung von Süden durch ihre Geschäftsfreunde, die Römer, dachten.

Die neugewonnenen Gebiete wurden als procuratorische Provinzen organisiert. Es waren dies Alpes Maritimae, Alpes Cottiae (als Klientelstaat), Alpes Poeninae und Raetia. Dazu kam der Klientelstaat Norikum. Die Noriker hatten ja schon immer in freundschaftlichen Beziehungen zu Rom gestanden, darum wurden sie noch nicht zu Provinzialen herabgestuft. Augustus beließ sie unter der Herrschaft ihres angestammten Fürstenhauses. Im Jahre 12 waren das gesamte Alpenvorland und die Alpen römisch. So waren die keltischen Pufferstaaten zwischen dem germanischen und römischen Gebiet, die nach meiner Meinung die Germanen sorgfältig geschont hatten, mit einem Schlag römisch. Rom hatte damit nicht nur das gesamte Alpengebiet, sondern auch ein weites Vorfeld erworben. Allein in Böhmen, Britannien und Irland gab es jetzt noch freie Keltenstaaten.

Nach Abschluß dieser Feldzüge griffen die Römer im Gebiet des Pannonischen Beckens und der unteren Donau über ihre bisherigen Grenzen hinaus. Schon zwischen 80 und 70 v. Chr. waren römische Heere bis zur unteren Donau vorgedrungen. Während der Bürgerkriege verfiel diese Machtstellung wieder, und thrakische Heerscharen stießen über den Balkan bis nach Saloniki (Thessalonica) vor (57–55 v. Chr.). Nach der Beendigung des Bürgerkrieges durch die Schlacht von Actium besiegte der macedonische Statthalter Marcus Licinius Crassus 29–28 eine Koalition thrakischer Völkerschaften und stabilisierte die römische Machtstellung bis zur unteren Donau.

Im Norden hatten schon 35 v. Chr. die Römer unter Octavians persönlicher Führung Sisak (Siscia) an der Save südöstlich von Agram fest in die Hand genommen und mit zweieinhalb Legionen belegt. Später wurde Sirmium (westlich Belgrads an der Einmündung der Drina in die Save) besetzt. Ab 19 v. Chr. wurden die Pannonier zwischen Drau und Donau unterworfen, und nach dem Tode des Agrippa (12 v. Chr.) betraute Augustus den Tiberius, der nach dem Abschluß des vindelicischen Feldzuges um den Bodensee zur Verfügung stand, mit der Unterwerfung der Illyrer zwischen der Save und der Adria. Dieser schaffte sich an der Save zwischen Siscia und Sirmium eine Flußbasis, von der aus er die Bergvölker im Rücken angriff und schon innerhalb von drei Jahren, bis 9 v. Chr., das ganze Gebiet unterwarf. Später allerdings sollte sich herausstellen, daß diese Unterwerfung nur oberflächlich gewesen war und von 6 bis 9 n. Chr. noch einmal getan werden mußte.

Damit war die Donau von der Quelle bis zur Mündung Grenzstrom des Römischen Reiches geworden. Rom besaß jetzt ein weites Vorfeld vor seiner italienischen Hauptstellung. Die drei europäischen Halbinseln waren durch breite Landstriche unter römischer Herrschaft verbunden, durch die sich bald Heerstraßen ziehen sollten, die zusammen mit den Alpenstraßen eine schnelle Truppenverschiebung entlang der langen Landesgrenzen ermöglichten.

3. Der neue große Plan zur Sicherung des Römischen Reiches

Betrachtet man die Karte Europas, so fällt ins Auge, daß sich eine Kette von vier Becken von Südosten nach Nordwesten diagonal durch die Mitte Europas zieht. Es sind dies das Pannonische Becken, Böhmen, das Thüringische Becken und das Weserbergland zwischen Teutoburger Wald und dem Weser-Wiehen-Gebirge. Von Südosten nach Nordwesten werden diese Becken immer kleiner und ihre Gebirgsumrandung niedriger. Jedes Becken wird von einem Strom in seiner ganzen Länge durchflossen: Donau, Moldau-Elbe, Saale und Weser. Auch hier kann man feststellen, daß die Ströme von Südosten nach Nordwesten immer kleiner werden.

Alle vier Becken haben von alters her bis auf den heutigen Tag größte Verkehrsbedeutung: Wer vom Westen oder Südwesten auf dem Landweg nach dem Osten oder Norden Europas gelangen will, muß eines dieser Becken durchschreiten; das heißt aber, wer alle vier Becken besitzt, beherrscht fast den gesamten europäischen Landverkehr. Daß sich an diesem Zustand seit der Römerzeit nichts geändert hat, kann man an jeder heutigen Eisenbahn- oder Straßenkarte feststellen. Besonders auffällig wird das bei dem Böhmischen und dem Weserbecken, das ich von jetzt ab »Weserdreieck« nennen will. Roms Unglück ist es gewesen, daß es keins dieser vier Becken jemals ganz beherrscht hat. Am tiefsten ist es in das Pannonische Becken vorgedrungen, und unter Trajan schien es einmal für eine kurze Zeit so, als ob Rom dieses Becken völlig erobern könnte. Damals fehlte nur noch das Gebiet der Theiß zwischen Dakien und Pannonien. Das Werk Trajans nicht vollendet zu haben, war das große Versäumnis seiner Nachfolger und sollte für Rom schicksalsbestimmend werden.

Das Böhmische Becken hat nie ein römisches Heer betreten. Durch Thüringen sind zweimal römische Heere durchmarschiert, ohne allerdings Fuß zu fassen. Das Weserdreieck haben sie dagegen 20 Jahre lang beherrscht. Wirklich in den Griff haben sie es trotzdem nicht bekommen. Betrachtet man die Außenpolitik Roms in der zweiten Hälfte der Regierungszeit des Augustus, so sieht es so aus, als ob die römischen Staats- und Heerführer eine Vorstellung von der geopolitischen Wichtigkeit dieser vier Beckenlandschaften gehabt hätten. Man kann sie so charakterisieren: Nachdem mit der Erreichung der Donaulinie der römische Vormarsch ein militärisch gut zu sicherndes Zwischenziel erreicht hatte, griff Rom nach dem nördlichsten, kleinsten und seiner Rheinfront am nächsten gelegenen Becken, dem Weserdreieck. Es nahm damit seinen Vormarsch von Westen her wieder auf, denn Flußstellungen sind immer nur vorläufige, militärisch zu sichernde Stellungen für einen Zwischenhalt, der dem Ausbau der rückwärtigen Stellungen und Verbindungslinien dient. Als Rom im Weserdreieck festen Fuß gefaßt hatte, ging es an die Besetzung der beiden mittleren Becken. Wäre dieses Unternehmen zum glücklichen

Abschluß gekommen, wäre wohl der Vormarsch über die Donau bis zum Karpathenrand in Pannonien wieder aufgenommen worden.

Den Unternehmungen der Römer, die so aussehen, als ob diese der geopolitischen Wichtigkeit der vier Becken Rechnung zu tragen versucht hätten, stand auf germanischer Seite ein Unternehmen gegenüber, das den Anschein erweckt, als ob auch die Germanen um diese Verhältnisse gewußt hätten. Ehe nämlich Rom seine Hand auf Böhmen legen konnte, besetzte es Marbod mit seinen Markomannen und sicherte es durch ein großes stehendes Heer, was eine Neuheit im germanischen Raume war. So fehlte von vornherein das wichtigste Mittelstück dieser Beckenreihe und, um es zu erwerben, wäre Rom zu einer sehr großen militärischen Anstrengung mit ungewissem Ausgang gezwungen gewesen. Daß Rom diese tatsächlich in Angriff nahm, ohne sie allerdings durchführen zu können, könnte für die Richtigkeit dieser Überlegungen sprechen.

Wenn Alfred Heuss[178] in seiner Römischen Geschichte diese militärischen Anstrengungen Roms als Imperialismus verurteilt und schreibt: »Augustus war ein Imperialist geworden wie kaum ein Römer vor ihm«, so verkennt er offenbar diese geopolitischen Verhältnisse. Das römische Mittelmeerreich konnte auf die Dauer ohne die Herrschaft über die europäische Beckenreihe nicht gesichert werden. Daß allem Anschein nach die römischen Staatsmänner und Feldherrn der Zeit des Augustus diese geopolitischen Verhältnisse zwar vielleicht nicht klar erkannt, aber doch geahnt haben, zeigt, daß sie darin ihren heutigen Kritikern weit voraus waren. Daß sie trotz genialer Feldherren und bester militärischer Voraussetzungen an diesem gewaltigen Unternehmen gescheitert sind, ist die Tragik der Augusteischen Zeit und Roms Verhängnis gewesen.

4. Der Angriff Roms auf das germanische Gebiet

Cäsar hatte den Rhein als Grenzstrom gegen das freie Germanien erreicht. Die Germanen hatten allem Anschein nach diese Grenze akzeptiert, Stromgrenzen sind aber fast immer nur vorläufige Grenzen, denn der Strom verbindet seine Ufer, so daß immer der Machthaber auf der einen Seite danach streben wird, auch das andere Ufer zu kontrollieren. Brückenstädte breiten sich meist auf beiden Ufern aus, ich nenne nur Köln, Mainz, London, Paris und Moskau. Ströme ermöglichen andererseits im Vormarsch begriffenen Heeren, an ihnen haltzumachen und eine gesicherte Stellung zu beziehen, um die rückwärtigen Verbindungen auszubauen. Ist das erfolgt, wird der Vormarsch wieder aufgenommen. Ist dafür die militärische Kraft zu gering, kann sich die Stromgrenze zu einer dauernden Grenze verfestigen. Man spricht dann gern von »natürlichen« Grenzen, obwohl sie nichts mit Natur zu tun haben.

Die Stromgrenzen des Römischen Reiches waren solche verfestigte Stellungen nach der Unterbrechung des Vormarsches. Rhein, Donau und Euphrat sind keine »natürlichen« Grenzen. Das hat sich in der Folgezeit deutlich erwiesen. – Selbst Meere und Ozeane sind es kaum. Auch hier versucht der eine Anrainer oft das Gegengestade zu erwerben. Beispiele sind die Ägäis zur Zeit der Griechen, Sizilien zur Zeit der Karthager, das Mittelmeer zur Römerzeit, die Ostsee zur Zeit Gustav Adolfs, der Indische Ozean nach dem Ersten Weltkrieg als britisches Meer und der Atlantische und Pazifische Ozean als amerikanische Ozeane nach dem Zweiten Weltkrieg.

In der Zeit von 51 bis 16 v. Chr. geschieht am Rhein kaum etwas. Einige Male scheinen die Germanen kurze Streifzüge über den Rhein gemacht zu haben. Die Nachrichten darüber[179] sind sehr unklar. Man hat aus diesen Stellen auf einen Rheinübergang des Agrippa 38 v. Chr. und einen Einfall der Sueben nach Gallien über den Oberrhein 29 v. Chr. geschlossen. Während der Rheinübergang des Agrippa sicher stattgefunden hat, ist das, was Dio vom Flußübergang der Sueben berichtet, sehr unklar, so daß wohl Zweifel an diesem Ereignis erlaubt sind. Ganz im dunklen bleibt, warum Agrippa über den Rhein gegangen ist, da uns außer dem Ereignis selbst nichts weiter mitgeteilt wird. Jedenfalls muß während der 35 Jahre nach dem Weggang Cäsars aus Gallien die meiste Zeit am Rhein Ruhe geherrscht haben.

Dann trat ein Ereignis ein, von dem wir auch nur unklare Nachrichten haben, das aber den Römern den gewünschten Vorwand zum Angriff auf die germanischen Staaten bis zur Elbe und bis Böhmen geben sollte. Es ist die Niederlage des Lollius gegen die Sugambrer, Usipeter und Tenkterer am Niederrhein 16. v. Chr. Obwohl dabei sogar ein Adler verlorengegangen sein soll, erfahren wir aus keiner der Quellen[180] etwas über die Gründe, die zu diesem Zusammenstoß führten. Dio berichtet nur, daß die drei Stämme vorher Römer in ihrem Land gefangengenommen und gekreuzigt hätten[181]. Hier stimmt aber offenbar etwas nicht, denn weder Germanen noch Kelten kannten die entsetzliche Todesstrafe des Kreuzigens.

Diese Niederlage einer wahrscheinlich kleineren Heeresabteilung der Römer am Niederrhein nahm Augustus aber so ernst, daß er nach

Gallien kam und den Eroberungskrieg über den Rhein hinweg nach Osten zu organisieren begann. Es scheint also wohl ein lokales Ereignis zum Anlaß genommen worden zu sein, um den lange geplanten Einfall nach Germanien zu begründen und die Schuld dem ausgewählten Opfer aufzubürden. Das ist kein seltener Vorgang. Allerdings wurden damals die Propagandamittel noch nicht so vollkommen gemeistert wie heute. So blieb der Vorwand dürftig und leicht zu durchschauen.

Über die nun folgenden Kriegszüge des Drusus, Tiberius und Domitius Ahenobarbus in Westdeutschland zwischen Rhein und Elbe haben wir nur verstreute und unklare Nachrichten bei Velleius Paterculus, Cassius Dio und Orosius. Die eingehende Darstellung bei Livius ist bis auf wenige Stellen verloren. Paterculus ist wohl Teilnehmer an einer Reihe dieser Züge gewesen und hat als höherer Reiteroffizier gewiß guten Einblick in die Anlage und den Verlauf der Feldzüge nehmen können, leider teilt er davon kaum etwas mit, sondern ergeht sich in umfangreichen Lobpreisungen seines Feldherrn Tiberius und in einzelnen Anekdoten, die im Grund nichtssagend sind.

Dio schrieb sein Werk, wie oben schon dargelegt, in der ersten Hälfte des 3. nachchristlichen Jahrhunderts, und Orosius nach 433 n. Chr. Beide waren demnach durch Jahrhunderte von den Ereignissen getrennt. Sie können, wie schon betont, kaum als zuverlässige Quellen betrachtet werden, So ist es fast nicht möglich, die Ausgangspunkte und Marschwege der einzelnen Kriegszüge genauer festzulegen. Man kann nur die groben Umrisse geben. Über die Stärke der Heere, Kämpfe oder Schlachten, Verluste der beiderseitigen Heere, Verträge und so weiter sind wir nicht unterrichtet. Infolgedessen müssen bei der Darstellung der römischen Kriegszüge in West- und Mitteldeutschland zwischen 15 v. und 6 n. Chr. die meisten Fragen offen bleiben.

Nach der Eroberung des Alpenvorlandes durch Tiberius und Drusus, die Anfang 12 v. Chr. beendet war, ging Tiberius, wie oben geschildert, nach Pannonien, und Drusus an den Niederrhein. Noch im selben Jahr, wahrscheinlich im Sommer, ging Drusus über den Mündungsrhein, vielleicht in der Gegend von Emmerich, verheerte das Land der Usipeter, zog dann rheinaufwärts zur Ruhr und vielleicht noch ein Stück weiter nach Süden ins Land der Sugambrer, das er auch verwüstete. Danach fuhr er mit seinem Heer rheinabwärts über die Vechte und die damalige Zuidersee (Flevo lacus) in die Nordsee, schloß Verträge mit den Friesen ab und machte einen Flottenvorstoß nach Osten, um die Chauken zu bekämpfen. Dabei saß er durch die einsetzende Ebbe plötzlich im Watt fest und wurde durch die Friesen gerettet. (Wahrscheinlich schirmten sie die römische Flotte gegen Angriffe von Land her ab, bis sie durch die einsetzende Flut wieder flott geworden war.)

Wenn Cassius Dio als Grund für diesen Angriff Feindseligkeiten der Sugambrer und ihrer Bundesgenossen angibt, so verdient wenigstens im Fall der Chauken seine Schutzbehauptung kaum Glauben, denn deren Land lag im Umkreis von Bremen, das der Sugambrer aber zwischen Ruhr und Sieg. So ist es sehr unwahrscheinlich, daß Chauken sich mit den Sugambrern an örtlichen Plänkelein in der Nähe der Ruhrmündung beteiligt haben. Es mag sich hier auch wieder um die römische Neigung handeln, sich für einen unprovozierten Angriff durch Erfindung von Übergriffen des Überfallenen ein Alibi zu verschaffen. Dafür spricht auch, daß von keinen Kämpfen bei diesem Kriegszug berichtet wird. Vielleicht ist die Bauernbevölkerung an Rhein und Unterweser so plötzlich und unvermutet von dem römischen Militär überfallen worden, daß sie nicht mehr zur Gegenwehr gekommen ist.

Im Frühling des nächsten Jahres (11 v. Chr.) zog Drusus wieder ins Land der Usipeter und von dort über die Lippe in das der Sugambrer. Auf Gegenwehr stieß er nicht, da nach Dio die Sugambrer mit ihrem Heerbann gegen die Chatten zu Feld gezogen wären, weil sich diese nicht mit ihnen gegen die Römer hätten verbinden wollen. Das ist eine sehr merkwürdige Stelle. Sie zeigt zum ersten, daß nach den bösen Erfahrungen des Vorjahres die niederrheinischen Germanen Abwehrmaßnahmen ergreifen wollten. Es ist jedoch unglaubwürdig, daß sie dieses Unternehmen mit Kämpfen untereinander begonnen hätten. Viel wahrscheinlicher ist, daß die Fürsten der betroffenen Kleinstaaten mit ihren Gefolgschaften im Gebiet der Chatten zu einer Beratung zusammengekommen waren.

Dafür spricht auch der weitere Verlauf der Ereignisse. Drusus zog in Eilmärschen durch die Münsterländer Bucht ins Weserdreieck bis zur Weser. Dort kehrte er wegen Lebensmittelmangel um. Das ist erklärlich, denn es war Frühjahr, und so konnte er sein Heer nicht aus dem Lande verpflegen. Auf dem Rückmarsch wurde er von dem Heerbann der rechtsrheinischen Germanen gestellt und an einer günstigen Stelle eingekesselt. Drusus aber gelang es, den Kessel aufzusprengen und die Germanen zurückzuschlagen. Dieser Sieg muß entscheidend gewesen sein, denn Drusus konnte danach am Zusammenfluß der Lippe und des »Elison« ein Kastell errichten. Ein zweites errichtete er im Gebiet der

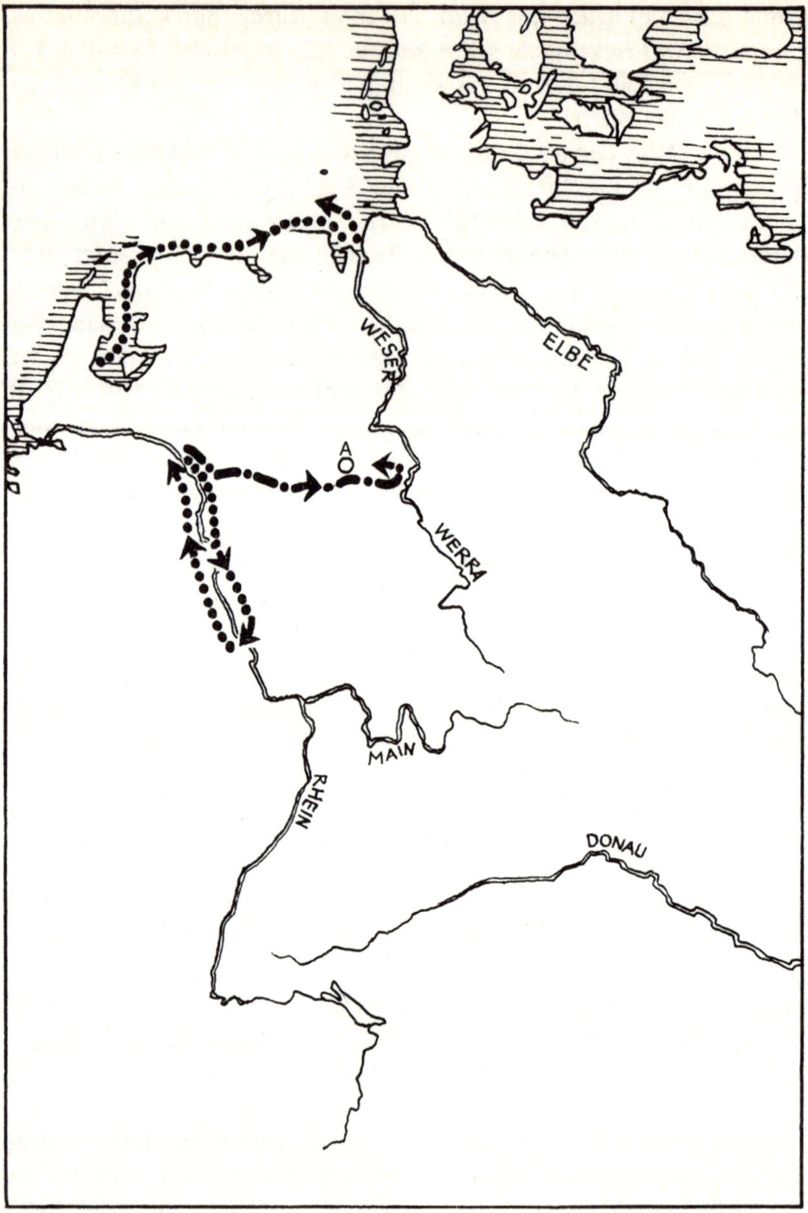

Schematische Darstellung der Züge des Drusus 12 •••••• und ▬•▬•11 v. Chr.
Die Nachrichten sind viel zu ungenau und erlauben daher nur eine rein schematische Darstellung. Das gilt auch für die späteren Jahre.

○A = Aliso

Chatten in der Nähe des Rheins. Ich vermute, daß der Elison die Alme ist und das Kastell darum im Umkreis von Neuhaus, Paderborn und Lippspringe gelegen war. Es scheint das spätere Kastell Aliso gewesen zu sein. Mommsen vermutete es beim Dorfe Elsen bei Paderborn, und es ist tatsächlich auffällig, wie sich die Namen Elison – Aliso – Elsen ähneln. Ob sie allerdings wurzelverwandt sind, kann nur der Linguist entscheiden.

Aliso wird mit guten Gründen in der Nähe von Lippspringe vermutet. Jedenfalls muß es im Umkreis der obengenannten Orte gelegen haben, weil sich dort vom Rhein her die Lippestraße und der Helweg mit den Straßen über den Paß von Horn, der Straße zur Weser über Altenbeken und zum Paß von Driburg sowie auch noch mit jenen Straßen vereinigen, die vom Main und der Lahn über die Marburger und Fritzlarer Gegend nach Norden zum Weserdreieck führen. So war und ist noch die Gegend von Paderborn ein sehr wichtiger Straßenknotenpunkt und mußte für die Römer von der größten Bedeutung sein[182].

Auch 10 v. Chr. marschierte Drusus wieder vor und verwüstete vor allem das Gebiet der Chatten. Vielleicht ist er die Lippestraße aufwärts gezogen und vom Paderborner Winkel über die Fritzlarer und Marburger Gegend an den Mittel- oder Oberrhein marschiert.

Die Feldzüge dieser drei Jahre hatten den Römern das Vorfeld vor dem Weserdreieck erschlossen und wohl zwei Straßen, eine vom Ober- oder Mittelrhein, die andere vom Niederrhein in die Paderborner Umgebung, in römische Hand gebracht. Dort werden die Römer das Kastell Aliso errichtet haben, das der Eroberung des Weserdreiecks und damit der Erschließung der Straßen zur Elbe und nach Thüringen hinein den Rückhalt geben sollte. Diese war für das Jahr 9 v. Chr. vorgesehen. In diesem Jahr rückte Drusus wahrscheinlich auf der südlichen Straße bis Aliso vor, zog durch das Weserdreieck und von da vielleicht auf dem Helweg über die Gegend von Hannover und Braunschweig bis zur Elbe etwa bei Magdeburg. Auf dem Rückmarsch stürzte er vom Pferde und brach sich einen oder beide Oberschenkel. An dieser Verletzung ist er verstorben. Seine Leiche wurde von Tiberius, der auf die Nachricht von dem Unglück sofort herbeigeeilt war, zum Rhein und dann nach Rom überführt.

Schon damals muß sich das Geschick des Tiberius im Umgang mit den germanischen Fürsten gezeigt haben, denn er erreichte eine allgemeine Waffenruhe, so daß der Rückzug ungestört verlief. Im folgenden Jahr (8 v. Chr.) setzte er das Werk seines Bruders fort. In Verhandlungen mit den germanischen Fürsten erreichte er Bündnis- und Schutz-

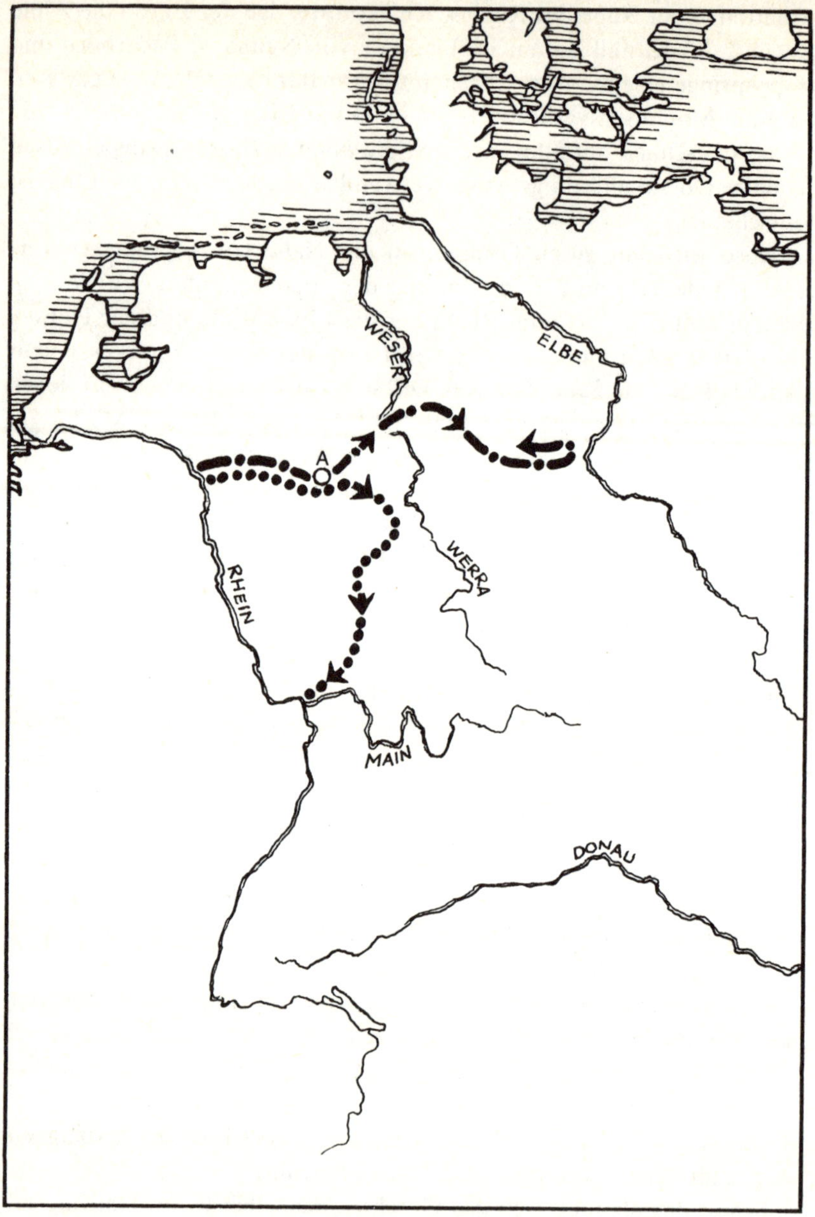

Die Züge des Drusus 10 •••••••• und ▬•▬•▬ 9 v. Chr.

verträge mit den germanischen Klein- und Mittelstaaten. Vor allem werden die Cherusker genannt. Damit hatte Rom den Zugang zum Weserdreieck bekommen. Bei diesen Verhandlungen leistete sich Augustus übrigens ein schlimmes Vergehen gegen die Unverletzlichkeit der Gesandten. Er nahm nämlich die der Sugambrer gefangen und setzte sie in einigen Städten Galliens fest[183]. Diese begingen daraufhin Selbstmord. Die ganze Angelegenheit ist sehr dunkel, denn wir erfahren weder die Gründe für das Vorgehen des Augustus noch die für den Selbstmord der Gesandten. Trotzdem konnte Tiberius die Verträge aushandeln und angeblich 40 000 Sugambrer am linken Rheinufer ansiedeln.

Von 7 v. Chr. an trat Ruhe in Germanien ein. Die Römer scheinen damals das Kastell Aliso und die Straßen zu ihm mit Zustimmung der germanischen Fürsten und Volksversammlungen (Thinge) der einzelnen Staaten ausgebaut und befestigt zu haben. Aliso wird dauernd besetzt worden sein, im Weserdreieck selbst unterhielten sie Sommerlager, die im Winter geräumt wurden.

Der weitere Ausbau der römischen Stellung in Germanien kam 6 v. Chr. dadurch ins Stocken, daß sich Tiberius infolge eines Zerwürfnisses mit seinem Stiefvater Augustus von allen Amtsgeschäften zurückzog und nach Rhodos in die freiwillige Verbannung ging. Erst 2 n. Chr. kam er von dort zurück und übernahm wieder die Aufgaben eines Reichsfeldherrn. Trotz seiner Abwesenheit werden aber die Verhandlungen nicht abgerissen sein. Jedenfalls ist zwischen 6 v. und 2 n. Chr. Domitius Ahenobarbus einmal durch Thüringen bis zur Elbe marschiert und soll sie sogar überschritten haben. Zu Kämpfen ist es dabei nicht gekommen. Das Jahr dieses Marsches ist ebenso unbekannt wie die Stärke des römischen Heeres; es muß aber noch vor 1 v. Chr. gewesen sein.

Ab 4 n. Chr. übernahm Tiberius wieder den Oberbefehl am Rhein. Hierüber berichtet Paterculus[184], mehr den Tiberius lobpreisend als Geschichte schreibend. Jedenfalls blieb 4 n. Chr. Tiberius mit seinem Heer bis in den Dezember in Germanien, und im Jahr 5 n. Chr. rückte er mit einer kombinierten Flottenexpedition bis zur Unterelbe vor. Dabei soll die römische Flotte bis zum Kap Skagen an der Nordspitze Jütlands gekommen sein. Damals sollen dort die Kimbern mit dem römischen Befehlshaber verhandelt und einen heiligen Kessel als Versöhnungsgeschenk an die Römer gegeben haben. Überall schloß Tiberius Verträge mit den germanischen Fürsten ab, so daß es schien, als ob ganz Germanien bis zur Elbe und dem Erzgebirge unterworfen worden

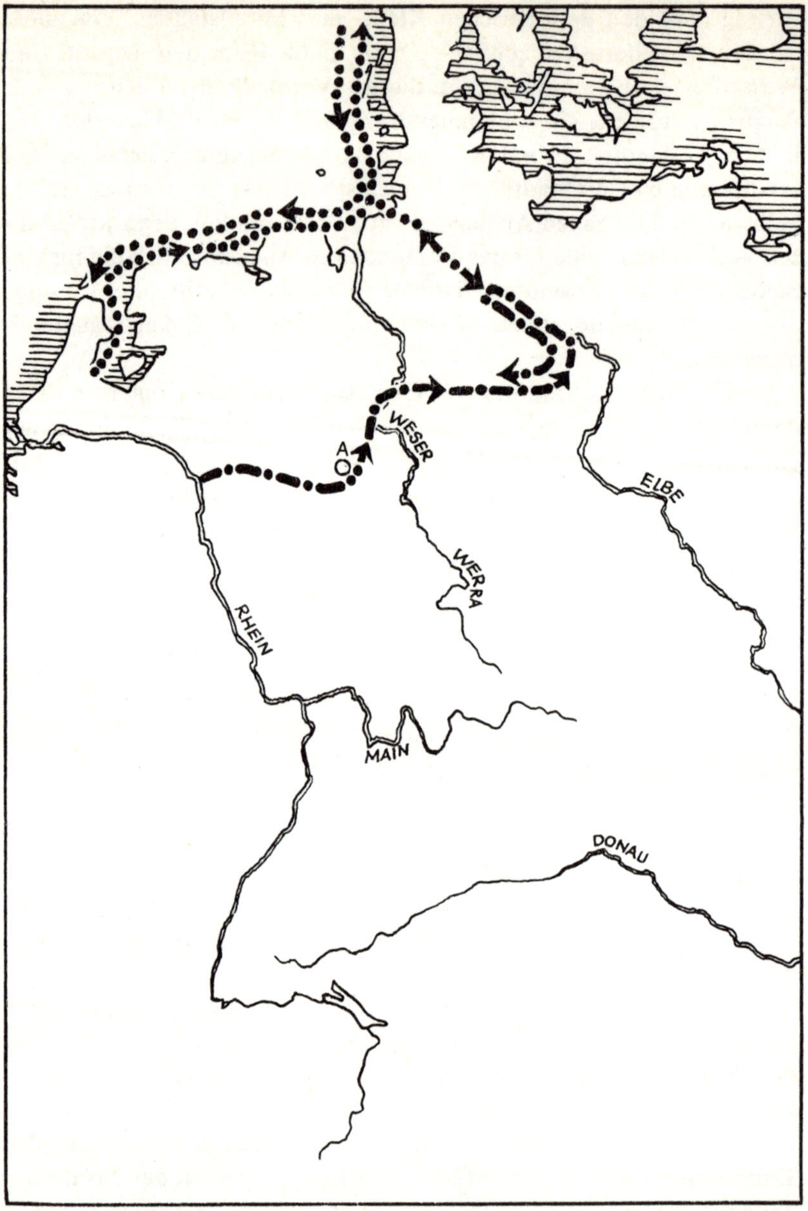

Der Zug des Tiberius 5 n. Chr. Heer ▬•▬•▬ Flotte ••••••••••

sei. Ob diese Verträge allerdings von den Volksversammlungen gebilligt worden sind, wird nicht berichtet. Wie weit die Dinge gediehen waren, zeigte die Überwinterung des römischen Heeres im Weserdreieck (von 5 auf 6 n. Chr.).

Die schnelle Unterwerfung der Germanen zwischen Rhein und Elbe lag vor allem an dem Versagen der germanischen Landesverteidigung. Als Bauernvölker unterhielten die Germanen keine stehenden Heere. Im Notfall wurde der Heerbann aller waffenfähigen Männer aufgeboten. Die Mannschaften der Gaue sammelten sich an bestimmten Punkten, meist Straßenkreuzungen. Von dort marschierten sie zum Sammelplatz des Gesamtheeres. Dabei waren sie genau wie die Römer auf die Straßen angewiesen. So dauerte es einige Zeit, ehe das Heer beisammen und einsatzfähig war. Die Römer mit ihren stehenden Heeren konnten dagegen schnell vorrücken, die Straßenkreuzungen und Sammelpunkte der Heere besetzen und so den Widerstand im Keim ersticken. Dies scheint Drusus im Jahre 11 v. Chr. nicht genügend beachtet zu haben. Jedenfalls gelang es den Germanen, in seinem Rücken ihre Heere zu sammeln und ihn in die oben erwähnte gefährliche Lage zu bringen. In den folgenden Jahren werden die Römer dann alle wichtigen Punkte ihrer Vormarschstraße so gesichert haben, daß es den Germanen unmöglich war, bedeutende Heeresverbände zusammenzuziehen.

Um ihre Völker vor der grausamen römischen Kriegsführung zu schützen, werden es darum die germanischen Fürsten vorgezogen haben, sich mit den römischen Feldherren friedlich zu einigen. Dies ging um so leichter, als die Römer nur auf die Sicherung der Straßen aus waren. Abseits der Hauptstraßen wird die Bevölkerung kaum etwas von der »römischen Herrschaft« gemerkt haben. Anders war es, wenn mit den Römern Krieg geführt wurde. Da wurde das Land von diesen beiderseits der Straße in einem breiten Streifen verheert. Die Häuser wurden ebenso wie die Ernte auf dem Halm abgebrannt und, wer in römische Hände fiel, ohne Unterschied des Alters und Geschlechts getötet oder zum Sklaven gemacht. Wahrscheinlich werden die Verluste niemals die von den Römern angegebene Höhe erreicht haben, da die meisten Menschen geflohen sind. Aber die Folgen waren doch für das gesamte Gebiet schrecklich. Die Vertriebenen mußten, zumindest während des kommenden Winters, in weit entfernten Dörfern aufgenommen und durchgefüttert werden. Das muß für alle Beteiligten eine sehr schwere Zeit gewesen sein. Wir können uns heute nach der Vertreibung der ostdeutschen Bevölkerung durch die Polen, Russen und Tschechen ein ungefähres Bild davon machen, wenigstens soweit die Betroffenen von damals noch leben. (Wie schwer das alle getroffen hat, kann man heute noch nach 35 Jahren in verschiedenen Gegenden Deutschlands feststellen, wo oft sehr böse von den »Flüchtlingen« gesprochen wird, ohne daß man sich überlegt, daß die, die die Vertriebenen aufnehmen mußten, immer noch das bessere Los gezogen hatten.) Ähnliche Erfahrungen mögen die germanischen Fürsten zu den berichteten Vertragsabschlüssen bewogen haben, und die Volksversammlungen versagten diesen Verträgen die Zustimmung nicht.

Im Jahre 5 n. Chr. hatte Rom einen gewissen Abschluß in Norddeutschland dadurch erreicht, daß es sich einiger sehr wichtiger Straßen bemächtigt und den Zugang zum Weserdreieck und dem Thüringer Becken gesichert hatte. Diese Erfolge waren aber so lange sehr fragwürdig, als man den Böhmischen Kessel nicht beherrschte. Erst wenn dort die römische Macht endgültig aufgerichtet war, konnten auch die Erwerbungen in Süd-, Mittel- und Norddeutschland breitflächig ausgebaut werden. Darum müssen wir uns nun Böhmen zuwenden.

5. Marbod und Böhmen

Mit Marbod tritt nach Ariovist wieder eine große germanische Führergestalt in unseren Gesichtskreis.

Von ihm sagt Strabo[185]: »Marbod, der früher ein Privatmann war, wurde nämlich nach seiner Rückkehr aus Rom ein mächtiger Fürst. In seiner Jugend war er dort und empfing Wohltaten von Augustus.« Das ist alles, was die römischen Schriftsteller von der Herkunft, Jugend und dem Lebenslauf des Marbod vor seinem Zusammenstoß mit Arminius berichten.

Bei Alfred Heuss[186] liest sich das dann so: »Marbod, der einmal als Kommandant germanischer Hilfstruppen in römischen Diensten gestanden hatte und schon deshalb als Gegner zu fürchten war.« – Kornemann[187] sagt von ihm, daß er in Rom erzogen und militärisch ausgebildet worden sei. Mommsen berichtet in seinem Werk »Das Römische Imperium der Cäsaren«[188]: »Der König Marboduus, aus edlem Markomannengeschlecht, aber in jungen Jahren durch längeren Aufenthalt in Rom eingeführt in dessen straffere Heer- und Staatsordnung.« Felix Dahn[189] nennt ihn hochbegabt, in römischem Kriegsdienst und am Hof des Augustus geschult.

Es ist erstaunlich, wie sich die wenigen Worte des Strabo von Mommsen bis Heuss in knapp 100 Jahren in ihrer Aussagekraft erweitert haben. Das von Mommsen und Dahn eingeführte Klischee des in Rom in den römischen Kriegsdienst eingeführten und geschulten Jünglings erweitert und verfestigt sich zum Kommandanten germanischer Hilfstruppen in römischen Diensten. Der Germane Marbod war eben ein sehr bedeutender Staatsmann und Heerführer; das konnte er aber natürlich nicht von sich aus werden, dazu brauchte er die Schulung und die Hilfe der Römer.

Man sieht, wie sich Vorurteile über ein Jahrhundert hinweg – vielleicht noch länger – forterben, obwohl die Texte heute jedem zugänglich sind. Weswegen Marbod in Rom war und was er dort getrieben und gelernt hat, können wir, wenn wir ehrlich sind, der Strabostelle nicht entnehmen. Marbod erkannte die Wichtigkeit Böhmens und nahm es mit einem Landnehmerheer ungefähr zur Zeit der Feldzüge des Drusus für die Germanen in Besitz. Eine genaue Jahreszahl der Besitzergreifung läßt sich nicht angeben. Jedenfalls mußte sie um 1 v. Chr. abgeschlossen sein. Oft liest man, daß er die Markomannen, einen suebischen Teilstamm, aus dem Maingebiet nach Böhmen geführt hätte, um sie dem Zugriff der Römer zu entziehen. Diese Darstellung kann sich auf Paterculus[190] stützen, der berichtet:

»Es gab nichts mehr in Germanien, was hätte besiegt werden können, außer dem Volk der Markomannen, das, aus seiner Heimat aufgescheucht, unter Führung des Marbod in das Landesinnere geflüchtet (war) und nun die vom herkynischen Wald umgebenen Gebiete bewohnte. Keine Eile (des Schriftstellers) kann die Erwähnung dieses Mannes mit Stillschweigen übergehen. Marbod, ein Mann von vornehmer Herkunft, kräftigem Körper und kriegerischem Geist, mehr seinem Volkstum als seinem Verstande nach ein Barbar, gewann unter seinen Landsleuten die Herrschaft nicht etwa durch einen Handstreich oder die Gunst des Zufalls, auch nicht eine solche, die schwankte und vom Willen seiner Untertanen abhing: vielmehr beschloß er, nachdem er sein Reich fest gegründet und sich der königlichen Gewalt bemächtigt und dann sein Volk weit aus dem Bereich der römischen Macht fortgeführt hatte, dorthin vorzudringen, wo er, vor stärkeren Waffen gewichen, seine eigenen zur höchsten Macht bringen konnte. Er nahm daher die genannten Gegenden in Besitz und unterwarf alle seine Nachbarn durch Krieg oder machte sie durch Verträge von sich abhängig.«

Auch hier tritt uns wieder ein römisches Klischee entgegen. Wir haben es in der Orgetorixgeschichte des Cäsar schon einmal kennengelernt: Den Römern abträgliche Ereignisse sind danach immer das Ergebnis des Ehrgeizes und Machthungers des betreffenden Führers. Bei Arminius werden wir dasselbe wieder beobachten.

Wie die Zusammenhänge wirklich waren, können wir bei der dürftigen Quellenlage nicht mehr feststellen. Daß dieser Zugriff auf Böhmen aber gewiß nicht der Furcht vor Rom und dem Ehrgeiz des Marbod allein entsprang, darf man mit guten Gründen annehmen, wenn diese psychologischen Gründe vielleicht auch eine gewisse Nebenrolle gespielt haben mögen.

Es sei hier daran erinnert, daß die keltischen Adligen, die Cäsar 53 v. Chr. aus Belgien vertrieben hatte, nach Aussage der Bodenfunde in Böhmen eine Zuflucht gefunden hatten. Das wäre ohne Hilfe und Unterstützung durch die Germanen nicht möglich gewesen. Weiterhin scheint Marbods Landnahme in Böhmen im allgemeinen friedlich vor sich gegangen zu sein. Auch das kann man den Bodenfunden entnehmen. Bis auf einen Einzelfall (Oppidum von Hrazany) sind die keltischen Stadtburgen nicht zerstört worden. Man darf nicht vergessen, daß Kelten und Germanen durch die Römer gleicherweise bedroht waren und die Kelten für die Römer nach ihren Erfahrungen mit Cäsar kaum sehr freundliche Gefühle gehegt haben werden. Zu einer keltischen Abwanderung nach dem Einmarsch der Markomannen ist es auch nicht gekommen. Germanen und Kelten scheinen sich damals in Böhmen friedlich geeinigt zu haben.

Vielleicht ist darum der Gedanke nicht zu abwegig, daß Marbod und seine Markomannen von den Kelten zur Verstärkung der Abwehrkraft gegen die Römer ins Land gerufen worden sind. Dafür könnte auch sprechen, daß Marbod ein stehendes Heer von 70 000 Fußkämpfern und 4000 Reitern aufstellte, was es bisher im germanischen Raume noch nie gegeben hatte. Spricht das nicht für eine Zusammenfassung aller Kräfte, der keltischen und der germanischen, zur Abwehr des verhaßten Römers und nicht so sehr für eine Unterdrückung des Volkes?

Wie das auch gewesen sein mag, das Ergebnis war, daß Böhmen im letzten Augenblick dem Zugriff der Römer entzogen wurde. Damit fehlte das wichtigste Glied in der römischen Reichssicherung.

So war die Lage um 6 n. Chr. folgende: In Süd-, Nord- und Mitteldeutschland bestanden vielfache Verträge mit den Fürsten der germanischen Mittel- und Kleinstaaten. Außerdem befanden sich vor allem vor dem Weserdreieck einige Straßen und ein wichtiger Straßenkno-

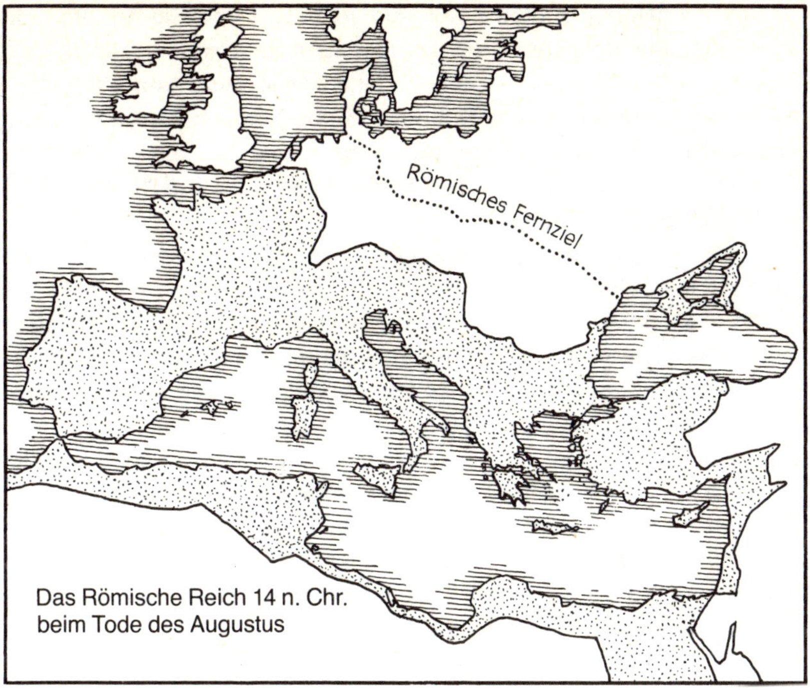

Das Römische Reich 14 n. Chr.
beim Tode des Augustus

tenpunkt fest in römischer Hand. Dadurch hatten sich die Römer den freien Zugang zum Weserdreieck und ins Thüringer Becken gesichert. In Süddeutschland, Österreich und Pannonien hatten sie alles Land bis zur Donau erobert und gesichert. Ein Blick auf die Karte zeigt aber, daß damit das Werk nicht beendet sein konnte. Ehe Böhmen nicht römisch war, konnten die germanischen Gebiete nicht voll in das Römische Reich eingegliedert werden, und auch die Donaulinie konnte dem Reich nur eine sehr zweifelhafte Sicherheit geben, da sie im Grunde nur eine vorläufige Grenze war.

Es mag bezweifelt werden, ob die Römer eine solche genaue Vorstellung von den geographischen Verhältnissen hatten. Unzweifelhaft ist es aber, daß ihre gesamte Ausdehnungspolitik seit 27 v. Chr. so angelegt war, als hätten sie sie gehabt. Im Jahre 6 n. Chr. schickte sich nämlich Tiberius an, Böhmen, das noch fehlende, aber entscheidende Stück in der großen europäischen Beckenreihe, zu erobern. Für wie stark er die Macht Marbods einschätzte, beweist das Aufgebot von 12 Legionen, mit Hilfstruppen und Troßknechten wahrscheinlich 120 000

Mann. 6 Legionen sollten unter seinem Befehl von Carnuntum nahe der Mündung der March in die Donau nach Norden, vielleicht in Richtung Znaim-Iglau, vorstoßen. Das zweite Heer von ebenfalls 6 Legionen sollte unter dem Kommando von Sentius Saturninus wahrscheinlich den Main aufwärts durch die Pforte bei Eger in Böhmen einrücken. (Die römischen Heeresstärken nach Tacitus[191]; Paterculus gibt keine genauen Zahlen.)

Dieser weitgespannte Feldzugsplan setzt eine sehr genaue geographische und verkehrsgeographische Kenntnis voraus und weist auf einen exakten Zeitplan hin. Tiberius war ein zu erfahrener Feldherr und zu vorsichtig, um nicht zu berücksichtigen, daß sich beide Heere verfehlen und von dem auf der inneren Linie operierenden Marbod einzeln mit überlegenen Kräften angegriffen und vernichtet werden könnten. Wenn er trotzdem das Wagnis eines so weit auseinandergezogenen Aufmarsches einging, muß er sehr genaue Kenntnisse der Landes- und Straßenverhältnisse gehabt haben. Auch das stützt meine der Darstellung zugrundeliegende Hypothese von der viel weitergehenden Kenntnis der Römer von den geographischen und ethnographischen Verhältnissen Mitteleuropas, als gemeinhin angenommen wird.

Marbod scheint ein dem Tiberius gleichwertiger Gegner gewesen zu sein. Ehe es nämlich noch zu Kampfhandlungen gekommen war, brach im Rücken der Römer ein Aufstand in Pannonien und Dalmatien aus, der sie zwang, sofort mit Marbod Frieden zu schließen und sich dieser neuen Bedrohung zuzuwenden. Es ist sehr wohl denkbar, daß dieser für Marbod so rechtzeitig ausgebrochene Aufstand nicht ohne dessen Mitwirkung zustande gekommen ist. So blieb Marbods Stellung für das nächste Jahrzehnt unangefochten. Wie wichtig das war, sollte die weitere Entwicklung zeigen. Dieser Aufstand beweist aber auch, daß Rom ohne die Herrschaft über Böhmen auch in Pannonien keine dauernde Sicherheit haben konnte.

Von 6 bis 9 n. Chr. war Rom in den heutigen Gebieten von Kroatien und Bosnien gefesselt, und es bedurfte der größten Anstrengungen, bis die Römer dort ihre Macht wiederhergestellt hatten. Ehe sich danach Rom der Lösung der böhmischen Frage wieder zuwenden konnte, brach neues Unheil in Norddeutschland am Niederrhein aus. In dem damals ausgebrochenen römisch-germanischen Krieg von 9–16 n. Chr. muß das Böhmen Marbods eine ganz wesentliche Rolle als Macht im Hintergrund gespielt haben. Sicher wäre dieser letzte Akt der ersten großen Begegnung Roms und Germaniens anders ausgegangen, wenn Böhmen in römischer Hand oder wenigstens für Rom zugänglich gewesen wäre. Man muß sich darum bei der nun folgenden Darstellung dieses dramatischen Geschehens immer der Machtstellung Marbods im Rücken der norddeutschen Germanen bewußt sein.

Der Römisch-Germanische Krieg von 9 bis 16 n. Chr.

1. Die Quellenlage

Dieser Krieg, dessen Ausgang die Geschichte Europas bis zum heutigen Tage bestimmen sollte, beendete die Zeit der ersten Begegnung der Römer mit den Germanen. Obwohl er das entscheidendste Ereignis der ganzen europäischen Geschichte der letzten 2000 Jahre gewesen ist, findet er bei unseren Historikern verhältnismäßig wenig Beachtung. Dabei ist die Quellenlage für ihn besser als für die vorhergehende Zeit, wenn man sie auch nicht als gut bezeichnen kann.

Für die erste Phase, die in der Schlacht im Teutoburger Wald ihren Höhepunkt hatte, stehen uns die Darstellungen des Florus, Cassius Dio und Paterculus zur Verfügung. Hauptquelle ist wieder Dio, der durch Paterculus ergänzt wird, während Florus von den beiden abweicht. Mir erscheint seine Schilderung der Schlacht im Teutoburger Wald unglaubwürdig. Ich habe sie darum auch nicht berücksichtigt. Seine Darstellung der Ereignisse, die zum Krieg führten, stimmt dagegen mit den beiden anderen überein, so daß ich sie nicht übergehen werde.

Dio gibt wohl den ausführlichsten und glaubwürdigsten Bericht, übertreibt jedoch die Klima-Unbilden in Germanien. Paterculus bringt wenig Tatsachenmaterial, ermöglicht aber eine Berichtigung der Übertreibungen des Dio. Für die auf 9 n. Chr. folgenden Kriegsjahre stehen uns nur die Annalen des Tacitus zur Verfügung. Dieser gilt zwar als einer der größten Historiker des Altertums, doch darf man ihn nicht mit den Maßstäben moderner Geschichtsschreibung messen. Ihm kam es darauf an, zu zeigen, wie die Alleinherrschaft des Kaisers den Charakter des jeweiligen Kronenträgers verdorben habe. So steht der erste Teil seines Werkes unter der Tendenz, die fortschreitende Verderbnis des Kaisers Tiberius zu zeigen. Das geht mit einer ungerechtfertigten Bewunderung des jüngeren Germanicus zusammen. So muß man auch seine Darstellung mit Vorsicht gebrauchen. Vor allem scheinen von ihm sehr wichtige und wohl auch entscheidende Verhandlungen und Vertragsabschlüsse nicht mehr dargestellt, ja auch nur erwähnt worden zu sein, weil an ihnen Germanicus nicht mehr mitgewirkt hat. Sonst finden wir nur noch einzelne verstreute Nachrichten, zum Beispiel bei Strabo[192], die aber am Gesamtbild nichts mehr ändern.

Die Sekundärliteratur beschäftigt sich fast nur mit Untersuchungen über den möglichen Ort der Schlacht im Teutoburger Wald und ist darum kaum zu brauchen. Über die führenden germanischen Persönlichkeiten und ihre Motive gibt es eine Reihe neuerer Untersuchungen, die, ohne Rücksicht auf die Quellen, die Leistungen vor allem des Arminius zu mindern versuchen. Das wird ganz schlimm bei populären Darstellungen. Manche von diesen kann man nur als üble Nachrede bezeichnen. Mit Geschichtsschreibung haben sie nichts mehr zu tun. Es ist nur bedauerlich, daß sie das heutige Geschichtsbild auch der Gebildeten beeinflussen können, denn wer kann schon die Quellen nachlesen, um die Fälschungen richtig zu stellen?

2. Der Anlaß zum Kriege

Wie wir oben gesehen haben, hatten die germanischen Staaten in Süddeutschland, am Niederrhein und in Nord- und Mitteldeutschland mit den Römern Verträge abgeschlossen. Paterculus berichtet das von den Cheruskern, Dio von den Friesen, den Hermunduren und den Chatten. Von den Germanen im allgemeinen sagt Dio[193], daß mit ihnen im Jahre 6 n. Chr. neue Verträge geschlossen worden seien. Als Grund gibt er den Aufstand in Pannonien an. Wahrscheinlich meint er die Verträge des Tiberius mit Marbod nach dem Abbruch der Unternehmung gegen Böhmen. Aus diesen spärlichen Nachrichten geht immerhin soviel hervor, daß die verschiedenen germanischen Klein- und Mittelstaaten durch ein Netz von Verträgen mit dem Römischen Reich verbunden worden waren. Dieses Netz reichte sicherlich bis zur Elbe.

Eine neue Lage trat aber nach der Niederwerfung des Pannonischen Aufstandes ein. Dieser hatte gezeigt, wie verletzlich eine nur auf das Straßennetz und einige feste Plätze gestützte Herrschaft war. Zu leicht konnte es zu plötzlichen, unvorhergesehenen Erhebungen im ungünstigsten Augenblick kommen, besonders wenn ein militärisch mächtiger Staat in erreichbarer Nähe war. So konnte sich das, was in Pannonien geschehen war, jederzeit in Germanien wiederholen, solange die bedrohliche Macht Marbods in Böhmen bestand. Dies war um so mehr zu befürchten, als es sich bei Marbod ja ebenfalls um eine germanische

Macht handelte und das germanische Gemeinschaftsgefühl wahrscheinlich doch stärker war, als man heute zugibt.

Dazu kam der ungünstige Grenzverlauf. Die werdende Provinz Germanien war auf die Dauer kaum zu halten, solange Böhmen wie ein Keil tief in den römischen Reichskörper hineinragte und den direkten Zugang nach Norddeutschland für die Heere aus Pannonien und dem Balkan, ja auch aus Italien blockierte. Man betrachte nur einmal die Karte, und man wird sehen, zu welchen verlängerten Marschwegen die Legionen gezwungen waren, wenn sie die böhmischen Straßen nicht benutzen konnten. Es ist selbstverständlich, daß eine römische Heerführung, die in der Lage gewesen war, einen so weitgespannten Aufmarsch gegen Marbod im Jahre 6 n. Chr. zu planen, das sehr wohl gewußt haben muß. Auf der anderen Seite muß aber auch Marbod klar gewesen sein, daß er sich auf die Dauer nicht halten konnte, wenn seine Stellung im Süden, Westen und Norden umfaßt war. Alles drängte so nach dem Pannonischen Aufstand zu einer Lösung der böhmischen Frage. Die Römer mußten versuchen, Marbods Machtstellung in Böhmen zu zerschlagen und das Land zu erobern; Marbod dagegen mußte alles daran setzen, die Römer aus Süd-, Nord- und Mitteldeutschland zu verdrängen. Liegt es da nicht nahe zu vermuten, daß Rom sich bemühte, wenigstens in Norddeutschland bis in das Weserdreieck hinein eine straffe provinzähnliche Regelung zu erreichen und seine Macht bis in die entlegensten Dörfer durchzusetzen? Für Marbod dagegen wäre ein ähnlicher Aufstand wie in Pannonien, der die Römer vielleicht gar vertreiben würde, die ideale Lösung gewesen. Der Pannonische Aufstand wie der Römisch-Germanische Krieg von 9 bis 16 n. Chr. sind für ihn jedesmal genau zur rechten Zeit ausgebrochen.

Wäre es Rom gelungen, das Weserdreieck ganz fest in die Hand zu bekommen, wäre auch das Thüringer Becken leicht zu besetzen gewesen, und dann hätte man Böhmen mit noch mehr Aussicht auf Erfolg von Norden und Süden angreifen können, als es Tiberius im Jahr 6 n. Chr. versucht hatte. Auf keinen Fall durfte Rom nach den Erfahrungen in Pannonien ein Gebiet mit unklaren Rechts- und Machtverhältnissen in seinem Rücken lassen, wenn es gegen Marbod marschieren wollte. Marbod andererseits durfte angesichts dieser Lage keinesfalls die Rolle des Kaninchens vor der Schlange übernehmen, es sei denn, er wäre als Staatsmann unfähig gewesen. Daß er das bestimmt nicht war, zeigt das Urteil des Kaisers Tiberius über ihn, das Tacitus in den Annalen[194] mitteilt: »Im Senat aber legte Tiberius dar, nicht Philipp sei von den Athenern, nicht Pyrrhus oder Antiochus von dem römischen Volke ebenso zu fürchten gewesen (wie Marbod). Es ist noch die Rede vorhanden, in der er (Tiberius) die Größe des Mannes (Marbod), die Wildheit der ihm unterworfenen Völker und, wie benachbart dieser Feind Italien gewesen sei, sowie seine eigenen Maßnahmen, ihn zu vernichten, hervorhob.«

Ein Mann, der bei seinen Feinden einen solchen Ruf genossen hat, war bestimmt kein Dummkopf und hat in der gefährlichen Lage nach dem Ende des Pannonischen Aufstandes auf Abhilfe gesonnen. Wenn ein solcher Staatsmann zweimal kurz hintereinander vor dem Angriff seines gefährlichsten Gegners durch Aufstände in dessen Hinterland bewahrt worden ist, liegt doch wohl die Vermutung sehr nahe, daß er beide Male seine Hände im Spiel gehabt hat. Marbod war auch die Rolle des Drahtziehers im Hintergrund, der andere vorschob, sich selbst aber nicht exponierte, durchaus zuzutrauen, wie sich später zeigen sollte.

Rom nahm nach der Niederschlagung des Pannonischen Aufstandes die Aufgabe, die germanischen Kleinstaaten zwischen Rhein und Weser (vielleicht bis zur Leine) abzuschaffen und eine straff organisierte Provinz einzurichten, sofort, noch im Jahre 9 n. Chr., in Angriff. Vielleicht dienten der römischen Regierung Gallien und Belgien als Vorbild. Wenn dem so gewesen sein sollte, würde das allerdings eine völlige Verkennung der germanischen Verhältnisse bedeutet haben. In Gallien und Belgien wurde die Provinzialverwaltung nach einem siebenjährigen und besonders blutigen Krieg eingeführt. Dabei war der Adel zum größten Teil getötet, vertrieben oder in die Sklaverei verschleppt worden, Handel, Gewerbe und Landwirtschaft lagen darnieder, und die Masse der Bevölkerung war verarmt. Unter diesen Verhältnissen bedeutete eine geordnete Verwaltung, von wem sie auch kommen mochte, eine Wohltat. Wenn sich dann nach einigen Jahren der Wohlstand durch Zugehörigkeit zu einem großen Wirtschaftsraum sichtbar hob, war die breite Masse des Volkes schnell mit der Fremdherrschaft ausgesöhnt, und ethnische Traditionen[195] hatten ihre Anziehungskraft verloren.

Das alles war in Germanien anders. Der im Bauerntum verwurzelte Adel, der von diesem noch durch keine Kluft getrennt war, stand in voller Blüte. Das Wirtschaftssystem hatte kaum irgendwelche Änderung erlitten; vor allem hatten noch keine Eingriffe ins Privateigentum stattgefunden. Die Blutverluste der letzten Kriege waren gering gewesen und die Traditionen noch ungebrochen. Von Rom und der römischen Militärmacht hatten die wenigsten etwas durch eigene Anschauung gesehen. Wohl waren römische Legionen einige Male auf Durchmarschstraßen marschiert, und zwischen Rhein und Weser gab es an etlichen Punkten Kastelle mit römischer Besatzung. Von diesen aus werden sich auch Luxuswaren verbreitet haben. Sicherlich haben sich dort zwischen dem germanischen Adel und dem römischen Offizierskorps freundschaftliche Beziehungen angebahnt, wie auch engere, vielleicht sogar zarte Beziehungen zwischen dem Volk und den einfachen Soldaten. Man muß sich für diese Zeit vor Augen halten, daß die Römer immerhin fast 20 Jahre im Lande standen. Wahrscheinlich werden die römischen Legionen nach dem Abschluß der Verträge mit den germanischen Fürsten kaum noch als Besatzungstruppen angesehen worden sein.

Der Versuch aber, in dieser Situation das Volk plötzlich auf die Stufe von römischen Provinzialen herunterzudrücken, konnte nicht gut ausgehen. Es mußte zu heftigen Reaktionen kommen. Eine Verkennung dieser Lage bedeutet es daher, wenn Alfred Heuss[196] schreibt: »Diese Erhebung hatte einen anderen Charakter als die in Pannonien eben niedergeschlagene. Sie war keine elementare Volkserhebung, sondern das Werk eines einzelnen, des Cheruskerfürsten Arminius.« Er unterstreicht dieses Urteil noch, wenn er fortfährt: »Von den Germanen selbst wurde die Tat des Arminius nicht als nationale Befreiungstat aufgefaßt.« Man fragt sich, auf welche Quellen sich Heuss denn stützt? Mir ist keine bekannt, auf die er sich berufen könnte. Hier fehlt auch nur der bescheidenste Versuch, sich ernsthaft in die damaligen Verhältnisse beim germanischen Volk hineinzudenken.

Die Behauptung dagegen, daß es sich bei dem Geschehen von 9–16 n. Chr. tatsächlich um eine Volkserhebung handelte, kann sich auf eine ganze Reihe Stellen in unseren Quellen stützen.

Florus[197] etwa schreibt: »Die Germanen aber, die schon längst darüber knirschten, daß ihre Schwerter rostig geworden und ihre Pferde steif würden, sie griffen, als sie die römischen Togen und das Walten ihrer Justiz sahen, die noch schlimmer war als ihre Waffen, unter der Führung des Arminius zur Wehr.«

Und Cassius Dio[198] berichtet: »Aber den Geist der Väter, ihren angeborenen Charakter, ihre selbstherrliche Lebensweise und ihre Freiheit aufgrund ihrer Wehrhaftigkeit hatten sie nicht vergessen. Daher empörten sie sich, solange sie nur allmählich und gewissermaßen schrittweise bei (der nötigen) Vorsicht (von seiten der Römer) ihre Eigenart verlernten, auch nicht über die Veränderung ihres Lebens. Sie merkten kaum, daß sich ihr Wesen wandelte. Als aber Quintilius Varus die Statthalterschaft in Germanien übernahm und, während er die Verhältnisse bei ihnen auf Grund seiner Amtsgewalt zu regeln suchte, danach trachtete, sie auf einmal zu anderen Menschen zu machen, und ihnen Vorschriften gab, als ob sie schon geknechtet wären, und nun gar Geldzahlungen von ihnen wie von Untertanen eintreiben wollte, da war ihre Geduld zu Ende: die Vornehmen, die ihre frühere Machtstellung wiedererlangen wollten, und das Volk, das den altgewohnten Zustand der Fremdherrschaft vorzog.«

Selbst im Jahr 16 n. Chr., nach der verlorenen Schlacht von Idistaviso war der Krieg gegen Rom nach dem Zeugnis des Tacitus (Ann. II, 19) eine Volksangelegenheit: »Nicht ihre Wunden, ihre Trauer und ihre Verluste schmerzten und ergrimmten die Germanen so sehr wie dieser Anblick. Eben hatten sie noch vor, ihre Wohnsitze zu verlassen und sich in das Land jenseits der Elbe zurückzuziehen. Jetzt wollten sie nur Kampf, und alles waffnete sich eiligst. Volk und Adel, Jünglinge und Greise griffen unvermutet den römischen Heereszug an und brachten ihn in Unordnung.« Wenn dann Tacitus[199] von Arminius schreibt: ». . . zweifellos der Befreier Germaniens«, dann muß Heuss beweisen, daß die Römer ihn mit anderen Augen sahen als die Germanen, denn es gibt auch noch folgendes Wort des Tacitus über Arminius: »Und er wird bis heute bei den barbarischen Völkern besungen.«

Aufgrund dieser Stellen und des Versuchs, sich vorurteilslos in die Lage der Westgermanen unter römischer Herrschaft in den Jahren 9 v. Chr. bis 9 n. Chr. hineinzudenken, steht mit voller Sicherheit fest, daß der Krieg 9 bis 16 n. Chr. unter Arminius, dem anerkannten Führer der Westgermanen, ein wahrer Volkskrieg war und das Volk in Arminius seinen Befreier von römischer Herrschaft sah.

Nimmt man die oben dargelegte Vermutung an, daß nach den bösen Erfahrungen mit dem Pannonischen Aufstand die römische Reichsregierung darauf bedacht war, in Germanien den straffen Provinzstatus durchzusetzen, um in dem geplanten Krieg gegen Marbod des Hinterlandes und der rückwärtigen Verbindungen sicher zu sein, dann ändert sich aber auch das Bild vollkommen, das wir von dem Statthalter Quinctilius Varus haben. Nicht von sich aus, ohne Wissen der Zentralregierung, wäre er dann so forsch in Germanien vorgegangen, sondern er hätte die Weisungen, die er aus Rom mitgebracht hatte, durchzusetzen versucht. Wir wissen wenig von ihm. Er war der Mann einer Großnichte des Augustus und durch sie mit dem Julischen Haus verschwägert. In Syrien hatte er sich als Verwaltungsfachmann bewährt, war aber auch nicht ohne Kriegserfahrung. So scheint er der römischen Regierung für diese heikle Aufgabe besonders geeignet erschienen zu sein. Sicherlich standen ihm sowohl gute Stabsoffiziere als auch Rechts- und Verwaltungsfachleute zur Seite.

Über seine Persönlichkeit liegen zwei Beurteilungen vor. Zunächst die von Florus[200]: »Nachdem jener (Drusus) gestorben war, begannen sie die Willkür und den Hochmut des Quinctilius Varus nicht weniger als seine Grausamkeit zu hassen.« – Velleius Paterculus[201] dagegen schreibt: »Quinctilius Varus, aus einer mehr bekannten als vornehmen Familie stammend, war ein Mann weichen Charakters, ruhiger Sitten, körperlich wie geistig unbeweglich, mehr an die Muße des Lagers als an Schlacht- und Kriegsdienst gewöhnt. Daß er aber das Geld nicht verachtete, verkündet Syrien, das er verwaltet hatte: Als ein Armer in die Reiche (Syrien) gekommen, hätte er als ein Reicher die Arme (Syrien) verlassen.« Verdient dieses gehässige Urteil aber auch Glauben? Es ist jedenfalls eigenartig, daß Paterculus ein ganz ähnliches[202] über den 16 v. Chr. in Gallien besiegten Lollius fällt. Sollte es etwa das Bestreben des Paterculus gewesen sein, alle römischen Feldherrn, die unglücklich gegen die Germanen gekämpft haben, zu diffamieren? Folgte er damit vielleicht sogar einem »Wink von oben«? Auffällig ist es jedenfalls, daß er in beiden Fällen die Geldgier des Feldherrn so betont herausstellt.

Mir erscheint es naheliegend, daß in beiden Fällen die Fehler der römischen Staatsführung nicht bekannt werden sollten und darum die unglücklichen Opfer verfehlter Regierungsmaßnahmen als Sündenböcke herhalten mußten. Das ist sicherlich kein sehr seltener Vorgang in der Geschichte. Die Wahrheit scheint mir die Stelle bei Cassius Dio[203] anzudeuten, in der es heißt: »Während er (Varus) die Verhältnisse bei ihnen *aufgrund seiner Amtsgewalt* zu regeln suchte.« Das klingt doch so, als ob er ganz bestimmte, eng umschriebene Aufgaben von der Zentralregierung in Rom gestellt bekommen hätte. Sollte es so gewesen sein, hätte der Statthalter Varus vor einer unlösbaren Aufgabe gestanden, an der er scheitern mußte und an der auch jeder andere gescheitert wäre. Um die Verschleierung eigener Fehler aber sind alle Regierungen zu allen Zeiten sehr bemüht gewesen.

3. Der Ausbruch des Krieges

Die unlösbare Aufgabe des Varus bestand wahrscheinlich in der einseitigen Aufhebung der von beiden Seiten beschworenen Verträge. Da diese nicht nur von den germanischen Fürsten, sondern sicherlich auch vom Thing beschlossen und gebilligt worden waren, werden die Fürsten in die schwierigste Lage gekommen sein, wenn sie auf einem neuen Thing den freien Männern die Aufhebung der Verträge und die Einführung der römischen Provinzialverwaltung bekanntgeben mußten. Es ist darum verständlich, wenn sie Varus immer wieder in seinem Sommerlager aufsuchten, nicht um mit ihm zu pokulieren, sondern um auf dem Verhandlungswege das Weiterbestehen der Verträge oder wenigstens eine Milderung der römischen Maßnahmen zu erreichen. Vielleicht stellten sie ihm aber auch die Empörung und Verbitterung des Volkes über das rigorose Vorgehen vor. Möglicherweise werden sie sich im Anfang durchaus loyal verhalten haben. Varus waren aber, wie mir scheint, die Hände gebunden. Sein Stab wird versucht haben, durch Verteilung von Militärabteilungen bis in entlegene Dörfer hinein die Gärung im Volke unter Kontrolle zu bekommen.

Als die Dinge auf dem Höhepunkt angelangt waren, werden sich schließlich die Fürsten zum Kampfe entschlossen haben, wobei sie wohl nur dem allgemeinen Volkswillen nachgaben. So könnte man jedenfalls die folgende Stelle bei Cassius Dio[204] auslegen:

»Vielmehr nahmen sie (die Germanen) Varus auf, als ob sie alle seine Gebote erfüllen würden, und lockten ihn fern vom Rhein fort in das Land der Cherusker und zur Weser. Und indem sie dort auf das friedlichste und freundschaftlichste mit ihm verkehrten, erweckten sie in ihm den Glauben, daß sie sich auch ohne militärischen Zwang regieren lassen würden. Er hielt daher auch seine Legionen – was doch in Feindesland angebracht gewesen wäre – nicht zusammen, sondern stellte den Germanen, wenn sie sich von seinen Truppen zahlreiche Mannschaften erbaten, weil sie selbst dazu zu schwach wären, etwa zur Sicherung gewisser Punkte oder zur Ergreifung von Räubern und zum Geleit von Zufuhren, diese bald hierfür, bald dafür zur Verfügung. Es waren aber die eigentlichen Häupter der Verschwörer und des Kriegsplanes vor allem Arminius und Sigimer, die stets bei ihm weilten und seine Tischgenossen waren. Wie er nun guter Dinge war und an nichts Schlimmes dachte und allen, die das Unheil kommen sahen und warnten, den Glauben versagte, ja sie gar noch ausschalt, daß sie sich ohne Grund beunruhigten und jene Männer verleumdeten, da empörten sich zuerst aufgrund geheimer Verabredung einige entfernt wohnende Stämme, damit Varus, wenn er gegen sie zöge, für sie auf dem Marsche, in dem Glauben, durch befreundetes Land zu ziehen, um so leichter zu überrumpeln wäre und nicht, wenn sich plötzlich auf einmal das ganze Land gegen ihn erhöbe, auf der Hut wäre.«

Diese Stelle kann auf keinen Fall ein genauer Bericht der Wochen und Tage vor Ausbruch des Krieges sein. In der Schlacht im Teutoburger Wald sind nämlich alle höheren Stabsoffiziere zusammen mit Varus umgekommen. So wird man in Rom später wohl nur durch die Berichte von Subalternoffizieren und einzelnen Soldaten einiges von Verhandlungen und Maßnahmen des Varus erfahren haben. Was aber verhandelt wurde und warum Varus sich so und nicht anders verhalten hat, werden selbst seine Zeitgenossen nicht gewußt haben. Vielleicht hat er auch Berichte und Anfragen nach Rom geschickt, aber diese konnten gewiß nicht mehr von den letzten und wohl entscheidenden Vorgängen, die zur Krise führten, handeln. So konnte man schon in den Jahren 9 und 10 n. Chr. in Rom nichts Genaues wissen. Wo aber Wissen fehlt, hilft die Phantasie, hier sicherlich eine germanenfeindliche. Wenn das schon bei den Zeitgenossen so war, wird es wohl bei Cassius Dio 150 Jahre später noch schlimmer gewesen sein.

Analysiert man die Dio-Stelle, so fällt sofort auf, daß er falsch berichtet, wenn er von Feindesland spricht. Das tut zwar auch Paterculus, Dio selbst aber widerspricht sich, denn vorher hat er ja berichtet, daß das Land befriedet war. So könnte man die Angabe, daß die Fürsten Mannschaften erbaten, um gewisse Punkte zu sichern und Übergriffe gegen römische Nachschubkolonnen zu verhindern, auch dahin auslegen, daß sie um die Empörung des Volkes wußten und eine Verschärfung der gespannten Lage durch Zwischenfälle verhindern wollten. Ihre eigene Gefolgschaft sympathisierte möglicherweise mit dem Volk und verhielt sich darum bei Zwischenfällen neutral. Das braucht keine offene Stellungnahme gewesen zu sein. Man könnte sich denken, daß sie bei dem Nahen von römischen Kolonnen einfach abwesend, vielleicht auf der Jagd waren.

Sicherlich war sich Varus über die kritische Lage im klaren. Daß er in einer solchen Lage nach außen hin Ruhe und Optimismus zeigte, ist durchaus richtig gewesen. Schließlich kam es dann doch zu den befürchteten Zwischenfällen. Sie müssen sich im Rücken des römischen Heeres ereignet haben. Varus stand befehlsgemäß an oder nahe der Weser. Daß er dorthin gelockt worden sei, ist barer Unsinn, wenn man sich entsinnt, wie die Lage 6 n. Chr. bei Ausbruch des Pannonischen Aufstandes bei den Rheingermanen und im Weserdreieck war. Es handelt sich ja auch nur um recht kurze Entfernungen. Xanten (Castra vetera) ist von Lippspringe (vielleicht Aliso) nur 150 km entfernt, und von dort ist es bis Rinteln an der Weser nur noch 50 km. Da könnte das Sommerlager des Varus gelegen haben, weil sich dort ein wichtiger Straßenknotenpunkt und Weserübergang befand. Auch ist dort eine größere germanische Siedlung wohl aufgefunden, aber noch nicht ausgegraben worden. Aber auch jeder andere Punkt des Weserdreiecks ist nicht weiter als 60 km von Lippspringe entfernt. Das sind alles Entfernungen, die römische Legionen in zwei bis höchstens vier Tagen zurücklegen konnten. Vom Rhein bis Aliso werden sie nicht länger als acht Tage gebraucht haben. Man darf nie vergessen, daß die Römer viele Jahre friedlich im Lande gestanden hatten und natürlich über die wichtigen, für Troßfahrzeuge geeigneten Straßen sehr gut Bescheid wußten. Sie hatten sie, wie wir wissen, durch Kastelle gesichert (es sind mindestens sieben davon bekannt) und sicherlich gut ausgebaut. Das seit 11 v. Chr. – also seit 20 Jahren – bestehende Kastell Aliso war sicherlich sehr gut befestigt und mit einer das ganze Jahr dort weilenden Stammbesatzung belegt. Das römische Sommerlager im Weserdreieck kann nur wenige Tagemärsche von Aliso entfernt gelegen haben. Kritisch mußte allerdings die Lage werden, wenn zwischen Aliso und Xanten die Straße unterbrochen wurde und die Gärung im ganzen Land deutlich zu spüren war. Dann mußte sich der Feldherr auf das Lager Aliso zurückziehen und, nachdem er dort den Troß in Sicherheit gebracht hatte, die Verbindung mit Xanten wieder eröffnen. Das genau scheint Varus unternommen zu haben.

Die römischen Schriftsteller sprechen immer von Verrat, Hinterlist, Perfidie usw., wenn sie auf das Jahr 9 n. Chr. und Arminius zu sprechen kommen. Unsere Historiker nehmen ihnen das seit alters unbesehen ab. Selten oder nie wird berücksichtigt, daß Rom bindende Verträge mit den germanischen Staaten hatte, die aber Varus, vielleicht auf Anweisung von Rom, außer Kraft zu setzen versuchte, um aus den Germanenstaaten eine Provinz zu machen. So erfolgte der erste Wortbruch ohne Zweifel von römischer Seite. Es ist darum nur zu verständlich, daß sich die betroffenen Staaten zu einer Eidgenossenschaft unter der Führung des Arminius zusammenschlossen, um diese Willkürmaßnahme abzuwehren. In solchen Fällen waren die Römer immer sehr schnell mit dem Wort »coniuratio« bei der Hand. Ich erinnere nur daran, daß Cäsar[205] sogar von einer »Verschwörung« der Belgier spricht, obwohl es geradezu lächerlich ist, diesen Staatenbund eine Verschwörung zu nennen.

Ob es zu der von allen Schriftstellern behaupteten »geheimen Vorbereitung« überhaupt hat kommen können, muß sehr bezweifelt werden, denn der germanische Staatenbund war so umfangreich, daß die behauptete »Geheimhaltung« kaum möglich gewesen sein dürfte. Ihm gehörten mit Sicherheit die Cherusker, Chatten, Brukterer, Marser und Angrivarier an. Nach Strabo[206] müssen noch die Sugambrer dazugekommen sein. Das sind sechs germanische Klein- und Mittelstaaten. Solche weitgespannten Bündnisverhandlungen können kaum unbemerkt bleiben. Zwar wird nirgends erwähnt, daß Marbod in die Bündnisverhandlungen einbezogen war; dies dürfte aber bei seinem lebenswichtigen Interesse an einem solchen Zusammenschluß nicht ganz unwahrscheinlich erscheinen.

Die Gegenspieler des Varus auf germanischer Seite waren Arminius und sein Vater Sigimer. Eine große, aber sehr undurchsichtige Rolle spielte auch Segestes. Darum wird es zweckmäßig sein, vor der Schilderung der Kampfhandlungen alle biographischen Nachrichten über beide, Arminius und Segestes, zusammenzustellen und kritisch zu prüfen. Nur so kann man sich wenigstens ein grobes Bild von diesen beiden so wichtigen Persönlichkeiten machen.

4. Arminius

Arminius war seit 9 n. Chr. der anerkannte Führer der westgermanischen Staatenkoalition, die man am besten mit einer Eidgenossenschaft vergleichen kann. Nach Tacitus[207] muß er damals ungefähr 25 Jahre alt gewesen sein. Cassius Dio[208] nennt ihn zusammen mit Sigimer, (nach Paterculus) seinem Vater, das eigentliche Haupt der »Verschwörung« und des Kriegsplanes. Die rein biographischen Nachrichten von ihm sind folgende:

Paterculus[209] berichtet: »Da benutzte ein junger Mann von vornehmer Abkunft, persönlicher Tapferkeit, rascher Auffassungsgabe und einer genialen Klugheit, die jenseits der Begabung eines Barbaren liegt, die Stumpfheit des Feldherrn zur Ausführung seines Frevels. Er hieß Arminius, war Sohn des Sigimer, eines Fürsten aus diesem Stamm. Schon sein Gesichtsausdruck und seine Augen verrieten das Feuer seines Geistes. Er war ein ständiger Begleiter auf unserem früheren Feldzug gewesen und hatte sogar nach dem Recht des römischen Staates die Würde eines Ritters erlangt.«

Bei Tacitus[210] lesen wir: »Denn es war Grund zur Hoffnung, daß sich der Feind in zwei Parteien spalten würde, unter der Führung des Arminius und des Segestes, die sich beide uns gegenüber ausgezeichnet hatten, durch Treulosigkeit der eine, durch Treue der andere. Arminius war der Aufwiegler Germaniens gewesen. . . (Der persönliche Haß des Segestes) war noch gesteigert worden, seitdem Arminius seine

Tochter, die einem anderen versprochen war, geraubt hatte. Ein verhaßter Schwiegersohn eines feindlichen Schwiegervaters! Und was bei Einträchtigen eine Klammer der Liebe ist, war bei den Verfeindeten Anreiz zum Zorn.«

Sodann kommt der Bericht von der Unterredung des Arminius mit seinem Bruder Flavus in Frage. Sie soll im Sommer 16 n. Chr. stattgefunden haben. Flavus diente zu dieser Zeit im römischen Heer und nahm am letzten Feldzug des Germanicus gegen die Eidgenossenschaft unter der Führung seines Bruders teil. In einem der römischen Feldzüge hatte er ein Auge verloren. Tacitus bringt die Rede des Arminius[211]: »Er fragte seinen Bruder, woher die Entstellung seines Gesichtes rühre. Als dieser den Ort und die Schlacht nannte, fragte er ihn, was für einen Lohn er dafür empfangen habe. Flavus erzählte von erhaltenem Sold, einer Halskette, einem Kranz und anderen kriegerischen Auszeichnungen, worauf Arminius den niedrigen Lohn seiner Knechtschaft verspottete. Darauf begannen sie im verschiedenen Sinne: der eine sprach von der Größe Roms, der Macht des Cäsars, den schweren Strafen für die Besiegten und der Milde gegen den, der sich freiwillig unterwürfe. Auch würden Gattin und Sohn des Bruders keineswegs feindlich behandelt. – Der andere sprach von dem heiligen Recht des Vaterlandes, der Freiheit, die sie von den Ahnen ererbt, den heimischen Göttern Germaniens und von ihrer Mutter, die seine Bitte unterstützte. Der Bruder solle doch nicht zum Abtrünnigen und Verräter seiner Verwandten und Freunde oder gar seines Volkes werden, anstatt dessen Anführer zu sein. – Allmählich erhitzten sich die Gemüter, und sie wären nicht einmal durch den Strom zwischen ihnen gehindert worden, handgemein zu werden, wenn nicht Stertinius herangesprengt wäre und Flavus, der zornig erregt nach seinem Pferd und Waffen rief, zurückgehalten hätte. Auf dem anderen Ufer sah man Arminius, wie er sich in Drohungen erging und die Schlacht ankündigte. Denn er bediente sich größtenteils der lateinischen Sprache, da er ja einst im römischen Lager als Führer seiner Landsleute gedient hatte.«

Schließlich ist noch von Tacitus anzuführen[212]: »Übrigens wollte sich Arminius nach dem Abzug der Römer und der Vertreibung Marbods zum König machen, stieß aber bei seinen freiheitsliebenden Landsleuten auf Widerstand. Es kam zum Krieg gegen ihn; er focht mit wechselndem Glück und fiel durch die Arglist seiner Verwandten. Er war unbestritten der Befreier Germaniens und hat dem römischen Volke den Fehdehandschuh hingeworfen, und zwar nicht wie andere

Könige und Heerführer in der Zeit seiner schwachen Anfänge, sondern als es in der Blüte seiner weltbeherrschenden Macht stand. In den Schlachten (hat er) mit schwankendem (Glück gekämpft), im Kriege blieb er unbesiegt. 37 Jahre hat er gelebt, 12 Jahre ist er an der Macht gewesen. Noch jetzt wird er von den barbarischen Völkern besungen.«

Dies sind nun alle Stellen, die uns von Lebensdaten des Arminius berichten, soweit es sich nicht nur um rein kriegerische Ereignisse handelt. Aus ihnen kann man nur das Folgende erschließen, wenn man nicht in die wenigen Worte mehr hineinlegt, als in ihnen steht:

Arminius muß schon in jungen Jahren eine sehr bedeutende Stellung eingenommen haben, das geht aus den Worten des Tacitus hervor: »Da er als Führer (seiner) Landsleute im römischen Lager gedient hatte.« Nimmt man die Angabe des Paterculus dazu: »Er war ständiger Begleiter auf unserem früheren Feldzug gewesen und hatte sogar nach dem Recht des römischen Staates die Würde eines Ritters erlangt«, so ergibt sich tatsächlich die Möglichkeit, daß er der Führer einer cheruskischen Hilfseinheit des römischen Militärs gewesen sein könnte, denn er konnte nach dem damaligen Gebrauch in Rom nur Ritter werden, wenn er einen militärischen Rang, wahrscheinlich den eines Präfekten, gehabt hatte. Doch lassen die Ausdrücke »comes« und »ductor« auch noch andere Deutungsmöglichkeiten zu. So könnte er zum Beispiel Vertreter der Cherusker beim römischen Heereskommando gewesen sein, ohne direkt dem Befehl des Feldherrn unterstellt gewesen zu sein. (Wir kennen solche Funktionen auch, etwa die eines Militärattachés.)

Man hat viel an den Worten des Paterculus »ständiger Begleiter auf unserem früheren Feldzug« herumgerätselt. Dabei scheint mir die Erklärung recht einfach zu scin. Es wird der Feldzug des Tiberius gewesen sein, den dieser 4 bis 5 n. Chr. in Germanien unternahm und in dem er 5 n. Chr. bis zur Elbe gekommen ist. Paterculus hat an ihm, wie er selbst berichtet, als Reiteroffizier teilgenommen. Arminius ist 4 n. Chr. ungefähr 21 Jahre alt gewesen. Die Cherusker waren damals[213] unter römischen Schutz genommen worden. Sicherlich werden sie als »socii« der Römer eine Abteilung – wahrscheinlich Reiter – dem römischen Heer zugeführt haben, die unter dem Kommando eines Fürsten oder Fürstensohnes stand. Ähnliches berichtet auch Cäsar, beispielsweise von den Häduern im Krieg gegen die Helvetier und von vielen späteren Unternehmungen. Solche Abteilungen kämpften mit einheimischen Waffen und nach der einheimischen Taktik. Sie wurden vom römischen Feldherrn für Sonderaufgaben verwendet. Es ist nicht so, daß sie von Rom nach römischer Weise ausgerüstet und in der römischen Legionstaktik ausgebildet wurden. Natürlich konnte aber ein genialer Führer einer solchen Einheit die Vorzüge und Schwächen des römischen Heeres wie der eigenen Einheit bei diesen Einsätzen beobachten und daraus seine Lehren ziehen.

Arminius, der sicherlich aus einer der führenden cheruskischen Fürstenfamilien stammte, könnte nach Alter und Herkommen 4 bis 5 n. Chr. durchaus der Führer einer cheruskischen Hilfseinheit gewesen sein. Ob er aber auch am Pannonischen Aufstand (6 bis 9 n. Chr.) auf römischer Seite teilgenommen hat, kann nicht mehr ermittelt werden. Jedenfalls war er 9 n. Chr. zu Hause und nahm an der Seite seines Vaters eine führende Stellung in der germanischen Eidgenossenschaft ein. Als Kenner des römischen Heeres und bekannt mit vielen römischen Offizieren wird er sich großen Einfluß haben verschaffen können. Wenn ich auch nicht glaube, daß er allein unter den Germanen des Lateinischen mächtig war (und die Römer überhaupt nicht des Germanischen, wie viele Historiker zu glauben scheinen), so wird ihm doch bei allen Verhandlungen seine Sprachkenntnis sehr zu Hilfe gekommen sein.

Nirgendwo kann ich allerdings eine Stelle finden, aus der hervorgehen könnte, daß Arminius ein persönlicher Freund (amicus) des Varus gewesen sein könnte. Dagegen würde schon der gewiß beträchtliche Altersunterschied der beiden sprechen. Außerdem wird Varus als Angehöriger des römischen Kaiserhauses sich kaum mit den doch über die Achsel angesehenen Germanenfürsten verbrüdert haben. Man vergleiche einmal, wie noch zur Völkerwanderungszeit die Römer verächtlich auf die »germanischen Barbaren« herabgesehen haben. Man sehe sich auch einmal an, wie arrogant Paterculus von den Germanen spricht – etwa wenn er von Arminius sagt: »Er sei von rascher Auffassungsgabe und einer genialen Klugheit gewesen, die jenseits der Begabung eines Barbaren gelegen habe.« Und von Marbod sagt er: »Mehr seinem Volkstum als seinem Verstande nach ein Barbar.« Von den Germanen allgemein urteilt er: »Ein Menschenschlag, der bei größter Wildheit äußerst verschlagen und zum Lügen geboren ist.« Aus solchen vielleicht mehr persönlichen Urteilen spricht sicherlich auch eine allgemeine römische Neigung, auf die Germanen als unzivilisierte »Wilde« herabzusehen.

Wenn Dio den Arminius und seinen Vater Sigimer »Tischgenossen« des Varus nennt, so ist das etwas ganz anderes, als es das Wort »amicus« ausdrückt. Das ist auch heute noch so. Wenn hohe Staatsgäste nach Bonn kommen, sind sie wohl »Tischgenossen« des Bundeskanzlers, würden sich aber sehr wundern, von ihrem Gastgeber als persönliche Freunde behandelt, auf die Schulter geklopft und geduzt zu werden. Pörtner jedoch schreibt in seinem weitverbreiteten Buch »Mit dem Fahrstuhl in die Römerzeit«: »Ja, er (Varus) brachte gerade den Führern der Germanen ein Vertrauen entgegen, das man angesichts seiner Lage, mitten im Feindesland (nach 18 Jahren friedlichen Verkehrs und Schutzverträgen, die von beiden Seiten eingehalten worden waren, noch von »Feindesland« zu sprechen, ist merkwürdig. Anm. des Verfassers), nur fahrlässig nennen kann. Vor allem baute er auf das Wort seines *Freundes* (Sperrung vom Verfasser) Arminius und schlug wohlgemeinte Warnungen in den Wind, als dessen *Verrat* (Sperrung vom Verfasser) bereits mit Händen zu greifen war.« Ähnlich urteilt Alfred Heuss[214]: »Der Vorwurf, der Varus . . . treffen kann, war im Gegenteil sein harmlos freundschaftliches Verhältnis zu den Germanen. In ihm liegt die Erklärung, daß er sich von Arminius, einem römischen Offizier, bar jeden Argwohns in den Hinterhalt führen ließ.«

Beide Autoren legen also in das Wort »Tischgenosse« mehr hinein, als es wirklich besagt. Bei Pörtner finden wir darüber hinaus in manchen seiner Bücher eine Tendenz, die den Anschein einer kaum zu erklärenden Germanenfeindlichkeit, ja fast eines Hasses auf die Germanen erweckt. So kennzeichnet er Arminius folgendermaßen: »Er war ebenso tapfer wie verschlagen, so draufgängerisch wie kühl und wägend, soldatischer Tugend gleichermaßen fähig wie gemeinster Hinterlist.« Das ist eine Kennzeichnung, wie sie in dieser Herabsetzung selbst Paterculus nicht bringt. Wenn Pörtner dann schreibt: »Es ist eben leichter, zehn neue Erkenntnisse populär zu machen, als eine überkommene Halbwahrheit zur Strecke zu bringen« und bei der Schilderung des Beginns der Schlacht im Teutoburger Wald sich folgendes erlaubt: »Die römischen Marschkolonnen kamen auf den unbekannten Wegen, die sie von den germanischen Spähern geführt wurden, nur langsam voran«, dann weiß man wirklich nicht mehr, was man dazu sagen soll. Es gibt nämlich – außer vielleicht in Kleists Hermannsschlacht – keine Stelle, in der von unbekannten Wegen und germanischen Spähern die Rede wäre. Das war auch ganz unmöglich, denn die Römer standen, wie schon oft betont, 18 Jahre im Land und kannten bei der großen Nähe ihrer Basis Wege und Stege im Land ihrer »socii« (Verbündeten) bestens, vor allem alle Straßen, die für die schweren Troßfahrzeuge brauchbar waren. Pörtner setzt somit an die Stelle der zu vernichtenden »Halbwahrheit« eine ganze Unwahrheit, sicherlich ohne es selbst zu merken.

Dabei sind die Motive der Führer der damaligen norddeutschen und niederrheinischen Germanenstaaten leicht zu verstehen. Es ging ihnen um die Einhaltung der beschworenen Verträge, von denen uns Paterculus berichtet. Sicher wollte Rom diese in skrupelloser Weise zerreißen. Dagegen wird sich auch Arminius als Führer und Sprecher freier Germanenstaaten, die mit Rom Schutzverträge geschlossen hatten, gewendet haben. So stand das Recht auf seiner Seite. Es war kein Verrat und keine Hinterlist, wenn er schließlich dem Volkszorn nachgab und mit der Waffe in der Hand die Freiheit der germanischen Staaten verteidigte. Es fragt sich nur, ob er damals offen dem Varus den Kampf ansagte und ob 9 n. Chr. alle einflußreichen Germanenfürsten auf der Seite der zum Kampf Entschlossenen standen. Um darauf eine plausible Antwort zu finden, müssen wir noch einen Blick auf Segestes, den Gegenspieler des Arminius, werfen.

5. *Segestes*

Auch von ihm stelle ich alles zusammen, was sich bei den römischen Schriftstellern findet. Da ist zunächst Paterculus[215]: »Dies (die Kriegsvorbereitungen) wurden dem Varus durch Segestes, einen treuen und angesehenen Mann dieses Stammes, verraten.« Sodann Florus[216]: »Währenddessen wiegte sich Varus so sehr im Vertrauen auf die friedliche Gesinnung, daß nicht einmal der Verrat ihrer Verschwörung durch Segestes, einen ihrer Fürsten, auf ihn Eindruck machte.« Cassius Dio dagegen weiß nichts vom »Verrat« des Segestes, spricht nur ganz allgemein von Warnern, denen Varus kein Gehör schenkte.

Weiteres finden wir in den Annalen des Tacitus (Annales I, 55): »Denn es bestand Hoffnung, daß sich der Feind in Anhänger des Arminius und solche des Segestes entzweite. Beide hatten sich ausgezeichnet: der eine durch Wortbrüchigkeit gegen uns, der andere durch Treue. Arminius ist der Aufwiegler Germaniens gewesen. Segestes hatte oft bei anderen Gelegenheiten und auf dem letzten Gastmahl, nach dem zu den Waffen gegriffen wurde, geoffenbart, daß eine Rebellion vorbereitet würde, und dem Varus geraten, daß er ihn, den Arminius und die übrigen Verschworenen in Fesseln lege: Nichts würde die Menge (der Bauern) wagen, nachdem die Fürsten abgeführt seien, und er selbst werde Zeit haben, daß er Verbrecher und Unschuldige unterscheide. Aber Varus wurde durch das Schicksal und die Kraft des Arminius gefällt; Segestes, obgleich durch den einstimmigen Beschluß der Sippe in den Krieg gezogen, hielt an der entgegengesetzten Meinung fest. Sein persönlicher Haß wurde gesteigert, weil Arminius seine Tochter, die einem anderen versprochen war, geraubt hatte. Ein verhaßter Schwiegersohn eines feindlichen Schwiegervaters! Und was bei Einträchtigen eine Klammer der Liebe ist, war bei den Verfeindeten ein Anreiz zum Zorn.«

Von den offiziellen Übersetzungen von Capelle, Horneffer und Hoffmann weiche ich hier an zwei Stellen ab. Ich übersetze »plebs« mit Menge (der Bauern) und nicht mit Volk, weil Tacitus diesen Ausdruck ganz offensichtlich im Gegensatz zu »principes« (Fürsten) gebraucht. Danach kann man aber auch nicht »gens« mit »Volk« übersetzen; denn auch hier besteht noch ein innerer Gegensatz zu »plebs«. Beide Wörter mit »Volk« zu übersetzen, würde den Sinn dieser Stelle verschieben. Daß mit »gens« nicht »das Volk« gemeint ist, es sich vielmehr um die Sippe des Segestes handelt, wird durch Annales I,57 und Annales I,71 gestützt. In 57 berichtet Tacitus, daß der Sohn des Segestes 9 n. Chr. sein Priesteramt in Köln am Altar des Augustus verlassen habe – er soll seine Priesterbinden zerrissen haben –, um an der Schlacht im Teutoburger Walde teilzunehmen, und in 71 wird berichtet, daß auch der Neffe des Segestes an der Schlacht teilgenommen hat und die Leiche des Varus verspottet haben soll. Segestes' Tochter Thusnelda stand auf jeden Fall auf der Seite von Arminius. Diese Stellen beweisen, daß auch die Sippe des Segestes aktiv am Kampf gegen die Römer teilgenommen hat.

Die letzte Stelle, die sich auf den »Verrat« des Segestes bezieht, ist jene[217], in der Tacitus eine Rede mitteilt, die Segestes nach seinem Übertritt auf die römische Seite 15 n. Chr. an Germanicus gerichtet haben soll. Sie ist sicherlich nicht authentisch, doch könnte sie zumindest den Sinn richtig wiedergeben. Sie lautet: »Es ist nicht das erste Mal, daß ich dem römischen Volke meine treue Anhänglichkeit beweise. Seitdem Augustus mich mit dem Bürgerrecht beschenkt hat, habe ich mich in der Wahl meiner Freunde und Feinde nach eurem Nutzen gerichtet, dies nicht aus Haß gegen mein Vaterland – Verräter sind selbst denen, deren Sache sie dienen, verhaßt –, sondern weil ich überzeugt bin, daß der Vorteil der Römer auch der der Germanen ist und der Friede besser als der Krieg. Deshalb habe ich damals gegen den Räuber meiner Tochter, Arminius, der das Bündnis mit euch brach, bei Varus, der damals das Heer kommandierte, Klage geführt. Als der schlaffe Feldherr mich hinhielt, weil zuwenig Hilfsmittel in den Gesetzen waren, forderte ich meine, des Arminius und der Mitverschworenen Verhaftung. Jene Nacht ist Zeuge; oh, daß sie doch meine letzte gewesen wäre! Was dann folgte, läßt sich mehr beklagen als rechtfertigen. Übrigens habe ich Arminius Fesseln angelegt und habe die von seiner Partei auferlegten getragen. Und jetzt, wo du endlich vor mir stehst, ziehe ich das Alte dem Neuen, die Ruhe der Unruhe vor. Und nicht wegen einer Belohnung, sondern daß ich mich von meiner Treulosigkeit (perfidia) befreie. Zugleich bin ich der geeignete Vermittler des germanischen Stammes, wenn er die Reue lieber hat als das Verderben. Für die Jugend und den Irrtum meines Sohnes erbitte ich Gnade. Ich gestehe, daß meine Tochter mit Gewalt hierher geführt worden ist. An dir wird es sein, zu entscheiden, ob mehr gilt, daß sie von Arminius empfangen hat oder daß sie von mir gezeugt worden ist.«

Aus beiden Stellen geht klar hervor, daß sich selbst Segestes 9. v. Chr. aktiv mit an dem Kampf gegen die Römer beteiligt hat, sonst hätten die Stellen »Obgleich durch den einstimmigen Beschluß der Sippe in den Krieg gezogen« und »Daß ich mich von meiner Treulosigkeit (perfidia) befreie« keinen Sinn.

Sicherlich hat es schon 9 n. Chr. heftige Gegensätze zwischen Arminius und Segestes gegeben. Zum Bruch kann es aber erst Ende 14 oder Anfang 15 n. Chr. gekommen sein, als Arminius nach germanischem Brauch die Thusnelda raubte. Damals auch wird es erst zum offenen Kampf zwischen den verfeindeten Sippen gekommen sein. Dieser hatte aber wohl nichts mit dem Kampf gegen die Römer zu tun, wenn diesem Segestes auch wohl nie mit vollem Herzen zugestimmt haben wird. (Daß der Raub der Thusnelda erst so spät erfolgte, geht daraus hervor, daß sie von Arminius schwanger war.)

Wie ist dann aber der »Verrat« des Segestes zu verstehen? Man kann folgende Konstruktion versuchen: Als Vertreter der Friedenspartei hat er immer wieder Varus vor dem Bruch der Verträge gewarnt und auf die katastrophalen Folgen hingewiesen. Mehr nicht. Fühlte er sich vielleicht als der alte Sprecher der Eidgenossenschaft von dem jungen Arminius verdrängt und seines Einflusses beraubt? Spielen persönliche Eifersüchteleien eine Rolle? Zur Katastrophe muß es dann 14 oder Anfang 15 n. Chr. gekommen sein, wie ich oben zeigte. Was aber bedeutet die Stelle, daß er Arminius habe in Fesseln legen lassen und selbst die Fesseln von dessen Anhängern getragen habe? Wann war das? War es vor 9 n. Chr. oder danach? Im Jahre 9 v. Chr. selbst kann es jedenfalls nicht gewesen sein. Der Text gibt darüber keine Auskunft.

15 n. Chr. beruft sich Segestes dem Germanicus gegenüber auf seine Rolle als Warner im Jahre 9 n. Chr. Dabei übertreibt er vielleicht und schmückt sie aus. Sicherlich blieb ihm nach seinem Übertritt auf die

römische Seite auch nichts anderes übrig. Ganz ähnlich scheint das Schicksal eines gewissen Boiocalus gewesen zu sein, der 40 Jahre nach Abschluß des Römisch-Germanischen Krieges auf die Seite der Römer übertrat. Jedenfalls ist die Rede, die er etwa 55 oder 56 n. Chr. vor dem römischen Feldherrn gehalten haben soll, der des Segestes im Jahre 15 n. Chr. sehr ähnlich. Handelt es sich etwa bei diesen Reden auch um ein römisch-griechisches Schema? Dann müßte man an ihrem Wahrheitsgehalt allerdings zweifeln. Eines nur ist gewiß: Beide Germanen haben ihre Reden – wenn überhaupt – in einer Situation gehalten, in der es ihnen sehr auf das Wohlwollen der Römer ankommen mußte.

Auf diese beiden Stellen bezieht sich aber wohl die Bemerkung von Callis[218]: »Er (Arminius) zwang Widerstrebende zum Anschluß oder ließ sie gefangensetzen. Eine einheitliche Haltung gab es bei den Cheruskern nicht.« Auf diese beiden verstreuten und noch dazu unklaren Tacitus-Stellen eine so allgemeine Behauptung zu gründen, ist meines Erachtens völlig unmöglich.

6. Die germanische Erhebung

In Umrissen stellt sich das dramatische Geschehen vor dem Kriegsausbruch 9 n. Chr. folgendermaßen dar:

Die römische Regierung ist nach der Niederschlagung des Pannonischen Aufstandes 9 n. Chr. bestrebt, die Ausgangsbasis für einen Angriff auf Böhmen auszubauen, und setzt deswegen die Schutz- und Bündnisverträge mit den germanischen Staaten außer Kraft. Varus soll vor allem die Gebiete zwischen Rhein und Weser, besonders das strategische Weserdreieck, zu einer fest in römischer Hand befindlichen Provinz umgestalten und darum die Klientelstaaten der germanischen Eidgenossenschaft beseitigen.

Dieser Bruch der beschworenen Verträge ruft Empörung und Verbitterung hervor, und das bisherige freundschaftliche Verhältnis zwischen Römern und Germanen schlägt in Feindschaft, ja Haß um. Die Sprecher der Eidgenossenschaft werden darum immer wieder bei Varus vorstellig. Besonders der Führer der proömischen Fürstenpartei, Segestes, warnt ihn dringend vor den katastrophalen Folgen. Auch Arminius, vielleicht der erwählte Gesamtsprecher der Eidgenossenschaft (weil er sich durch besondere politische und militärische Eigenschaften auszeichnet und bester Kenner des römischen Zivil- und Militärwesens ist), wird es nicht an Warnungen und Vorstellungen haben fehlen lassen. Er faßt aber auch für den Fall des Scheiterns aller Verhandlungen den Krieg als letzte Möglichkeit zur Erhaltung der germanischen Selbstverwaltung ins Auge und bereitet ihn vor.

Varus unterschätzt die Gefahr, weil er glaubt, im Notfall immer noch genügend Zeit für das Zurückgehen auf seine Basis am Rhein zu haben, da die Eidgenossenschaft erst das Verteidigungsaufgebot zusammenbringen muß, was erfahrungsgemäß längere Zeit dauert. Da er von Rom keinen Verhandlungsspielraum erhalten hat, müssen die Verhandlungen scheitern, und ihm wird der Krieg erklärt. Wahrscheinlich war dabei Arminius schon nicht mehr anwesend. Jedenfalls berichtet Tacitus nichts von seiner Anwesenheit auf dem letzten Gastmahl, wo das geschehen zu sein scheint. Dio spricht davon, daß die Häupter der Verschwörung Varus beim Abzug das Geleit gegeben hätten. Das braucht nicht unbedingt auf die Gegenwart von Arminius hinzudeuten, denn es gab gewiß mehrere in die Kriegsvorbereitungen eingeweihte Fürsten.

Varus setzte danach sein Heer zum Rückmarsch nach Aliso und von da nach Castra Vetera am Niederrhein in Bewegung und nahm den ganzen großen Troß mit. Da mindestens 18 Jahre lang keine Kämpfe stattgefunden hatten und das Land als befriedet und befreundet gelten konnte, wird dieser Troß unwahrscheinlich angeschwollen gewesen sein. Wir haben keine Nachricht, in welcher Jahreszeit das gewesen sein könnte. Vermutlich war es gegen Ende des Sommers, denn Varus hatte ein Sommerlager an der Weser bezogen. So nur sind die Worte bei Cassius Dio[219]: »Und (die Germanen) lockten ihn fern vom Rheine fort in das Land der Cherusker und zur Weser« zu verstehen. Da er dort mit den germanischen Fürsten längere Zeit verhandelt hatte, kann man annehmen, daß es Ende August oder Anfang September war, als er nach Aliso aufbrach. Sicher glaubte er reichlich Zeit zu haben, da die Bauern um diese Zeit mit dem Einbringen der Ernte beschäftigt waren. So wird er nicht vor Mitte September mit größeren Kampfhandlungen gerechnet haben. Vielleicht glaubte er auch, daß es erst im nächsten Frühjahr zu ernsthaften Zusammenstößen kommen würde. Vielleicht hat er versucht, noch schnell in den letzten Tagen soviel römische Zivilisten wie möglich, etwa Verwaltungsbeamte und Händler, an sich heranzuziehen, um sie sicher zum Rhein zurückzuführen. Arminius wird ihn nicht daran gehindert haben, konnte es ihm doch nur recht sein, wenn Varus sich nicht beeilte und sein Troß ins Ungemessene anwuchs.

Warum aber hat Varus nicht die Führungskräfte der Germanen

verhaftet, als die Lage kritisch wurde? Daß er es gemerkt haben muß, ist sicher. Sowohl Dio wie Florus berichten, daß nicht einmal der Verrat des Segestes auf Varus Eindruck gemacht hätte. Dio sagt direkt, daß Varus allen, die das Unheil kommen sahen und ihn warnten, den Glauben versagte. Florus schreibt: »ut ne prodita quidem per Segestem, unum principum, coniuratione commoveretur« – »daß nicht einmal der Verrat der Verschwörung durch Segestes, einen der Fürsten, Eindruck auf ihn machte.« Das gibt nur Sinn, wenn Varus schon durch andere Anzeigen die gespannte Stimmung der Bevölkerung hätte merken können.

Es ist auch selbstverständlich, daß es nicht des Verrates des Segestes bedurfte, um viele Offiziere und Mannschaften des Heeres mißtrauisch zu machen. Wenn nämlich ein Heer fast 20 Jahre lang friedlich im Lande steht, haben sich so viele Beziehungen zur Bevölkerung herausgebildet, daß Unzufriedenheit und Gärung im Volk schon an dem veränderten Verhalten, der größeren Zurückhaltung, dem Mißtrauen und der Kühle im Verkehr und so weiter zu spüren sein müssen. Es werden sich auch gesellschaftliche Beziehungen zwischen den hohen Offizieren und den Fürstenfamilien herausgebildet haben. Nicht nur die germanischen Fürsten waren »Tischgenossen« der römischen Offiziere, diese werden auch Gäste auf den germanischen Adelssitzen gewesen sein. Diese Personen hätten mit Blindheit geschlagen sein müssen, wenn sie nichts von der feindseliger werdenden Stimmung gemerkt haben sollten.

Und schließlich soll ja Segestes selbst dem Varus die Verhaftung der germanischen Fürsten anempfohlen haben – was mir aber unwahrscheinlich erscheint: Ich glaube eher, daß die germanische Führung damit gerechnet und Vorsorge für einen solchen Fall getroffen hatte. Cäsar hatte 55 v. Chr. (64 Jahre zuvor) die Führung der Usipeter und Tenkterer verhaften und die führungslose Menge zusammenhauen lassen. Augustus hatte 8 v. Chr. (vor 17 Jahren) die Gesandten der Sugambrer festnehmen lassen, was ihren Untergang bedeutete. Das wird man auf germanischer Seite um so weniger vergessen haben, als mindestens Teile dieser Stämme zur Eidgenossenschaft des Arminius gehörten. Wenn Tacitus behauptet[220], daß die Gesetze dem Varus zuwenig Rückhalt dafür geboten hätten, halte ich das für problematisch. Varus wird es nicht getan haben, weil es ihm die Vorkehrungen der Fürsten nicht erlaubten. Worin sie bestanden haben könnten, ist ungewiß, daß sie aber sehr wirksam waren, ist sicher.

Für ganz abwegig halte ich die Vermutung Siebeneichers[221], daß

Segestes, des Lateins unkundig, seine Vorwürfe gegen Arminius in cheruskischer Sprache vorgebracht und sie der Dolmetscher so schlecht übersetzt hätte, daß sie Varus und seine Offiziere nicht verstanden. Mangel an guten Dolmetschern wird es nämlich auf beiden Seiten nicht gegeben haben, weil die Römer 18 Jahre lang friedlich im Land gelebt hatten. Man braucht sich nur einmal daran zu erinnern, wie schnell im letzten Krieg in Rußland einfachste Leute die fremde Sprache nur nach dem Gehör erlernt haben. Oder man sehe sich einmal bei unseren Gastarbeitern um, seien es Türken oder Griechen, Serben oder Koreaner. Diese verständigen sich doch untereinander in Deutsch!

Varus und sein Stab scheinen bis zuletzt beruhigende Anweisungen und Berichte herausgegeben zu haben, um beim Heer und den Zivilisten keine Panik aufkommen zu lassen. So jedenfalls könnte man sich die oft erwähnte Schlaffheit und Vertrauensseligkeit am ehesten erklären. Wir alle kennen solche Beruhigungsparolen aus eigner Erfahrung.

Jedenfalls bricht Varus wahrscheinlich Ende August oder Anfang September von der Weser nach Westen auf und wird wahrscheinlich mit seinem riesigen Troß gehofft haben, das Lager Aliso in vier, höchstens sechs Tagesmärschen zu erreichen. Dort, so wird er geglaubt haben, würde der Troß so lange in Sicherheit sein, bis er die Straße zum Rhein freigekämpft hatte. Sicherlich machte ihm das Scheitern seiner Mission mehr Sorge als der Feind, dessen Kriegsvorbereitungen nach allen Erfahrungen noch in den ersten Anfängen stecken mußten.

Arminius aber hatte schon alles für eine Vernichtungsschlacht vorbereitet, die gelingen mußte, wenn der kommende Hauptkampf gegen Rom irgendeine Aussicht auf Erfolg haben sollte, denn nur sie sicherte ihm das Ansehen bei seinem Volk, das er für die kommenden schweren Jahre brauchte.

7. Übersicht über die Feldzüge der Jahre 9 bis 16 n. Chr.

Die Strategie des Arminius ging in all den Jahren darauf aus, die offene Feldschlacht in einem für seine leichtbewaffneten und beweglichen Truppen günstigen Gelände zu erzwingen. Die römischen Schriftsteller berichten von vier Schlachten, von denen eine eine Vernichtungsschlacht war, zwei zur Einkesselung des römischen Heeres oder wenigstens großer Teile von ihm geführt haben, und nur eine von Arminius taktisch verloren wurde, aber trotzdem einen strategischen Erfolg brachte. Höchstwahrscheinlich hat es aber noch eine fünfte Schlacht gegeben, die auch mit einem Erfolg der Germanen endete.

Grundsätzlich muß die Behauptung zurückgewiesen werden, daß sich die Germanen nur auf den Klein- oder Partisanenkrieg verlassen hätten. Das kann selbst die raffinierteste Interpretation nicht in die Quellen hineinlegen. Das hätte aber auch nie zu dem Ergebnis der Festlegung Roms auf die Rhein-Donau-Grenze geführt, wie ein Studium des Pannonischen Aufstandes beweist. Dessen Führer scheuten die offene Feldschlacht, mit dem Ergebnis, daß Rom schrittweise das Land mit Kastellen, die durch feste Straßen verbunden waren, überzog, bis die letzten feindlichen Truppen so eingesponnen waren, daß sie sich ergeben mußten. Auch kann kein Bauernstaat auf die Dauer einen Partisanenkrieg durchhalten, weil dieser übers Land verteilte Stützpunkte in den Dörfern erfordert, die von einem übermächtigen Gegner, der das Partisanengebiet ringsum einschnürt, immer wieder zerstört werden können. Schließlich werden die Leiden der Bevölkerung so groß, daß die Partisanen jeden Rückhalt an ihr verlieren. Ich erinnere nur an die Partisanenkriege Schamils im Kaukasus in der zweiten Hälfte des 19. Jahrhunderts gegen Rußland, Abd el Kaders zur selben Zeit gegen Frankreich und Abd el Krims in den zwanziger Jahren unseres Jahrhunderts gegen Frankreich und Spanien. Alle endeten erfolglos, trotz der unwahrscheinlichen Gunst des Geländes.

Hätte Arminius die Feldschlacht vermieden und sich nur auf den Kleinkrieg beschränkt, hätte er sich auf die Dauer nicht halten können. Aus zwei Gründen erweist sich darum die Behauptung, daß sich die Germanen von 9 bis 16 n. Chr. auf den Partisanenkrieg beschränkt hätten, als falsch. Erstens sagen die Quellen etwas anderes aus, und zweitens hätten die Römer in den sieben Jahren, die der Krieg dauerte, schließlich doch gesiegt.

Der Krieg begann mit einem Paukenschlag, der Vernichtung der drei Legionen des Varus mit dem ganzen Offizierskorps und dem Oberbefehlshaber. Die restlichen zwei Legionen des Varus, die unter Asprenas etwas südlich vom Hauptheer ihr Lager hatten, griffen in die Schlacht nicht ein. Sie konnten schließlich unbehelligt auf den Rhein zurückgehen. Arminius unternahm nach diesem außerordentlichen Anfangserfolg keinen Angriff auf die römische Rheinstellung. Er war sicherlich ein so guter Kenner der militärischen und wirtschaftlichen Kraft Roms, daß er ein solches Hasardspiel, das letzten Endes ins Verderben geführt hätte, in richtiger Einschätzung seiner Möglichkeiten unterlassen hat. Seine Strategie war es vielmehr, abzuwarten, bis die Römer mit ihrem Hauptheer ins strategische Weserdreieck eingedrungen waren, um sie dann dort an einem von ihm ausgesuchten Platz, der seinen leichten Truppen größte Entfaltungsmöglichkeiten bot, aber die römische Phalanx behinderte, zur Schlacht zu zwingen.

Zweimal erreichte er fast wieder eine Vernichtungsschlacht. Obwohl sie beide Male letzten Endes nicht voll gelang – wahrscheinlich waren dafür die römischen Heere doch zu groß –, mußten die Römer schwer erschüttert und ohne Erfolg abziehen. Nach der ersten dieser Schlachten, 15 n. Chr., ist Rom zu großen Rüstungen und der Neuaufstellung des Rheinheeres gezwungen worden, und nach der zweiten, 16 n. Chr., gab es den Krieg auf.

Die Historiker machen für diese germanischen Erfolge sehr gern die wilde Landesnatur verantwortlich. Aber durch die Spatenforschung ist heute klargestellt, daß weite Gebiete Norddeutschlands offenes Bauernland waren, das auch großen Heeren Entfaltungsmöglichkeiten bot. Wenn darum die Römer immer wieder im für sie ungünstigen Buschwaldgelände zur Schlacht gestellt wurden, ist das nur ein Beweis für das überlegene militärische Können von Arminius. Er hatte immer am rechten Ort und zur rechten Zeit ein ausreichend starkes Heer zur Stelle, und den römischen Feldherrn gelang es nie, ihn auf einem für die Germanen ungünstigen Gelände zur Entscheidungsschlacht zu stellen. Das ist der Beweis für die Genialität des Arminius und nicht für die Unwegsamkeit des Geländes.

Wie schon früher betont, war damals Norddeutschland kein »Amazonas-Urwald«, wo große Heere gar nicht eingesetzt werden konnten. Germanicus ist denn auch zuletzt mit einem Heer von acht Legionen und einer ausreichenden Anzahl von Reitergeschwadern – mindestens 70 000 bis 80 000 Mann (vielleicht sogar 100 000, je nachdem ob man annimmt, daß die Auxiliarkohorten auf volle Stärke gebracht worden waren oder nicht) – gegen Arminius zu Feld gezogen. Das war das größte Heer, das Rom jemals auf einem Kriegsschauplatz eingesetzt hat!

Vorbedingung für den Erfolg des Arminius war ein hervorragender Nachrichtendienst. Er mußte frühzeitig vom Vormarsch der Römer unterrichtet sein und deren Marschziele schnell erkennen, um die verschiedenen Bauernaufgebote an sich heranziehen und dann den Römern mit ausreichender Heeresstärke entgegentreten zu können. Daß ihm das letzten Endes immer gelang, ist eine ganz gewaltige Leistung seines Organisationstalentes und seiner Kunst der Volksführung. Doch ehe es soweit war, mußte er das Vertrauen der Eidgenossenschaft erringen. Dazu verhalf ihm der große Anfangserfolg des Jahres 9.

8. Die Schlacht im Teutoburger Wald 9 n. Chr.

Für ihre Darstellung sind schon Ströme von Tinte vergossen worden. Aber noch immer besteht Unklarheit über sie. Nicht einmal der Schlachtort liegt fest. An diesem Streit will ich mich nicht beteiligen. Nur soviel ist nach meiner Meinung sicher, daß Varus sein Sommerlager irgendwo im Weserdreieck hatte und von dort zu seinem letzten Marsch nach Westen, nach Aliso und dann zum Rhein hin, aufbrach. Dort im Weserdreieck mußte es sein, weil nur dessen Beherrschung den Römern die Straßen nach Nord- und Mitteldeutschland und Böhmen öffnete. Varus ist bestimmt nicht nach Osten ins Weserdreieck hineinmarschiert, wie Gerhard Arendt[222] vermutet. Erstens war das Land, als Varus die Statthalterschaft übernahm, befriedet, wie alle Quellen angeben. Er konnte somit unbesorgt im Dreieck selbst das Sommerlager beziehen. Zweitens hatte er aber auch (nach Cassius Dio) auf seinem letzten Marsch einen gewaltigen Troß mit, bei dem sich sogar Frauen und Kinder befanden. Er war darum mit Sicherheit im Begriff, das Land zu räumen. Bei einer begrenzten Strafexpedition hätte er weder das gesamte Heer eingesetzt noch gar den riesigen Troß mit Frauen und Kindern mitgenommen.

Varus scheint sich bei seinem Rückzug nicht beeilt zu haben. Aliso kann nicht mehr als 60 bis 80 Marschkilometer vom Sommerlager entfernt gewesen sein. In vier, höchstens fünf Marschtagen konnte er es erreichen. Dort aber waren die Nichtkombattanten geschützt, und er konnte die Straße zum Rhein mit den Legionen freikämpfen. Da nach seiner Erfahrung oder der seiner Stabsoffiziere die germanischen Bauern nicht so schnell ein Heer zusammenbringen konnten, zumal es Erntezeit war, wird er sich nicht beeilt haben. Gerade darin bestand aber sein großer Irrtum, denn Arminius hatte die Aufgebote längst zusammengezogen und rollte die Rückzugsstraße auf, nahm die Marschkastelle ein und erschwerte den Rückzug des Varus durch Straßensperren. Da er mit seinen Truppen längst im Rücken des römischen Heeres, also zwischen Varus und Aliso (wo immer es gelegen haben mag) stand, konnte er sich den Platz an der Etappenstraße aussuchen, der für die Kampftaktik der germanischen Bauernheere am günstigsten war.

Dio berichtet Schlimmes von Wald und Witterung. Das können wir korrigieren: Die Undurchdringlichkeit der Wälder war nicht so groß, wie Dio angibt. Es waren meist Buchenwälder, vielleicht auch hier und da Eichenmischwälder. Diese sind so übersichtlich, daß ein diszipliniertes Heer sich gut hindurchschlagen kann. Cäsar hat in Nordfrankreich und Belgien keine anderen Verhältnisse vorgefunden. Auch Germanicus ist sechs und sieben Jahre später mit denselben Verhältnissen fertig geworden, ohne daß uns von besonderen Schwierigkeiten berichtet wird.

Varus muß sich wegen seines großen Trosses auf einer gebahnten Straße bewegt haben. Sie muß selbst für schwerste Troßfahrzeuge befahrbar gewesen sein, wenn sie auch nicht so gut ausgebaut gewesen sein dürfte, wie es die Römer von den großen Straßen in Italien her gewöhnt waren. Daß dem so war, können wir daraus schließen, daß Germanicus 16 n. Chr. am Angrivarierwall (davon später mehr) Stein- und Speerschleudern einsetzte. Diese fahrbaren Kriegsmaschinen waren sicherlich recht schwere Fahrzeuge. Die Straßen werden unseren befestigten Feld- und Waldwegen vor der Asphaltierung vergleichbar gewesen sein. Auf diesen konnten vor etwa fünfzig Jahren Förster und Bauern auch recht große Lasten abfahren – man denke nur an Erntewagen und Holzfuhren.

Diese Straßen waren den Römern gut bekannt; sie standen ja 18 Jahre im Land. Varus war wegen seines Trosses auf sie angewiesen und konnte sich so gar nicht verirren oder in die Irre geführt werden. Sein Rückzug ging zwar langsam vor sich, er hatte es aber auch nicht weit bis zum Kastell Aliso. Man kann annehmen, daß er etwas über 20 000 Mann Kampftruppen bei sich hatte. Nach Paterculus waren es drei Legionen, sechs Auxiliarkohorten und drei Reitergeschwader. Nach der damaligen Sollstärke waren das für die Legionen 18 000 Mann, für die Auxiliarkohorten 3600 Mann (die Kohorte hatte eine Stärke von 600 Mann), und da das Reitergeschwader 400 Mann stark war, mußte er 1200 Reiter bei sich haben. Das wären im ganzen 22 800 Mann gewesen. Die Sollstärke wird aber nicht erreicht worden sein, da Truppen zur Besetzung der rückwärtigen Marschkastelle und vielleicht auch für Sonderaufgaben abkommandiert wurden. So kann man höchstens mit 18 000 bis 20 000 Mann rechnen.

Das war jedoch eine recht beachtliche Streitmacht. Außerdem handelte es sich um Elitetruppen, wie Paterculus berichtet. Das römische Heer marschierte bei normalen Verhältnissen 20 km am Tage. Varus wird zwar mit seinem Riesentroß kaum 16 km täglich vorangekommen sein. In vier bis fünf Tagesmärschen aber hätte er so die Sicherheit des Kastells Aliso erreichen können. – Die Witterung war nicht günstig. Wahrscheinlich kam nach einer längeren Schönwetterperiode eine Gewitterfront mit anschließendem Schlechtwetter. Das sind Wetterverhältnisse, wie wir sie Ende August, Anfang September bei uns häufig haben. Marschgewohnte Männer mit entsprechender Kleidung werden dadurch kaum behindert. Cäsar hat in Gallien viel schlechtere Verhältnisse bewältigt, und Drusus und Tiberius sind in den Alpen, in Süd- und Norddeutschland und in Pannonien mit ähnlichen oder sogar schlechteren Witterungs- und Geländeverhältnissen fertig geworden, ohne daß das in den Berichten erwähnt wird. Wenn das Wetter demnach auch nicht die Bedeutung für den Ausgang der Schlacht hatte, die ihm Dio zuschreibt, so wird es doch die Marschgeschwindigkeit noch mehr herabgesetzt haben.

Der Kampf begann sicherlich an bestimmten Engpässen als Überfallsschlacht. Für Varus, der noch nicht in Gefechtsordnung marschieren ließ, war das bestimmt eine böse Überraschung. Aber er wurde mit ihr fertig, denn am Abend des ersten Kampftages ließ er ein ordentliches Lager aufschlagen. Damit ist bewiesen, daß Varus nicht der unfähige Feldherr war, als der er immer hingestellt wird, denn die Abweisung eines unvermuteten Überfalls auf eine nicht kampfbereite Kolonne ist immer sehr schwierig. Man erinnere sich an die Schilderung Cäsars von der Schlacht gegen die Nervier. Andererseits ist es schwer, eine Überfallsschlacht siegreich zu beenden, wenn das Überraschungsmoment vorüber ist – auch das zeigt Cäsars Schilderung der Nervierschlacht.

Die Schlacht im Teutoburger Wald dauerte drei Tage: Sie begann als Überfallsschlacht, setzte sich als Marschschlacht fort und endete als freie Feldschlacht. Die Leistung des Arminius und seines Heeres beim Durchschlagen der Schlacht war sehr groß und muß darum besonders hoch eingeschätzt werden, weil mit verkehrter Front gekämpft wurde und Asprenas mit zwei Legionen wenige Tagemärsche entfernt in der Flanke des germanischen Heeres stand, das dazu noch die Besatzung von Aliso im Rücken hatte. Arminius' Truppen reichten allerdings nicht aus, auch noch Asprenas anzugreifen. Auch nach der Schlacht ließ er ihn unbehelligt. So konnte dieser ohne Verluste den Rhein erreichen. Für die Germanen wird es wichtiger gewesen sein, die Kastelle bis zum Rhein zu zerstören, was die Römer für die Fortsetzung des Krieges mehr benachteiligte als die zusätzliche Vernichtung von zwei Legionen. Meine Deutung der Schlacht stützt sich auf den Bericht des Cassius Dio[223]:

»Und so ging es denn auch: Sie (die germanischen Fürsten) gaben ihm (Varus) bei seinem Aufbruch das Geleit und verließen ihn dann unter dem Vorwand, die Bundestruppen zusammenzuziehen und ihm in aller Eile Hilfe bringen zu wollen. Statt dessen übernahmen sie ihre irgendwo schon bereitgehaltenen Streitkräfte, ließen jeder die ihrem Gau zugeteilten, früher erbetenen römischen Soldaten niedermachen und rückten dann gegen Varus selbst an, der sich bereits in unwegsamen Wäldern befand. Und da zeigten sie sich auf einmal als Feinde statt als Untertanen und setzten ihm furchtbar zu. Denn die Bergwälder waren schluchtenreich und uneben und die Bäume dicht und übergroß, so daß die Römer, schon bevor die Feinde über sie herfielen, mit dem Fällen von Bäumen, dem Bahnen von Wegen und der Anlage von Knüppeldämmen, wo es das Gelände erforderte, ihre arge Not hatten. Sie führten auch viele Wagen und Lasttiere mit sich, wie mitten im Frieden; auch zahlreiche Burschen, Weiber und sonstige geringe Dienerschaft folgte ihnen, so daß sie dementsprechend in aufgelöster Ordnung marschierten. Dabei brach ein gewaltiger Regenguß und Sturm los und zersprengte sie noch mehr; der Erdboden wurde an den Wurzeln und den Stammenden der Bäume schlüpfrig und machte ihre Schritte höchst unsicher; die Kronen der Bäume brachen ab und richteten beim Herabstürzen Verwirrung an. Während die Römer sich in dieser verzweifelten Lage befanden, umringten sie die Barbaren plötzlich von allen Seiten gleichzeitig, da sie ja Weg und Steg kannten, mitten aus dem dichtesten Gebüsch heraus. Anfangs beschossen sie sie nur aus der Ferne, dann aber, als niemand sich wehrte und viele verwundet wurden, gingen sie ihnen zu Leibe. Denn die Römer marschierten nicht in einer bestimmten Ordnung, sondern bunt durcheinander mit den Wagen und dem unbewaffneten Troß, konnten daher nicht leicht auf irgendeine Weise die Glieder schließen und waren in den einzelnen Trupps den jeweiligen Angreifern nicht gewachsen. So hatten sie viele Verluste, ohne selbst dem Feind etwas anhaben zu können. Dort schlugen sie nun ein Lager auf, nachdem sie einen geeigneten Platz erreicht hatten, soweit das im Waldgelände (waldigen Gebirge) möglich war. Sie verbrannten darauf die meisten Wagen und das übrige, was sie nicht unbedingt nötig hatten, oder ließen es zurück.

Sie marschierten am folgenden Tage immerhin in etwas besserer Ordnung weiter, so daß sie auf eine Waldblöße vordringen konnten, aber sie kamen dabei nicht ohne blutige Verluste davon.

Als sie von dort aufgebrochen waren, gerieten sie aufs neue in Wälder; sie wehrten sich zwar gegen ihre Angreifer, hatten aber gerade dabei mit nicht geringen Widrigkeiten zu kämpfen. Denn wenn sie an engen Stellen sich zusammenschlossen, damit Reiter und Legionäre den Feind gemeinsam angriffen, kamen sie oft übereinander, oft über

Baumwurzeln zu Fall. Jetzt erst brach nämlich auf ihrem Marsche der Tag (andere Lesart: der dritte Tag) an, und wieder überfiel sie ein Sturzregen und starker Sturm und ließ sie weder vorwärtsmarschieren noch festen Fuß fassen, sondern machte ihnen auch den Gebrauch der Waffen unmöglich; denn sie konnten weder ihre Pfeile noch ihre Wurfspeere oder auch nur ihre Schilde, da diese völlig durchnäßt waren, ordentlich gebrauchen. Die Feinde dagegen, die meist leichtbewaffnet waren und gefahrlos vordringen oder zurückweichen konnten, hatten weniger darunter zu leiden. Überdies waren sie an Zahl weit überlegen; denn viele der anderen, die früher unschlüssig waren, hatten sich eingefunden, vor allem um Beute zu machen. Sie umzingelten nun die schon an Zahl geschwächten Römer, die in den vorausgehenden Gefechten viele Leute verloren hatten, ziemlich leicht und machten sie nieder. Daher faßten Varus und die übrigen hohen Offiziere aus Furcht, gefangen, vielleicht auch von den erbitterten Feinden getötet zu werden – verwundet waren sie bereits –, einen schrecklichen aber unvermeidlichen Entschluß: sie gaben sich selbst den Tod. Als dies bekanntwurde, setzte sich auch von den anderen niemand mehr zur Wehr, selbst wenn einer noch Kräfte besaß, sondern die einen ahmten das Beispiel ihres Anführers nach, die anderen streckten die Waffen und ließen sich von dem ersten besten niedermachen; denn entkommen war unmöglich, selbst wenn man es noch gewollt hätte. So wurde ohne Scheu alles niedergemetzelt, Mann und Roß . . .«

Daß Dio den germanischen Führern besondere Heimtücke zuschreibt und die Gelände- und Wetterunbilden maßlos übertreibt, ist verständlich, denn es war römisches Staatsdogma, daß Rom nie im ehrlichen Kampf, sondern nur durch Heimtücke, Verrat und widrige Umstände besiegt werden konnte. Interessant ist auch die bewegende Klage, daß ohne Scheu Mann und Roß niedergemetzelt wurden. Man erinnere sich, mit welchem Stolz Plutarch von der Niedermetzelung der Kimbern und Teutonen berichtet hat; wie genußvoll Cäsar von der Ermordung der Usipeter und Tenkterer berichtete, wie er sich rühmte, daß weder Frauen noch Kinder verschont wurden. Es ist eben etwas ganz anderes, wenn man selbst Objekt und nicht Subjekt solcher Verbrechen ist. Dabei handelt es sich hier um die Endphase einer Schlacht und nicht wie bei den Usipetern und Tenkterern um den heimtückischen und verbrecherischen Überfall auf ein friedliches, unverteidigtes Lager während einer Waffenruhe.

Anzumerken wäre noch, daß die vom Sturm auf die Rückzugsstraße geworfenen Baumkronen wahrscheinlich von den Germanen dorthin befördert worden sind. Diese Straße war ihnen sicherlich gut bekannt, denn Varus konnte sich ja mit seinem Troß nur auf der von den Römern seit 20 Jahren offengehaltenen Straße bewegen. Wenn er neue Knüppeldämme anlegen und Bäume wegräumen lassen mußte, kann es sich wohl nur um von den Germanen angelegte Straßensperren, abgebrannte Brücken und ähnliches gehandelt haben. Auch nach Vernichtung des größten Teils des Trosses wird Varus auf seiner Etappenstraße geblieben sein, behielt er doch noch Fahrzeuge, vielleicht zur Beförderung der Familien der hohen Offiziere, bei. Das war wohl auch das Vernünftigste, denn diese Straße war ihm sicherlich gut bekannt und konnte keine den Römern unbekannten Hindernisse bieten, wie es bei weniger bekannten Nebenstraßen möglich gewesen wäre. Auch waren Varus und seine Stabsoffiziere zu erfahren, als daß sie sich auf solche Risiken eingelassen hätten. Im Gegensatz zur allgemeinen Meinung halte ich, wie schon oben angedeutet, Varus für einen recht umsichtigen Offizier. Daß es ihm nämlich gelang, den unvermuteten Überfall aufzufangen und am Nachmittag oder Abend ein befestigtes Lager aufzuschlagen und den Rückzug für den nächsten Tag zu organisieren, wie es Dio sagt, zeigt Erfahrung und Tatkraft, nicht Schlaffheit.

Ergänzt wird der Bericht des Cassius Dio durch den des Paterculus, der allerdings sehr kurz ist und ohne besondere Einzelheiten – bis auf eine sehr wichtige: »Das tapferste Heer von allen, an Manneszucht und Kriegserfahrung das erste unter den römischen Soldaten, durch die Schlaffheit des Führers, die Niedertracht des Feindes, die Ungunst des Schicksals umzingelt, ist, eingeschlossen von Wäldern, Sümpfen und Hinterhalten, von dem Feind bis zur Vernichtung niedergemetzelt worden, da ihnen nicht einmal in dem Maße, wie sie wollten, ungehindert Gelegenheit des Kämpfens oder Vorrückens gegeben wurde, nachdem sogar einige durch schwere Strafen gezüchtigt wurden, weil sie römische Waffen und Mut gebraucht hätten.«

Das ist die einzige Stelle bei Paterculus, die sich mit der Schlacht selbst beschäftigt. Es folgt dann der Bericht von dem vergeblichen Durchbruchsversuch der Reiterei und der Kapitulation der letzten eingeschlossenen Truppen. Paterculus als erfahrener Offizier führt die Katastrophe also nicht auf das Gelände oder das Wetter zurück, sondern auf die Schlaffheit des Führers. Er soll den vollen Einsatz der Truppen nicht geduldet haben, was schließlich zur Katastrophe führte.

Das legt die Vermutung nahe, daß nach der Meinung des Paterculus den Legionen der Durchbruch möglich gewesen wäre, wenn Varus sie richtig eingesetzt hätte. Wenn das aber so war – und es besteht keine

Veranlassung, daran zu zweifeln, da genug Soldaten und Subalternoffiziere der Vernichtung entkommen konnten und das berichtet haben werden –, muß Varus gewichtige Gründe dafür gehabt haben.

Vielleicht hat Varus sich nicht entschließen können, die begleitenden Nichtkombattanten, vor allem Frauen und Kinder, zu opfern. So mußte er größere Truppenteile zu ihrem Schutz abstellen, die beim Durchbruchsversuch fehlten, so daß diesem die richtige Wucht abging. Die Schlaffheit des Feldherrn (macor ducis) hätte dann darin bestanden, daß ihm der Schutz der Zivilisten zu sehr am Herzen lag. Ob man das Schlaffheit oder Pflichtbewußtsein nennen mag, sei jedem überlassen. Jedenfalls gewann Arminius genügend Zeit, um überlegene Truppenmassen zusammenzuziehen.

Wenn ich meine, daß am dritten Schlachttag die Römer noch einmal offenes Gelände erreichten und versuchten, eine Schlachtordnung aufzustellen und die germanischen Schlachtkeile zu durchbrechen, dann spricht dafür Paterculus: »Und Vala Numonius, Legat des Varus, sonst ruhig und rechtschaffen, wurde der Urheber eines unheilbringenden Beispiels: er ließ das von der Reiterei verlassene Fußvolk zurück und begann mit den Schwadronen durch die Flucht den Rhein zu erstreben.« Das ist nur zu verstehen, wenn es der Reiterei möglich war, sich zur Attacke zu formieren. Es muß ihr auch möglich gewesen sein, die germanische Schlachtreihe zu durchbrechen, und ohne sich um den Fortgang der Schlacht zu kümmern, die ja doch verloren war, verschwand sie mit allen Schwadronen vom Kampfplatz. Das konnte nur im offenen Gelände geschehen, sonst hätte Numonius seine Schwadronen nicht formieren können, und das Fußvolk hätte die Flucht der Reiterei nicht bemerkt. (Auch die Reiterei sollte übrigens nicht weit kommen. Sie wurde ebenfalls gestellt und vernichtet.)

Schließlich berichtet Paterculus, daß die Legionäre den Versuch gemacht hätten, die Leiche des Varus zu verbrennen. Dazu brauchten sie einige Zeit für das Holzsammeln, Aufschichten des Scheiterhaufens und Abbrennen desselben. Das konnte nur im Schutz einer disziplinierten Truppe geschehen. Einzelne flüchtende Trupps hätten wohl lieber ihr Leben gerettet, als dem Gebot der Pietät zu gehorchen. Tacitus bestätigt das, wenn er berichtet[224], daß Germanicus 15 n. Chr. das Schlachtfeld besichtigte und ihm entlassene römische Kriegsgefangene, die wieder beim Heere dienten, zeigten, wo sich Varus getötet hatte, wo die Legaten gefallen waren und von welchem Hügel Arminius zu seinen Truppen gesprochen hatte. Das alles war nur im offenen Gelände zu beobachten.

Durch die Schlacht im Teutoburger Wald war mit einem Schlag alles verloren, was Rom seit 16 v. Chr. in Germanien erreicht hatte. Man war auf die Rhein-Donau-Linie zurückgeworfen worden, und an eine Besetzung Böhmens war vorerst nicht mehr zu denken. Wollte Rom doch die Elbe-Sudeten-Karpathen-Grenze durchsetzen, mußte ganz von vorne angefangen werden. Daß Rom aber seine Pläne noch nicht aufgeben würde, war sowohl den germanischen Führern wie den römischen Generälen klar.

So stellte sich für Rom nach 9 n. Chr. die Aufgabe der Rückeroberung des Verlorenen, für die Germanen die der Sicherung des Erreichten.

9. Die Jahre 10 bis 13 n. Chr.

Nach der Schlacht wird gewiß Jubel in den germanischen Weilern und Dörfern geherrscht haben. Doch bald wird er drückenden Sorgen gewichen sein. Vor allem werden Arminius und die anderen Fürsten, die um die Macht und die Unerbittlichkeit Roms wußten, mit Sorgen in die Zukunft geblickt haben. Verglichen mit der Macht dieses Weltreiches, das eben erst mit brutaler Grausamkeit den Pannonischen Aufstand niedergeschlagen hatte, war die nordwestdeutsche Eidgenossenschaft ein winziges Ländchen.

Vielleicht haben einige Fürsten im Rausch des Erfolges an einen Einfall nach Gallien gedacht. Arminius wird aber gewußt haben, daß jeder derartige Angriff mit der Vernichtung des Heeres enden mußte, das zur Verteidigung der Heimat dringend nötig war. Rom konnte immer wieder Legionen aufstellen, die Germanen jedoch waren auf ihre Männer und Jünglinge angewiesen, und deren Zahl war wahrlich nicht unerschöpflich. Es ist ein Zeichen für die Größe des Arminius, daß er nicht einem billigen Tageserfolg, der sicher möglich war, nachjagte, sondern in der nüchternen Erkenntnis der germanischen Möglichkeiten jeden Angriff auf römisches Gebiet vermied.

Die Germanen waren angetreten, um die Verträge mit Rom, die Varus außer Kraft setzen wollte, durchzusetzen. Arminius wußte um die letztliche Unbesiegbarkeit Roms und vermied darum alles, was den Germanen ihrerseits als Rechtsbruch ausgelegt werden konnte. Er wird auch versucht haben, seine Stellung durch die Gewinnung von verläßlichen Bundesgenossen zu stärken. Dafür bot sich der ganzen Lage nach Marbod an. Er war stark, hatte ein stehendes Heer, das auch die Römer fürchteten, und hatte, was mir wahrscheinlich erscheint, unbestimmte Andeutungen gemacht, daß er Hilfe leisten werde, sofern die Germanen in Norddeutschland Erfolg haben würden.

Das alles sind freilich nur Spekulationen, denn wir haben allein eine sehr kurze Nachricht von dem, was Arminius nach der Schlacht im Teutoburger Wald unternommen hat. Darüber berichtet Paterculus[225]: »Die Leiche des Varus, die halb verbrannt war, hatte die Roheit des Feindes zerfleischt. Sein Kopf wurde abgehauen und dem Marbod überbracht, von diesem jedoch an den Kaiser gesandt. Er wurde trotzdem durch die Beisetzung in dem Grabhügel seines Geschlechtes geehrt.«

Kornemann[226] deutet diese Geste des Arminius folgendermaßen: »Er (Arminius) sandte Varus' Haupt an Marbod, offenbar um ihn zum Vorgehen gegen die zweite Rheinarmee in Mainz zu bewegen. Dieser aber versagte sich abermals, wie sich später zeigen sollte, zu seinem eigenen schwersten Schaden. Ein nationales Gemeinschaftsgefühl lebte damals noch nicht in den germanischen Stämmen. Sonst wäre schon jetzt reiner Tisch mit Rom gemacht worden. Marbod tat nichts, sondern schickte nur des Varus' Haupt an Augustus.«

Dieser Interpretation kann man auf keinen Fall zustimmen, wenn sie auch oft vorgebracht wird. Als erstes fällt auf, daß Kornemann einen Angriff aus Böhmen heraus auf die am Rhein bei Mainz stehenden Legionen für möglich hält. Das wäre sicherlich das Törichteste gewesen, was Marbod hätte unternehmen können. Viel näher hätte doch ein Angriff über die Donau in der Wiener oder Preßburger Gegend gelegen. Aber auch das wäre sehr mißlich gewesen, denn dann wäre er in das Gebiet des Pannonischen Aufstandes gekommen, wo noch starke römische Kräfte standen. Wäre er aber quer durch Süddeutschland marschiert, hätte er Böhmen entblößen müssen. Für die Römer wäre es dann leicht gewesen, seine böhmische Stellung von Süden her aufzurollen. Eine Zerstörung des Römischen Reiches zur damaligen Zeit lag aber außerhalb der Möglichkeiten auch eines vereinten Germaniens. Das wird Marbod genauso gewußt haben wie Arminius.

Ich halte es für viel wahrscheinlicher, daß Arminius von Marbod feste Zusagen für die Stellung von Hilfstruppen bei einem erneuten Vorrücken der Römer über den Niederrhein oder Mittelrhein erbeten hat. Das konnte Marbod sicher tun, ohne sein böhmisches Reich zu gefährden. Marbod scheint auch dies verweigert zu haben. Seine Geste ließ vielmehr darauf schließen, daß er sich jetzt bei den Römern anbiedern wollte. Er wollte sicher verhindern, daß der plötzlich im Norden aufgetauchte Rivale zu stark werden könnte. So wäre ihm ein langwieriger Krieg im Norden gerade recht gewesen. Je länger der gedauert hätte, um so fester wäre seine Stellung in Böhmen geworden. Mir scheint, daß Marbod bestrebt war, immer schön im Hintergrund zu bleiben, sich von beiden Seiten umwerben zu lassen und sich für keinen festzulegen. Das hat nichts mit mangelndem »nationalen Gemeinschaftsgefühl« zu tun. Haben es doch die deutschen Fürsten bis in das 19. Jahrhundert genauso gemacht – ich nenne nur den Rheinbund.

Marbod jedenfalls, der den ersten Nutzen aus der Wende in Norddeutschland hatte, ließ Arminius allein seinen Kampf durchstehen. Das könnte ihm dieser sehr übelgenommen haben.

Die Römer aber unternahmen vorerst nichts. Wohl eilte der Reichsfeldherr Tiberius an den Niederrhein und organisierte dort die Abwehr eines möglichen germanischen Angriffes und unternahm in den Jahren 10 und 11 einige kürzere Vorstöße über den Rhein, die zu keinen größeren Gefechten führten, weil die Germanen sofort beim Nahen der Römer die Dörfer räumten und sich ins Weserdreieck zurückzogen, das aber Tiberius nicht zu betreten wagte. Sueton berichtet darüber[227]. Aber außer der Mär von einer umgefallenen Lampe, der Gepäckdurchsuchung bei den Offizieren, damit der Troß nicht zu groß würde, und einem mißglückten Anschlag auf den Feldherrn steht nichts von Bedeutung in diesen Kapiteln. Zwar spricht er von einer siegreichen Schlacht, von der wir aber sonst nichts wissen und die ohne jede Folge war. Vielleicht hat es sich nur um ein Geplänkel zwischen zwei Streifkorps gehandelt.

Man hat diese Zurückhaltung der Römer mit dem fortgeschrittenen Alter des Augustus zu erklären versucht. Das mag richtig sein. Es können aber auch noch andere Gründe vorgelegen haben. Wir wissen aus dem Jahre 15 n. Chr. von Verhandlungen des Segestes und seiner Anhänger mit dem Germanicus. Das werden aber nicht die einzigen derartigen Kontakte gewesen sein. Vielleicht hat Tiberius, der ja sehr erfahren in der Behandlung der germanischen Fürsten war, versucht, durch Verhandlungen die Eidgenossenschaft des Arminius aufzuspalten. Diese Verhandlungen durfte er nicht gefährden, wenn er sie erfolgreich abschließen wollte. Wäre ihm das gelungen, hätte er ohne militärische Anstrengungen die Scharte vom Teutoburger Wald wieder auswetzen können. Das erscheint mir die näherliegende Erklärung zu sein. Man kann allerdings fragen, warum denn der Reichsfeldherr noch im Jahre 11 am Niederrhein fern von Rom, wo er doch auch gebraucht wurde, verbleibt, wenn gar nichts unternommen werden sollte? Für die Grenzsicherung war er sicherlich nicht mehr nötig. Das konnte auch jeder andere erfahrene General übernehmen. Im Jahre 12 wurde er dann abberufen, weil ihn Augustus offiziell zu seinem Nachfolger bestimmte, indem er ihm das »Imperium proconsulare maius« übertrug.

Auch Arminius wird in diesen Jahren nicht untätig geblieben sein. Vor allem gelang es ihm, den Bund zusammenzuhalten und Sonderfriedensverträge zu verhindern, was seiner Fähigkeit als Volksführer das beste Zeugnis ausstellt. Auch militärisch muß er viel erreicht haben. Die Schwäche der germanischen Landesverteidigung war ja, daß sich bei einem feindlichen Einfall die Aufgebote erst sammeln mußten, was einem rasch vordringendem Gegner Gelegenheit zu ihrem Fassen und Zersprengen gab, bevor ein ausreichendes Heer beisammen war. Es sei dahingestellt, ob man mit Pastenaci annimmt, daß Arminius ein aktives Heer von 40 000 Mann aus der Jungmannschaft aufstellte oder daß er nur die Stämme veranlaßte, ihre Sammelplätze weit zurück zu verlegen, vielleicht bis hinter die Weser. Ich halte es für wahrscheinlich, daß er die Gefolgschaften verstärkte und eine kleine mobile Truppe schuf, auf keinen Fall aber wird dieser Keim eines stehenden Heeres 40 000 Mann stark gewesen sein.

Wie dem auch gewesen sein mag, den Römern gelingt es in den Jahren 15 und 16 n. Chr. nur noch einmal, ein Aufgebot, das der Angrivarier, vor seiner Vereinigung mit dem Hauptheer zu fassen und zu zersprengen. Einfluß auf den Gesamtverlauf des Krieges hat dieser Einzelerfolg nicht gehabt. Was diese Maßnahmen für die einzelnen Dorfschaften und Gaue bedeuteten, kann man kaum ermessen. Ihre Kampftruppen mußten ohne Gegenwehr ihre Wohnstätten dem Gegner überlassen und sich weitab von ihrer Heimat irgendwo an der Weser zwischen Hannoversch-Münden und Minden zu einem großen Heer sammeln, das unter dem Kommando eines immerhin Stammesfremden stand, und sie konnten nur hoffen, daß ein Sieg über den Feind ihre Heimat wieder befreien würde. Um solche Maßnahmen durchzusetzen und sieben Jahre lang durchzuhalten, bedarf es einer ganz großen Führernatur von unwahrscheinlicher Ausstrahlungskraft. Blitzartig beleuchtet dieses Wirken des Arminius sein Verhalten nach dem Übertritt des Segestes auf die römische Seite im Jahre 15 n. Chr. Tacitus[228] berichtet davon:

»Bei den Cheruskern weckte die Kunde von des Segestes Ergebung und gütiger Aufnahme teils Hoffnungen, teils Schmerz, je nachdem man den Krieg gern oder ungern sah. Arminius, von Natur schon leidenschaftlich, wurde durch den Raub seines Weibes, durch den

Gedanken, daß ihre Leibesfrucht nun Sklavenketten tragen müsse, wie ein Rasender. Er flog durch das Cheruskerland und rief zu den Waffen wider Segestes, wider Germanicus. Er sparte auch Schmähreden nicht: ›O der herrliche Vater, o der große Feldherr, o das tapfere Heer!!! All die tausend Hände waren nötig, um ein schwaches Weib fortzuschleppen. Vor mir dagegen sind drei Legionen und ebensoviel Legaten in den Staub gesunken. Ich handle offen und führe gegen bewaffnete Männer Krieg. Noch heute kann man in Germanenhainen römische Feldzeichen sehen, die ich zu Ehren unserer Stammesgötter dort niedergelegt habe. Mag Segestes auf der unterworfenen Rheinseite wohnen!! Mag er seinem Sohn das Priesteramt vor Menschen wiederverschaffen!!! Der echte Germane wird es nie verzeihen, daß sich zwischen Elbe und Rhein Ruten, Beile und Toga haben blicken lassen. Andere Völker haben Hinrichtungen und Tributzahlungen noch nicht geschmeckt, weil sie das Römische Reich nicht kennengelernt haben. Wir aber, die wir sein Joch abgeschüttelt haben, wir, vor denen der unter die Götter erhobene Augustus, der zum Kaiser erkorene Tiberius unverrichteter Sache haben den Rücken kehren müssen, wir werden jetzt nicht vor einem unerfahrenen Knaben, vor einem meutrischen Heer zittern. Wenn ihr das Vaterland, die Eltern, die alte Freiheit der Knechtschaft und neuen Römerstädten vorzieht, dann folgt Arminius, der euch zu Ruhm und Freiheit, nicht Segestes, der euch in Schande und Sklaverei führt!!‹«

Ich glaube, daß wir hier ein echtes Zeugnis vor uns haben. Solches Eilen von Thing zu Thing und Reden vor den Abordnungen der Gaue und vielleicht sogar der Dörfer wird ein erheblicher Teil der Arbeit des Arminius in diesen Jahren gewesen sein. Diese Stelle läßt aber auch erkennen, daß sich allmählich Kriegsmüdigkeit in Germanien ausbreitete und daß nicht nur unbeträchtliche und einflußlose Kreise ein Ende des latenten Krieges – latent bis 14 n. Chr. – auch unter Einbuße der Selbstverwaltung ersehnten.

10. Das Jahr 14 nach Chr.

Über die Lage am Niederrhein zu Beginn des Jahres 14 n. Chr. läßt sich folgendes vermuten. Der Krieg war scheinbar bis auf einzelne unbedeutende römische Streifzüge eingeschlafen. In der germanischen Eidgenossenschaft breitete sich mehr und mehr Kriegsmüdigkeit aus, und Arminius wird Mühe gehabt haben, seine für den Ernstfall getroffenen Maßnahmen, die dem einzelnen wahrscheinlich ziemliche Lasten auferlegten, weiterhin aufrechtzuerhalten. So ist durch die Spatenforschung festgestellt, daß in dieser Zeit die Straßen des Weserdreieckes an wichtigen Stellen durch germanische Burgen gesperrt wurden, von denen aber bei weitem nicht alle fertig geworden sind. Es ist eben fast unmöglich für ein Volk, einen Kriegszustand jahrelang durchzuhalten, wenn nichts geschieht.

So wäre Rom möglicherweise Erfolg beschieden gewesen, wenn es nur länger gewartet hätte. Da trat 14 n. Chr. ein Ereignis ein, das Rom um alle Früchte dieser vorsichtigen Politik bringen sollte. Kaiser Augustus starb, und die Legionen am Niederrhein meuterten. Um sie wieder fest in die Hand zu bekommen, unternahm Germanicus mit ihnen einen unprovozierten Überfall auf die an der oberen Lippe wohnenden Marser. Tacitus berichtet in den »Annalen«[229] davon. Wenn er anschließend sagt, daß die Nachricht von dem Überfall Tiberius (den Nachfolger des Augustus) mit Freude, aber auch mit Sorge erfüllte, so ist das letztere bestimmt richtig. Es wird aber weniger die Sorge um des Germanicus wachsenden Einfluß auf die Truppen gewesen sein, wohl auch nicht wegen der Überschreitung der Vollmachten des Feldherrn, wie Tacitus schreibt, sondern mehr die Sorge um den Erfolg seiner hinhaltenden Politik. Und diese Sorge war voll berechtigt. Dieser Überfall zeigte den Germanen schlagartig, daß der Krieg nur ruhte, aber jederzeit wieder aufflammen konnte. Germanicus kam übrigens nicht ohne schwere Kämpfe davon. Auf dem Rückweg setzten seiner Nachhut die schnell gesammelten Aufgebote der rechtsrheinischen Germanen schwer zu.

Auf diesem, übrigens ganz unnötigen Streifzug wurden von der römischen Soldateska besonders scheußliche Kriegsverbrechen begangen. Tacitus[230] beschreibt sie recht genau:

»Germanicus teilte die kampfbegierigen Legionen in vier Keile, damit sie eine weitere Strecke überfluten konnten. Ein Raum von 50 Meilen wurde durch Feuer und Schwert völlig verwüstet. Kein Weib, kein Greis oder Kind fand Erbarmen. Menschliche oder göttliche Wohnstätten, darunter ein bei den Stämmen sehr berühmtes Heiligtum, der Göttin Tanfana geweiht, alles wurde dem Erdboden gleichgemacht. Die Soldaten waren unverwundet: sie hatten nur Halbschlafende, Waffenlose, Versprengte erschlagen. – Dies Blutbad trieb Brukterer, Tubanten und Usipeter unter die Waffen.«

Die Folge dieser grundlosen Metzelei wird gewesen sein, daß die Friedenspartei bei den Germanen an Boden verlor und Arminius wieder mehr Bereitwilligkeit für seine Maßnahmen fand.

Anfangs des Jahres, vielleicht schon im Mai, unternahm Germanicus einen Doppelvorstoß auf das Weserdreieck. Caecina ging mit 4 Legionen und 5000 Mann Bundesgenossen (auxiliares), zusammen rund 30 000 Mann Kampftruppen, zur oberen Lippe vor, ohne daß es zu wesentlichen Kampfhandlungen gekommen wäre. Germanicus zog mit 35 000 Mann wahrscheinlich die Lahnstraße entlang und erreichte die Eder vermutlich in der Nähe von Fritzlar. Es scheint ihm gelungen zu sein, einige Waldverstecke auszuheben und etliche Frauen, Kinder und alte Männer gefangenzunehmen. Natürlich beging dabei die römische Soldateska wieder unbeschreibliche Kriegsverbrechen. Tacitus berichtet[231]: »Den Chatten kam seine Ankunft derart unerwartet, daß alle Widerstandsunfähigen – Greise, Kinder, Weiber – auf der Stelle gefangengenommen und niedergehauen wurden.«

Germanicus' Vormarsch wurde an der Eder durch die Jungmannschaft der Chatten aufgehalten, die ihn am Schlagen einer Brücke hinderte, so daß die Ufer erst freigekämpft werden mußten. Dadurch und vielleicht auch durch angebliche Friedensverhandlungen verlor er soviel Zeit, daß er es nicht wagte, in das Weserdreieck selbst einzudringen, an dessen Südpforte er ja bei Fritzlar stand. Wahrscheinlich hatte Arminius inzwischen so viele Aufgebote an sich heranziehen können, daß Germanicus mit seinen 35 000 Mann keine Schlacht mit Aussicht auf Erfolg wagen konnte. So zerstörte er nur die Hauptstadt der Chatten, Mattium, und verwüstete ringsum das Land. Mattium scheint bei Fritzlar gelegen zu haben, nahe dabei die Altenburg, eine Sperrburg an der wichtigen Straße in das Weserdreieck, die längere Zeit bewohnt war (ausgegraben um 1906).

Nach diesem wenig sinnvollen Verwüsten und Plündern zog er sich wieder zurück. Auf diesem Rückzug erreichte ihn Segimundus, der Sohn des Segestes, und bat um Hilfe für seinen Vater. Germanicus scheint dafür eine schnelle Kolonne abgeschickt zu haben, die Segestes und seine Gefolgschaft aufnahm und auf das linke Rheinufer verbrachte. Anders können wohl die Worte bei Tacitus[232] nicht gedeutet werden: »Dem Germanicus ist es der Mühe wert gewesen, mit dem Heere umzukehren. Es ist mit den Belagerern gekämpft und Segestes mit einer großen Schar Verwandter und Anhänger befreit worden.«

Ganz unwahrscheinlich ist es, daß Germanicus dieses Unternehmen mit dem ganzen Heer durchgeführt hat. So schnell, wie es ausgeführt werden mußte, konnte das Gesamtheer nicht vorrücken. Da wir annehmen müssen, daß die Fluchtburg des Segestes im Weserdreieck lag, hätte es auch zur Schlacht mit dem Heer des Arminius kommen können, was Germanicus offenbar vermeiden wollte. Geführt von Segimundus wird eine verstärkte Reiterabteilung in schnellem Ritt auf Schleichwegen bis zur Burg des Segestes vorgestoßen sein und ihn mit seinen Anhängern schleunigst evakuiert haben, während Germanicus irgendwo an der Lahn eine Auffangstellung bezogen hatte. Dort kam es dann zu der schon geschilderten Begegnung mit Segestes. Mit dessen Übertritt auf die römische Seite war die Friedenspartei endgültig erledigt. Das bestätigt Tacitus[233]: »Und Ingiomerus, der Onkel des Arminius, der seit alters bei den Römern in Ansehen stand, wurde auf dessen Seite gezogen, wodurch die Besorgnis des Cäsars größer wurde.«

Es ist nicht klar, ob mit »Cäsar« Tiberius oder Germanicus gemeint sein soll. Hält man sich vor Augen, was ich oben über die Besorgnis des Tiberius nach dem Überfall auf die Marser (14 v. Chr.) gesagt habe, müßte es Tiberius sein. Da aber inzwischen auch Germanicus gemerkt haben wird, wie töricht er 14 n. Chr. gehandelt hatte, wird er wohl auch besorgt gewesen sein – mit Recht, denn nun waren alle Aussichten auf einen diplomatischen Erfolg geschwunden. So war dieser Frühjahrsfeldzug ein diplomatischer und militärischer Rückschlag, über dessen Nutzlosigkeit auch die Gefangennahme der Frau des Arminius, die nur mit Hilfe des eigenen Vaters möglich war, nicht hinwegtäuschen konnte.

Es blieb nur noch der Versuch, Arminius mit Gewalt niederzuwerfen. Darum trat Germanicus im Sommer des Jahres 15 n. Chr. zum entscheidenden Stoß auf Arminius an. Er teilte sein Heer, um die Kräfte des Arminius zu zersplittern. Die Stelle lautet bei Tacitus[234]: »Und damit nicht der Krieg auf einmal (in einer Masse) losbreche, schickte er den Caecina mit vierzig römischen Kohorten, damit der Feind zersplittert werde, durch das Gebiet der Bructerer zur Ems, der Präfekt Pedo führte die Reiterei durch das Gebiet der Friesen, er selbst fuhr, nachdem vier Legionen eingeschifft worden waren, durch die Seen.«

Daraus wird klar, daß Germanicus versuchte, die Regel des getrennt Marschierens und vereint Schlagens zu befolgen. Er hatte ganz offenbar auf seinem eben beendeten Vorstoß erfahren, daß es der gute Nachrichtendienst dem Arminius ermöglichte, die Vormarschrichtung des römischen Heeres so frühzeitig zu erkennen, daß der Germane seine Aufgebote rechtzeitig in einer Auffangstellung vereinigen

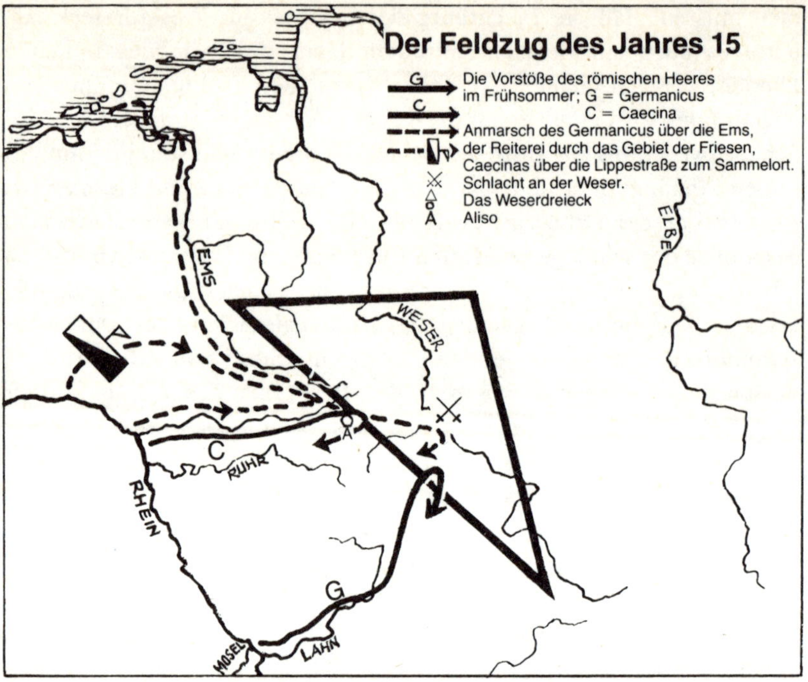
Der Feldzug des Jahres 15
G
Die Vorstöße des römischen Heeres im Frühsommer; G = Germanicus
C
C = Caecina
Anmarsch des Germanicus über die Ems, der Reiterei durch das Gebiet der Friesen, Caecinas über die Lippestraße zum Sammelort.
Schlacht an der Weser.
Das Weserdreieck
Aliso
ELBE
EMS
WESER
RHEIN
RUHR
C
G
MOSEL
LAHN

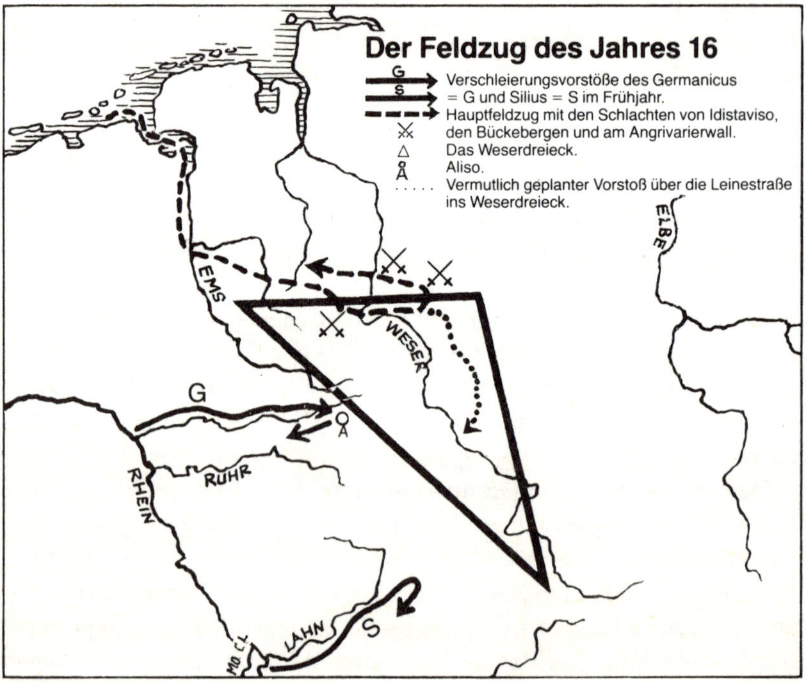
Der Feldzug des Jahres 16
G
S
Verschleierungsvorstöße des Germanicus = G und Silius = S im Frühjahr.
Hauptfeldzug mit den Schlachten von Idistaviso, den Bückebergen und am Angrivarierwall.
Das Weserdreieck.
Aliso.
Vermutlich geplanter Vorstoß über die Leinestraße ins Weserdreieck.
ELBE
EMS
WESER
G
RHEIN
RUHR
LAHN
S

konnte, um dann auch einem sehr großen Heer der Römer mit ausreichenden Truppenmassen entgegenzutreten.

Germanicus wählte darum einen weit ausgedehnten Aufmarsch mit getrennten Anmarschwegen. So blieb Arminius lange im ungewissen über die von Germanicus gewählte Einbruchsstelle in das Weserdreieck. Erst wenn dieser kurz vorm Einbruchspunkt sein Heer vereinte und mit aller Wucht seines 60 000 bis 70 000 Mann starken Heeres ins Weserdreieck vorstieß, konnte Arminius Klarheit über die römischen Absichten gewinnen. Hatte Arminius sein Heer an drei Stellen, entsprechend den drei Vormarschkolonnen, versammelt, so mußte es für ihn sehr schwierig werden, diese drei »Armeen« zu vereinigen und mit ausreichender Heeresstärke den Römern entgegenzutreten. Germanicus konnte dann hoffen, die drei Abteilungen einzeln zu fassen und zu vernichten.

Der Plan schien zu gelingen. Die Brukterer zwischen Ems und Lippe (wahrscheinlich auch die anderen vor dem Teutoburger Wald gelegenen Germanengebiete) stellten sich nicht zur Schlacht, sondern überließen kampflos den Römern ihre Gehöfte, die im Vorbeiziehen abgesengt wurden. Nur eine Nachhut scheint von Caecina noch erreicht worden zu sein. Die Vereinigung des römischen Heeres erfolgte planmäßig in der Nähe der einst von Varus benutzten Rückzugsstraße, auf der Germanicus nun vormarschierte. Aber anstatt sofort in Eilmärschen ins Weserdreieck vorzustoßen, verweilte Germanicus einige Tage auf dem Schlachtfeld von 9 v. Chr., um die Toten von damals zu bestatten. Tacitus berichtet, daß Tiberius später diese Maßnahme des Germanicus sehr mißbilligte[235]. Germanicus hätte bei der Beerdigung die Augurenwürde verletzt, auch wäre die Auswirkung des schrecklichen Anblicks auf die Moral der Truppe sehr schlecht gewesen. Ich glaube, daß das nicht der Hauptgrund für den Tadel gewesen ist, sondern vielmehr der Zeitverlust beim Vormarsch. Dadurch wird höchstwahrscheinlich Arminius die nötige Zeit gewonnen haben, seinen Aufmarsch so zu dirigieren, daß er Germanicus in einem für die Legionen sehr ungünstigen Gelände zur Schlacht stellen konnte.

Tacitus[236] schildert diese Schlacht so: »Aber Germanicus folgte dem in die Wildnis weichenden Arminius; sobald sich die Möglichkeit ergab, befahl er, die Reiterei vorzuschicken und das Feld, das der Feind besetzt hatte, (ihm) zu entreißen. Arminius, der die Seinen gesammelt und ermahnt hatte, sich den Wäldern zu nähern, machte plötzlich kehrt. Dann gab er denen das Zeichen zum Vorbrechen, die er durch (besser: in) Waldtäler verborgen hatte. Hierauf wurde die

Reiterei durch die neue Schlachtreihe verwirrt, und die zu Hilfe geschickten Reservekohorten, durch die Kolonne der Fliehenden erschüttert, vergrößerten die Verwirrung und wurden in einen den Siegern bekannten Sumpf gedrängt, der für die Unwissenden sehr nachteilig gewesen wäre, wenn nicht der Cäsar die vorgeführten Legionen in Schlachtreihe aufgestellt hätte. Darauf befiel den Feind Schrekken, die Soldaten faßten Vertrauen. Und man zog unentschieden ab.« Sofort aber folgt: »Hernach ist das Heer zur Ems zurückgeführt worden.«

Diese Stelle zeigt mit aller wünschenswerten Deutlichkeit, daß Arminius das römische Heer in eine vorbereitete Falle gelockt hat. Durch einen Scheinrückzug wurden die Reiterei und die leichten Truppen, vielleicht auch ein Teil der Legionen, auf ungünstigem Gelände eingeschlossen, geworfen und in ein Moor gedrängt, wo sie ziemlich hilflos herumwateten. Germanicus ließ sofort das Gros der Legionen aufmarschieren, wagte aber nicht anzugreifen. Die Römer mußten zusehen, wie die Reiterei und die Auxiliarkohorten zum guten Teil vernichtet wurden. Sie konnten nur die, die sich aus dem Sumpf herausarbeiteten, aufnehmen. Arminius aber hütete sich, die Legionen, die auf festem Boden standen, anzugreifen.

Nicht dem Germanicus ist es also gelungen, einzelne Teile der feindlichen Armee zu fassen und zu vernichten, sondern das gelang dem Arminius, und dazu noch im Angesicht des gesamten römischen Heeres. Ohne Reiterei und leichte Truppen war der Feldzug aber nicht mehr durchzuführen, da keine Aufklärung mehr möglich war. Nur schleunigster Rückzug konnte das Heer vor weiteren schweren Verlusten bewahren. So ist das Heer des Germanicus zwar nicht wie das des Varus vernichtet worden, aber es hatte eine schwere Schlappe erlitten.

Germanicus mußte sich den Verlust des Feldzuges eingestehen. Auch der Rückzug zur Ems verlief nicht planmäßig. Vier Legionen wurden überhastet eingeschifft. Zwei mußten später wieder an Land gesetzt werden, wurden ins Watt abgedrängt und hatten schwere Verluste, ehe sie wieder eingeschifft werden konnten. Caecina, der mit vier Legionen wahrscheinlich die Nachhut bildete, wurde in eines der norddeutschen Moore abgedrängt, und seine Truppen wären vernichtet worden, wenn nicht Ingiomerus, der zusammen mit Arminius den Oberbefehl führte, gegen den Rat des Arminius einen Angriff auf das römische Lager unternommen hätte. In der Schilderung dieses Kampfes schwelgt Tacitus geradezu in Mordschilderungen: »Ihre Scharen wurden niedergemetzelt, solange die Wut und der Tag währte.« So schlimm wird es wohl nicht gewesen sein, aber die Vernichtung der vier Legionen glückte jedenfalls nicht.

Als die ersten Gerüchte von der schweren Niederlage des Germanicus in den Lagern am Niederrhein eintrafen, brach dort eine Panik aus. Man wollte schon die Rheinbrücke bei Köln abbrechen, was allerdings Agrippina, die Frau des Germanicus, verhinderte. Aber auch so waren die Folgen der Niederlage schwer. Die Verluste müssen sehr hoch gewesen sein, sonst würde Tacitus nicht schreiben[237]: »Übrigens wetteiferten Gallien, Spanien, Italien, um die Verluste des Heeres wieder auszugleichen, indem sie, je nachdem, was dem einzelnen Land zur Verfügung stand, Waffen, Pferde und Geld anboten; Germanicus lobte die Bereitwilligkeit, nahm aber nur Waffen und Pferde für Kriegszwecke an, während er mit Geld seine Truppe aus eigenen Mitteln unterstützte. Um die Erinnerung an die Niederlage zu lindern, ging er bei den Verwundeten umher, rühmte die Taten einzelner, betrachtete die Wunden und tröstete die einen durch Hoffnung, die anderen durch Ruhm und alle durch Zuspruch und Fürsorge, und stärkte (das Vertrauen) in ihn und die (zukünftigen) Schlachten.« Hier haben wir das volle Eingeständnis der Niederlage vor uns!

Kaiser Tiberius war empört über seinen Neffen, dem er anscheinend die gesamte Schuld an dem Debakel zuschrieb. Tacitus sagt darüber: »Das drang sehr tief in die Seele des Tiberius ein.« Zwar meint Tacitus, daß der Kaiser über das selbständige Eingreifen der Agrippina empört gewesen wäre. Das ist aber wohl recht unwahrscheinlich. Viel verständlicher wäre es, wenn Tibrirus seinem Neffen erstens das Abenteuer des Überfalls auf die Marser 14 n. Chr. und nun auch noch zweitens die schwere Niederlage 15 n. Chr. übelgenommen hätte, denn das Heer mußte offenbar ganz neu aufgestellt werden. Ihm selbst wäre bestimmt beides nicht zugestoßen.

Aber auch die Germanen scheinen mit ihrem Erfolg nicht ganz zufrieden gewesen zu sein. Sie scheinen es dem Ingiomerus verdacht zu haben, daß durch seine Schuld die Vernichtung der vier Legionen des Caecina mißglückt und unnötige Menschenverluste eingetreten waren. Jedenfalls ist Ingiomerus im nächsten Jahr nur noch Unterfeldherr des Arminius und nicht mehr im Kommando mit ihm gleichberechtigt.

Das Ergebnis beider Feldzüge des Jahres 15 n. Chr. war, daß sich die Römer nach einer verlorenen Schlacht unter schweren Verlusten auf den Niederrhein und ihre dortigen Lager zurückziehen mußten, daß die Friedenspartei bei den Germanen völlig verschwunden und die Autorität des Arminius neuerdings gestärkt worden war.

So brachte das Jahr 15 n. Chr. den Römern diplomatisch und militärisch sehr schwere Rückschläge. Sie standen wie 9 n. Chr. immer noch am Rhein, und Arminius war stärker als vorher.

12. Das Jahr 16 n. Chr.

Germanicus zog aus seinen Erfahrungen des Vorjahres die Konsequenz, daß nur schnellstes, unvermutetes Eindringen in das Weserdreieck einen durchschlagenden Erfolg bringen konnte. Arminius mußte so lange als möglich über die Vormarschrichtung und den Angriffspunkt im unklaren gehalten werden, damit es ihm unmöglich gemacht wurde, ausreichende Truppenmassen vor der Entscheidungsschlacht zu vereinen. Darum ließ Germanicus zusätzlich zur vorhandenen Flotte 1000 Transportschiffe bauen. Sie sollten ihm schnellstes und überraschendes Vorrücken ins Weserdreieck ermöglichen.

Zu Beginn des Jahres, vielleicht im Mai, machte er zwei demonstrative Vorstöße ins Vorland des Weserdreiecks. Silius rückte, wahrscheinlich von der Wetterau aus, nach Norden vor. Germanicus selbst zog an die obere Lippe zum Entsatz des wiedererrichteten Kastells Aliso. Silius richtete gar nichts aus, Germanicus aber konnte das Kastell entsetzen und die Etappenstraße zu ihm sichern.

Etwa im Juni ging er dann von der Ijsselmündung aus in See, um überraschend von der Küste aus ins Weserdreieck einzudringen. Tacitus[238] nennt die Emsmündung als Ziel der Flottenexpedition. Delbrück hat das bezweifelt, obwohl Tacitus auch für die Rückfahrt der Flotte die Ems angibt[239]. Man meint, Tacitus hätte die Ems hier mit der Weser verwechselt. Vielleicht habe auch Germanicus von Tiberius genaue Aufträge erhalten, jedoch mit einer eigenmächtigen Fahrt die Weser aufwärts dessen Anordnungen überschritten und darum in seinem Bericht an die Regierung die Fahrt der Flotte absichtlich verschleiert. Delbrück meint, daß im Bericht über die Rückfahrt der Flotte eine Fahrt die Weser abwärts deutlich gekennzeichnet sei. Darum aber müsse auch die Hinfahrt auf der Weser erfolgt sein. Ich kann mich dieser Ansicht nicht anschließen. Tacitus' Schilderung der Rückfahrt[240] lautet so:

»Nun war aber der Sommer schon weit vorgeschritten, und Germanicus schickte einige Legionen auf dem Landwege zurück und in die Winterquartiere. Den größeren Teil schiffte er ein und fuhr mit ihm die Ems hinunter und in den Ozean ein. Anfangs war das Meer ruhig; nur unter den Rudern der tausend Schiffe rauschte es, und nur die Segel gaben ihm Bewegung. Dann aber ergossen sich Hagelschauer aus schwarzen Wolkenmassen; von allen Seiten kam der Sturm und wühlte das Meer auf. Man sah nichts mehr, und das Steuer versagte den Dienst . . . Dann wurde alles, der ganze Himmel und das ganze Meer, eine Beute des Südwinds. In dem feuchten germanischen Lande mit seinen tiefen Strömen ist dieser Wind durch den gewaltigen Wolkenzug stark und durch die Kälte des nahen Nordens furchtbarer. Er warf jetzt die Schiffe in den offenen Ozean hinaus und verschlug sie an die Inseln, deren schroffe Felsen oder geheime Untiefen ihnen Verderben drohten. War man ihnen kaum entgangen, so änderte sich die Meeresströmung und strebte in dieselbe Richtung, wohin der Wind blies, so daß die Anker die Schiffe nicht halten konnten und man die eindringenden Wassermassen nicht auszuschöpfen vermochte.«

Diese Schilderung trifft sowohl auf die Ems wie auf die Weser zu, wenn man annimmt, daß Germanicus den größten Teil des Ems-Ästuars hinter sich hatte, als ihn ein Südwestwind bei ablaufender Flut überfiel. Die Flotte wird auf die Ostfriesischen Inseln zugetrieben worden sein – eine Reihe Schiffe wohl auch bis Helgoland, das damals noch viel größer war, einige vielleicht sogar bis in die offene Nordsee. Später könnte sich der Wind auf Südost, vielleicht sogar über Ost nach Nordost gedreht haben, was ja beim schnellen Durchzug eines Tiefs über der mittleren Nordsee die Regel ist. Dadurch könnten einige Schiffe schließlich bis Britannien verschlagen worden sein. Es zwingt uns somit nichts, die Weser als die Rückzugsstraße der Flotte anzunehmen. Anderes spricht aber viel mehr für die Ems, wie es ja auch der Text sowohl für den Hinweg wie für den Rückzug der Flotte angibt.

Die Ems war jedenfalls der gegebene Fluß für den Anmarsch. Wenn nämlich Germanicus sie bis zur Hasemündung aufwärts fuhr, hatte er die norddeutschen Moore hinter sich gelassen. Er konnte vom Landeplatz schnell nach Südosten vorrücken. Dabei ließ er Arminius lange im unklaren, ob er westlich des Weserdreiecks vorgehen und über einen der nördlichen Pässe des Teutoburger Waldes in dieses einrükken oder ob er nördlich des Wiehen-Wesergebirges vormarschieren und von Norden ins Weserdreieck einbrechen wollte oder ob er gar beabsichtigte, bis zur Leine vorzumarschieren, um das Weserdreieck vom Rücken zu fassen.

So war die Ems für Germanicus viel günstiger, da er bei ihrer Wahl den Gegner viel länger im unklaren lassen konnte. Für die Ems spricht weiter die Stelle des Tacitus, Annalen II,8: »Auf dem linken Ufer der Emsmündung ließ er die Flotte zurück und beging den Fehler, daß er sie nicht den Fluß aufwärts fahren ließ und das Heer, das doch nach rechts (Osten) ins Land hineinmarschieren sollte, nicht übersetzte. So gingen mehrere Tage durch den Bau einer Brücke verloren.«

Das ist nur bei Benutzung der Ems verständlich. Germanicus ging danach vielleicht südlich von Papenburg an Land und marschierte auf dem linken Emsufer flußaufwärts etwa bis zur Hasemündung. Die Flotte ließ er wahrscheinlich langsam nachkommen. Vielleicht wählte er das linke Emsufer, weil dort eine für seine schweren Fahrzeuge brauchbare Straße war. Natürlich mußte er dann, ehe er den Vormarsch nach Osten antreten konnte, die Ems überqueren.

Germanicus ist es anscheinend gelungen, das Aufgebot der Angrivarier zu fassen[241], ehe es sich mit dem Heer des Arminius vereinigen konnte, und zu zersprengen, was zu der Mord- und Brandexpedition des Stertinius führte: »Als Germanicus das Lager aufschlagen ließ, kam die Kunde vom Abfall der Angrivarier im Rücken des Heeres. Sofort wurde Stertinius mit Reiterei und Leichtbewaffneten abgeschickt, der die Treulosigkeit durch Brennen und Morden bestrafte.« Da sich kein Wort von einer vorhergehenden Unterwerfung der Angrivarier bei Tacitus findet, können sich die Worte »Abfall« und »Treulosigkeit« wohl nur auf frühere Verträge dieses Kleinstaates mit den Römern etwa unter Tiberius 5 n. Chr. beziehen. Damals war ja dieser mit einer gemischten Heeres- und Flottenexpedition bis zur Elbe vorgerückt. Sicherlich ist es dabei auch zu Verhandlungen der Römer mit den Angrivariern gekommen. Es ist für die römische Mentalität bezeichnend, daß Tacitus von Abfall oder Empörung und Treulosigkeit bei den Germanen spricht, während doch Varus ganz offenbar die Verträge mit den germanischen Staaten längst einseitig außer Kraft gesetzt hatte.

An der Weser, etwa bei Minden, trat den Römern Arminius mit einem Teil seines Heeres entgegen, und es kam zu der schon erwähnten Unterredung des Arminius mit seinem Bruder Flavus. Am Tage darauf hinderten die Germanen die Römer am Flußübergang. Die Hilfskohorten der Bataver gerieten dabei in eine gefährliche Lage, aus der sie durch die römische Reiterei herausgehauen werden mußten. Erst danach gelang der Flußübergang. Ganz deutlich ist hier das Bestreben des Arminius auf Verzögerung des römischen Vormarsches zu erkennen. Trotzdem reichte offenbar für Arminius die Zeit nicht aus, seine Truppen völlig zu vereinigen. Er mußte sich entschließen, eine Schlacht mit unzureichender Truppenstärke zu schlagen, die, rechtzeitig abgebrochen, den nötigen Zeitgewinn erbringen würde, oder den gesamten

Aufmarsch umzudirigieren, was größte Nachteile mit sich bringen mußte.

Arminius entschloß sich für die Schlacht. Das war ein unerhörtes Wagnis, denn gelang es ihm nicht, die Schlacht rechtzeitig abzubrechen, konnte ein so großer Teil seines Heeres vernichtet werden, daß auch der dann verstärkte Rest den Römern nicht mehr gewachsen war. Germanicus hatte acht Legionen mit den dazugehörigen Auxiliarkohorten und der Reiterei zur Verfügung. Das waren mehr als 80 000 Mann. Soviel mußte Arminius mindestens auch zusammenziehen, wenn er diesem Aufgebot gewachsen sein wollte. Arminius setzte alles auf die Karte des rechtzeitigen Rückzuges.

So kam es zur Schlacht von Idistaviso. Sie zeigte Arminius auf der Höhe seines Feldherrngenies und das germanische Heer auf einer selten von Heeren erreichten Höhe der Gefolgschaftstreue und Disziplin. Die Schlacht lief so ab, wie Arminius sie geplant hatte. Er hatte den Weserübergang der Römer erschwert, aber nicht verhindert, denn ihm mußte daran gelegen sein, die Römer nach Osten zum Leinetal hin zu locken. Wären sie nämlich ins Weserdreieck auf der Weserstraße eingerückt, hätten sie ihn von den Aufgeboten der Brukterer und Chatten und weiterer südlicher und westlicher Kleinstaaten abschneiden können. Die Römer wiederum konnten das Heer des Arminius nicht in ihrer Flanke und im Rücken stehen lassen, sondern mußten vor ihrem weiteren Vormarsch dafür sorgen, daß die Bedrohung ihrer rückwärtigen Verbindungen beseitigt würde.

Die Römer scheinen in breiter Front, die Weser im Rücken, den rechten Flügel an das Wesergebirge angelehnt, mit der Reiterei auf beiden Flügeln aufmarschiert zu sein. Ihnen gegenüber hatte Arminius seine Schlachtkeile ebenfalls in breiter Front, den linken Flügel ans Wesergebirge angelehnt, aufgestellt. Dank ihrer Überzahl gelang es den Römern, die germanische Schlachtreihe auf beiden Seiten zu überflügeln. Für Arminius kam es darauf an, zur rechten Zeit sein Heer aus der drohenden Einschließung herauszuziehen und den Rückzug nach Osten und teilweise nach Südosten anzutreten. Das ist ihm offenbar bis auf eine kleine Abteilung gelungen. Diese scheint die römische Schlachtlinie durchbrochen und sich auf das rechte Weserufer gerettet zu haben. Von dort werden sich einzelne Abteilungen und Einzelkämpfer wieder zum Gesamtheer durchgeschlagen haben.

Der Schlachtenbericht des Tacitus bringt wieder das bekannte Schema von den riesigen Verlusten des Gegners, den geringen eigenen und dem ungeheuerlichen Blutbad, das die tapferen Legionäre unter

Schematische Skizze der Schlacht von Idistaviso

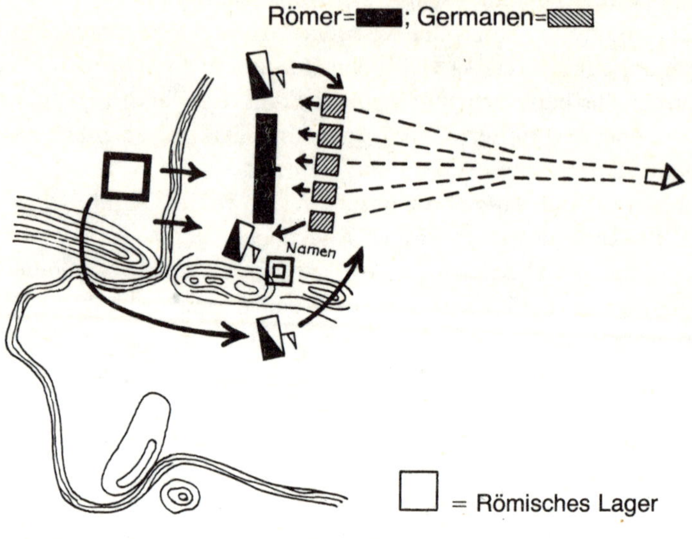

Schematische Skizze der Schlacht am Angrivarierwall

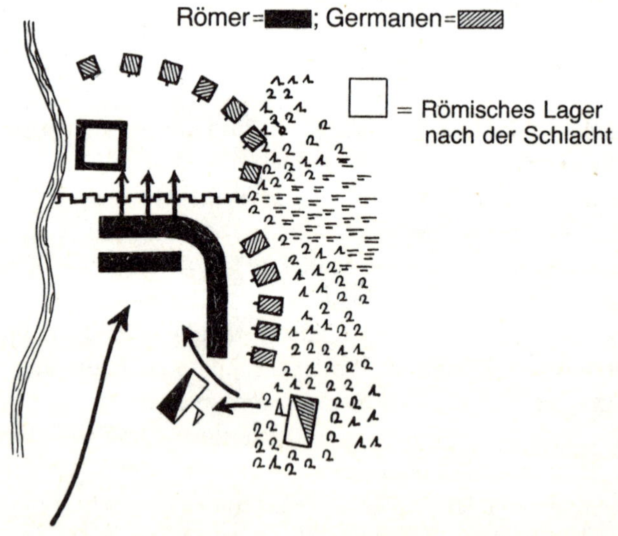

den Germanen angerichtet hätten. Da uns das schon von Plutarchs Berichten von Aquae Sextiae und Vercellae, von Cäsars Schlachtenberichten und von Paterculus bekannt ist, braucht man darauf keinen großen Wert zu legen. Der Fortgang der Ereignisse spricht auch eine andere Sprache. Nach der Schlacht veranstaltete Germanicus eine große Siegesfeier, errichtete ein Siegesdenkmal und hielt sich ein bis zwei Tage auf dem Schlachtfeld auf. Arminius hatte damit die nötige Zeit gewonnen, die er brauchte, um die fehlenden Stammesaufgebote mit seinem Heer zu vereinigen.

Über das, was sich dann ereignete, geht Tacitus mit wenigen Worten hinweg, die aber doch deutlich zeigen, daß die Römer wohl einen taktischen Erfolg errungen, strategisch aber eine Niederlage erlitten hatten. Germanicus konnte nämlich nicht ins Weserdreieck einrücken, solange er noch ein intaktes germanisches Heer in seiner Flanke stehen hatte. Nach Beerdigung der Gefallenen und Neuordnung des Heeres mußte er darum auf dem Hellweg weiter nach Osten vorrücken. Über diese entscheidenden Operationen schreibt Tacitus[242]: »Nicht ihre Wunden, ihre Trauer und ihre Verluste schmerzten und ergrimmten die Germanen so wie dieser Anblick (des Siegesmales). Eben hatten sie noch vor, ihre Wohnsitze zu verlassen und sich in das Land jenseits der Elbe zurückzuziehen. Jetzt wollten sie nur Kampf, und alles waffnete sich eiligst. Volk und Adel, Jünglinge und Greise griffen unvermutet den römischen Heereszug an und brachten ihn in Unordnung. Endlich suchten sie sich eine vom Fluß und von Wäldern eingeschlossene Stelle aus. Es war ein enges, sumpfiges Tal, auch um die Wälder zog sich ein tiefes Moor herum; nur an einer Seite desselben hatten die Angrivarier einen breiten Wall gezogen, der die Grenze gegen die Cherusker bildete.«

Ich möchte nicht versäumen, auf die Mißdeutung des germanischen Verhaltens hinzuweisen. Wohl mag die protzige Siegesfeier manche, die davon erfahren hatten, verbittert haben. Auch wird Arminius dieses psychologische Moment ausgenutzt haben, entscheidend jedoch kann es nicht gewesen sein. Wichtig war sicherlich, daß es jetzt gelang, die allgemeine Mobilmachung durchzusetzen, denn man darf nicht übersehen, daß gerade Erntezeit war. Manche Bauern werden darum nicht gern in dieser Zeit ihre Höfe verlassen haben, um fern von ihnen längere Zeit Kriegsdienste zu leisten. Entscheidend aber war, daß dem Arminius die Schlacht von Idistaviso den Zeitraum verschaffte, den er brauchte, um sein Heer auf die volle Stärke zu bringen, so daß es dem römischen zahlenmäßig gewachsen war.

Sein Rückzug ging sicherlich nach Osten. So konnte er die Aufgebote der westlichen und südlichen Kleinstaaten seiner Eidgenossenschaft, vor allem das der Chatten, die wahrscheinlich über die Leinestraße anmarschierten, an sich heranziehen. Er wird auch den Vormarsch der Römer durch Evakuierung der am Hellweg gelegenen Dörfer erschwert haben. Nur dadurch kann die Stelle »Eben hatten sie noch vor, ihre Wohnsitze zu verlassen und sich in das Land jenseits der Elbe zurückzuziehen« erklärt werden. Das muß ihm leicht gefallen sein, da ja die Römer noch wenige Wochen vorher im Gebiet der Angrivarier gemordet, geplündert und verbrannt hatten, was ihnen unter die Hände gekommen war.

Weit allerdings scheint sein Rückzug nicht gegangen zu sein, denn Germanicus erreichte das Leinetal nicht. Es kam vorher zu einer weiteren Schlacht, von der Tacitus allerdings nur sagt, daß der römische Heereszug überfallen und in Unordnung gebracht worden sei. Wie erfolgreich die Germanen jedoch gewesen sind, geht daraus hervor, daß sie kurz danach die Römer an einer von ihnen ausgesuchten Stelle noch einmal zur Schlacht gezwungen haben. Trotz seines riesigen Heeres hatte Germanicus danach die Initiative vollständig verloren. Da Schuchardt das Schlachtfeld bei dem Dorf Leese wenige Kilometer nördlich des Schlachtfeldes von Idistaviso festgestellt und den Angrivarierwall ausgegraben hat, steht fest, daß sich Germanicus schon wieder auf dem Rückzug befand. Wahrscheinlich war es ihm wieder so gegangen, wie im Jahre vorher. Bei dem von Tacitus angedeuteten Überfall auf den Heereszug des Germanicus sind wahrscheinlich seine leichten Truppen schwer mitgenommen worden, so daß die notwendige Aufklärung nicht mehr möglich war. Auf seiner Vormarschstraße scheint er nicht zurückgegangen zu sein, was verständlich ist, wenn man daran denkt, daß diese nach dem Durchzug eines so großen Heeres mit den schweren Trainfahrzeugen und der Verseuchung durch Mensch und Tier kaum mehr für den Rückzug geeignet war. Er scheint einen nördlichen Weserübergang gesucht zu haben. Das spricht dafür, daß es Arminius gelungen sein muß, den Übergang bei der Porta Westfalica zu sperren. Sonst hätten die Römer sicherlich auf einer Nebenstraße den ihnen bekannten Übergang wieder zu erreichen versucht.

Auf dieser Suche nach einer flußabwärts gelegenen Furt wurden sie an einer von Arminius vorbereiteten Stelle zur Schlacht gezwungen. Selbst wenn man meine oben ausgeführte Hypothese nicht teilt, kann man nicht abstreiten, daß Germanicus das Gesetz des Handelns völlig verloren hatte, denn genau das sagt ja Tacitus ausdrücklich, wenn er schreibt, daß die Germanen den Schlachtort ausgesucht hätten. Wieder war es ein Gelände, das den Römern den Aufmarsch ihrer Legionen aufs äußerste erschwerte. Von den leichten Truppen, die noch bei der Schilderung der Schlacht im Jahre vorher eine bedeutende Rolle gespielt hatten, hört man nichts mehr. Das scheint mir dafür zu sprechen, daß sie bei dem so kurz erwähnten Überfall auf den Heereszug zumindest schwer gelitten hatten und nicht mehr voll einsatzfähig waren.

Da die Schlacht am Angrivarierwall immer als Sieg der Römer bezeichnet wird, gebe ich den Bericht des Tacitus[243] in voller Länge, damit eine kritische Prüfung möglich ist:

»Nichts davon war dem Caesar unbekannt. Er hatte ihren Plan und ihre Stellung, die offene sowohl wie die verborgene, ausgekundschaftet und wollte ihnen gerade aus ihrer List ihr Verderben bereiten. Dem Legaten Seius Tubero übergab er die Reiterei und die offene Ebene. Das Fußvolk stellte er in der Weise auf, daß ein Teil in den an dieser Stelle flach gelegenen Wald rücken, ein anderer den geradeaus liegenden Wall erstürmen sollte. Die schwierigste Aufgabe übernahm er selbst, das übrige überließ er den Legaten.

Der Teil, der auf ebenem Boden vorzurücken hatte, drang ohne Schwierigkeiten in den Wald ein. Die aber, welche den Wall erobern sollten, hatten wie beim Erklettern einer Festungsmauer schwer unter den Schlägen von oben herab zu leiden. Der Feldherr erkannte, daß der Nahkampf hier zu ungleich sei. Er zog die Legionen ein wenig zurück und ließ die Schleuderer und Wurfschützen ihre Geschosse schleudern, um so die Feinde zu verjagen. Aus den Wurfmaschinen flogen die Lanzen, und je mehr sich die Verteidiger den Blicken preisgaben, um so häufiger erlitten sie Verwundungen, die sie herunterwarfen. Nachdem er den Wall genommen hatte, eröffnete Germanicus an der Spitze der prätorischen Kohorten den Angriff auf die Wälder. Hier wurde Mann gegen Mann gekämpft. Die Feinde hatten den Sumpf im Rücken, die Römer den Fluß und die Berge. Jeder mußte unbedingt den Platz behaupten, mußte auf seine Tapferkeit bauen, mußte siegen, um sich zu retten.

Die Germanen standen den Römern an Mut nicht nach. Nur die Kampfweise und die Waffen waren es, denen sie unterlagen. Die vielen Menschen konnten auf dem engen Raum ihre überlangen Lanzen nicht strecken, nicht zurückziehen, konnten nicht im Sprung angreifen, nicht aus ihrer Behendigkeit Nutzen ziehen. Fest auf eine Stelle gebannt, mußten sie kämpfen. Unsere Soldaten dagegen, den Schild dicht an der

Germanische Krieger zur Zeit des Arminius:
Lanze, Schwert und Schild. (Zeichnung: W. Petersen)

Brust, die Hand fest am Schwertgriff, durchstachen die gewaltigen Barbarenglieder, die unbedeckten Gesichter und bahnten sich über Leichenhaufen ihren Weg. Auch griff Arminius nicht überall ein wie sonst, war er nun durch die unausgesetzten Gefahren ängstlich oder durch die jüngst empfangene Wunde behindert. Und Ingiomerus, der hin und her durch die Reihen flog, wurde weniger von der Tapferkeit als vom Glück im Stich gelassen. – Germanicus hatte, damit ihn jeder erkennen könne, den Helm abgenommen und rief den Soldaten zu: ›Nur weiter im Gemetzel, Gefangene nützen uns nichts. Die Vertilgung des ganzen Volkes ist das einzige Mittel, dem Krieg ein Ende zu machen.‹ Der Tag war schon weit vorgerückt, als er eine Legion aus der Schlacht zurückzog, um das Lager aufzuschlagen. Die übrigen sättigten sich bis in die tiefe Nacht hinein am Blut der Feinde. Die Reiterei kämpfte ohne entschiedenen Erfolg.«

Aus diesem Bericht geht klar hervor, daß Germanicus mit seinem ganzen Heer an einer für die römische Taktik recht ungünstigen Stelle eingekesselt worden ist. Ihm blieb nur der Durchbruch nach Norden übrig, da nur dort der nötige Raum zur Entwicklung der Legionsfront vorhanden war. Diese Stelle aber hatten die Germanen durch Ausbau einer Grenzmarkierung befestigt. Allerdings scheint das nur schnell und ungenügend geschehen zu sein, denn wir erfahren nichts von einem vor dem Wall befindlichen Graben. Schuchardt hat, soviel ich weiß, auch keinen aufgefunden. Dazu reichte wohl die Zeit nicht aus. Trotzdem gelang es den Römern nicht, den Wall im ersten Anlauf zu überwinden. Erst mußten die mitgeführten Speer- und Steinschleudergeschütze eingesetzt werden. Da jede Legion 65 davon mitführte, konnte Germanicus insgesamt 520 einsetzen. Es ist verständlich, daß einem solchen Beschuß der Holz-Erdwall nicht standhielt.

Aber auch nach der Erstürmung des Walles war die Schlacht noch nicht entschieden. Wohl scheint es den Römern gelungen zu sein, einen Teil der Verteidiger so zu fassen, daß ihnen der Rückzug nicht mehr gelang und sie niedergemacht werden konnten, aber hinter ihnen stand schon eine neue Schlachtreihe, so daß der Kampf weiter ging. Von Verfolgung und Vernichtung des »geschlagenen« Gegners, panischer Flucht usw. erfahren wir nichts, sondern wir werden davon unterrichtet, daß die Schlacht offenbar zum Stehen gekommen war und Germanicus gegen Abend eine Legion aus der Front ziehen mußte, um ein Lager aufzuschlagen. Bei einem Sieg wäre das nicht nötig gewesen. Da hätte das ganze Heer in viel kürzerer Zeit und viel besser das Lager errichtet. Es kann sich darum nur um ein an die Weser angelehntes Notlager, vielleicht unter Einbeziehung des eroberten Walles, gehandelt haben.

Dieses Lager scheinen die Germanen am nächsten Tag in weitem Umkreis umschlossen gehalten zu haben, denn das sicherlich den Römern zahlenmäßig gewachsene Heer des Arminius kann sich nicht über Nacht in Nichts aufgelöst haben. Dafür spricht auch das Verhalten des Germanicus nach der Schlacht und die Tatsache, daß die Stellung des Arminius in den nächsten Jahren unerschüttert blieb. Allem Anschein nach saß Germanicus an der Weser fest und konnte nicht aus seinem Lager heraus. So scheint er mit den Germanen Verhandlungen angeknüpft zu haben, um eine Waffenruhe für den Rückmarsch auszuhandeln. Das allerdings klingt bei Tacitus so: »Später übertrug er dem Stertinius den Krieg gegen die Angrivarier, wenn sie sich nicht mit der Unterwerfung beeilten. Und jene Schutzflehenden erhielten, da sie nichts verweigerten, Verzeihung für alles.«[244]

Es ist ganz klar, daß es nach der Schlacht am Angrivarierwall zu Verhandlungen gekommen ist. Die Verluste der Germanen werden in den drei Schlachten sicherlich sehr schwer gewesen sein. So ist es verständlich, daß sie auf ein römisches Ansuchen um Waffenruhe eingegangen sein werden. Von einer Unterwerfung um jeden Preis wird aber keine Rede gewesen sein. Sie werden dem Germanicus freien Abzug gewährt haben. Darum heißt es im nächsten Satz: »Da nun der Sommer schon weit vorgeschritten war, wurden einige Legionen auf dem Landwege in die Winterquartiere zurückgeschickt; den größeren Teil schiffte der Cäsar ein und führte ihn die Ems hinunter in den Ozean.« (Es folgt dann die oben bereits angeführte Schilderung des Sturmes auf der Nordsee und des Schiffbruchs der Flotte.)

Auch aus der Schilderung der Schlacht am Angrivarierwall geht klar hervor, daß die Flotte auf der Ems und nicht auf der Weser ins Operationsgebiet gefahren ist. Hätte nämlich Germanicus mit seinen Schiffen die Weser beherrscht, wäre der verlustreiche Sturm auf den Angrivarierwall unnötig gewesen, da die Schiffe leicht Truppen im Rücken der germanischen Verteidigungsstellung hätten landen können.

Daß Germanicus einen Teil seiner Truppen auf dem Landweg zurückschicken konnte, spricht ebenfalls dafür, daß es zu einer Waffenruhe gekommen ist. Sonst wäre es sicher möglich gewesen, diese so wie im Vorjahr die Truppen des Caecina einzukesseln. Es war ja noch Sommer, so daß die Möglichkeit zu weiteren Kampfhandlungen bestand. Bei einer Waffenruhe aber konnte Arminius einen großen Teil seiner Truppen entlassen, was für die Bauern sicherlich dringend nötig war, damit sie noch zur Ernte zurechtkamen.

Tacitus bringt nach der Angabe, daß Germanicus schon im Sommer den Rückzug angetreten hat, die Schilderung von dem Schiffbruch der Flotte und knüpft daran die Bemerkung[245]: »Während die Kunde vom Verlust der Flotte bei den Germanen neue Hoffnung auf den Krieg weckte, trieb sie den Cäsar an, ihm zu begegnen.« Vergegenwärtigt man sich jedoch die Lage nach dem Flottenuntergang, dann erscheint es recht unwahrscheinlich, daß noch im selben Jahr von seiten des Arminius kriegerische Unternehmungen gegen die Römer eingeleitet worden sind. Auf germanischer Seite war die Lage die folgende:

Dem Gesamtaufgebot aller waffenfähigen Männer war es nach drei verlustreichen Schlachten gelungen, die Römer wieder aus dem Lande zu vertreiben, danach war der größte Teil des Heeres zur Ernte entlassen worden. So mußte es für die germanische Führung fast unmöglich sein, Ende September oder Anfang Oktober ausreichende Truppenmassen zusammenzubringen, um ein größeres Unternehmen gegen die am Rhein stehenden Römer zu beginnen. Höchstens könnten kleinere Vorstöße gegen die neu ausgebaute Reihe von Kastellen vom Rhein bis Aliso unternommen worden sein. Man muß sich doch immer vor Augen halten, daß es der Führung der Eidgenossenschaft unter Arminius um die Einhaltung der Verträge von 6 n. Chr. ging und nicht um Eroberungen westlich des Rheins. Der Bruch der Waffenruhe (wenn es sie gegeben hat, was mir sehr wahrscheinlich erscheint) wäre dann eindeutig von Germanicus und den Römern ausgegangen.

Dies erscheint mir um so wahrscheinlicher, als Germanicus wiederum einen sehr empfindlichen Prestigeverlust erlitten hatte. Wird uns doch berichtet, daß er sich nach dem Schiffbruch der Flotte sogar mit Selbstmordgedanken getragen hat. Tacitus: »Nur die Trireme, auf der sich Germanicus befand, landete an der Küste des Chaukenlandes. All die Tage und Nächte auf den Klippen und Küstenvorsprüngen hatte er laut die Schuld an dem furchtbaren Unglück sich selber vorgeworfen, und kaum hatten ihn seine Freunde abgehalten, in diesen selben Fluten den Tod zu suchen.«[246]

Es ist darum verständlich, daß er die kurze Zeit bis zum Anbruch des Winters ausnutzte, um durch einen ungefährlichen Plünderungs- und Raubzug in der Nähe des Rheins sein durch die Niederlagen in den Jahren 15 und 16 geschwundenes Ansehen beim Heere wieder etwas aufzubessern. Tacitus berichtet davon im 25. Kapitel des zweiten Buches seiner Annalen. Eine Abteilung von 30 000 Mann rückte wahrscheinlich durchs Lahntal in das Randgebiet der Chatten ein, richtete aber nichts aus, denn es wird uns von keinem Zusammenstoß berichtet. Germanicus selbst ging auf der gesicherten Straße in Richtung Aliso vor. Es wird uns von Verhandlungen mit dem Herzog der Marsen (deditio = »Unterwerfung« nennt es Tacitus), der Rückgabe eines der von Varus verlorenen Adler und einigen Plünderungen und

Mordbrennereien berichtet. Ausgerichtet wurde allem Anschein nach sehr wenig. Arminius griff nicht ein, was verständlich ist, wenn man mit mir annimmt, daß er den größten Teil seines Heeres entlassen hatte.

Auch das scheint noch nicht genügt zu haben, um das Ansehen des Germanicus beim Heer wieder herzustellen, denn es heißt[247]: »Darauf wurden die Soldaten in die Winterquartiere zurückgeführt, frohen Herzens darüber, daß sie die unglückliche Seefahrt durch den glücklichen Zug wettgemacht hatten. Germanicus zeigte sich außerdem so freigebig, daß er jedem seinen Verlust in der angegebenen Höhe ersetzte.«

Das Ergebnis des Feldzuges des Jahres 16 war wiederum gleich Null, so wie es schon 15 gewesen war. Trotz der protzigen Siegesberichte ist es deutlich, daß das Ergebnis der drei Schlachten eine Niederlage der Römer war. Dazu kam der Flottenverlust, der den Verlust des Feldzuges noch verschärfte. Sollte der Krieg im nächsten Jahr wieder aufgenommen werden, hätte es ebensolcher Anstrengungen bedurft, wie sie nach dem verlorenen Feldzug von 15 n. Chr. nötig gewesen waren.

Ich halte es für wahrscheinlich, daß die Regierung in Rom bei der Lagebeurteilung im Herbst und Winter 16 auf 17 zu folgenden Schlüssen gelangt ist: Man stand in Norddeutschland auch nach zwei verlustreichen Feldzügen immer noch auf der Stelle am Rhein. Ein dritter hätte wieder genau dieselben gewaltigen Vorbereitungen erfordert, und der Ausgang wäre trotzdem offen gewesen, weil der Reichsfeldherr Germanicus und sein Stab offenbar dem Genie des Arminius nicht gewachsen waren. Ein voller Sieg aber wäre nur die Voraussetzung eines neuen Feldzuges gegen die böhmische Stellung des Marbod gewesen. Da Tiberius schon zehn Jahre zuvor glaubte, zwölf Legionen gegen Marbod ins Feld führen zu müssen, hätte dieser Feldzug ebenfalls wieder militärische Anstrengungen erfordert, die zweifellos auf die Dauer den Staat überforderten.

Es lag darum für die Zentralregierung nahe, den Krieg durch einen Frieden zu beenden. Wenn es darüber hinaus noch gelang, die beiden germanischen Fürsten aufeinanderzuhetzen, war das einem neuen langen und sicherlich sehr verlustreichen Krieg mit völlig offenem Ausgang weit vorzuziehen. So kam es denn im Winter 16 auf 17 zur Abberufung des Germanicus und zu Friedensverhandlungen.

13. Die Beendigung des Römisch-Germanischen Krieges

Im Winter von 16 auf 17 n. Chr. müssen Verhandlungen zwischen der germanischen Eidgenossenschaft und den Römern stattgefunden haben, die zu einem förmlichen Friedensschluß geführt haben. Unterhändler waren auf germanischer Seite sicherlich Arminius und weitere germanische Fürsten, auf römischer wahrscheinlich der Sohn des Tiberius, Drusus. Dies geht aus den Annalen des Tacitus hervor. Es handelt sich um folgende Stellen[248]: Zunächst wird nach der strikten Ablehnung des Gesuches des Germanicus, den Krieg im Jahre 17 weiterzuführen, und seiner energischen Abberufung gesagt: »Er setzte hinzu, wenn es wirklich noch Krieg zu führen gebe, möge er doch seinem Bruder Drusus (Germanicus war der Neffe des Kaisers Tiberius und von diesem adoptiert worden) ebenfalls Gelegenheit geben, sich hervorzutun. Da die Germanen jetzt die einzigen Feinde seien, könne er sich dort den Imperatortitel und den Lorbeer holen.« – »Nicht lange darauf wurde Drusus nach Illyrien gesandt. Er sollte sich mit dem Kriegsdienst vertraut machen und die Liebe des Heeres zu gewinnen suchen.« – Als Marbod um Hilfe gegen Arminius bei Tiberius nachsuchte, »erhielt er die Antwort, er habe kein Recht, römische Hilfe gegen die Cherusker zu verlangen; denn als die Römer mit den Cheruskern im Kampfe lagen, habe er sie in keiner Weise unterstützt. Trotzdem wurde, wie berichtet, Drusus als Friedensstifter abgesandt.«

Drusus muß sich bei dieser Aufgabe sehr geschickt verhalten und viel erreicht haben. Man könnte die Angabe, daß Drusus als Friedensstifter zwischen Marbod und Arminius auftrat, dahin deuten, daß es ihm gelungen sein könnte, eine Art verschleiertes Protektorat über die Eidgenossenschaft des Arminius auszuhandeln. Dies wäre darum denkbar, weil es den nordwestgermanischen Kleinstaaten offenbar während des ganzen Krieges darum ging, zu den von Varus außer Kraft gesetzten Verträgen von 6 n. Chr. zurückzukehren. Allerdings scheinen sich die Germanen gegen eine neue Stationierung von römischen Truppen auf ihrem Gebiet erfolgreich zur Wehr gesetzt zu haben. Insofern scheinen die Friedensbedingungen über die Verträge von 6 hinausgegangen zu sein.

Auf jeden Fall muß aber ein förmlicher Friedensvertrag zustande gekommen sein. Zwar sagt Tacitus nichts darüber, aber ohne einen solchen wäre folgendes unverständlich: »Als die Römer nämlich das Feld geräumt und die Germanen von der Furcht vor dem äußeren Feind befreit hatten.«[249] Und: »Infolgedessen beteiligte sich nicht nur die alte Heeresmacht des Arminius, die Cherusker und ihre Verbündeten, am Kriege.«[250] Daraus geht klar hervor, daß Arminius mit dem gesamten Heerbann der Eidgenossenschaft kurz nach 16 n. Chr. gegen Marbod Krieg geführt hat. Das konnte Arminius nur wagen, wenn es mit den Römern zu festen vertraglichen Abmachungen gekommen war. Hätte der Krieg nur geruht, wie in den Jahren 10 bis 13, hätte er das auf keinen Fall gekonnt. Dann würde auch die Stelle, die berichtet, daß die Römer endgültig das Feld geräumt hatten und die Eidgenossenschaft von der Furcht vor dem äußeren Feind befreit worden war, sinnlos sein.

Über die Friedensbedingungen können wir nur Vermutungen anstellen, da die Annalen des Tacitus darüber schweigen. Jedenfalls muß der Friedensschluß endgültig gewesen sein, da die Römer nie mehr den Niederrhein überschritten haben und kein äußerer Feind bis zur Zeit Karls des Großen das Weserdreieck betreten hat.

Man könnte einwenden, daß bei einem Friedensschluß Thusnelda mit ihrem Sohn Thumelicus in die Heimat hätte zurückkehren müssen. Da wir aber genau wissen, daß das nicht der Fall war, könnte es auch nicht zum Frieden gekommen sein. Es ist aber anzunehmen, daß beide in römischen Händen ein so gewichtiges Druckmittel auf Arminius bildeten, daß die Römer nicht bereit waren, Thusnelda und ihren Sohn zurückkehren zu lassen. Sie hatten dafür auch einen formalen Grund, der schwer zu widerlegen gewesen sein wird: Da Segestes der Ehe von Arminius und Thusnelda seine Zustimmung verweigert hatte, könnten sie angeführt haben, daß die Eheschließung ungültig gewesen sei. Thusnelda hätte darum immer noch unter der Oberhoheit des Sippenoberhauptes gestanden. Solange dieses die Zustimmung zur Ehe und zur Rückkehr verweigerte, könnten sie die Rückführung nicht vornehmen.

Über das fernere Schicksal von Thusnelda und Thumelicus geben zwei Stellen, eine bei Tacitus und die andere bei Strabo, unsichere Auskunft. Die Tacitusstelle[251] lautet: »Arminii uxor virilis sexus stirpem edidit; educatus Ravennae puer quo mox ludibrio conflictatus sit, in tempore memorabo.« – »Die Gattin des Arminius gebar einen Sprößling männlichen Geschlechts; der Knabe wurde in Ravenna erzogen; durch welches Blendwerk (Entehrung, Spott, Schändung) er später heimgesucht (hart betroffen) worden ist, werde ich bei Gelegenheit mitteilen.« Die Stelle ist kaum richtig zu übersetzen, einig sind sich aber alle Übersetzer darin, daß der Sinn auf ein schlimmes Schicksal des Thumelicus hinweist.

Man hat aus der Tatsache, daß in Ravenna eine Gladiatorenschule bestand und Thumelicus ein häufiger Sklavenname war, geschlossen, daß der Sohn des Arminius in jungen Jahren als Gladiator zugrunde gegangen sein könnte. Ich möchte diese Vermutung jedoch mit aller Entschiedenheit zurückweisen. Ein Prinz aus fürstlichem Hause war für die Römer viel zu wertvoll, als daß sie ihn so hätten verkommen lassen. Wenn er in Rom erzogen wurde und dort seine geistige Heimat hatte, konnte er ihnen als Staatsführer die besten Dienste leisten. So hatten sie es ja schon zur Zeit der Republik mit syrischen Prinzen gemacht, und später sind armenische Fürsten vergleichbare Beispiele dafür. Sie haben auch später den Sohn des Flavus, des Bruders des Arminius, der den bezeichnenden Namen »Italicus« trug, zu den Cheruskern geschickt, damit er dort eine von ihnen abhängige Herrschaft aufrichte. Ein Sohn des Arminius wäre dafür sicher noch viel besser geeignet gewesen. Es ist müßig, über die Art des Unglücks dieses Prinzen zu spekulieren – wir wissen einfach nichts darüber.

Thumelicus, Thusnelda und ihrem Bruder blieb allerdings die Demütigung, im Triumphzug des Germanicus aufgeführt zu werden, nicht erspart. Strabo[252] berichtet davon: »Bei ihnen (den Cheruskern) wurden drei Legionen der Römer mit ihrem Feldherrn Quinctilius Varus durch Bruch der Verträge verraten und aus dem Hinterhalt vernichtet. Alle aber (die an diesem Verrat Schuldigen) haben dafür büßen müssen und dem jüngeren Germanicus die Möglichkeit zum herrlichsten Triumphzug geboten, in dem ihre vornehmsten Männer und Frauen in Person einhergeführt wurden: Segimund, der Sohn des Segestes, ein Fürst der Cherusker, und seine Schwester, die Gattin des Arminius – der den Krieg bei den Cheruskern bei dem Treubruch gegen Quinctilius Varus geleitet hat und noch jetzt den Kampf fortsetzt – mit Namen Thusnelda und ihrem dreijährigen Sohn Thumelicus, ferner Sesithakos, der Sohn des Cheruskerfürsten Segimer, und dessen Gattin Ramis, die Tochter des Ukromeros, eines Fürsten der Chatten, und Dendorix, der Sohn von Melons Bruder Baitorix, ein Sugambrer. Segestes aber, der Schwiegervater des Arminius, war von Anfang an wegen seines anderen Standpunktes im Zwiespalt mit diesem, und wie sich die Gelegenheit bot, ging er zu den Römern über und wohnte dem Triumphzug über seine nächsten Angehörigen bei, während er in Ehren mitzog. Im Triumph wurden auch Libes, der Priester der Chatten, mit aufgeführt und andere Personen aus den unterworfenen Völkern: aus den Chauken, Brukterern, Usipetern, Cheruskern, Chatten, Kattuariern, Landern und Tubanten.«

Man sieht, daß die meisten der angeführten Personen 15 n. Chr. als Begleiter des Segestes bei seinem Übertritt auf die römische Seite in die Hand der Römer gekommen sind. Es sind Segimund, Thusnelda, Thumelicus, Sesithakos und Ramis, d. h. von sieben aufgeführten Personen sind es fünf. Das ist ein Beweis für einen weiteren Vertragsbruch der Römer. Im Jahre 15 hatte man doch den Anhängern und Verwandten des Segestes Schonung und »Straffreiheit« zugesichert. Jetzt wurden sie einer Demütigung unterworfen, der sich Kleopatra 48 Jahre vorher durch Selbstmord entzogen hatte. Zudem war es römische Sitte, die im Triumphzug aufgeführten Personen anschließend im Gefängnis Jupiter zu opfern. Allerdings gab es Ausnahmen, so Perseus, den letzten König von Makedonien, oder viel später Zenobia, die Königin von Palmyra. Aber noch 64 Jahre vor diesem Triumph hatte das Vercingetorix erleiden müssen. Sicherlich ist Thusnelda verschont worden, da sie für die römische Politik viel zu wertvoll war. Ob das aber auch mit den anderen aufgeführten Personen geschehen ist, ist fraglich, denn die Sippe des Segestes hatte jeden Einfluß in Germanien verloren und war darum für die Römer gleichgültig geworden. So besteht durchaus die Möglichkeit, daß Segestes selbst seinen Sohn und seinen Neffen mit dessen Frau zum Tode geführt hat.

Aus dem Bericht des Strabo, der sicherlich unmittelbar nach dem Triumphzug verfaßt worden ist (das geht aus der Bemerkung, daß der Krieg noch andauert, hervor), kann man erkennen, wie sehr die römische Öffentlichkeit über die wahren Verhältnisse getäuscht worden ist. Germanicus ist offenbar von seinem Posten mit Nachdruck abberufen worden, und um die Niederlage zu verschleiern, mußte er wider besseres Wissen in Rom ein Triumphschauspiel aufführen, wo es wirklich nichts zu triumphieren gab. Um diesen Triumph echt erscheinen zu lassen, war die Sippe des Segestes gerade noch gut genug.

Wenden wir uns nun wieder den Friedensverhandlungen zu, so müssen wir feststellen, daß Arminius die Befreiung seiner Familie nicht erlangen konnte. Er erreichte aber, daß die Römer nie mehr östlich des Mittel- und Niederrheines militärisch auftraten. Das Kastell Aliso, das Germanicus noch 16 n. Chr. wiedererrichtet und durch befestigte Verbindungen mit Xanten und Köln gesichert hatte, wird nie mehr erwähnt. Es ist sicherlich den Germanen übergeben und von diesen zerstört worden. Auch der Schutzvertrag mit den Chauken, der noch 16 bestand, wie aus der mitgeteilten Schilderung des Flottenunglücks hervorgeht, scheint nicht wieder erneuert worden zu sein.

So könnte es scheinen, als ob die Eidgenossenschaft unter der

Führung des Arminius alle Ziele erreicht hätte. Ich meine aber, daß dieser Schein trügt. Ich halte es für selbstverständlich, daß auch die Germanen den Römern beträchtliche Zugeständnisse machen mußten. Wir wissen davon allerdings nichts. Doch scheint mir ein indirekter Beweis dafür die Tatsache zu sein, daß Ingiomerus, der noch 16 zusammen mit Arminius gegen die Römer gekämpft hatte, kurz danach mit einem beträchtlichen Anhang auf die Seite des Marbod trat und mit ihm zusammen gegen Arminius kämpfte. »Infolgedessen beteiligte sich nicht nur die alte Heeresmacht des Arminius, die Cherusker mit ihren Verbündeten, am Kriege (gegen Marbod). Auch einige suebische Stämme aus Marbods Reich, die Semnonen und Langobarden, traten zu ihm (Arminius) über. Dieser Zuwachs würde ihm das Übergewicht gesichert haben, wenn nicht Ingiomerus mit seinem Anhang auf Marbods Seite getreten wäre. Er hatte keine andere Veranlassung dazu, als daß er es unter seiner Würde fand, als alter Oheim seinem jungen Brudersohn zu gehorchen.«[253]

Wenn Tacitus die Eifersucht des alten Fürsten auf seinen Neffen als Grund für den Übertritt anführt, mag das immerhin eine Rolle gespielt haben. Aber man darf nicht vergessen, daß schon 16 n. Chr. Ingiomerus dem Arminius unterstellt gewesen sein dürfte. Damals scheint dieser daran keinen Anstoß genommen zu haben. Sehr wichtig scheint mir die Tatsache zu sein, daß eine immerhin recht beträchtliche Anzahl von Cheruskern Arminius verläßt. Das kann nicht nur der persönliche Anhang des Ingiomerus gewesen sein, denn dieser hätte gewiß nicht den Zuwachs durch Semnonen und Langobarden ausgeglichen. Deutet das vielleicht darauf hin, daß viele mit den ausgehandelten Friedensbedingungen nicht zufrieden waren? Hatte nach ihrer Meinung Arminius den Römern zu große Zugeständnisse gemacht? Welche könnten das gewesen sein?

Hat er vielleicht die Eidgenossenschaft unter römischen Schutz gestellt und sich verpflichtet, die Macht des Marbod zu brechen? Dies würde ganz in das römische Konzept gepaßt haben, unruhige Grenzvölker an Rom zu binden und ihnen den Schutz der Grenze zu übertragen. Man denke nur an das Beispiel von Armenien! Tiberius hätte dann durch diplomatische Mittel das erreicht, was Germanicus mit seinem großen Heere nicht durchsetzen konnte. Daß dies auch ganz auf Tiberius' Linie gelegen hätte, beweist Tacitus[254]:

»Tiberius jedoch drängte in mehreren Briefen, Germanicus möge zur Feier des bewilligten Triumphes heimkehren. Große, glückliche Schlachten habe er freilich geschlagen, er dürfe aber auch die schweren, furchtbaren Verluste nicht vergessen, die Wind und Wellen ohne Schuld des Feldherrn verursacht hätten. (Tiberius:) *Ich selber bin neunmal von dem verewigten Augustus nach Germanien entsandt worden und habe dort mehr durch Klugheit als durch Gewalt erreicht. Auf diese Weise sind die Sugambrer unterworfen und die Sueben und der König Marbod durch einen Frieden an uns gefesselt worden. Und die Cherusker und die übrigen aufrührerischen Stämme kann man jetzt, nachdem Rom seine Rache genommen hat, ihren inneren Zwistigkeiten überlassen.*« Zwar erinnert diese Stelle an die Geschichte von dem Fuchs und den Trauben, steckt aber nicht doch mehr dahinter?

Ist vielleicht der Krieg des Arminius gegen Marbod der Preis gewesen, den er für den Frieden bezahlen mußte? Wenn es so gewesen wäre, könnte man den Übertritt des Ingiomerus mit einem größeren Teil der Cherusker auf die Seite Marbods verstehen.

Das Nachspiel auf germanischem Boden

Im Jahr 6 n. Chr. hatte sich Tiberius angeschickt, die Machtstellung Marbods in Böhmen zu zerstören, weil ohne den Besitz Böhmens die römische Herrschaft über Nord- und Mitteldeutschland bis zur Elbe auf die Dauer nicht zu halten war. Böhmen war als das mittlere der vier großen Becken, die sich diagonal durch Europa erstrecken, das fehlende, aber wichtige Kernstück der vielleicht geplanten Sicherungszone des römischen Mittelmeerreiches gegen den Osten und Norden.

Marbod wurde damals durch den Pannonischen Aufstand gerettet. Als 9 n. Chr. die Römer diese Gefahr beseitigt hatten und erneut an einen Angriff auf Böhmen denken konnten, brach der Römisch-Germanische Krieg am Niederrhein und im Weserdreieck aus. Daß dieser Krieg für die norddeutschen Germanen günstig ausging, lag gewiß nicht zum mindesten an Marbods Machtstellung in Böhmen, die die Römer an einem Stoß von der Donau her über Thüringen in den Rücken des Weserdreiecks hinderte.

Marbod scheint während des ganzen Krieges strengste Neutralität bewahrt zu haben. So deutet man ja die Geste der Rückgabe des Hauptes von Varus, das ihm nach der Schlacht im Teutoburger Wald Arminius übersandt hatte, als Absage an diesen, sich am Krieg gegen Rom zu beteiligen. Es kann möglich sein, daß diese Deutung stimmt.

Aber auch den Römern hat er eine deutliche Absage erteilt. Dies wissen wir aus den Annalen des Tacitus ganz genau[255]. Als er nämlich nach seiner Niederlage gegen Arminius Hilfe von Rom erbat, wurde ihm folgender Bescheid: »Er habe kein Recht, römische Hilfe gegen die Cherusker zu verlangen; denn als die Römer mit den Cheruskern im Kampfe lagen, habe er sie in keiner Weise unterstützt.«

Bei großen Teilen der Cherusker und ihren Verbündeten könnte das Gefühl, von Marbod im Stich gelassen worden zu sein, in den schweren Jahren 15 und 16 und danach vorherrschend gewesen sein. Von Arminius allerdings glaube ich das nicht. Er war ein so bedeutender Staatsmann und Feldherr, daß er genau wußte, daß ein neutraler Marbod mit einer intakten Armee in seinem Rücken viel wichtiger war als ein Verbündeter, der vielleicht von den Römern besiegt werden könnte. Daß beide zusammen das Römische Reich damals hätten zerstören können, ist wohl eine nur in den Vorstellungen von manchen Historikern bestehende Möglichkeit. Man bedenke doch, daß es immerhin einiger Jahrhunderte voll von Bürgerkriegen, Mißwirtschaft und Glaubenskämpfen bedurft hat, ehe das Reich dem Ansturm seiner Feinde erlag!

Es fragt sich, wie es dann so kurz nach dem Friedensschluß mit Rom zum Krieg zwischen den beiden großen germanischen Föderationen hat kommen können. Daß, wie Tacitus[256] meint, Gewöhnung an Kampf und Eifersucht auf den errungenen Ruhm der Kriegsgrund gewesen seien, kann man getrost beiseitelassen: Man muß sich doch vorstellen, daß die Eidgenossenschaft des Arminius soeben einen schweren siebenjährigen Krieg, der sich nur auf ihrem Gebiet abgespielt hat, hinter sich hatte. Er hatte sehr viel Blut gekostet und das Land weithin verwüstet. Daß danach das Volk sehr kriegsmüde war, müßte jedem verständlich sein. Es mußten Jahre vergehen, ehe die Wunden dieses Krieges ausgeheilt waren. Die Germanen der damaligen Zeit waren Bauern. Sie wollten gewiß ihre Höfe wieder aufbauen, die vernachlässigten Felder bestellen, die Verluste an Hausrat und Vieh wieder ergänzen – da werden sie kaum Neigung gehabt haben, schon wieder zu den Waffen zu greifen. Das kann jeder einsehen, der sich nur ein bißchen in die Lage des Volkes hineindenken kann und nicht gedankenlos römische Schlagworte übernimmt. Man muß sich auch vor Augen halten, daß Kriege, für die der ganze Heerbann aufgeboten werden mußte, vom Gesamtthing der Eidgenossenschaft beschlossen werden mußten. Die germanischen Fürsten der damaligen Zeit waren keine absoluten Herrscher. Sie hingen von der Zustimmung des Things ab. Da ihnen keine willfährigen Massenmedien zur Verfügung standen, mußten sie die Mehrheit des Things überzeugen. Das konnten sie nur, wenn sie gute Gründe vorzubringen hatten.

Ich deutete oben an, daß vielleicht die Römer im Friedensvertrag den Kampf gegen Marbod zu einer der Bedingungen gemacht haben könnten. Wenn das wirklich der Fall gewesen sein sollte, dann brauchte dieser Kampf aber doch nicht sofort durchgeführt zu werden. Sicherlich hätte es genügend Gründe gegeben, ihn so lange wie irgend möglich hinauszuzögern.

So liegt der Verdacht nahe, daß die eben errungene Freiheit von Marbod erneut bedroht wurde. Hat er angefangen, despotisch zu herrschen, und stützte sich dabei auf die Kelten in seinem Reich? Oder hat er über seinen ursprünglichen Machtbereich hinausgegriffen und andere germanische Staaten gewaltsam erobert und unterdrückt?

Daß er, nur weil er den Königstitel angenommen hätte, bei den Germanen verhaßt gewesen wäre, wie Tacitus wissen will[257], ist unglaubwürdig. Es macht zu sehr den Eindruck eines gängigen literarischen Schemas der Antike. Ich erinnere nur an Themistokles, Orgetorix oder an Arminius selbst, von dem das Tacitus auch behauptet[258]. Trotzdem könnte bei Marbod darin ein Körnchen Wahrheit verborgen sein. Aber weder Name noch Titel werden der Stein des Anstoßes gewesen sein, eher seine Regierungsform und vielleicht seine Machtgelüste.

Es ist denkbar, daß es für Arminius ein schwerer Entschluß war, als er gegen Marbod die Waffen erhob. Er war sicherlich zu klug, um nicht zu sehen, daß mit dem Sturz Marbods seine Rückendeckung gegen Rom zusammenbrechen konnte. Alles das sind Fragen, die sich zwangsläufig aus der Lage, wie sie damals war, ergeben, die aber unbeantwortbar sind.

Jedenfalls kommt es schon 17, spätestens 18 zum Zusammenstoß. Für die komplizierte Lage damals ist es bezeichnend, daß sowohl Marbod wie Arminius von einer beträchtlichen Anzahl ihrer Anhänger verlassen wurden. Die von Tacitus mitgeteilten Ansprachen der beiden großen germanischen Herzöge vor der Schlacht[259] sind sicherlich erdichtet; denn römische Senatsstenographen haben sich gewiß nicht bei den Heeren aufgehalten. Diese Reden tragen auch nichts zur Beantwortung unserer Fragen bei. Ebenso verdient das, was Tacitus von der Organisation beider Heere nach römischem Vorbild erzählt, kaum Glauben. In den letzten Schlachten hatte sich das Heer des Arminius dem römischen als gleichwertig erwiesen, wenn nicht sogar überlegen, so daß eine Umgestaltung der Taktik nicht nötig war. Reserven aber haben die germanischen Feldherren immer zurückgehalten, wenn sie welche hatten. Das brauchten sie den Römern wirklich nicht abzusehen.

Wo die Schlacht stattfand, ist ungewiß. Horneffer glaubt, daß sie in der Lausitz geschlagen wurde. Andere wollen sie in das Vogtland verlegen. Am wahrscheinlichsten erscheint mir ein Ort in der Leipziger Bucht. Dort haben die meisten großen Auseinandersetzungen stattgefunden, wenn der eine Gegner von Böhmen aus nach Norden operierte (ich erinnere nur an die Schlacht bei Lützen zwischen Gustav Adolf und Wallenstein im Nov. 1632 und an die Völkerschlacht bei Leipzig im Oktober 1813). Dafür spricht, daß Marbod nach der Schlacht sein

»Lager auf die Hügel (oder Höhen) zurückverlegt«[260] habe. Beide Heere griffen mit verstärktem linken Flügel an. So wurde bei beiden der rechte geworfen, und die Schlacht scheint unentschieden ausgegangen zu sein. Aber Marbod zog sich, ohne sie zu erneuern, am nächsten Tag nach Süden zurück. Das erinnert stark an die Schlacht von Lützen 1632. Da die topographischen Verhältnisse damals dieselben wie heute waren, mußte Arminius mit Sicherheit über Thüringen heranziehen und Marbod ihm wahrscheinlich über die Pässe des Vogtlandes entgegenmarschieren. Damit hätte sich eine Begegnung in der Nähe des heutigen Leipzig von selbst ergeben. Das wäre aber auch der Fall gewesen, wenn Marbod eine östlichere Straße benutzt hätte.

Es ist bezeichnend, daß Marbod von Arminius nicht verfolgt worden ist. Jedenfalls berichtet Tacitus nichts davon. Nach ihm muß Marbod ungestört nach Böhmen zurückgekehrt sein. Sein Sturz erfolgte erst später, weil er sein Ansehen verloren hatte. Das könnte darauf hindeuten, daß dem Arminius nichts an Marbods Sturz gelegen war. Man könnte sich denken, daß es ihm nur darauf ankam, ihn auf sein Stammgebiet zu beschränken und ungerechtfertigte Herrschaftsansprüche zurückzuweisen. Dies könnte durchaus in seinem Sinne gewesen sein, denn ihm mußte daran liegen, die Rückendeckung auch noch nach 17 n. Chr. zu behalten. Ein etwas geschwächter und von Arminius abhängiger Marbod hätte wohl am besten in dieses Konzept gepaßt.

Aber Marbods Zurückweichen vor Arminius hatte ihn soviel Ansehen gekostet, daß seine Macht auch in Böhmen zu wanken begann. Sofort schaltete sich der Sohn des Tiberius ein: »Während so Germanicus den Sommer in verschiedenen Provinzen verlebte, erwarb sich Drusus nicht geringen Ruhm. Er schuf Zwietracht unter den Germanen; Marbod, dessen Macht bereits gebrochen war, wurde vollends vernichtet.«[261] So ist dessen endgültiger Sturz auf römische Machenschaften zurückzuführen. Dies bestätigt auch die Rede des Tiberius vor dem Senat[262]: »Im Senat aber setzte Tiberius auseinander, so furchtbar wie Marbod den Römern sei weder Philipp den Athenern noch Pyrrhus oder Antiochus dem römischen Volk gewesen. Die Rede, in der er die Größe dieses Mannes, die unbändige Kraft der ihm unterworfenen Stämme, die gefährliche Nähe dieses Feindes an Italien, schließlich seine eigenen Maßregeln, ihn zu vernichten, geschildert hat, ist erhalten geblieben.«

Es ist erstaunlich, daß Tiberius die Macht dieses Mannes so hoch einschätzte, obwohl Rom mit ihm niemals die Klingen gekreuzt hat. Das allein zeigt schon deutlich, welch entscheidende Rolle Marbod im

Hintergrund gespielt haben muß, nicht nur im Pannonischen Aufstand, sondern auch von 9 bis 16. Es ist verwunderlich, daß darauf trotz dieser Tacitus-Stelle und den auf der Hand liegenden strategischen Verhältnissen noch kein Historiker eingegangen ist.

Nach dem Zusammenbruch von Marbods Herrschaft kommt es in Böhmen zu schnell wechselnden Herzögen. Keiner kann auf längere Zeit seine Herrschaft konsolidieren. Daß dabei die Römer ihre Hände im Spiel hatten, ist wohl selbstverständlich.

Aber auch in Norddeutschland spielt sich ähnliches ab. Hier kommt es 21 n. Chr. zur Ermordung von Arminius – nur fünf Jahre nach seinem endgültigen Sieg über die Römer. Tacitus[263] berichtet darüber: »Übrigens wollte sich Arminius nach dem Abzug der Römer und der Vertreibung Marbods zum König machen, stieß aber bei seinen freiheitsliebenden Landsleuten auf Widerstand. Es kam zu einem Krieg gegen ihn; er focht mit wechselndem Glück und fiel dann durch die Arglist seiner Verwandten. Er war unbestritten der Befreier Germaniens und hat dem römischen Volke den Fehdehandschuh hingeworfen, und zwar nicht in der Zeit seiner schwachen Anfänge, sondern als es in der Blüte seiner weltbeherrschenden Macht stand. Seine Schlachtenerfolge waren zweifelhaft, aber einen Krieg hat er nicht verloren. 37 Jahre hat er gelebt, 12 Jahre geherrscht. Noch heute besingen ihn die Barbarenvölker.«

Diesem Nachruf des Römers sei eine Stimme von heute gegenübergestellt. Hannsferdinand Döbler schreibt in seinem Buch: »Die Germanen, Legende und Wirklichkeit von A–Z«: »Auch das Ende des Arminius ist glanzlos: Verwandte erschlagen ihn. Ob er die Königswürde tatsächlich angestrebt hat, ist unbewiesen, aber mehr als wahrscheinlich. Für seine Zeitgenossen war er allerdings nicht jene lichte Heldengestalt, als die ihn der deutsche Nationalismus des 19. Jahrhunderts auf den Sockel gestellt hat. Römische Senatoren und Politiker hatten an ihm ein gewisses Interesse wie an einem Mann, der auf dem Feld der Politik als Schachfigur unbrauchbar geworden ist; in ihren Augen war er ein Verräter, der eine militärische Katastrophe verursachte, aber kein Mann von geschichtlichem Rang: ein intelligenter und gefährlicher Barbarensohn, von Gegnern und Freunden als überreizt und wahnsinnig bezeichnet (Timpe), dessen Tod nur beiläufig erwähnt worden ist.«

Nach der sorgfältigen Interpretation aller Quellen, wie sie hier vorgenommen wurde, sieht wohl jeder, daß dieses negative Urteil weit danebengeht.

Mit dem Tode des Arminius endete die erste Begegnung der Germanen mit den Römern. Es folgt eine Zeit, in der die Römer eine Art indirekter Herrschaft über die Grenzgebiete von Pannonien bis zur Rheinmündung ausübten. Es ist eine Zeit innerer Kämpfe und Umschichtungen, die bis 166 n. Chr. anhält. Sie endet mit den Markomannenkriegen. Damit beginnt eine neue Zeit der römisch-germanischen Auseinandersetzung.

Zusammenfassende Schlußbetrachtung

Für die erste Phase des geschichtlichen Zeitraumes, der ungefähr mit dem Jahr 246 v. Chr. beginnt, konnte ich ein faktisches, nicht abgesprochenes Zusammenspiel germanischer und römischer Interessen feststellen. Die Germanen hielten praktisch den Römern die Kelten vom Leibe, so daß die Römer sich ungestört im Mittelmeerraum durchsetzen konnten. Das änderte sich in dem Augenblick, als die keltische Abwehrkraft gegen die Germanen zu erliegen drohte, etwa um 150 v. Chr. So kam es 113 v. Chr. zum ersten, für die Germanen wohl völlig überraschenden Zusammenstoß mit den Römern bei Noreia. Dieses feindliche Zusammentreffen wiederholte sich mehrmals bis zum Jahr 105. Bei jeder dieser Schlachten erwiesen sich die Germanen den Römern gegenüber so überlegen, daß Marius zu seiner grundlegenden Heeresreform gezwungen wurde. Durch sie und durch die erdrückende römische Übermacht kam es dann zu den Katastrophen von Aquae Sextiae und Vercellae.

Diese Katastrophen müssen in ganz Germanien bis hin nach Jütland ungeheuren Eindruck gemacht haben, denn von da ab scheint es, daß die Germanen sorgfältig jeden Zusammenstoß mit den Römern vermeiden wollten. Sie waren eben nicht die kampf- und raublüsternen Horden, als die sie die Römer gern hinstellten. Nach Vercellae halten sie sich jedenfalls längere Zeit auffällig zurück. Erst nach dreißig Jahren, 70 v. Chr., überschreitet Ariovist den Oberrhein auf Bitten der Sequaner, rückt aber sehr langsam vor. 58 v. Chr. ist er noch 250 km in der Luftlinie von der nördlichsten römischen Stellung entfernt. Man erkennt deutlich, wie sorgfältig er sich vom römischen Gebiet fernhält. Wahrscheinlich haben die Germanen zwischen ihrem Gebiet und der römischen Militärmacht einen Gürtel von Keltenstaaten als »Cordon sanitaire« bestehen lassen wollen; das heißt, sie wollten die römische Politik der Anfangszeit in geänderter Form nun ihrerseits fortsetzen. Der Zug der Helvetier könnte dadurch erklärt werden.

Aber Cäsar durchkreuzte diese Pläne, und so kam es zum zweiten Zusammenstoß zwischen den Germanen und den Römern. Eindeutig sind jetzt die Römer die unprovozierten Angreifer. Der Angriff auf Ariovist oder das Verbrechen an den Usipetern und Tenkterern ist durch nichts zu entschuldigen und verstieß schon damals gegen das von den Römern so oft zitierte Völkerrecht. Gerade das letzte Ereignis beweist, daß die Germanen den Römern nicht ins Gehege kommen wollten; denn die Usipeter und Tenkterer überschritten den Mündungsrhein dort, wo die Römer noch nicht hingekommen waren. Diese zweite Phase endet mit der Festlegung der Rheingrenze durch Cäsar.

Die Germanen respektieren sie bis auf kleine bedeutungslose Ausnahmen. Diese friedliche Periode dauert bis zur Zeitenwende. Als dann die Sugambrer, vielleicht in Abwehr eines römischen Übergriffs, für kurze Zeit den Rhein überschritten und der Legion des Lollius eine Niederlage bereitet hatten, nahm das Augustus zum Anlaß, seinen weitgesteckten Plan in Angriff zu nehmen, das römische Mittelmeerreich durch die Elbe-Sudeten-Karpathen-Donau-Grenze für immer zu sichern. Damit beginnt die dritte Phase.

Wäre dieser gigantische Plan geglückt und hätte sich die Beckenreihe, die sich quer durch Europa zieht und in der sich alle Verkehrsstraßen des Kontinents verknoten, in römischer Hand befunden, wäre wahrscheinlich das Reich unangreifbar geworden. Er scheiterte aber an den beiden großen historischen Persönlichkeiten von Arminius und Marbod. So kam es, daß sich Rom mit der unsicheren und sehr anfälligen indirekten Beherrschung und Beeinflussung dieses Grenzraumes begnügen mußte. Schon das genügte, um dem Reich 150 Jahre Sicherheit vor äußeren Feinden zu verschaffen.

Zwei besonders markante Ereignisse ragen als weltgeschichtliche Wendepunkte hervor. Es sind die Schlacht von Mülhausen 58 v. Chr. und die Schlacht im Teutoburger Wald 9 n. Chr. Die erste sicherte das gesamtgallische Gebiet für Rom und schuf damit die Voraussetzung für die Entstehung der französischen Nation; die zweite sicherte den Westgermanen eine eigene Entwicklung und bewahrte sie vor der Romanisierung. Damit waren die Voraussetzungen für die Bildung des deutschen Volkes gegeben.

Die sofort eintretende Folge der Schlacht von Mülhausen war die Umlenkung der germanischen Ausbreitung vom Westen nach dem Osten. Dorthin verströmte sich in den folgenden Jahrhunderten die germanische Volkskraft. Es entstanden wohl große Reiche, aber keine germanischen, mit dem Boden verbundene Völker. In der Völkerwanderungszeit dann, als das Gotenreich zusammengebrochen war, versikkerte diese Volkskraft in den sich bildenden slawischen und romanischen Völkern. Nur die Gebiete, in denen das Germanentum den Heimatboden bewahrt hatte, in Deutschland und im Norden, wurden zum Raum eigenständiger, vom Germanentum geprägter Völker.

Diese Umlenkung des germanischen Ausdehnungsdranges vom Westen und Süden nach dem Osten und Südosten blieb nicht ohne tiefgreifende Umschichtungen im westgermanischen Gebiet. Der alte Adel ging wohl in den schweren Kämpfen mit den Römern zum guten Teil zugrunde. Neue Geschlechter kamen auf, und die alten, religiös bestimmten Bünde lösten sich auf. An ihre Stelle traten neue Bünde, die nicht mehr transzendent verankert waren, denn die Religion verlor ihre metaphysische Verbindlichkeit, so daß uns von ihr nur noch ein verschwommener und nebelhafter Nachhall in den Edden und einigen römischen Andeutungen geblieben ist.

Am deutlichsten zeigt sich das alles im Verschwinden der alten Stammesnamen wie Cherusker, Angrivarier, Brukterer, Marser, Chauken usw. und dem Aufkommen neuer wie Franken, Sachsen, Alamannen und vieler anderen. In dieser Zeit wandelte sich ebenso die Stellung des Adels. Vom religiös bestimmten Führertum freier Bauern wurde er unmerklich zum adligen Herrentum. Auch das ist ein metaphysischer Vorgang, der sich nur scheinbar auf der soziologischen und psychologischen Ebene abspielt. So wurde schließlich der Boden für die Aufnahme des Christentums bereitet. Es ist einfach falsch, wenn man dessen raschen Sieg auf die Macht der Frankenkönige und die Zwangsbekehrungen durch sie und die erstarkende Kirche zurückführt. Das Heidentum war am Ende und hatte der neuen Lehre nichts mehr entgegenzusetzen. Das war auch nicht nur bei den Germanen so. Es war ein weltweiter Vorgang, zu dem Paulus ebenso gehört wie in Arabien Mohammed und in Persien Mani.

Unter diesem Umwandlungsprozeß blieben aber das alte germanische Wesen und das alte Gemeinschaftsbewußtsein erhalten und ermöglichten die Entstehung des Neuen. Aus dem Westgermanentum entstand das Deutschtum. Dies ging wie alles, was Bestand haben soll, sehr langsam, in Jahrhunderten, vor sich und wurde ganz vom Volk getragen. Nicht umsonst heißt Deutschland eigentlich Volksland. Daß das aber überhaupt eintreten konnte, lag an dem standhaften und erfolgreichen Widerstand der Westgermanen gegen den römischen Angriff. Die Seele dieses Widerstandes war der Cherusker-Herzog Arminius.

So ist das Ergebnis dieser drei Phasen der deutschen Frühgeschichte die völlige Zerreibung des Keltentums und die Schaffung der Grundlagen zur Entwicklung des französischen und deutschen Volkes. Die Kriege und Schlachten, die damals geführt, geschlagen und erlitten worden sind, sind darum von einer geschichtlichen Bedeutung, wie sie selten erreicht wird, denn sie haben die Bahn der europäischen Geschichte bis heute bestimmt.

Neben Cäsar steht darum Arminius als die beherrschende Gestalt dieser Zeit vor unseren Augen. Cäsar hat der Romanisierung Westeuropas Bahn geschaffen, Arminius dem Werden des deutschen Volkes.

Cäsar hat die Adler der Legionen bis an den Rhein und bis Britannien getragen; Arminius hat ihrem weiteren Vormarsch Halt geboten. Cäsar ist der große Eroberer, Arminius »der Befreier Germaniens«, um die Worte des Tacitus zu gebrauchen.

So steht Arminius in der Geschichte als einer der ganz großen Menschen da. Es ist ganz nebensächlich für dieses Urteil, daß er gewiß die geschichtliche Größe seines Kampfes nicht überschaut hat. Ihm ging es wohl nur um die Einhaltung der Verträge, die Tiberius mit den germanischen Staaten Nordwestdeutschlands 6 n. Chr. abgeschlossen hatte. Das mindert die Größe seiner Leistung nicht. In dem langen und schweren, sieben Jahre dauernden Krieg hat er eine ganz selten bewiesene Größe als Volksführer, Feldherr und Staatsmann erreicht. Ich möchte dabei die staatsmännische Leistung wohl als die größte ansehen; denn es ist leichter, Schlachten zu gewinnen, ja sogar im Kriege den totalen Sieg herbeizuzwingen als einen wirklichen Frieden zu schließen. Das zeigt die Geschichte: Es sind viel zu oft Kriege gewonnen und dann der Friede verloren worden. Arminius aber hat sowohl den Krieg wie den Frieden gewonnen.

Nachwort

Man könnte gegen das hier entworfene Bild der deutschen Frühgeschichte einwenden, daß es allzuviel an Vermutungen und unbeweisbaren Spekulationen enthält.

In der Tat befindet sich der Betrachter bei der gegebenen Quellenlage in der Situation eines Ausgräbers, der ein Mosaikbild entdeckt hat, von dem nur hier und da einige Steinchen an ihrem Ort geblieben sind, während der größte Teil von ihnen völlig verschwunden ist. Um das ganze Bild wieder entstehen zu lassen, muß er behutsam, aber doch auch mit einfühlender Phantasie versuchen, das Ganze zu rekonstruieren. Dabei muß er aber bei jedem ergänzten Teil deutlich machen, daß es Ergänzung ist.

Nach dieser Regel bin ich vorgegangen. Ich habe mich jederzeit bemüht, die Grenze zwischen Überlieferung und Ergänzung ganz scharf zu ziehen. Nur so ist es mir gelungen, ein einheitliches Bild vom Ablauf der Ereignisse zu gewinnen. Ich glaube, daß dadurch auch einiges in der römischen Geschichte, etwa die Zerstörung Karthagos oder die Eroberungszüge des Drusus und Tiberius in dem vorletzten Jahrzehnt vor der Zeitenwende, in einen sinnvollen Zusammenhang gebracht worden ist. Man wird mir zugeben, daß da bei den gängigen Römischen Geschichten noch vieles fehlt.

Ehrlicherweise muß man auch eingestehen, daß zum Beispiel die Kimbern und Teutonen plötzlich aus dem Dunkel auftauchen und folgenlos wieder verschwinden, wenn man sich an die seit Mommsen üblichen Darstellungen der römischen Geschichte hält; oder daß die ungeheuer geschichtsbestimmende Rolle des Arminius kaum im richtigen Licht erscheint.

Daß der Untergang der Kimbern und Teutonen auf das germanische Gebiet zurückgewirkt haben muß, hat meines Wissens noch kein Historiker auch nur in Erwägung gezogen. Auf den Gedanken, daß er noch zur Zeit Cäsars das Verhalten der Germanen beeinflußt haben könnte, ist vielleicht noch nie jemand gekommen.

Ebenso verhält es sich mit dem Zug der Helvetier. Er kommt nach unseren Geschichtswerken sozusagen aus heiterem Himmel. Es hat auch kein Historiker bislang berücksichtigt, daß die Helvetier nicht ohne Zustimmung Ariovists durch das Gebiet der Sequaner ziehen konnten oder daß ihr Rückzug nach der Schlacht bei Bibrakte genau auf das Gebiet dieses Herzogs hin gerichtet war.

Daneben aber gibt es phantastische Deutungen, die in den Quellen keinen Rückhalt haben oder ihnen sogar widersprechen. Manchmal werden sie wie gesicherte geschichtliche Tatsachen vorgetragen. Ich erinnere an Koestermanns Darstellung des ersten Abschnittes des Kimbernzuges, für die er nur einige etwas keltisch klingende Namen anführen kann, oder an Hachmann, der die Kimbern für Kelten ausgibt, von denen ein Splitter bis in das nördlichste Jütland gekommen sein soll. Daß es dafür überhaupt keinen Grund, weder in den Quellen noch in den Bodenfunden (außer dem »Kessel von Gundestrup«) gibt, wird kaum angedeutet. Alfred Heuß leugnet, daß der Krieg von 9 bis 16 n. Chr. ein Volkskrieg war, obwohl ihn doch *alle Quellen* als solchen mehr als deutlich bezeichnen!

Timpe hält ihn gar für einen Aufstand abgedankter Soldaten, die mit dem Lohn unzufrieden waren. Allerdings ist dafür nirgendwo bei allen Schriftstellern eine Stelle aufzufinden, die sich, wenn auch mit der äußersten Mühe, dahingehend deuten ließe.

Die Rede des Tiberius vor dem Senat nach dem Sturz von Marbod wird völlig übergangen, aber aus der unklaren Stelle über das Schicksal des Thumelicus in den Annalen des Tacitus ein ganzer Roman zusammengedichtet.

Keinem Historiker scheint bisher der Gedanke gekommen zu sein, daß der siebenjährige Römisch-Germanische Krieg von 9 bis 16 durch einen Friedensschluß beendet worden sein muß, obwohl ein Satz des Tacitus darauf hinweist und schon die lange nachfolgende Friedenszeit Beweis genug dafür ist. Ja, man ist nicht einmal geneigt, die Ereignisse von 9 n. Chr. und 14–16 als eine Einheit zu würdigen.

So ist das bisherige Bild der deutschen Frühgeschichte wirr, zusammenhanglos und von Phantasien durchsetzt, die nur ein Studium der Quellen als solche entlarvt.

Sicherlich wird man manches an meinem neuen Bild der deutschen Frühgeschichte aussetzen, aber man wird zugeben müssen, daß es ein einheitliches Bild ist, dessen Einzelheiten überall in einem logischen Zusammenhang stehen, und daß es keiner unserer Quellen widerspricht oder eine übergeht.

Anmerkungen zum Text

Abkürzungen: DBG bedeutet »De Bello Gallico« = »Über den Gallischen Krieg«, das Hauptwerk von G. J. Cäsar und eine der wichtigsten antiken Quellen für unsere Darstellung. DGB umfaßt sieben Bücher, die mit römischen Ziffern numeriert werden, die einzelnen Kapitel mit arabischen Zahlen. DBG VI, 14[3] bedeutet demnach den dritten Abschnitt im 14. Kapitel des sechsten Buches »Gallischer Krieg«. Ganz analog wird mit den Werken »Germania« und »Annalen« des C. Tacitus verfahren: Ann. I, 56 bedeutet das 56. Kapitel im ersten Buch der »Annalen«. aaO = am angegebenen Ort (meist ein bereits erwähntes Buch, Aufsatz); die beigefügte Zahl ist die Seitenzahl. Vgl. = man vergleiche, sehe nach in . . .

Anmerkungen 1–50

[1] Auf Seite 385 des ersten Bandes seiner »Römischen Geschichte« – [2] Kornemann aaO 407 – [3] in den Annalen II, 16 – [4] DBG IV, 38[2] – [5] DBG VII, 8[2] – [6] Annalen I, 56 – [7] Vgl. Schlette: Germanen zwischen Thorsberg und Ravenna; Leipzig, Jena, Berlin; 2. Auflage 1974; Bild 22 – [8] DBG IV, 5[2] – [9] Historien II, 32–33 – [10] Kornemann aaO 21–22 – [11] Günther Kehnscherper: Kreta, Mykene, Santorin; Leipzig, Jena, Berlin 1973, S. 97 – [12] Prof. G. Neumann: Die Steinsburg auf dem Kleinen Gleichen bei Römhild in Thüringen; Wissenschaftliche Annalen, Berlin 1953 – [13] Hermann Noelle: Die Kelten und ihre Stadt Manching; Pfaffenhofen 1974 – [14] Gerhard Herm: Die Kelten, das Volk, das aus dem Dunkel kam; Düsseldorf und Wien 1975, S. 268 – [15] Würzburg 1975, S. 203 [16] aaO 243 – [17] Hamburg und Berlin 1961 – [18] DBG IV, 20 – [19] W. Raunig: Bernstein, Weihrauch, Seide; Waren und Wege der Antiken Welt; Wien und München 1971 und Max Cary/Eric H. Warmington: Die Entdeckungen der Antike; Zürich 1966 – [20] Ich weise auch auf die Ausführungen von Wolfgang Helck hin, der das hier Behauptete sehr überzeugend für den vorderasiatischen Raum und den Balkan in der Zeit des Neolithikums nachweist (Wolfgang Helck: »Die Beziehungen Ägyptens und Vorderasiens zur Ägäis bis ins 7. Jahrhundert v. Chr.«, Seite 1–13) – [21] A. E. Milz: Das Boiohaemum Celticum und seine Ausstrahlungen bis zur Donau; Mannus, Deutsche Zeitschrift für Vor- und Frühgeschichte, 41. Jahrgang 1975, Heft 4, S. 319–340, und derselbe in »Südböhmen und der Böhmerwald im Boiohaemum Celticum, Linz 1974 – [22] Cäsar, DBG I, 2 u. 3 – [23] Prof. Dr. Jacques Moreau: Die Welt der Kelten; Stuttgart 1958, S. 88–90 – [24] DBG I, 29 und VI, 14[3] – [25] DBG VI, 14 – [26] Dr. Albert Tafel: Meine Tibetreise, Stuttgart, Berlin, Leipzig 1914; Bd. I, Tafel XXIX – [27] Siegmund Feist; Germanen und Kelten in der antiken Überlieferung; Baden-Baden, 1948 (Neudruck von 1927, Halle-Saale) – [28] Die altpersischen Namen gebe ich in der deutschen Transkription von J. Friedrich; Entzifferung verschollener Schriften und Sprachen (Berlin-Göttingen-Heidelberg, 1954) wieder – [29] Altersbestimmung durch Radiokohlenstoff-Analyse – [30] in Richard Weyl: Atlantis enträtselt?, Kiel 1953, S. 41 – [31] Eric Graf Oxenstierna: Die Nordgermanen; Stuttgart 1957 – [32] Germania Kap. 33 und Annales II, 26 – [33] Hans Riehl: Die Völkerwanderung, der längste Marsch der Weltgeschichte; Pfaffenhofen/Ilm,

1976, S. 76 – [34] E. Oxenstierna aaO – [35] Friedrich Schlette: Germanen zwischen Thorsberg und Ravenna; Leipzig-Jena-Berlin, 1974, S. 60 ff. und Hermann Noelle: Die Kelten und ihre Stadt Manching; Pfaffenhofen/Ilm, 1974, S. 235–245 – [36] Germania 13 – [37] Es ist in diesem Zusammenhang sehr interessant, daß in England bei der Ausgrabung des Kastells »Vindolanda« des Hadrianswalls durch Robin Birley viele hundert Holztäfelchen, nur 1 bis 1 1/2 mm stark, gefunden wurden, die mit *Tinte* beschrieben waren. Sie enthalten Intendanturverzeichnisse und Briefentwürfe. Ihre Erhaltung ist dem besonders hohen Grundwasserspiegel an dieser Stelle, ihre Auffindung und Erkennung als Schriftmaterial einem Zufall zu verdanken. Der Ausgräber wollte sie schon wegwerfen, als ihm Schriftzeichen auf ihnen auffielen, sonst wären wohl die »wertlosen« Holzsplitter fortgeworfen worden. Es ist bis heute nur ein Teil von ihnen entziffert worden, da das Lesen der Handschriften recht schwierig ist; vor allem fehlen alle Satzzeichen, und die Verfasser haben oft sehr »geschmiert«. (Robin Birley: »Vindolanda, eine römische Grenzfestung am Hadrianswall«, Bergisch Gladbach 1978, Seite 169 ff. Dort auch Abbildungen von den Täfelchen) – [38] Rudolf Much: Die Germania des Tacitus; Dritte erweiterte Auflage, unter Mitarbeit von Herbert Jankuhn herausgegeben von Wolfgang Lange; Heidelberg 1967, S. 159 – [39] Alfred Heuss: Römische Geschichte; Braunschweig 1960, S. 252 – [40] Hermann Bengtson: Römische Geschichte, Republik und Kaiserzeit bis 284 n. Chr.; München 1976, S. 144 – [41] aaO 152 – [42] Plutarch, Crassus 27 – [43] Nachträglich finde ich in Carl W. Weber: Die Spartaner (Düsseldorf-Wien, 1977 S. 112) folgendes Zitat aus Thukydides: »Dann folgte der Zusammenstoß, wobei die Argeier und ihre Verbündeten heftig und zornig vorrückten, die Spartaner langsam und unter dem Spiel vieler einstimmender Oboen. Dies nicht der Götter wegen, sondern damit sie gleichmäßig im Takt marschierend an den Feind kämen und ihre Linie nicht risse, wie es großen Heeren beim Angriff oft ergeht.« (Leider gibt Weber die Thukydidesstelle nicht an) – [44] DBG VI, 10 – [45] Germania 14 – [46] Tacitus, Germania 2 – [47] Much aaO 441 ff – [48] Hermann Noelle: Die Kelten und ihre Stadt Manching; Pfaffenhofen/Ilm, 1974; S. 121 – [49] Leslie Alcock: Camelot, Die Festung König Arturs? Bergisch Gladbach, 1974, S. 134 – [50] Alfred Götz: Die Steinsburg bei Römhild nach neueren Untersuchungen; Prähistorische Zeitschrift 1921, S. 25 ff.

Anmerkungen 51–100

[51] Martin Jahn: Die Kelten in Schlesien; Leipzig 1931, S. 5 ff – [52] Vgl. Die Germania des Tacitus erläutert von Rudolf Much, 3. Aufl. Heidelberg, 1967, S. 523 – [53] DBG II, 7[1] – [54] in seinem Beitrag »Kimbern und Teutonen« in »Erbe der Vergangenheit, Festgabe Karl Helm zum 80. Geburtstag«, Tübingen 1951 – [55] Herbert Nesselauf: Die Besiedlung der Oberrheinlande in römischer Zeit, in »Badische Fundberichte, Amtliches Jahrbuch für die ur- und frühgeschichtliche Forschung Badens, Nr. 19; 1951, S. 71–85 – [56] Alfred Heuss: Der erste Punische Krieg und das Problem des römischen Imperialismus; Darmstadt, 1970 – [57] Römische Geschichte I; S. 192 – [58] Römische Geschichte; S. 73 – [59] Gustav Neckel: Germanen und Kelten; Heidelberg 1929, S. 21 – [60] Bengtson aaO 74 und Kornemann aaO 211 – [61] Kornemann aaO 235 – [62] Helmut Berve: Griechische Geschichte (Taschenbuchausgabe) Bd. III; Freiburg/Brsg. 1960, S. 135 ff – [63] Alfred Heuss: Römische Geschichte; 4. Aufl., Braunschweig 1976, S. 121 – [64] Bengtson aaO 116 – [65] Kornemann aaO 326 – [66] in seiner 1962 veröffentlichten Rezension der Melinschen Arbeit »Die Heimat der Kimbern« (Uppsala 1960) – [67] Strabo II, 102 C – [68] DBG I, 29 – [69] Der Zug der Kalmücken (Torguten) fand vom Januar 1771 bis in den Herbst desselben Jahres statt. Von den gegen 400 000 Menschen (70 000 Zelte), die ihn begannen, erreichte kaum ein Drittel den Balkaschsee, wo sie der Kaiser von China in Schutz nahm. Ohne das Eingreifen der Chinesen wären sie alle zugrunde gegangen (Vgl. Sven Hedin: Jehol die Kaiserstadt; Leipzig 1940, S. 37–63. Dort auch weitere Literatur)

– [70] DBG I, 16 und 23 – [71] DBG V, 77 ff – [72] Cassius Dio, Frg. 90 – [73] Strabo IV, 192 – [74] Orosius V, 16, 1–7 – [75] DBG I, 2–5, 7 – [76] Ernst F. Jung: Sie bezwangen Rom; Düsseldorf und Wien 1976, S. 115 – [77] S. Fischer-Fabian: Die ersten Deutschen, Locarno 1975, S. 54 – [78] DBG I, 31^{10} – [79] DBG I, 51^{2}. Ernst Schwarz weist in seinem Aufsatz: Die Herkunft der Juthungen (Jahrbuch für Fränkische Landesforschung Bd. 14, 1954, S. 1–8) nach, daß hier ein Schreibfehler im überlieferten Text vorliegt und an Stelle von »Sedusios« richtig »Eudusios« stehen müßte – [80] DBG I, 37^{3} – [81] DBG V, 29^{3} – [82] Strabo II 102 C – [83] in seiner Schrift: »Die Germanen im Frühlicht der Geschichte« (Leipzig 1928) – [84] in dem Aufsatz »Der Zug der Kimbern«, Gymnasium Jhg. 76; 1969, S. 310 ff – [85] Appian, Celt fr. 13 – [86] Livius, Periocha 65 und Florus I, 38 ff – [87] DBG I, 44^{8} – [88] DBG I, 44^{13} – [89] in einer noch nicht veröffentlichten Arbeit, die er mir freundlicherweise zur Einsicht überlassen hat – [90] »Das alte Germanien, Nachrichten der Griechen und Römer«; Jena 1929, S. 27 ff – [91] Cassius Dio, Fr. 91 – [92] Livius, Periocha 67 – [93] Gran. Licin. p. II, I ff. Flemisch – [94] S. 14, 1 ff. Flemisch – [95] Orosius V 16, 1–7^{15} (aus Livius) – [96] aaO 56 – [97] Marius 26 – [98] Monumentum Ancyranum und Strabo VII, 293 – [99] DBG I, 43^{4u5} – [100] DBG I, 44^{5}.

Anmerkungen 101–150

[101] DBG I, 2^{1} – [102] DBG I, 4 – [103] DBG I, 29^{2} – [104] DBG I, 9 – [105] DBG I, 10$^{1-2}$ – [106] DBG I, 6^{1} – [107] Man hat nämlich folgende Überlegung angestellt: Ein Wagen ist x m lang. Um einen Zug übersehen und eventuell verteidigen zu können, darf er nicht länger als y km sein. Er kann somit nur 1000 y/x Wagen enthalten. Jeder Wagen kann nur z Personen befördern. Da die Männer marschiert oder geritten sein werden, kommen zu diesen z Personen noch zwei dazu. Für einen Wagen müssen wir somit z+2 Personen rechnen. Darum kann die Kopfzahl eines solchen Völkerzuges höchstens (1000 y/x) (z + 2) stark gewesen sein – [108] DBG I, 9 – [109] Gaius Julius Cäsar: Der Gallische Krieg; übersetzt und erläutert von Curt Woyte; Stuttgart 1974, S. 292, Nr. 11 – [110] DBG I, 11 – [111] DBG I, 18^{10} – [112] DBG I, 17–20 – [113] DBG I, 20^{4} – [114] DBG I, 24–26; Übersetzung von Woyte – [115] DBG I, 26^{2} – [116] DBG I, 27^{4} – [117] DBG I, 31 u. 32 – [118] DBG I, 33$^{3-4}$ – [119] DBG I, 39 u. 40 – [120] DBG I, 40^{4} – [121] Nachträglich finde ich in Gerold Walsers Schrift: »Cäsar und die Germanen – Studien zur politischen Tendenz römischer Feldzugsberichte«; Wiesbaden 1956, S. 27–31, meine Interpretation dieser Cäsarstelle bestätigt und durch Vergleiche mit Cassius Dio 38, 35–47 belegt – [122] DBG I, 34^{3} – [123] DBG I, 45^{3} – [124] DBG I 31^{5u10} – [125] Allgemeine Geschichte in Einzeldarstellungen, hsg. von Wilhelm Onken; Abteilung: Urgeschichte der germanischen und romanischen Völker von Felix Dahn, Bd. II; Berlin 1881, S. 22 – [126] DBG I, 40^{8u9}; nach der Übersetzung von Woyte – [127] DBG I, 48 u. 49 – [128] DBG I, 50 – [129] Ich gebe Cäsars Bericht nach der Übersetzung von Curt Woyte, den Plutarchs nach der von K. Ziegler (Plutarch, Große Griechen und Römer; eingeleitet und übersetzt von K. Ziegler; Artemis-Verlag, Zürich und Stuttgart 1960) und den von Cassius Dio nach der Übersetzung von Wilhelm Capelle – [130] DBG I, 51–53 – [131] Plutarch, Cäsar 19, S. 122 – [132] Übersetzung von Capelle in: Das alte Germanien, Nachrichten der Griechen und Römer; Jena 1929, S– 67–68. Dio verarbeitete einen verlorengegangenen Bericht des Livius – [133] Die Darstellung des Florus können wir außer acht lassen, da sie außer hochtrabenden Redensarten nichts Neues bringt – [134] Wenn Curt Woyte in den Anmerkungen zu seiner Cäsarübersetzung (S. 297, Nr. 71) behauptet, daß die Haruden mit den Kimbern aus Nordjütland ausgezogen und zwischen Main, Rhein und Donau zurückgeblieben seien, so gibt es dafür wohl kaum irgendwelche Unterlagen. Viel wahrscheinlicher ist es, daß sie wie die Eudusier erst zur Zeit Ariovists aus Jütland zu dessen Heer gestoßen sind – [135] Ernst F. Jung: Sie bezwangen Rom; Düsseldorf und Wien; S. 161 – [136] Die ersten Deutschen; Locarno 1975, S. 138–139 – [137] DBG II, 1^{1} – [138] DBG II, 1^{2} –

[139] Danach wäre die Nato eine Verschwörung der westlichen Mächte, die den Sowjets Grund zum sofortigen Angriff auf Westdeutschland geben würde! – [140] DBG II, 2[2] – [141] Über die Belger schreibt Woyte (aaO 302, Nr. 6): »Die Belger waren höchstwahrscheinlich Kelten, die bis etwa 500 v. Chr. (!!) in Süd- und Mitteldeutschland wohnten und dann von den Germanen über den Rhein nach Gallien gedrängt wurden.« Diese Annahme wird durch die Spatenforschung auf keinen Fall bestätigt. Vielmehr zeigt diese, daß der Vormarsch der Germanen nicht vor 200 v. Chr. eingesetzt haben kann – [142] DBG II, 4[2] – [143] DBG II, 29[4] – [144] DBG II, 28 – [145] DBG II, 33[1–3] – [146] DBG VI, 5[4] – [147] DBG VI, 30[4] – [148] A. E. Milz: Südböhmen und der Böhmerwald im Bojohaemum Celticum, Linz 1974, S. 11 – [149] Mag ich mit diesen Darlegungen auch ein Tabu verletzen, so halte ich solche Erwägungen für sehr wichtig für die Beurteilung derartiger Völkerzüge, weil ich am Ende des Zweiten Weltkrieges und in der russischen Gefangenschaft die Bedeutung dieser Vorgänge aus nächster Nähe und am eigenen Leibe habe erleben müssen. Diese unvermeidbaren Kleinigkeiten des täglichen Lebens können sich bei großen Menschenmengen zu katastrophalen Ereignissen summieren und sollten darum vom Historiker mit in Rechnung gestellt werden – [150] DBG IV, 6[4].

Anmerkungen 151–200

[151] DBG II, 4[10] – [152] DBG V, 24–58 – [153] DBG IV, 7[3–5] – [154] DBG IV, 9[3] – [155] DBG IV, 11–12 – [156] DBG IV, 11[3] – [157] DBG IV, 13; nach der Übersetzung von Woyte – [158] DBG IV, 14 und 15 – [159] DBG IV, 14[5] – [160] Plutarch, Cäsar 22 – [161] DBG IV, 16[4] – [162] DBG IV, 16[5–7] – [163] DBG V, 27[8] – [164] DBG VI, 2[1–2] und 5[4] – [165] DBG VI, 8[7–8] – [166] DBG V, 2[1–2] – [167] Germania 14, bereits zitiert – [168] DBG VII, 65[4–5] – [169] DBG VI, 9[8] – [170] DBG VI, 9[8] – [171] DBG VI, 29[1] – [172] DBG VI, 21[3] – [173] DBG VI, 22[3] – [174] DBG VI, 23[1–3] – [175] DBG VI, 23[6] – [176] DBG VI, 34[8] – [177] DBG VI, 35[4] – [178] Alfred Heuss aaO 305 – [179] Cassius Dio 48, 49[3]; Strabo 194; Dio 51, 21[6] und 51, 22[6]; auch bei Dio 53, 26[4] und 54, 11[1] findet man nichts Genaues – [180] Paterculus II, 97[1]; Dio 54, 20[4–5]; Sueton, Augustus 23 – [181] Dio 54, 20[4–6] – [182] Trotzdem vermuten manche das Kastell Aliso bei Haltern an der Lippe oder sogar noch näher am Rhein (z. B. Kornemann aaO Bd. II, S. 140). Das erscheint mir unwahrscheinlich, denn Haltern hatte damals gegenüber Paderborn und Umgebung eine vergleichsweise geringe verkehrsgeographische Bedeutung. Da die damaligen Kämpfe vor allem um Straßen und die Beherrschung von Straßenknoten gingen, kann Haltern nicht die Bedeutung gehabt haben, die Aliso in der ganzen folgenden Zeit hatte. Haltern war vielleicht das Gegenstück zum Castra Vetera bei Xanten und ein wichtiger Sammel- und Nachschubort für die Besatzung von Aliso. Es wird ein Hauptort an der Etappenstraße nach Aliso gewesen sein, aber wohl kaum das Lager Aliso selbst. Dafür spricht auch, daß Drusus die Straße vom Ober- oder Mittelrhein nach Hessen und dem Paderborner Winkel 11 v. Chr. ebenfalls durch ein Kastell sicherte. So konnten römische Heere sowohl auf der Lippestraße als auch auf der Straße vom Oberrhein vorrücken, um Aliso zu erreichen – [183] Dio 55, 6[1–3] – [184] II 104–105 – [185] Strabo IV, 290 – [186] aaO 307 – [187] aaO Bd. II, S. 141 – [188] 1. Kap: Die Nordgrenze Italiens, in: Ungekürzte Textausgabe des Safariverlages, Berlin 1941, S. 33 – [189] Urgeschichte der germanischen und romanischen Völker, Bd. II; in der Allgemeinen Geschichte in Einzeldarstellungen, hersg. v. Wilhelm Onken, Berlin 1881, S. 57 – [190] Paterculus II, 105 – [191] Tacitus, Annalen II, 46 – [192] Strabo VII, 290 ff – [193] Dio 55, 28[5–7] – [194] Ann. II, 63 – [195] Ich möchte hier das Wort »nationale Traditionen« vermeiden, weil es im 19. und 20. Jahrhundert einen ganz bestimmten Bedeutungsgehalt bekommen hat, der in der damaligen Zeit nicht vorhanden war – [196] aaO 309 – [197] Florus II, 30[29] ff – [198] Cassius Dio 56, 18–23 – [199] Ann. II, 88 – [200] Florus II, 30[29].

Anmerkungen 201–263

[201] Paterculus II, 117–120 – [202] Paterculus II, 97[1] – [203] Dio 56, 18–23 – [204] Dio 56, 18–23 – [205] DBG II – [206] Strabo IV, 195 ff – [207] Ann. II, 88 – [208] Dio 56, 18–23 – [209] Paterculus II, 117 ff – [210] Annalen I, 55 – [211] Annalen II, 10 – [212] Annalen II, 88 – [213] Paterculus II, 105 – [214] aaO 309 – [215] Paterculus II, 117 ff – [216] Florus II, 30, 29 ff – [217] Annalen I, 58 – [218] Reallexikon der germanischen Altertumskunde, Bd. 1, Berlin/New York 1973, Artikel: Arminius, von H. Callis, H. Beck, H. Kuhn – [219] Dio 56, 18–23 – [220] Ann. I, 58 – [221] Siebeneicher, Die Varusschlacht; Mannus, Jhg. 38, S. 214 – [222] Karl Gerhard Arendt: Der Marschweg des Varus und der Ort der Schlacht; Göttingen 1972 – [223] Dio 56, 18–23 – [224] Ann. I, 61 – [225] Paterculus II, 119 – [226] Kornemann aaO 144 – [227] Sueton, Tiberius 18 u. 19 – [228] Annalen I, 59 – [229] Annalen I, 49–51 – [230] Ann. I, 51 – [231] Ann. I, 56 – [232] Annalen, I, 57 – [233] Ann. I, 60 – [234] Ann. I, 60 – [235] Ann. I, 62 – [236] Annalen I, 63 – [237] Ann. I, 71 – [238] Annalen II, 8 – [239] Annalen II, 23 – [240] Annalen II, 23–24 – [241] Annalen II, 8 – [242] Ann. II, 19 – [243] Annalen II, 20 u. 21 – [244] Ann. II, 22 – [245] in der Übersetzung von Capelle – [246] Annalen II, 24 – [247] Ann. II, 26 – [248] Die folgenden drei Zitate stammen aus Ann. II, 28, 44 und 46 – [249] Ann. II, 44 – [250] Ann. II, 45 – [251] Annalen I, 58 – [252] Strabo VII, 290 ff – [253] Ann. II, 45 – [254] Ann. II, 26 – [255] Ann. II, 46 – [256] Ann. II, 44 – [257] Ann. II, 44 – [258] Ann. II, 88 – [259] Ann. II, 45 u. 46 – [260] Ann. II, 46 – [261] Ann. II, 62 – [262] Ann. II, 63 – [263] Ann. II, 88.

Literaturverzeichnis

I. Quellen

1. Lateinisch

Klingelhöfer, Dr.Hans, *Germania Latina*. Sammlung literatischer, inschriftlicher und archäologischer Zeugnisse zur Geschichte und Kultur Westdeutschlands in der Römerzeit. Düsseldorf 1955

Cäsar, Gaius Julius, *De Bello Gallico*. Kritisch geprüfte vollständige Ausgabe. Paderborn o. J.

Taciti, Cornelii, *Ab excessu Divi Augusti*, libri l et 2, in: Heidelberger Texte, Bd. 28, H l. Heidelberg 1955

Die Germania des Tacitus. Lat. u. deutsch mit Kommentar von Rudolph Much, herausgeg. von Wolfgang Lange unter Mitarbeit von H. Jankuhn. Heidelberg 1967

2. Übersetzungen

Capelle, Wilhelm, *Das alte Germanien, die Nachrichten der griechischen und römischen Schriftsteller.* Jena 1926

Livius, *Römische Geschichte*, Herausgeg. und übersetzt von J. Feix. München 1972

Polybios, *Geschichte*. Herausgeg. von G. Dorminger. Zürich 1961

Plutarch, *Große Griechen und Römer*. 6 Bde. übersetzt von J. W. Kaltwasser, bearbeitet von H. Floerke, revidiert von L. Kröner, eingeleitet von O. Seel. München 1964

Sueton, *Leben der Caesaren*. Übersetzt von André Lambert, 2. Auflage. München 1977

Cäsar, Gaius Julius, *Der Gallische Krieg*. Deutsch von Curt Woyte. Stuttgart 1951

–, *Der Gallische Krieg*. Übersetzt von Ph. L. Haus, durchgesehen und erläutert von Karl Bayer. Reinbeck bei Hamburg 1965

–, *Der Gallische Krieg*. Übersetzt von Georg Drominger. München 1957

Tacitus, *Annalen*. Übersetzt von August Horneffer, Einleitung Joseph Vogt, Anmerkungen Werner Schur. Stuttgart 1964

–, *Annalen, Historien, Dialog*. Übersetzt von Carl Hoffmann, Joseph Borst, Hans Volkmar. Wiesbaden o. J.

II. Geschichtswerke

1. Römische Geschichte

Balsdon, J. P. V. D., *Das römische Weltreich.* Aus dem Englischen von Ursula Margetts. München 1970

Bengtson, Hermann, *Römische Geschichte.* München 1976

Heuss, Alfred, *Römische Geschichte.* 4. Auflage. Braunschweig 1976

Kornemann, Ernst, *Römische Geschichte.* 2 Bde. Stuttgart 1954

Mommsen, Theodor, *Römische Geschichte.* Herausgeg. und bearb. von Kurt L. Walter-Schomburg. Wiesbaden und Berlin o. J.
–, *Das römische Imperium der Cäsaren.* Herausgeg. von Kurt Schomburg. Berlin 1941
Volkmann, Hans, *Grundzüge der römischen Geschichte.* Darmstadt 1975

2. Deutsche Geschichte

Bühler, Johannes, *Deutsche Geschichte.* 1. Bd. *Urzeit, Bauerntum und Aristokratie bis 1100 n.Chr.* Berlin und Leipzig 1934
Dahn, Felix, *Urgeschichte der germanischen und romanischen Völker.* 2 Bde der Allgemeinen Geschichte in Einzeldarstellungen, herausgeg. von Wilhelm Onken. Berlin 1881
Franzel, Emil, *Geschichte des deutschen Volkes.* München 1974
Helbok, Adolf, *Deutsche Volksgeschichte.* 2 Bde. Tübingen 1964
Hepp, Armin E., *Licht von Mitternacht.* Tübingen 1979

3. Römische Biographien

Grant, Michael, *Cäsar – Genie, Diktator, Gentleman.* Hamburg 1970
Thiele, J. H., *Kaiser Tiberius.* Darmstadt 1970

4. Vorzeit, Archäologie, Spezialuntersuchungen

Müller-Karpe, Hermann, *Geschichte der Steinzeit.* München 1974
Paturi, Felix, *Zeugen der Vorzeit. Auf den Spuren europäischer Vergangenheit (Mesolithikum, Neolithikum, Megalithikum).* Düsseldorf und Wien 1976
Kehnscherper, Günther, *Kreta, Mykene, Santorin.* Leipzig, Jena, Berlin 1975
Weber, Carl W., *Die Spartaner. Enthüllung einer Legende.* Düsseldorf 1977
Fox, Robin Lane, *Alexander d. Große.* Düsseldorf 1974
Bioley, Robin, *Vindolanda, eine römische Grenzfestung am Hadrianswall.* Bergisch-Gladbach 1978
Alcock, Leslie, *Camelot, die Festung des Königs Artus?* Bergisch-Gladbach 1974
Cary, M./ Warmington, E. H., *Die Entdeckung der Antike.* Zürich 1966
Rauning, W., *Bernstein, Weihrauch, Seide. Waren und Wege der antiken Welt.* Wien und München 1971
Deuel, Leo, *Flug ins Gestern. Geschichte der Luftarchäologie.* Zürich – Stuttgart – Wien 1972
Friedrich, Johannes, *Entzifferung verschollener Schriften und Sprachen.* Berlin – Göttingen – Heidelberg 1954
Friedrich, O. M., *Boden, Bodenschätze und Völker.* Leoben 1972

5. Kelten

Bittel, Kurt, *Die Kelten in Württemberg.* Berlin und Leipzig 1934
Ertel, Franz, *Topographia Norici.* 3. Bd. Kremsmünster 1969 – 1971 – 1974
Feist, Siegmund, *Germanen und Kelten in der antiken Überlieferung.* Baden-Baden 1948
Götz, Alfred, *Die Steinsburg bei Römhild.* Prähistorische Zeitschrift XIII 1921
Hachmann, Rolf/Kossack, Georg/Kuhn, Hans, *Völker zwischen Germanen und Kelten.* Neumünster 1962

Herm, Gerhard, *Die Kelten, das Volk, das aus dem Dunkel kam.* Düsseldorf und Wien 1975

Jahn, Martin, *Die Kelten in Schlesien.* Leipzig 1931

Milz, Alois, Ernst, *Südböhmen und der Böhmerwald im Boiohaemum Celticum.* Linz 1974

–, *Das Boiohaemum Celticum und seine Ausstrahlung bis zur Donau.* Mannus, Jhg. 42, 1976

Moreau, Jaques, *Die Welt der Kelten.* Stuttgart 1968

Neumann, Gotthard, *Die Steinsburg auf dem kleinen Gleichenberg bei Römhild in Thüringen.* Wissenschaftliche Annalen, Berlin 1953

Noelle, Hermann, *Die Kelten und ihr Stadt Manching.* Pfaffenhofen/Ilm 1974

Pobé, Marcel/Roubier, Jean, *Kelten und Römer.* Olten 1958

Powel, T. G. E., *Die Kelten.* Köln 1959

Riess, Wilhelm, *Kelten und Römer in Oberösterreich.* Mannus, Jhg. 42, 1976

6. Germanen

Alföldi, Andreas, *Wo lag das Regnum Vannianum*? Südostforschung 15, 1956

Capelle, Wilhelm, *Die Germanen im Frühlicht der Geschichte.* Leipzig 1928

Derolez, R., *Götter und Mythen der Germanen.* Wiesbaden 1976

Diekmann, Hermann, *Erzeugnisse der cheruskischen Feinschmiede vom Brackhauser Berg bei Oerlinghausen.* Mannus, Jhg. 36, 1970

Gutenbrunner, Siegfried, *Die Stammesgliederung der rheinischen Germanen.* Beiträge zur Geschichte der deutschen Sprache und Literatur, Jhg. 60, 1936

Hoops, Johannes, *Reallexikon der germanischen Altertumskunde.* 2. Aufl. Bd. l. Berlin und New York o. J.

Jankuhn, Herbert, *Germanische Burgen der älteren Bronzezeit.* in R. Weyl: Atlantis enträselt? Kiel 1953

–, *Methoden und Probleme siedlungsarchäologischer Forschung.* Archaeologia Geographica 4, 1955

Leyden, Alexander, *Die »Fürstengräber« der Lübsow-Gruppe und Tacitus.* Mannus, Jhg. 36, 1970

–, *Die Sitze der Stämme Mitteleuropas bis zur Entstehung des Frankenbundes nach den historischen Nachrichten.* Mannus, Jhg. 38, 1972

Nesselauf, Herbert, *Die Besiedlung der Oberrheinlande in römischer Zeit.* Amtliches Jahrbuch für Ur- und Frühgeschichtliche Forschung Badens 19, 1951

Oxenstierna, Eric Graf von, *Die Nordgermanen.* Stuttgart 1957

Pastenaci, Kurt, *Das viertausendjährige Reich der Deutschen.* 4. Aufl. Berlin 1940

–, *Die Kriegskunst der Germanen.* Karlsbad und Leipzig o. J.

Pörtner, *Mit dem Fahrstuhl in die Römerzeit.* Düsseldorf 1959

Schwantes, Gustav, *Deutschlands Vorgeschichte.* Stuttgart 1952

Schwarz, Ernst, *Herkunft der Juthungen.* Jahrbuch der fränkischen Landesforschung 14, 1954

Schlette, Friedrich, *Germanen zwischen Thorsberg und Ravenna.* 2. Aufl. Leipzig, Jena und Berlin 1974

Schuchardt, C., *Vorgeschichte in Deutschland.* München und Berlin 1923

Siebeneicher, Anton, *Die germanische Kampfformation, der Keil.* Mannus, Jhg. 37, 1971

Uslar, Rafael v., *Archäologische Fundgruben und germanische Stammesgebiete.* Historisches Jahrbuch 71, 1952

7. Kimbern und Teutonen

Hachmann, Rolf, *Gegen Melin*. 1962

Jahn, Martin, *DerWanderweg der Kimbern,* Teutonen und Vandalen. Mannus, Jhg. 24,1929

Köstermann, Erich, *Der Zug der Kimbern.* Gymnasium Jhg. 76, 1969

Kraft, K., *Tongern und Teutonen.* Hermes 85, 1969

Melin, Bengt, *Die Heimat de Kimbern.* Uppsala 1960

Schulz, Walter, *Der Wanderzug der Kimbern zum Gebiet der Boier.* Germania 13, 1929

Vries, Jan de, *Kimbern und Teutonen. Ein Kapitel aus den Beziehungen zwischen Kelten und Germanen.* Erbe der Vergangenheit, Festgabe Karl Helm zum 80. Geburtstag. Tübingen 1951

8. Cäsars Gallischer Krieg

Barwick, K., *Wann und warum hat Cäsar seine Commentarii über den Gallischen Krieg geschrieben?* Der altsprachliche Unterricht I 4, 1952

Hering. W., *Cäsar und Orgetorix.* Wissenschaftliche Zeitschrift der Universität Rostock 12, 1963

Hoffmannn, W., *Zur Vorgeschichte von Cäsars Eingreifen in Gallien.* Der altsprachliche Unterricht I 4, 1952

Kirchhoff, Günther, *Kritische Betrachtung zu Cäsars Feldzug gegen Ariovist.* Mannus, Jhg. 36, 1970

Oppermann, H., *Neuere Forschungen zur Glaubwürdigkeit Cäsars.* Gymnasium Jhg. 68, 1961

9. Der Römisch-Germanische Krieg 9 bis 16 n. Ch.

Arendt, Kurt Gerhard, *Der Marschweg des Varus und der Ort der Niederlage.* Göttingen 1972

Böcking, Werner, *Die Römer am Niederrhein und Norddeutschland.* Frankfurt 1974

Cornelius, Friedrich/Franke, Alfred, *Zu Arminius*. Mannus, Jhg. 41, 1975

Franke, Alfred, *Arminius und der römisch-germanische Krieg von 9 bis 16 n. Chr.* Mannus, Jg. 39 und 40, 1973 und 1974

Siebeneicher, Anton, *Die Varusschlacht, ein Beitrag zur Diskussion.* Mannus, Jg. 38, 1972

10. Populäre Werke zur deutschen Frühgeschichte

Döbler, Hansferdinand, *Die Germanen. Legende und Wirklichkeit von A–Z.* Gütersloh – Berlin – München – Wien 1975

Fischer-Fabian, S., *Die ersten Deutschen. Bericht über das räselhafte Volk der Germanen.* Locarno 1975

Jung, Ernst F., *Sie bezwangen Rom. Die Rolle der Germanen von der Frühzeit bis zu Karl dem Großen.* Düsseldorf und Wien 1976

Riehl, Hans, *Die Völkerwanderung, der längste Marsch der Weltgeschichte.* Pfaffenhofen/ Ilm1976

11. Werke über Entdeckungsreisen mit Beispielen von Nachrichtenübermittlung bei sogenannten Primitiven über große Entfernungen

David-Neel, Alexandra, *Arjopa.* Leipzig 1928
Hedin, Sven,*Durch Asiens Wüsten.* 2 Bde. Leipzig 1899
–, *Im Herzen Asiens.* 2 Bde. Leipzig 1903
–, *Transhimalaja.* 3 Bde. Leipzig 1923
–, *Jehol die Kaiserstadt.* Leipzig 1940
Lütgen, Kurt, *Das Rätsel der Nordwestpassage.* Würzburg 1975
Petersen, Josef, *Vitus Bering*. Hamburg 1947
Schweinfurth, Georg, *Im Herzen Afrikas.* Leipzig 1925
Vinci, Alfonso, *Jenseits der zweiunddreißig Berge. Gefangener und Gefährte der Urwaldindianer Venezuelas.* Hamburg und Berlin 1961

Personenregister